共同富裕智库报告

湖南省农村宅基地改革新实践

杨璐璐 主编

经济管理出版社
ECONOMY & MANAGEMENT PUBLISHING HOUSE

图书在版编目（CIP）数据

共同富裕智库报告. 第一卷，湖南省农村宅基地改革新实践 / 杨璐璐主编. —北京：经济管理出版社，2023.2

ISBN 978-7-5096-8951-6

Ⅰ. ①共… Ⅱ. ①杨… Ⅲ. ①农村—住宅建设—土地制度—经济体制改革—研究—湖南 Ⅳ. ① F321.1

中国国家版本馆 CIP 数据核字（2023）第 030883 号

组稿编辑：杨 雪
责任编辑：杨 雪
助理编辑：王 蕾
责任印制：黄章平
责任校对：董杉珊

出版发行：经济管理出版社
（北京市海淀区北蜂窝 8 号中雅大厦 A 座 11 层 100038）
网 址：www.E-mp.com.cn
电 话：（010）51915602
印 刷：唐山昊达印刷有限公司
经 销：新华书店
开 本：787mm × 1092mm/16
印 张：23
字 数：476 千字
版 次：2023 年 2 月第 1 版 2023 年 2 月第 1 次印刷
书 号：ISBN 978-7-5096-8951-6
定 价：98.00 元

在共同富裕新征程上聚焦农村宅基地

——《共同富裕智库报告（第一卷）》序

共同富裕作为中国式现代化的重要特征之一，近年来受到社会广泛关注。中国矿业大学（北京）杨璐璐教授结合其对湖南省农村宅基地改革的长期跟踪调研形成的《共同富裕智库报告（第一卷）》是国内从宅基地改革视角讨论共同富裕的第一本智库报告。

但凡智库，其成果均来自生动的改革实践和对重大现实问题与矛盾的潜心研究。2021 年 12 月，中国矿业大学（北京）为适应改革发展需要，发挥能源科技大学行业优势，成立了共同富裕研究院。研究院被定位为校级新型智库并致力于建成专业高端智库，以服务中央和地方决策、发挥智库资政和决策建议功能为宗旨。自成立一年多来，中国矿业大学（北京）共同富裕研究院在院长杨璐璐教授的带领下，组建团队，以农村土地问题为突破口，开展了对宅基地制度改革推动共同富裕相关问题的研究。

“农民和土地的关系”这一历史性话题决定共同富裕总体走向，并直接影响其目标的实现。2022 年 10 月，党的二十大报告指出：“深化农村土地制度改革，赋予农民更加充分的财产权益。保障进城落户农民合法土地权益，鼓励依法自愿有偿转让。”党的二十大报告对深化土地制度改革问题的强调与共同富裕一脉相承。因为，共同富裕进程是一个需要土地、人口、资金、技术等发展要素在城乡之间自由且合理有序流动的动态过程。当前，农村建设用地中 70% 是宅基地，大约有 13 万平方千米，这是亟待唤醒的巨大“沉睡”资源，承载着带动生产要素在城乡之间自由流动的重任。

现阶段在新型城镇化战略的推进中，许多进城落户农民在城市安家，但仍保留农村宅基地、住房，作为进城失败的“退路”和“养老保障”，以增强进城安全感，这也导致大量农村宅基地和农房闲置。解决闲置宅基地和闲置农房再利用问题，是推动“钱、地、人”等要素在城乡间双向流动的着力点。

为进一步解决闲置宅基地利用问题，继 2015 年第一轮“三块地”改革试点探索之后，2018 年中央一号文件提出探索宅基地所有权、资格权、使用权“三权分置”的重大改革部署，消解和打破宅基地“两权分离”架构下宅基地使用权的身份性居住保障权和物权性财产权“两权复合”的制约矛盾。2020年，中央全面深化改革委员会第十四次会议审议通过了《深化农村宅基地制度改革试点方案》，农业农村部发布了《农村宅基地制度改革试点工作指引》，在全国104个县和3个地级市推进新一轮“宅改”试点，体现了党中央、国务院对深化宅基地产权制度改革工作的高度重视。

各试点地区尊重农民主体地位，发挥集体的成员资格行动优势，因地制宜探索出了一系列鼓励退出、盘活利用、城乡合作建房、跨村镇建房、规范管理、历史问题处置、有偿使用的制度成果，形成了促进产业发展、集体经济壮大、农民增收、住房条件改善的发展路径和乡村治理经验，涌现了一批利用宅基地改革契机推动乡村振兴的典型案例。宅基地制度改革已然成为推动共同富裕的动力源，不仅为乡村发展提供落地空间，还对于推动土地、人口、资本和技术等发展要素在城乡之间自由流动和整合重组具有重大推动作用，是撬动乡村产业投资、集体经济发展、农民增收、村貌村居建设等乡村振兴的“制度轮轴”。在产业落地空间、基层自治、社会保障、村庄建设、乡风文明等方面为乡村振兴提供土地红利，扎实推进共同富裕。

这些鲜活的地方实践是研究共同富裕的样本和圭臬。如何通过农村宅基地制度改革发挥实现共同富裕的土地红利，迫切需要理论和实证研究成果支撑。共同富裕研究院以新一轮宅基地制度改革为研究起点，深入实践，呈现了试点地方在破解上述问题中，摸清“家底”，对历史问题进行处置，规范建房审批、优化监管制度、做好村庄规划的实践探索和改革经验。共同富裕研究院对湖南省宅基地制度改革创新进行全面梳理，呈现了少数民族村寨、经济发达地区、丘陵地区、平原地区等不同区域的宅基地制度改革模式，梳理出“数字智治”“规划引领”“化散为聚”“市场放活”“规范使用”“收益共享”等多种改革经验。在试点改革新部署、新方案、新实践的语境下寻找问题和解决路径，更新了该领域学术研究的问题起点和认知高度，为破解宅基地管理体制机制瓶颈提供了全面的科学认知。从最新的地方探索实践中研判宅基地产权制度改革和管理优化策略，功不可没。

《共同富裕智库报告（第一卷）——湖南省农村宅基地改革新实践》一书正是研究团队对上述研究工作的一个集大成。希望本书的正式出版，既能为中央及有关政府部门决策提供参考，也能为不同的地方宅基地改革实践提供镜鉴，更能为智库如何服务中央和地方决策与实践开启新路。

中国社会科学院农村发展研究所党委书记、研究员
中国矿业大学（北京）共同富裕研究院学术委员会主任

2023年2月10日

目录

CONTENTS

共同富裕智库新论 / 湖南宅基地改革

CHAPTER 01

共同富裕智库新见 / 宅基地盘活利用

CHAPTER 02

共同富裕智库新识 / 农村住房保障

CHAPTER 03

共同富裕智库新思 / 宅基地使用权流转

CHAPTER 04

共同富裕智库新鉴 / 宅基地规范管理

CHAPTER 05

共同富裕智库新论

01

湖南宅基地改革

湖南探索“五大创新”树立宅改新标杆

杨璐璐[①]

党的二十大报告明确提出“深化农村土地制度改革，赋予农民更加充分的财产权益。保障进城落户农民合法土地权益，鼓励依法自愿有偿转让”。宅基地是农民重要的土地资产。在农民大规模城镇化的发展阶段，出现大量农村宅基地和农房闲置的现实情况，造成社会资源的巨大浪费。而当前进入农业产业化发展和乡村振兴的关键历史时期，“地”是关键性要素，是产业发展的基础，需要构建存量闲置宅基地再利用的机制，顺应市场经济体制改革的要求，需要做大物权属性，强化使用权的处分权能。本书课题组从东部、中部、西部 4 个省份 14 个县（市、区）的抽样调研显示：农民流转意愿较高，达到 63%，一方面，农民对宅基地的住房保障需求没有减弱，另一方面，农民对宅基地已经产生了财产权益需求，其看重的不仅仅是流转的直接收入，更是想通过参与开发分享增值收益。“三权分置”改革通过产权分置，减少宅基地使用权的身份性对物权性的“绑架”，使用权放活赋予了农民更充分的土地财产权，让农民实实在在从土地财产权中找到了“归属感”“获得感”，获得与城市居民同等的城乡改革与土地发展的红利。同时通过资格权的设置，要求宅基地使用权的分配及保有主体被限制为本集体经济组织成员，设置了土地市场边界，有利于防止使用权放活后出现宅基地买卖、农民土地权益流失等情况，保护农民的土地权益。

围绕探索宅基地所有权、资格权、使用权分置实现形式，2020 年启动了新一轮农村宅基地制度改革试点工作。湖南省按照中央及农业农村部的部署要求，围绕“五探索、两完善、两健全”，积极探索，稳慎试点，“以发展眼光谋划，以创新精神引航，以实践探索检验，以群众利益为本源”，坚持高位推动，强化组织保障，夯实基础工作、发挥农民群众主体作用、因地制宜聚焦重点，扎实推进浏阳市、汨罗市、宁远县、凤凰县四个县（市）农村宅基地制度改革试点工作，取得阶段性成效，通过“五大”创新，淬炼经验，努力建立全国宅改地区标杆。

---

① 杨璐璐，中国矿业大学（北京）共同富裕研究院执行院长，教授，博士生导师。

一、体制机制不断创新，常态化治理与运动式治理相结合，解决基层政策执行难题

（一）系统谋划、聚焦重点，因地制宜部署改革内容

围绕农业农村部要求的九项试点内容，湖南省结合区域特点确定试点地区和试点内容，一方面，把“两完善、两健全”内容作为“规定动作”；另一方面，各试点区域结合自身优势，因地制宜选择“五探索”，改革亮点突出。浏阳市发挥县域经济发达优势，重点探索使用权流转机制，围绕异地安置，形成使用权跨村组流转、城乡合作建房、集中居住的实践，“两权”抵押经验及“风貌管控 +”的闲置盘活模式。凤凰县结合湘西民族地区、旅游景区特色条件创制了省内第一张资格权凭证，并已完成全部农户发放，重点探索传统民居盘活闲置和文旅产业融合发展。宁远县属于湘南丘陵地区，是传统农业主导区，重点探索自愿有偿退出机制，注重分类施策盘活农村闲置宅基地资源。汨罗市属于洞庭湖区，区位优势明显，重点探索宅基地有偿使用，形成退出整治和集中居住的实践。

（二）高位推动、顶格部署，破除改革阻力、加强规范引导

中共湖南省委、省政府高度重视，把农村宅基地制度改革作为一项重要的民生工程来抓，中共湖南省委常委会会议、省政府常务会议多次听取相关工作情况汇报，中共湖南省委、省政府主要领导和分管领导多次专题调度，进行部署安排。4 个试点县（市）均成立由党政主要领导任组长、分管领导负责的领导小组，坚持把改革试点作为“一把手”工程。2021 年 3 月，中共湖南省委、省政府批复试点方案，明确了宅基地制度改革试点的时间表、任务书、路线图、责任制。

（三）专事专班、合力推进，发挥运动式治理优势

一是组建“三级专班”体制。四个试点县（市）从农业农村部门、自然资源部门和乡镇抽调十余名精干力量组建工作专班，抽调人员与原单位工作脱钩进行集中办公，专职全程负责改革试点日常工作。各承担试点任务的乡镇、村组均成立由党政主要领导挂帅的试点工作领导小组和工作专班。

二是联动部门力量。在试点工作领导小组的领导下统筹各个部门力量，在明确职能职责的基础上，加强协调配合，协同推进试点。浏阳市共有 5 个市直部门和 24 家相关单位参与试点改革，在其推进改革的七项工作目标中，明确了每项工作目标的牵头单位和配合单位。汨罗市、宁远县和凤凰县要求县直相关部门各负其责、紧密协作，分别有 19 个、26 个和 14 个部门联动参与试点改革。

三是建立“县—乡—村”三级联动机制，坚持“三级书记”抓，层层压实责任。宁

远县建立“县级领导联镇联村”工作机制，联系乡镇和分管农口系统的县级领导每人联系一个试点乡镇、一个试点村。汨罗市构建了“市主导、镇主责、村主体”的宅基地联动管理机制。

四是建立四层会审制度。对拟出台的政策文件扎实开展四个层面的会审：由法制办组织律师、专业技术人员会审，县农业农村局会同住建部门、自然资源部门等相关业务部门会审，召集宅基地制度改革试点工作领导小组成员单位会审，报请农业农村部农研中心会审。

（四）建立调度、信息、督查、考核工作机制，不断激活工作积极性

中共湖南省委农办、省农业农村厅建立分片联系包干机制，由厅级领导带队，定点联系和督促指导改革试点县工作。把改革试点工作纳入党委、政府重要议事日程和年度重点改革事项、督查计划、绩效考核内容，推动改革试点落实落地。四个试点地区分别建立了包括调度、信息、督查、考核等方面的工作制度，将宅基地制度改革纳入年度绩效考核，提高重视程度。浏阳市采取了特色的“五纳入”工作方式，将宅基地制度改革纳入年度重点事项、督查计划、绩效考核、财政预算、干部培训。汨罗市建立了领导小组例会制度、检查指导制度、监督考核制度，将农村宅基地制度改革试点工作纳入乡村振兴和年度绩效考核，发挥人大、政协、纪检监察和督查部门作用，市本级每月开展一次明察暗访，每季度进行一次检查验收，重点检查违规审批、监管缺位和违法建设等情况。宁远县建立了坚持“一周一调度、一旬一督查、月底结账”的常态化督导机制，将农村宅基地制度改革试点工作纳入试点责任单位领导班子及成员执行力考核的重要内容，建立县级领导联镇联村工作机制，联系乡镇和分管农口系统的县级领导每人联系一个试点乡镇、一个试点村，对试点乡镇（街道）和试点村进行督导。凤凰县建立了每月组织推进、交流和调度的工作机制，试点工作信息报送制度和试点工作督查制度，编发一月一刊的《督查通报》，做好督查资料的整理、归档及保管工作。

（五）配备人员资金技术，全面保障试点工作有序推进

采取增加经管站人员、配套资金、外聘技术等方式，强化试点工作保障，确保了试点工作“有人管事”“有钱办事”“有技术支撑”。湖南省财政厅加大对改革试点工作的支持力度，落实工作经费 1050 万元。试点县（市）2021~2022 年上半年合计安排财政资金 1.3 亿元以上，专项支持试点工作。宁远县注重县乡农经队伍，一次性为县农经站增加人员编制 15 名，为乡镇（街道）共配备 82 名乡镇农经工作人员。聘请农业农村部农研中心知名专家组建宅改试点专家组，发挥政策咨询和指导作用，全面保障试点工作有序推进。

（六）建立横向到边、纵向到底的责任体系，确保改革任务按进度推进

一是强化属地责任，明确各乡镇人民政府为实施直接责任主体，负责组织开展实施试点工作，村集体经济组织要充分发挥村民自治作用，成立村民建房理事会，协助乡镇（街道）和村（社区）搞好村民建房的用地管理和日常巡查等相关工作，充分发挥村民自治作用。

二是四个试点地区均建立了责任落实机制，将责任分别细化到部门、乡（镇）和村组。采取的“一清单”做法，将年度目标任务和重点工作层层进行分解，详细规定了各级各部门的工作任务和责任，明确完成要求和时间进度，建立了一个横向到边、纵向到底的责任体系，做到责任环环相扣、压力层层传递，确保人人肩上有责任、个个身上有任务。

二、工作方式不断创新，领导挂帅与广泛动员相结合，提升宅基地管理水平

（一）科学设计，审慎政策制度制定

在中共湖南省领导亲自推动下，省农业农村厅牵头组织省直有关单位，聘请国家部办委和科研院所相关专家教授组建专家组，深入 4 个试点县（市）、34 多个乡镇，156 个行政村开展调研，访谈农户 6489 户。通过调研全面评估政策落实情况、实施效果、社会满意度、获得感等，摸清改革中存在的问题、薄弱环节及其原因，有针对性地提出改进措施。经过开展工作调研、专家论证、广泛征求相关市直单位和部分乡镇街道分管负责人和村组农户意见后，制定的制度文件才予颁布实施。

（二）镇村主体，细化具体可行办法

乡镇干部在制度实施过程中，充分发挥主观能动性，坚持实事求是，紧紧把握改革方向，结合地方实际，研判工作难度，确定工作目标，形成目标导向的工作方法。汨罗市桃林寺镇在对村民宅基地面积详细摸底的基础上，制定出让少部分超面积建房的群众交钱、让 100% 的群众受益的工作目标，以目标为导向，以公平正义为出发点，分解改革任务，确立超面积收费范围和阶段性收费标准，既达到了宅基地有偿使用的目的，将工作难度控制在合适的范围，又保证了农村的社会稳定。汨罗市罗江镇通过解剖“麻雀”的方式，选择最具有代表性和典型性的村庄，“每日两会”推进改革，晚上与群众召开“户主会”宣讲政策，早上镇村两级干部召开“碰头会”汇总问题、讨论解决办法，不断完善改革方案。

（三）民意优先，发挥群众首创精神

构建基层自治网络，在自治、法治、德治的基础上，汨罗市桃林寺镇三新村结合乡

村实际，鼓励群众参与，运用信息技术手段，创新乡村“五治”方案。形成“政治＋带头人”“法治＋明白人”“德治＋好模范”“自治＋志愿者”“智治＋互联网”的乡村治理网络，党员和村干部带头，了解法治的村民宣讲法律、解读政策，以道德模范为榜样，广大村民自愿参与，以互联网等技术手段为支撑，在群众中形成传帮带的氛围，发动群众参与到宅改中来，发挥主体作用。汨罗镇武夷山村为提高群众参与度，以“党建＋社团”为引领，在村党支部的带动下，村里相继成立了老年协会、红白理事会、矛盾纠纷调委会等 9 个协会、社团，以及若干个文体小组，吸引 3500 多名村民参与其中，形成村民“人人进社团、事事有人管”的良好氛围。宁远县组织乡村“五老”管风貌，由农村党支部牵头组建村民建房理事会，理事会成员主要由乡村“五老”（老党员、老干部、老教师、老代表、老乡贤）担任，明确凡村民建新房必须按“五老”提供的《农村建房通用图集》设计施工，由“五老”上门监督建筑风貌是否达到设计要求，层高和建筑面积是否超标。浏阳市制定《浏阳市民主管理宅基地村规民约》，各村成立宅基地管理理事会，切实增强农村宅基地管理的透明度、民主度。强化村级民主决策程序，对城区、园区规划范围外的土地，坚持“能不征地就不征地、能入市就入市”原则，入市事项由农民自主确定、集体表决，实现“农民自己的事情自己决定”。

（四）广泛动员，营造改革浓厚氛围

中共湖南省委农办、省农业农村厅编印农村宅基地管理法律法规政策口袋书 1 万余册，并制作音视频广泛宣传。四个试点县市均举办了培训班，培训业务骨干。汨罗市举办宅基地管理和改革工作培训班 9 场次，培训乡镇专班、相关部门单位、村组干部共计 165 人次。宁远县已培训县、乡（镇、街道）、村宅改工作人员 5310 人；同时，深入进行宣传发动，充分利用电视、报纸期刊、微信群、双语广播、横幅标语、小视频等营造良好改革氛围；印制《农村宅基地管理法律政策问答》，强化政策学习。汨罗市罗江镇首创“罗江夜话”户主会，乡镇干部以“冬夜围炉夏纳凉、春秋话家常”的形式与群众交流，全体乡镇干部分成包村小分队，下沉到村庄，以屋场为单位开展“夜话”，仅 2021 年就召开 500 余场，搭建与群众平等对话的平台，宣传改革政策、了解群众诉求和意见，打通民意和政策之间的桥梁。宁远县全面推行“堂屋夜话”制度，组织党员干部每周至少 1 次深入村组农户，利用夜晚农闲时间边向农民群众了解民情诉求，边宣讲“一户一宅”政策，让宅改政策入脑入心。

（五）党建引领，发挥带头作用

通过“支部引领、市场引导，党员带头、能人带动”“双引双带”模式，充分发挥基层党组织的引领作用、党员的带头作用。基层党组织指导村级组织通过成员会议或成员代表会议，建立村集体对宅基地取得、使用、退出以及抵押担保等的审核管理制度和收取、管理、分配、使用宅基地收益的制度。基层党员“亮身份、亮承诺、亮形象”，带头宣传宅改政策、带头退出多占宅基地、带头拆除超出面积、带头缴纳有偿使用费、带头做好亲朋好友思想工作、带头强化监管，带动人民群众支持宅改、参与宅改，在群众中产生良好反响。

（六）试点先行，减低改革交易成本

四个试点地区针对村庄的不同现状、不同的改革经验，制定了“先行试点、以点带面”的工作方案。各试点镇村确定不同的目标任务，汨罗市在桃林寺镇开展存量超面积宅基地有偿使用收费试点，在罗江镇开展设施农业用地确权颁证试点，在汨罗镇开展规范农村宅基地管理试点，在长乐镇开展闲置宅基地盘活试点。

三、发展思维不断创新，坚持底线原则与要素放活、统筹保障和发展两大目标

（一）坚持“四条”底线，保障农民土地权益

一是坚持耕地红线，村庄规划预留新增住房建设用地空间和指标的同时，严守耕地保护红线，严控农地转用，落实占补平衡，先补后占；对建新拆旧或集中拆除腾退出来的宅基地，符合复垦条件的，优先运用增减挂钩政策复垦为耕地，对不具备复垦价值的实施复绿。二是坚持保障农民基本居住权，“空心村”改造腾退出来的土地优先用于满足农民新增宅基地需求；凤凰县资格权认定继续保留进城落户为农民的资格权。三是坚持宅基地盘活中农民土地权益，制定暂缓退出的重获机制，鼓励入股、合营等宅基地使用权流转方式，共享产业发展收益。四是坚持先审批后办理，完善审批管理方式，凤凰县在“六大审批程序”的基础上，增加“复核”程序，建立联审联办制度。

（二）夯实基础工作，扎稳宅改工作科学根基

试点县（市）抓紧抓实基础信息调查、“房地一体”确权登记颁证、村庄规划编制、历史遗留问题处置等工作，为推进面上改革奠定了坚实的基础。目前，四个试点县（市）房地一体确权登记颁证基本完成，宅基地基础信息调查完成率达 98%，且均开展了农村宅基地数据库建设。根据《湖南省人民政府办公厅关于加强村庄规划工作服务乡村振兴的通知》（湘政办发〔2021〕29 号）的部署要求，四个试点县（市）加快推动“多规合一”实用性村庄规划编制。浏阳市率先实施了“市镇同步、镇村一体、乡镇连片”规划编制模式，汨罗市村庄规划编制工作全部完成，浏阳市、宁远县、凤凰县正在开展村庄规划编制扫尾工作。试点县（市）均建立了历史遗留问题台账，分类规范解决农村宅基地违法违规问题，宁远县划分“六类”历史问题，分门别类建档立册。

（三）开展制度创新，以制度点亮实践探索盲区

湖南把制度创新作为行动之本，坚持将制度创新作为“领头羊”，打通改革壁垒。湖南省政府出台了《湖南省农村住房建设管理办法》（湖南省人民政府令第299号），加强对改革试点工作的规范和引导。湖南省人民政府办公厅出台了《关于进一步加强农村住房质量安全监管的通知》，提升全省农村住房质量安全监管水平。湖南省自然资源厅、农业农村厅联合出台了《关于规范农村宅基地审批管理的通知》《关于做好保障农村村民住房建设合理用地有关工作的通知》，保障农民建房需求满足、流程合法、利用有效。市级层面出台的规范建房的意见作为历史问题处置、建房管理的上位依据。县级层面致力于从制度层面破解跨村组建房、“空心村”整治、建房空间不足、产业盘活、风貌管控等难题。浏阳市出台宅基地资格权认定与保障、使用权流转、使用权抵押、有偿退出、有偿使用、闲置盘活、收益分配、审批管理等11项制度文件；汨罗市出台涉及使用权流转、有偿退出、有偿使用、收益分配、审批管理等6项制度；宁远县建立了农村宅基地制度改革试点“1+X”制度体系；凤凰县建立14项制度，涉及所有权确权、资格权认定与保障、使用权流转、有偿使用、闲置盘活、审批管理、历史遗留问题处置等。

（四）围绕“三权分置”，积极探索“七大机制”

以农村宅基地“三权分置”实现形式为前提，围绕宅基地规范管理、多元化盘活利用、农民权益保障和基层自治“四条主线”展开实践探索。一是建立完善宅基地权益保障机制。将农村宅基地所有权确权登记到不同层级的农村集体经济组织，开展了农村宅基地资格权认定工作。浏阳市对存在历史遗留问题的允许其在缴纳宅基地有偿使用费后办理确权登记。二是建立完善退出宅基地补偿机制。鼓励进城落户及因继承、赠与或购买形成“一户多宅”的村民，自愿有偿退出闲置宅基地。三是建立完善宅基地规范管理机制。四个试点县市均出台了加强宅基地管理的规范性文件，推进宅基地审批管理关口前移、重心下移，建立了“一个窗口对外受理、多个部门联动审批、‘六到场’勘测、常态化动态巡查”的宅基地申报审批机制，强化乡镇综合执法力量。2021~2022年共审批农村宅基地2168宗，基本实现农户新增建房合理用地应保尽保、应批尽批。四是建立宅基地使用权跨村组流转、合作建房机制。浏阳市探索“跨区流转＋择位竞价＋合作建房”的住房供地模式，形成农村宅基地跨区流转三种情况，即针对宅基地选择艰难的山区、部分贫困地区、移民区域的农户获得异地宅基地使用权和落户；改善居住环境跨区流转；县域范围内农村集体经济组织成员流转。建立县域内（跨村组）取得、流转宅基地的渠道，在方式上采取择位竞价，通过产权交易平台发布农村宅基地流转供求信息进行交易，同时允许依法不享有农村宅基地资格权的城镇居民、法人或其他组织与农户合作建房。五是建立闲置宅基地统筹利用机制，对拆除腾退的宅基地进行整治开发，突

出集体统筹的作用，对大面积闲置、废弃的宅基地以及附属配套设施用地进行集中整理开发，实施“增减挂”；零散的闲置宅基地由集体收储，统一开发或原址改造，“靠山吃山、靠水吃水”，发展文旅产业。宁远县探索出“六类型”盘活利用闲置宅基地。六是探索宅基地有偿使用机制。汨罗市充分尊重群众主体地位，发挥乡镇和村两级能动性，由农村集体经济组织主导，实行阶梯式收费，逐步解决因历史原因形成的宅基地超标准占用、闲置浪费等问题。七是探索宅基地收益分配机制。明确农村集体经济组织对本集体经济组织流转的宅基地收取宅基地所有权收益金的标准，宁远县制定《农村宅基地收益分配管理指导意见（试行）》，建立农村集体经济组织收取的宅基地有偿使用费、宅基地流转和盘活利用等收益由集体成员共同分享的分配制度。

（五）坚持“保障、市场和信息化”并行，形成湖南宅改“六大模式”

以技术创新、市场创新、整治创新、项目创新、管理创新和收益创新的“五新探索”为抓手，形成湖南宅改“六大模式”，充分释放改革红利。“信息共享”建立宅基地审批监管交易信息管理平台，实现乡村要素管理“数字智治”；“规划先行”引领闲置宅基地“退”“建”“活”，实现美丽村庄建设“一张蓝图”；“化散为聚”打造节约集约用地适度集中居住的新村庄，实现村民生活“现代格局”；“市场放活”搭建土地要素多样化供给机制，保障乡村住房、产业用地的“要素活力”；“规范使用”建立集审批、巡察、执法于一体的宅基地管理机制，保障农民建房“合法有序”；“收益共享”构建集体、农民、公司之间的收益分配机制，保障土地开发农民农村“共同富裕”。

四、管理手段不断创新，硬技术手段与软思想提升相结合，推进规范高效管理体系建设

（一）聚焦“数字智治”，搭建信息平台实现信息化管理

湖南四个试点地区均建立农村宅基地统计调查制度，成立基础信息调查工作专班，开展了常态化的农村宅基地管理利用情况统计报表填报工作，采取入户调查的方式对全县域农房底数开展专项调查和补充调查，精准摸清农房底数和集体经济组织成员人数。四个试点地区宅基地基础信息调查完成率98%，正在积极筹建县域宅基地空间数据库和非空间数据库。各县坚持高新技术赋能，应用地理信息、卫星遥感、导航定位等空间信息技术集成手段，建成便民服务“一云端”、申请审批“一条链”、巡查监管“一张网”、数据管理“一个库”、综合利用“一中心”的“五个一”的农村宅基地信息共享管理平台，导入农村宅基地资格权认定、房地一体确权登记颁证、“多规合一”规划编制等相关数据，进入试运行阶段，为规范宅基地审批管理和综合利用提供平台支撑。

（二）“三化监管”，保障村民建房合法有序

“三化监管”指“数字化监管＋网格化监管＋标准化监管”。数字化监管体现在县、乡镇（街道）全面推行利用无人机、视频监控等科技手段进行动态巡查监管，及时发现农房建设违法违规问题，坚决遏制新增宅基地违法行为。建房审批通过信息管理系统平台在线完成。农户可通过 APP 在线申请建房，村和乡镇相关审批部门在线进行审批和联审联办，通过平板电脑 APP 和 GPS 硬件实行“六到场”制度的全过程监管，即选址踏勘到场、定点放线到场、基坑基槽开挖验收到场、建中巡查到场、主体结构完工到场、竣工验收到场，数据也实时上传到市里。网格化监管体现在监管环节建立“网格监督、村组管理、综合执法、分片督导、科技支撑”相结合的网格综合监管体系，做到“事前、事中、事后”全过程审批监管。建立“包干＋巡查＋执法”的宅基地监管机制，组干部、共产党员、县、乡镇（街道）人大代表、党代表包户；村“两委”干部包组；乡镇（街道）班子成员包片区；乡镇长（街道办主任）负总责；县级领导包联系乡镇（街道）。标准化监管体现在强化村民建房施工安全监管，县住房和城乡建设局为建筑工匠免费提供培训、“石匠资质”认证，建立信用档案。凤凰县住房和城乡建设局开展“工程师”“设计师”下乡，成立农村建房质量与建房工作领导小组和联系乡镇责任制体制机制。

（三）纳入村规民约，改变群众宅基地私有观念

长期以来，农民宅基地私有观念根深蒂固，人们普遍认为宅基地是传承下来的，属于私有财产，别人无权过问，受封建思想影响，新建住房过度依赖“风水先生”，建房规划意识淡薄，多占少用，难以盘活。试点村发挥村民自治作用，学习《湖南省村民自治条例》，经支部委员会提议，由村务监委会、小组组长、党小组长、退休干部、学校、司法所、驻村队等多方商议制定村规民约，将宅基地改革内容纳入，引导村民严格执行“规划先行、先批后建、一户一宅、适度集中、面积法定”的审批要求和建房“八不准”。村两委通过宣传册、广告牌、张贴标语等方式宣传农村宅基地相关政策，召开村级工作部署会、户主会进行政策宣讲。通过“党建＋志愿者”的行使，组织政策宣讲、文明劝导，提高群众按规申报、依法建房的意识，改变群众对“宅基地不是祖业、是集体资产”的观念。

五、服务目标不断创新，宅改与村庄发展协同，推进凝聚乡村振兴发展动力

（一）打造现代居住小区

围绕闲置宅基地退出、新建住房刚需矛盾，探索布局富有湖南地域特色和乡土人情的村民集中居住点，进行建筑风貌管控，引导村民建设主体建筑安全适应、外墙风貌美

观大方的农村村民住宅。沿溪镇沙龙村蝴蝶花园现代化小区总规划面积15.6公顷，建成村民别墅86栋，住户413人，安装太阳能庭院灯48盏，绿化面积4.2公顷①，新建了集休闲、娱乐、健身于一体的蝴蝶广场，标准化篮球场、羽毛球场、体育健身器材、社区文化宣传栏、文创中心，蝴蝶花园小区建筑整齐划一、管理规范统一，小区环境优美怡人、文明风尚深入人心，先后获得浏阳市美丽屋场、绿色小区、幸福屋场等荣誉称号。汨罗市汨罗镇武夷山村探索了城镇开发边界内农村居民点改造新模式，按照“统一规划、统一设计、统一配套建设、统一景观式样、统一外墙装饰、统一施工管理”的原则，新建集中别墅式住宅467栋。做到强弱电入地、水电气进户；强化生活污水处理，分户建设三格式化粪池处理，雨污分流，解决村组环境、建房、设施等问题，腾退宅基地459亩，流转土地近1000亩②，打造美丽、宜居的现代化小区。

（二）盘活闲置资源，发展新产业、新业态

各地积极探索闲置宅基地、农房盘活利用途径，发挥宅基地制度改革培育产业、联动产业，提升产业的土地要素功能。截至2022年7月，课题组调查数据显示：湖南省浏阳市、汨罗市、宁远县、凤凰县四个试点地区共有宅基地78万余宗，总面积678310余亩，已盘活6009宗，盘活总面积860余亩。形成八种盘活模式：①“空心村”改造模式，将空心房拆除后复垦复绿后置换成增减挂指标、建设公共基础实施、产业发展区、集中居住区等，美化乡村环境；②点状原址改造模式，浏阳市古港镇宝盖寺村将闲置宅基地租赁给旅游公司打造休闲度假民宿；③街区整体打造模式，汨罗市长乐镇对长乐古街旧房、危房等历史建筑修缮加固，将街区内部分闲置宅基地出租，引入社会资本，打造成为一条商业步行古街；④文旅产业打包综合原址开发模式，宁远县湾井镇周家坝村、下灌村引入县文旅集团，打造乡村旅游项目，带动闲置宅基地盘活，打造恐龙主题公园、特色民宿、农家乐、酒庄等；⑤集体统一收储出租模式，汨罗市汨罗镇瞭家山社区将闲置宅基地集中统一收储到合作社，合作社进行招商出租，打造“罗城故事”网红打卡农家乐；⑥村庄建设提质模式，宁远县柏家坪镇大路尾村利用腾退出来的闲置宅基地，兴建村级公园、文化休闲广场和篮球场、健身场所等；⑦整村旅游开发模式，浏阳市梅田湖村紫阳湾幸福屋场依托省级移民整村推进产业发展项目，打造了紫阳湾移民合作景区；⑧规模化退出发展民宿模式，凤凰县廖家桥镇拉豪村对村内13处闲置民居进行改造，开发特色“拉豪·森林民宿”，浏阳市古港镇宝盖寺村将20多户农户闲置农房进行整修和改造升级，统一经营民宿项目。这八种模式盘活产业涉及民宿农家乐、文化公园展藏、研学、加工经营、景区及传统村落旅游、健康养老、电子商务、新型流通等新业态。

---

①② 相关数据由浏阳市沿溪镇沙龙村村委会提供。

（三）建设美丽乡村

引导农民结合农村人居环境整治提升行动，按照“宜建则建、宜耕则耕、宜绿则绿”的原则，抓好农村“空心房”和旧房子改造提升，建设宜居村庄，提升村居环境。浏阳市张坊镇田溪村54栋农村居民房屋改造后，白墙黛瓦、客家风韵，并绘以风景、民俗、社会主义核心价值观等墙画，有效植入“旅游+”“生态+”“文化+”等模式，串点连线成片打造美丽宜居村庄，全方位提升村民居住环境和精神文化生活。汨罗市应“拆”尽拆，提质环境，结合农村“四房”整治，拆除“空心房”368万平方米，鼓励村民将零散地用于建设生态菜园、休闲游园。马桥村村民们集思广益，将拆除后的空地打造成生态菜园，用山中的竹子、竹枝以及空心房拆除时留下的檩子、瓦条、废砖等废料做成菜园围栏，建成生态菜园80余个，面积达40余亩。宁远县依法有偿收回农民闲置宅基地，整合周边闲置地集约利用，兴建公用停车场、休闲广场、公园等公益设施，改善农村生产生活条件，优化农村人居环境，全县共拆除旱厕、空心房1.8万座140万平方米，建成村庄绿地、小游园和乡镇公园345处①，推动了乡村人居环境持续绿化、美化、序化。

（四）促进集体经济壮大

湖南对宅基地盘活的逻辑不是单纯鼓励拆建，而是以产业开发为依托，围绕产业项目进行建设用地、林地、宅基地、农地等综合产业打造，而宅基地作为建设用地，成为二产、三产投资的重要载体，因此对集体经济壮大的带动效果显著。首先，通过收益分配机制改革，单纯的宅基地使用权租赁方式中，集体从宅基地和农房流转中提取10%~30%的集体收益金；其次，集体统一整治收储发展产业的方式中，集体获得土地开发、用途转变的增值收益；再次，村集体经济组织、村民、企业合营方式中，集体可以按股分红；最后，试点地区有偿使用费制度改革，获得集体经济收入的同时，利用这笔资金“以奖代投”，撬动3~10倍的社会资金，成为产业发展、基础建设、公益事业的重要“源头活水”，增加了村级集体经济收入。凤凰县2021年盘活利用闲置宅基地368宗56亩，传统村落村集体资源入股年收益达5万～30万元。宁远县共流转闲置宅基地1772宗近227.8亩，增加村集体收入4301万元。②

（五）实现农民农村共同富裕

宅改和市场放活为村民建立了流转土地资产性收入、合作经营入股分红、集体经营

---

① 相关数据由宁远县宅改专班提供。

② 相关数据由凤凰县、宁远县宅改专班提供。

收益集体内部分红、就业收入、餐饮民宿自营五个增加收入的路径。浏阳市古港镇梅田湖村以“村镇＋公司＋农户”的模式盘活闲置宅基地和农房，村民占股39%，村集体经济组织占股40%，打造了“两园三基地”的体验项目，农户既是股东，也是服务员、安全员、生活老师。公司每年分红一次，村民每年分红20万~30万元。宁远县大凤村以宅基地资源与文旅集团合作开发建设“地球仓”民宿、游客休闲中心，多次举办“舜耕田园，多彩大凤”系列趣味农耕文化活动，引进山地攀岩、农事体验、户外拓展等旅游体验项目，2021年全村乡村旅游共接待游客18000余人次，实现旅游收入近30万元，村民人均收入达到10800元，是2010年的2.7倍[①]。凤凰县廖家桥镇拉毫村“拉毫·森林民宿”、麻冲乡竹山村“竹山乡居”旅游、江镇雄龙村“凤栖山居”等旅游和民宿产业，直接带动当地就业岗位251个，每年村民收入在4000元以上[②]。将改革红利直接“装进”农民的腰包，大大增强了农民的获得感、幸福感。

① 相关数据来源于大凤村实地调研时对村干部的访谈。

② 相关数据来源于在拉毫村实地调研时对村干部的访谈。

湖南宅基地制度改革赋能乡村振兴的“六种模式”

杨璐璐[①]

中央全面深化改革委员会第十四次会议审议通过的《深化农村宅基地制度改革试点方案》强调，新一轮农村宅基地制度改革通过宅基地“三权分置”还权赋能，将在产业落地空间、基层自治、社会保障、村庄建设和乡风文明等方面为乡村振兴提供土地红利。湖南省在2015年第一轮宅基地制度改革工作中以浏阳市为试点，探索出“政府主导、群众参与、市场运作”的宅改新路径。2020年新一轮农村宅基地制度改革试点工作启动后，湖南省继续发挥改革主动性，勇立潮头、开拓进取，将试点范围扩大到浏阳市、汨罗市、宁远县、凤凰县四个地区，各试点地区因地制宜正确定位，制定试点方案和任务清单，完善制度体系，实化改革举措，围绕宅基地规范管理、多元化盘活利用、农民权益保障和基层自治“四条主线”，形成“数字智治”“规划引领”“化散为聚”“市场放活”“规范使用”“收益共享”的“六种宅改模式”，使宅基地改革试点与乡村振兴融合推进，充分释放改革红利。

一、“信息共享”建立宅基地审批监管交易信息管理平台，实现乡村要素管理“数字智治”

建立农村宅基地综合监管平台，实现大数据动态监管。湖南四个试点地区均建成县级农村宅基地信息共享管理平台，将农村宅基地资格权认定、房地一体确权登记颁证、“多规合一”规划编制、基础信息调查等相关数据导入，该平台集成地理信息、卫星遥感、导航定位、无人机等空间信息调查技术手段，包括“三权分置”管理系统、“一张图”GIS管理系统、宅基地审批管理系统、宅基地执法监管系统、宅基地有偿使用管理系统、宅基地资源有偿退出管理系统、宅基地收益分配管理系统、竞价管理系统、抵押贷款管理系统等18个模块。形成便民服务“一云端”、申请审批“一条链”、巡查监管“一张网”、数据管理“一个库”、综合利用“一中心”的“五个一”的大数据统一管理，

---

① 杨璐璐，中国矿业大学（北京）共同富裕研究院执行院长，教授，博士生导师。

为规范宅基地审批管理和综合利用提供平台支撑。

建立产权交易市场平台。汨罗市成立县级农村产权交易中心，依托乡镇（街道）设立乡镇（街道）服务站及村级交易服务室，形成市、乡、村三位一体的市场体系，在全市推行统一监督管理、统一交易系统、统一信息发布、统一交易规则、统一交易流程、统一收费标准、统一交易鉴证、统一交易结算的“八统一”整体运营标准，开展农村产权交易一站式服务。

建房审批通过信息管理系统平台在线完成。申请建房农户可通过APP在线申请，村和乡镇相关审批部门在线进行审批和联审联办，通过平板电脑APP和GPS硬件实行“四到场”制度的全过程监管，数据也实时上传到市里。实现“一个窗口对外受理、多部门内部联动运行”，简化审批流程，方便群众办事，做到“不见面审批、最多跑一次”。

二、“规划先行”引领闲置宅基地“退”“建”“活”，实现美丽村庄建设“一张蓝图”

规划引领既是湖南宅改走在全国前列的法宝，也是湖南宅改充分发挥政府主导作用的体现。试点一年时间，村庄规划编制完成比例达到80%以上。规划编制模式步调一致，根据集聚提升、城郊融合、特色保护等不同村庄类型分类编制，浏阳市实施“市镇同步、镇村一体、乡镇连片”的规划编制模式。规划内容切实可行，在新规中坚持“多规合一”的原则，严格控制建筑面积，加强空间距离管控，农房风貌管控，制定农村住宅设计风格推荐图，预留新增用地空间。规划成果实际运用方面，将村庄规划作为闲置、超标宅基地退出、新建住房审批、规范管理的依据和抓手。

在闲置宅基地退出方面，汨罗市长乐镇青狮村按照新规划退出破旧残破房、空心房及围墙，复垦复绿，用于停车场、休闲广场、公园等公益设施，优化农村人居环境。在农民建房方面，浏阳市、汨罗市打造的集中居住点建设均坚持依据规划统规统建。在闲置宅基地盘活再利用方面，充分发挥“规划先行”的作用，以“美丽屋场”激活“美丽经济”，充分发挥村庄建设对产业振兴的促进作用、助推乡村产业高质量发展，形成了具有鲜明特色的“闲置农房+社会资本+风貌管控”的湖南农房盘活模式。

三、“化散为聚”打造节约集约用地适度集中居住的新村庄，实现村民生活“现代格局”

围绕闲置宅基地退出、新建住房刚需矛盾，湖南在充分尊重农民意愿，不强制农民搬迁和“上楼”，不提倡、不鼓励在城市和集镇规划区外撤并村庄建设大规模的农民集中居住区的前提下，探索布局富有湖南地域特色和乡土人情的村民集中居住点。同时，率先在全国提出“村民建房建筑风貌管控”，引导村民建房按住建部门设计图集和外墙装修要求进行主体建设和室外装修，建设主体建筑安全适应、外墙风貌美观大方的农村村民住宅。形成了集“农房风貌管控、闲置宅基地和农房盘活、村民适度集中居住、城乡合作建房”于一体的“湖南村庄建设模式”。

浏阳市达浒镇长丰村、大围山镇东门村、高坪镇高坪村、北盛镇拔茅村四个集中居住示范点，引导不宜居住的山区、库区、矿区“三区”移民300余户入住，保障居住权益，节约用地100余亩。沿溪镇沙龙村蝴蝶花园现代化小区总规划面积15.6公顷，建成村民别墅86栋，住户413人。荷文公路完成沿线37千米、480栋农房的风貌改造，被誉为“湖南最美乡村公路”。张坊镇田溪村54栋农村居民房屋改造后，白墙黛瓦、客家风韵，并绘以风景、民俗、社会主义核心价值观等墙画，有效植入“旅游+”“生态+”“文化+”等模式，串点连线成片打造美丽宜居村庄，全方位提升村民居住环境和精神文化生活。

汨罗镇武夷山村农民建房刚需大，但因处于城镇建设区内，无法获批新的建房地，探索了城镇开发边界内农村居民点改造新模式，集中打造建房点，规划布局“化散为聚”，遵循“规划先行、先批后建、按图建房”原则，通过统一图纸、统一设计展现、统一风貌，解决村组环境、建房、设施等问题，腾退宅基地459亩，流转土地近1000亩。

四、“市场放活”搭建土地要素多样化供给机制，保障乡村住房、产业用地的“要素活力”

湖南省积极探索“三权分置”，创制资格权和使用权证认定凭证，明确产权关系，充分利用使用权流转制度、抵押制度、有偿退出机制和有偿使用制度的宅基地制度改革探索空间，形成“跨区流转+择位竞价+合作建房”的住房供地模式；“土地+资本”的集体经济发展模式；“有偿使用”的历史问题处置模式；“腾退指标+集体收储”的闲置土地整治模式。

一是形成“跨区流转+择位竞价+合作建房”的住房供地模式。浏阳市针对宅基地选择艰难的山区、部分贫困地区、移民区域的农户获得异地宅基地使用权和落户，改善居住环境跨区流转，县域范围内农村集体经济组织成员流转三种情况，建立县域内（跨村组）取得、流转宅基地的渠道，在方式上采取择位竞价，通过产权交易平台发布农村宅基地流转供求信息进行交易，异地集体成员可以通过有偿使用的方式跨村组使用宅基地建房。同时允许依法不享有农村宅基地资格权的城镇居民、法人或其他组织与农户合作建房。

二是形成“土地+资本”的集体经济发展模式。以出租、出让、入股、合作、自营等方式发展乡村旅游、餐饮民宿、文化研学、游乐园等项目，盘活主体以多主体参与的合作经营方式为主，既有以村委会牵头，农民强强联合的自筹联合开发模式，也有与社会资本（旅游公司）合作联合开发模式，比如“村镇+公司+农户”模式。汨罗市长乐镇长乐古街、青狮村飞翔伞项目，汨罗镇“罗城故事”网红打卡农家乐，浏阳市张坊镇田溪村“松山屋场”农耕文化研学、“紫阳湾移民幸福屋场”亲子游乐园，凤凰县麻冲乡竹山村传统苗族村落“竹山乡居”旅游景区等已经成为全国乡村振兴的示范典型。同时，浏阳市农商行拓展农村宅基地使用权和农民住房财产权抵押贷款业务，有力地保障了农民发展相关产业的资金需求，促进了全面乡村振兴事业发展。

三是形成“有偿使用”的历史问题处置模式。宁远县细分六类历史问题，超占超标纳入有偿使用轨道。汨罗市充分尊重群众主体地位，发挥乡镇和村两级能动性，由农村集体经济组织主导，实行阶梯式收费，逐步解决因历史原因形成的宅基地超标准占用、闲置浪费等问题。

四是形成“腾退指标+集体收储”的闲置土地整治模式。湖南突出土地整治和集体统筹的作用，对大面积闲置、废弃的宅基地以及附属配套设施用地进行集中整理开发，实施“增减挂”；零散的闲置宅基地由集体收储，统一开发或原址改造，靠山吃山靠水吃水，发展文旅产业。

五、“规范使用”建立集审批、巡察、执法于一体的宅基地管理机制，保障农民建房“合法有序”

湖南宅改工作始终坚持以保障农民土地权益为根本，不盲目追捧大拆大建和盲目流转土地，而是将引导村民有序规范建房作为重点工作，形成“先批后建、联审联办、责任包干动态巡查、专事执法、强化质量”的强政策环境，从行为端口遏制无序建房、乱占耕地建房、质量隐患等违建乱象发生。

审批方面建立联审联办机制。乡镇设立联审联批办公室，建立申请、受理、勘查、会审、审核、审批、复核“7环审批”程序，由镇长一支笔把控，按照户申报、村初审、镇长审批的程序，一户一档，六次到场，四轮公开，确保审批阳光进行，先批后建。

监管环节建立“网格监督、村组管理、综合执法、分片督导、科技支撑”相结合的网格综合监管体系，做到“事前、事中、事后”全过程审批监管。建立“包干+巡查+执法”的宅基地监管机制，组干部、共产党员、县、乡镇（街道）人大代表、党代表包户；村“两委”干部包组；乡镇（街道）班子成员包片区；乡镇长（街道办主任）负总责；县级领导包联系乡镇（街道），把规范村民建房纳入各级干部的绩效考核。建立常态化动态巡查台账制度和定期通报制度。建立综合执法制度，成立农村综合行政执法局，内设宅基地执法中队，负责全县域农村宅基地和村民建房巡逻执法工作，各乡镇成立了乡镇综合执法队伍，明确5~7人专门从事农村宅基地和村民住房建设管理、执法工作，并且细化行政执法程序，宁远县制定了执法“十二”步流程。县、乡镇（街道）全面推行利用无人机、视频监控等科技手段进行动态巡查监管，及时发现农房建设违法违规问题，坚决遏制新增宅基地违法行为。

湖南强化村民建房施工安全监管，县住房和城乡建设局对农村建筑工匠免费提供培训、“石匠资质”认证，建立信用档案。建房场地设立《住宅建设公示牌》，乡镇（街道）监管负责人和村两委监管负责人作为包保责任人，每天对该村民建房情况进行监管，发现问题立即制止。

六、“收益共享”构建集体、农民、公司之间的收益分配机制，保障土地开发农民农村“共同富裕”

湖南将集体经济壮大、农民富裕、乡村文化社会效益、生态效益作为宅基地制度改革的出发点。

将改革红利直接“装进”农民的腰包，大大增强了农民的获得感、幸福感。农民不仅通过宅基地和农房出租获得资产性收益，而且在“村镇+公司+农户”的合作开发模式中，获得分红收入。凤凰县探索农村闲置宅基地和农房盘活利用“三资模式”，2021年盘活利用闲置宅基地368宗56亩，实现旅游分红447.8万元；提供就业岗位457个，人均月工资2500元，村民工资年收入共1370万余元；传统村落村集体资源入股年收益达5万~30万元；仅宅改参与的乡村旅游直接带动群众就业3000人以上，实现人均增收2000元以上。①

对承载厚重历史元素的宅基地资源，实行保护优先、原址开发、修旧如旧，传承历史文化、红色基因，留住乡愁记忆。截至2022年7月，宁远县全县已开发建设14处红色文化教育基地，打造精品景点16处，筹资开发建设村使馆、农耕文化展示馆36处。凤凰县开发少数民族村落旅游路线，建设农耕文化实景体验场、乡村文化舞台、非遗传承展示展演基地，在农村土地开发中很好地保护了传统村落及其文化。

综上所述，农村宅基地制度改革事关广大农民切身利益、事关社会和谐稳定大局，湖南省以宅基地制度改革为主线，统筹空心村治理、农房改造、金融改革、集体建设用地入市等农村综合配套改革，统筹谋划协同推进美丽乡村建设、乡村振兴示范区建设，实现农村集体经济发展壮大和农民增收致富，在助力乡村振兴方面为全国打造了“湖南样板”、贡献了“湖南经验”。

---

① 相关数据由凤凰县宅改办提供。

因地制宜唤醒“沉睡”土地：剖析湖南省四个试点市（县）

杨璐璐[①]

新一轮宅基地制度改革试点启动近两年以来，各地按照中央农办、农业农村部的具体部署，对标对表，成效明显。但是也存在重点不突出、由点到面推开慢、过分关注农房出租、管理方法创新不足等路径方面的问题，存在干部产权认识有分歧、各项探索机制之间缺乏统筹设计、村干部素质不高、部门联动性不足、农民负担过重的现实梗阻。宅基地制度改革是基于村庄分布和农民居住习惯的历史性延续，具有较强的地域性，各地改革试点应该根据人地矛盾、经济发展、文化风俗、资源禀赋等差异，抓住主要问题，聚焦重点内容，因地制宜探索地区性制度改革的方法路径，并且结合地区发展条件、改革困难、体制现实，深入思考创新管理方法。

湖南省浏阳市、汨罗市、宁远县、凤凰县四个试点地区各自针对县域经济发达、洞庭湖生态经济区、湘南丘陵地区和湘西民族地区旅游县的特征，不断创新并推进宅基地制度改革实践，走出了因地制宜聚焦宅基地制度改革重点，分类总结改革创新经验的新路子。

一、经济发达地区以使用权放活和高标准统建提升宅基地价值——浏阳经验

（一）宅基地制度改革优势条件

浏阳市是湖南人口第一、面积第二大县，2021 年县域经济与县域综合发展跃居全国百强第 13 位，地区生产总值 1616.6 亿元，三次产业结构为：8.1 ∶ 52.0 ∶ 39.9。2021 年，农村居民人均可支配收入 40758 元[②]。以花炮产业为支柱形成产业集群，为农村土地资产盘活提供了市场和经济基础，第一轮农村“三块地”试点中土地入市、腾退指标交易、抵押等市场机制已经建立，土地价值显化，土地放活产业效益明显。

---

① 杨璐璐，中国矿业大学（北京）共同富裕研究院执行院长，教授，博士生导师。

② 相关数据来源于《浏阳市 2021 年国民经济和社会发展统计公报》。

（二）宅基地利用管理的历史困境

一是乡村振兴产业发展用地难。在各乡村有几百家花炮企业，承载了 40 万农民的就业，建设用地需求量大，然而受地形条件限制，浏阳市耕地后备资源紧缺，一些乡村产业项目难以落地。

二是农民建房选址困难。浏阳市山多地少，素有“七山一水分半田，半分道路和庄园”之说。一方面新增住房需求无地满足；另一方面少数乡镇村庄规划比较滞后，农民建房杂乱无章，土地利用粗放。

三是租赁流转年限太短。合作建房和农房出租投入大且租赁宅基地使用权的年限不能超过 20 年，使合作建房和产业投资积极性受阻。

（三）内涵丰富的浏阳市宅基地改革行动逐渐展开

首先，放活使用权流转，走土地资源市场化配置的道路，解决用地问题，提高用地效率、提升土地价值，形成“跨区流转 + 择位竞价 + 合作建房”的住房供地模式和“村庄建设引领 + 闲置盘活发力”的产业供地模式。一是农村宅基地跨区流转，采取择位竞价，全市配置宅基地资源满足建房刚需。二是探索人口流入的住房供地机制，探索非集体经济组织成员农村建房的合作建房模式。三是盘活闲置、发展乡村产业，在保障基本农田和生态环境的前提下，寻找产业发展空间。古港镇梅田湖村 41 户农户利用自家闲置农房发展民宿，2021 年共分红 312 万元。小河乡新河村利用闲置农房，与湖南卫视合作制作直播带货“云上的小店”，通过建立物流集散中心、培训农村主播、搭建线上销售平台等方式，带动当地增收 1000 万元以上。张坊镇田溪村盘活闲置农房发展民宿，为村集体和村民增收 1200 万余元。[①] 四是扩大农民住房财产权。浏阳农商行拓展农村宅基地使用权和农民住房财产权抵押贷款业务，有力地保障了农民发展相关产业的资金需求。五是探索宅基地自愿有偿退出机制，允许进城农民在宅基地退出后保留原农村集体成员身份，畅通“回乡”通道。六是在历史遗落问题通过有偿使用解决的基础上，进一步区分“暂时使用”和“产权确认”，以 210 平方米为上限办理确权登记。

其次，布局村民集中居住点，走高标准统建的道路，解决农民住房保障问题，改善居住条件，腾退耕地指标，形成“多规合一 + 风貌管控 + 合作运营 + 配套管理”现代化农村集中居民点。一是明确集中居住建房使用范围，为不宜建房的“五区”（边远山区、征地拆迁区、库区、矿区、景区）。二是突出集中建设的统一性，做精做细“多规合一”实用性强的村庄规划，实行统一规划、统一设计、统一管理的模式。三是建设方式采取政府平台公司与村组集体的合作机制。四是做好物业管理服务，落实居民点配套

① 相关数据来源于对浏阳市的实地调研。

设施，打造居住环境优美、配套设施齐全的美丽幸福屋场。达浒镇长丰村、大围山镇东门村、高坪镇高坪村、北盛镇拔茅村四个集中居住示范点，移民 300 余户入住；永安镇进行 100 户农房的整体搬迁和集中居住；沙龙村蝴蝶小区总规划面积 0.156 平方千米，建成村民别墅 86 栋，住户 413 人，获得浏阳市美丽屋场、绿色小区、幸福屋场等荣誉称号。①

最后，村民建房建筑风貌管控，走村庄建设提质增效、吸引投资的道路，解决发展带动问题，提高宅基地利用效力，实现村庄共美共富，形成“风貌管控 +”的村域经济发展模式。盘活闲置是各地宅基地制度改革的重点，但是各地多把重点放在使用权流转和产业经营模式上，有些地方甚至出现上楼后大面积腾退土地再次闲置的情况。浏阳市率先在全国提出“村民建房建筑风貌管控”，打造“美丽屋场”，促使村域形成鲜明特色和发展定位，充分发挥了村庄美化的带动功能，形成资本投资吸引力，整合资金、项目等资源，以“美丽屋场”激活“美丽经济”。浏阳市 37 个“美丽屋场”创建村中，有 14 个村集体经济收入超过 50 万元，壮大了集体经济、带火了乡村旅游人气。②

（四）浏阳经验的启示：落实总体要求，聚焦重点区域

一是坚持规划引领。浏阳市组织开展城镇开发边界外 263 个“多规合一”实用性村庄规划的具体编制工作，将规划管理延伸至村庄集聚区、农村集中居民点，对村民建房进行统一管控，实现村庄规划编制的全覆盖，率先实施了“市镇同步、镇村一体、乡镇连片”规划编制模式。

二是创新标准制定。对过去模糊不清的“宅基地”面积进行界定。科学的分户标准和宅基地面积标准更贴近农村实际，有利于节约集约用地和保护耕地。

三是丰富住房形式。在农民自愿的前提下，城市和园区规划范围内的宅基地实行有序退出置换，在集镇和中心村引导村民集中连片居住，规划整理新的集中居民点 402 处，每户占地面积不超过 120 平方米。鼓励农业转移人口进入城镇购房定居。

四是强化村庄基层治理。大力推进农村党支部“五化”建设，创新实施“1228”党建工程，制定《浏阳市民主管理宅基地村规民约》，各村成立宅基地管理理事会，强化村级民主决策程序，对城区、园区规划范围外的土地，入市事项由农民自主确定、集体表决，实现“农民自己的事情自己决定”。

五是突出数字治理。建成便民服务“一云端”、申请审批“一条链”、巡查监管“一张网”、数据管理“一个库”、综合利用“一中心”的“五个一”的农村宅基地信息共享管理平台。形成“数字化监管”“智慧流转”的“数字智治”浏阳经验。

---

①② 相关数据浏阳市宅改办提供。

二、生态经济区以旧村整治和集中规范建房提升居住条件——汨罗做法

（一）宅基地制度改革优势条件

汨罗市位于长江经济带、洞庭湖生态经济区，交通发达，2021 年地区生产总值 426.7 亿元，相当于浏阳市的 1/3，工业条件较好，腾退土地指标交易需求大，非集体成员流转需求较多。农地流转率达 66%，依托“长乐甜酒”“汨罗粽子”等国家地理标志产品，农民大多自营小型加工作坊和民宿餐饮，农民收入水平较好，2021 年农村居民人均可支配收入23139元，人口流出比例不高①。宅基地制度改革属于明显的工业带动土地整治、入市和集中居住的一类，农村建设用地市场“动力”优势明显。

（二）宅基地利用管理的历史困境

一是农村违法违建问题严重。建新不拆旧，一户多宅和超占超标现象较多。历史上执法查处力度不够导致未批先建、边批边建、批少建多、批东占西、批非占耕、擅自加层等情况成为常态。

二是存在布局分散、浪费土地的现象。农村村民建房基本上没有统一的规划，许多村庄“只见新房、不见新村”，有些村特别是城中村村民见缝插针乱搭乱建。

三是工业发展使隐形农房市场交易频发。农民私自非法转让、出租宅基地、房屋给本集体经济组织以外人员的行为时有发生，形成了事实上的“小产权房”，加剧了土地权属混乱和产权纠纷。

（三）灵活多样的汨罗市宅基地改革模式

首先，“空心村”整治，走闲置宅基地退出的道路，解决村庄破旧违法浪费问题，提升村貌环境，形成“自愿有偿退出 + 应‘拆’尽拆 + 统筹利用”的宅基地整治模式。一是建立“四类型”鼓励闲置宅基地退出机制。采取“跨村镇流转”“财政补贴”“集中建房”“农民进城”四种方式鼓励进城落户及因继承、赠与或购买形成“一户多宅”的村民，自愿有偿退出闲置宅基地。走城乡融合发展道路，对自愿放弃宅基地进城落户的农户采取“留权不留地”的方式，在 10 年内保留其集体经济组织成员的宅基地申请权利，优先提供进城就业岗位，优先享受免费技能培训，优先享受创业担保贷款政策，随迁子女优先就近入学。二是应“拆”尽拆，汨罗镇武夷山村将多余的围墙和破旧房屋进行拆除，以奖促拆。三是统筹利用，鼓励村民将零散地用于建设生态菜园、休闲游园。

其次，建立集中居住点，走“化散为聚”规范建房的道路，解决住房刚需矛盾，提升乡村品质，形成“规范建 + 标准建 + 内涵建 + 安全建”的住房多样化保障模式。一

---

① 相关数据来源于《汨罗市 2021 年国民经济和社会发展统计公报》。

是规范建。规划先行，汨罗市已完成 143 个村村庄规划，严格控制建筑面积，加强空间距离管控。二是标准建。新的集中居住点统一规划、统一管理、统一设计，有专门的图纸。采取村民小组抓阄的方式确定小组建房位置。三是内涵建。引导群众建房由单一整齐向自然生态转变、由房屋聚集向产业聚集转变、由注重外观向文化内涵转变，打造更有特色、更具活力的新型村落。四是安全建。县住房和城乡建设局为建筑工匠免费提供培训、“石匠资质”认证，建立信用档案。

最后，超面积宅基地阶梯式收费，走有偿使用、立规范、促发展的道路，解决“宅基地是祖业”的认知问题、圈占习惯问题和发展公平问题，形成“摸底测绘 + 超占有偿 + 以奖代投”的历史问题化解模式。一是完成 148312 宗的农村宅基地及房屋不动产测绘工作，确保村民能清楚地了解测量的具体流程，知道村民每家每户宅基地的面积。二是创新出“3 ∶ 7”的收费原则，得到大部分村民的理解和支持。三是利用有偿使用费“以奖代投”，撬动 3~10 倍的社会资金，成为产业发展、基础建设、公益事业的重要“源头活水”，增加了村级集体经济收入、维护了公平正义。

（四）汨罗做法的启示：明晰行动计划，推进宅改实施

一是严格宅基地审批监管。汨罗市在宅基地审批监管流程上做好六个“一”工程，简化审批流程，规范监管程序，减少农民跑腿。一是一个专业工作小组领导。由镇党委书记、镇长牵头，确保工作专抓专管、专项推进。二是一套完整流程审批。按照“农户申请、村级审查、部门现场踏勘、乡镇审批”程序，一户一档，三次到场，四轮公开，先批后建。三是一境到底式监管。落实村民建房“五有三到场”要求。四是一支队伍严管。成立行政综合执法大队，动态巡查，发现违建，即查即拆。五是一门式服务。各镇共建立 15 个村民建房窗口，配备 154 名村级协管员，联审联办简化流程。六是一个宅基地审批管理和综合利用平台。

二是乡镇干部发挥主观能动性。汨罗市罗江镇通过解剖“麻雀”的方式，“每日两会”推进改革，晚上与群众召开户主会宣讲政策，早上镇村两级干部召开碰头会汇总问题、讨论解决办法，不断完善改革方案。

三是充分尊重民意，保障改革顺利推行。各地有偿使用制度改革阻力较大，汨罗市充分发挥“尊重民意”的治理理念，摸底测量环节公开透明，得到了村民的信服；农民建房理事会成员由村民选举而来，有偿使用收费标准根据村民意见拟定并投票通过，公开透明的做法得到了村民的支持。

四是构建基层自治网络，发挥群众主体作用。桃林寺镇创新乡村“五治”方案，形成“政治 + 带头人、法治 + 明白人、德治 + 好模范、自治 + 志愿者、智治 + 互联网”的乡村治理网络；汨罗市汨罗镇武夷山村以“党建 + 社团”为引领，形成村民“人人进社团、事事有人管”的良好氛围；罗江镇首创“罗江夜话”户主会，搭建与群众平等对

话的平台，发动群众参与到宅改中来，发挥主体作用。

五是坚持支部引领、市场引导、党员带头、能人带动的“双引双带”机制，发挥党员的带头作用。选举处事公正的党员干部、乡贤能人、五老人员、村民代表组成村民事务理事会，在有偿使用费缴纳和超占退出阶段，村民理事会会长带头缴费、拆除自家围墙与墙柱。

三、丘陵地区以监管体系和自愿退出构建农民建房新秩序——宁远探索

（一）宅基地制度改革优势条件

宁远县既是农业大县，也是生态旅游强县。2021 年宁远县地区生产总值 252.1 亿元，约是汨罗市的 1/2，浏阳市的 1/6，三次产业结构为 14.6 ∶ 33.1 ∶ 52.3，农民收入水平虽然较低，2021 年农村居民人均可支配收入 19025 元[①]，但是脱贫攻坚效果显著，农民除了种植粮食以外，主要种植经济作物烤烟，增加农业收入。宁远县生态环境较好，有九嶷山、舜帝祭祖等生态文化旅游资源，历史文化悠久，自然风光秀美，九嶷山是湖南省新“潇湘八景”之一，中和镇岭头村等 10 个村入选中国传统古村落。

（二）宅基地利用管理的困境

一是土地资产价值尚未显化。受经济发展水平限制，城乡差距较大，农村一二三产业融合发展深度不够，村级集体经济尚未形成规模效应，农村资源资产亟待盘活农民住房。

二是农村居民点破旧杂乱。一户多宅面积超标的比例高。村民建房过度依赖“风水先生”，受攀比等不良风气的影响，房前屋后随意扩建、加盖，缺少统一规划和公共空间管理，居民点拥挤杂乱，缺乏舒适性，存在有新房无新村、有新村无新貌的问题。

三是普遍“多占多建”退不出。村民依法用地意识淡薄，私有观念根深蒂固，过往基层政府制止查处违法建房的力度不够，造成对农民多占多建的“历史性肯定”和既有事实，增加了当前管理难度。

（三）面向实施的宅基地改革体系逐步构建

首先，规范管理，走强监管、强执法以约束村民建房的道路，解决住房无序杂乱的问题，提升居住宜居度，形成“多环节审批＋多部门负责＋多环节监督”的宅基地审批监管模式。一是建立宅基地和建房（规划许可）审批管理“七步工作法”和“六到场”。二是建立“包干＋包保＋台账＋科技”的巡查制度。县级领导包联系乡镇（街道），乡

---

① 相关数据来源于《宁远县 2021 国民经济和社会发展统计公报》。

镇长（街道办主任）负总责，乡镇（街道）班子成员包片区，乡镇（街道）干部包村，村“两委”干部包组，组干部、共产党员、县、乡镇（街道）人大代表、党代表包户，对农村宅基地和村民住房建设开展动态巡查。设立村民建房的包保责任人，进行每日监管。建立乡镇—村两级巡查台账，县、乡镇（街道）全面推行利用无人机、视频监控等科技手段进行动态巡查监管，及时发现和制止宅基地和农房建设违法违规问题。三是规范行政执法程序“十二步”，2020 年到 2022 年 6 月，宁远县共开展农村违法违规用地建房整治联合执法行动 17 次，依法处置宅基地违法案件 274 宗。①

其次，整治无法居住的老旧房屋，走无偿退出统筹美丽村庄建设的道路，解决一户多宅、少批多建、旧房空置的问题，实现保障建房与环境改善，形成“分类处置 + 无偿退出 + 获得感引导”的宅基地历史问题处置模式。一是分类处置问题。宁远县制定了《宁远县农村宅基地历史遗留问题分类处置指导意见（试行）》，明确“一户多宅”、超标准占用、非本农村集体经济组织成员占有使用、“未批先建”、“少批多占”、“历史建成”六类历史问题及处理措施。二是闲置宅基地无偿退出。针对村民举家搬迁进城和一户多宅而形成的闲置破败、无法居住的老旧房屋，开展无偿退出，拆除效果明显。三是“获得感”引导无偿退出。村干部通过“让农民看到美好生活”的方式引导农民无偿退出，退出的宅基地整合周边闲置地集约利用，兴建公益设施，优化农村人居环境，满足农民新增宅基地需求，村民从退出中得到获得感，对拆除空心房更加支持。

最后，开发生态旅游资源，走闲置宅基地原址再利用的道路，解决农村资源资产亟待盘活的问题，吸引资金、技术、人才向农村流动，形成“股份合作 + 保护开发 + 流转租赁”的文旅产业发展模式。一是引导闲置宅基地使用权人或集体经济组织以宅基地入股，合作开发休闲观光农庄、田园综合体、民宿等形式多样的产业业态。湾井镇周家坝村大凤自然村户外拓展、“地球仓”民宿项目 2021 年实现旅游收入近 30 万元，村民人均纯收入达到10800元②。二是对历史名人故里、革命烈士故居、古村落、古建筑和红色遗迹等承载厚重历史元素的宅基地资源坚持保护优先、综合利用的原则，实行原址开发、修旧如旧，传承历史文化、红色基因，留住乡愁记忆。三是引导社会资本租赁闲置农房开发民宿餐饮、休闲度假等新产业、新业态，水市镇游鱼井村大元社留守儿童文化艺术公益项目社会效益显著。

（四）宁远探索的启示：立足改革创新，管理方法得当

一是“五带头”工作机制，发挥党建引领优势。三级书记牵头抓，带头试点示范督查指导、带头宣讲动员、带头强化监管、带头拆房退地兴产业、带头破解难题。

① 相关数据由宁远县宅改办提供。

② 相关数据来源于共同富裕研究院 2022 年对宁远县周家坝村的实际调研。

二是激发群众村庄整治积极性。针对农村宅基地管理与改革工作中集中建房点脏乱现象治理难、农村建房风貌管控难等“老大难”问题进行整改。一方面，对集中建房点开展“十星级文明户”评选活动，奖励“荣誉菜地”治脏乱；另一方面，组建村民建房理事会，理事会成员主要由乡村“五老”担任，由“五老”管风貌，上门监督建筑风貌、层高和建筑面积是否超标。

三是强化监督和考核，保障政令统一，使改革探索在基层“推得动、落实好”。建立历史问题处置“三色管理”制度，每月由乡镇（街道）对辖区行政村进行考核，完成好的亮“绿牌”、较差的亮“黄牌”、差的亮“红牌”，年度内亮三次黄牌的，取消村党组织和村干部评先评优资格；年度内亮两次“红牌”的，对村党组织和村干部集体诫勉谈话，收到了良好效果。

四、民族旅游区以闲置盘活和文化保护促进增收——凤凰实践

（一）宅基地制度改革优势条件

凤凰县是一个以苗族为主的少数民族聚居县，属于丘陵地区，2022 年前是国家级贫困县，2021 年地区生产总值 95.9 亿元，三次产业结构为 14.01 ∶ 19.43 ∶ 66.56，农村居民人均可支配收入 13679 元。[①] 但是凤凰旅游资源丰富，知名度很高，旅游业占到当地五成以上国民收入，传统古村落、少数民族聚集村庄成为重要的旅游开发资源。

（二）宅基地利用管理的历史困境

一是闲置情况突出。农民从传统村寨中迁出，形成大量农村闲置宅基地和农房，长期无人居住，杂草丛生，甚至严重破损成为安全隐患，影响村容村貌，造成资源浪费。

二是农民建房选址困难。部分农民建房选址存在误差，宅基地选址较困难。自然资源部门的国土空间规划图斑显示为林地，林业部门图斑显示又不属于林地，实则属荒地，存在建房审批困难。

三是农民集中搬迁意愿不强。一些传统村寨依靠少数民族旅游资源盘活闲置宅基地文旅产业效益明显，在扩大产业规模的时候，面临村民搬迁难题，尽管交通不便、基础设施不足，部分村民依然坚持居住在旧有农宅，其退出宅基地搬入集中小区的意愿不强烈。

四是管理主体问题。由于“三级所有、队为基础”的历史管理原则，加之山地散居的生产生活聚集形态，绝大部分土地属村民小组（生产队）所有，并实际发挥建房管理主体的功能。但村民小组既不是法人，也不是社会团体，当涉及土地争议时，村民小组

① 相关数据来源于《凤凰县 2021 年国民经济和社会发展统计公报》。

特殊的主体地位可能影响争议双方的权益保障，不利于土地资产的盘活利用。

（三）良性互动的凤凰县宅基地改革格局不断完善

一是“三权分置”，走产权分置保护农民土地权益的道路，解决旅游景区和传统村落农民土地产权保障问题，为盘活整治提供物权前期和稳定基础，形成“集体经济组织 + 确权登记”的所有权保障机制；“集体成员身份 + 城乡统筹 + 动态管理”的资格权保障机制。首先，明晰宅基地所有权归属。将全县 17 个乡镇 275 个村（社区）的农村宅基地所有权确权登记颁证到不同层级的农村集体经济组织成员集体制定《凤凰县村民会议和村民代表会议议事规则》，加强农村集体经济组织对农村宅基地管理权责。其次，建立“集体成员 +”的认定条件，放宽资格权认定标准，充分体现保障目的，对于转为非农户的流出人员，没有自愿放弃土地承包经营权、未纳入城镇居民社会保障的都认定资格权。再次，制定补充、取消宅基地资格权的动态管理原则和权益义务内容，建立宅基地资格权人认定薄册。最后，完成全县 17 个乡镇 275 个村（社区）1881 个小组 88235 户共计 344000 个资格权人认定，创新制作湖南省第一张《凤凰县宅基地资格权凭证》并完成发放。[①]

二是创新闲置盘活的“三资模式”，走农村闲置宅基地和文旅产业深度融合发展的道路，发挥资源资产效益，形成“集体经济主导 + 收益共享 + 特色民居保护”的“集体引导”放活模式。首先，突出集体资产经营和集体经济发展的宅基地制度改革效应，重点探索盘活闲置与集体经济发展协同的“三资模式”。①资金参与：企业注资村集体经济，引导村民加入民宿合作社，参与合作经营，收益由村民、村集体经济组织、合作社、企业进行分配。②资源参与：村民用闲置的传统民居入股村集体经济，村集体经济组织以此为资源，通过租赁方式出租给企业，开发乡村旅游，村民从中获取租金。③资产参与：村民把闲置民居交由村集体经济组织集中运营，村集体经济组织通过价值评估，以资产入股方式参与乡村旅游景点、特色民宿开发。其次，收益共享，为村民提供了流转土地资产性收入、合作经营入股分红、集体经营收益集体内部分红、就业收入、餐饮民宿自营五个增加收入的路径，将改革红利直接“装进”农民的腰包，大大增强了农民的获得感、幸福感。最后，规划先行，保护传统民居风貌。凤凰县成功打造的“老家寨凤栖山居”“竹山乡居”“石屋民宿”都是充分利用传统少数民族古村寨风貌特点、堡寨建筑、典迹遗存、特色民俗文化等资源，注重保护传统民居的“原汁原味”，不大拆大建，实现了在“保护中发展”的思路。

三是扩大使用权流转范围，走有偿使用解决非本集体成员建房的历史问题，打通了宅基地使用权在乡镇、县域内流通的途径，形成“跨区建房 + 有偿使用 + 历史遗留问

① 相关数据来源于《凤凰县宅基地制度改革试点工作进展情况》。

题处置”的跨村流转市场机制。①探索源头，梳理“为何跨建”。凤凰县在排查村庄宅基地基本情况时，发现有许多非本村集体经济组织成员跨村、跨乡镇建房居住多位于城镇中心或距离城镇较近的村庄和社区，交通发达，基础设施健全，反映农民提高居住水平的愿望。②顺应农民对“美好生活”的需求。通过收取“两费”（宅基地使用费、宅基地流转收益金）明确产权关系，在跨区建房中，非本集体经济组织成员的资格权还是保留在原村集体的，在建房所在村庄只是获得了宅基地的使用权。③通过市场方式解决历史问题。跨区建房都是在2020年之前，私下违法买卖的，经过有偿使用费收取后，不仅理顺了农户产权关系，而且收取的费用放置在村集体中被用于建设村内公益事业。

（四）凤凰县实践的启示：立足资源禀赋，保障宅改推进

一是改革思路正确。宅基地制度改革以“三权分置”为起点，以保障农民权益为根本。凤凰县创制资格权认定凭证，统筹考虑进城农户社保，继续保留进城落户农民的资格权。坚持宅基地盘活走入股、合营的方式，农民分享产业开发收益。

二是坚持制度创新先行。凤凰县出台了14项制度文件，突出产权管理和盘活，结合少数民族聚居、旅游资源丰厚、贫困人口集中等情况，围绕旅游景区和传统村落盘活专门制定了“盘活利用”“使用权流转”“民宿客栈管理”等制度文件。

三是在经济欠发达地区走“集体引导”的盘活道路，降低投资风险。放活使用权流转不是单纯的市场放开、自由流转。凤凰县地处湘西山区，尽管旅游资源基础好，但是传统农区经济发展落后，交通、基础设施等落后，少数民族旅游资源开发不足，乡村旅游发展选择走“政府引导、集体主导”的道路，突出集体统筹作用，“三资模式”均是集体搭建资产运营平台，农民把闲置宅基地交由村集体集中流转，集体通过市场方式遴选运营方、参与民宿景点开发。这种方式不仅降低企业与单一农户的谈判成本，提升企业经营资质审查，保障经营主体流转使用权的权益，还使闲置农房再利用呈现村域整体性。

四是严格审批监管。审批环节增加“复核”程序，形成“7环审批”机制。制定具有民族特色、历史文化元素的住房建设管理制度。监管环节建立“网格监督、村组管理、综合执法、分片督导”相结合的网格综合监管体系。推进宅基地及农房改变用途规范管控。

共同富裕智库新见

02

宅基地盘活利用

凤凰县山江镇雄龙村：少数民族古村寨成为新晋网红打卡地*

王怡①

一、雄龙村基本情况

（一）自然地理情况

1. 山间村落藏千年古寨

雄龙村位于湘西凤凰县北部，是凤凰县深度贫困村之一，地处凤凰山江苗族文化生态保护实验区境内，位于武陵山片区，距离城镇 3.5 千米，是典型的喀斯特地形。地势西北高、东南低，地形以山地为主，整体地势依山傍水，另有一小部分台地为点缀，西与贵州省松桃县接界，北邻腊尔山台地，植被以针叶林和阔叶林为主，主要林木有杉树、马尾松、柏树和油茶。村庄气候宜人，日照丰富，四季分明，属中亚热带湿热季风气候。境内树林繁茂，山、水、林相互搭配、互为点缀，混为一体，村内的千潭水库湖水清澈见底，独特的山地地形和民族风情为乡村旅游的发展提供了优异的自然和人文基础。雄龙村是凤凰县少数民族原始生态及苗族历史特色民居保护最好的纯苗族聚居古村落之一，被列入“中国传统村落名录”“国家少数民族特色村寨”。

2. 古村寨描绘苗族画卷

“老家寨”是雄龙村第 3 村民小组的别称，坐落在植被茂盛、生态环境良好的栖凤坡下，是凤凰县目前少数民族原始生态及苗族历史特色民居保护最好的古村寨之一。寨子附近山清水秀，自然风景独特，四周青山环绕倒映在如镜的湖面，八卦图式建成的寨子，布局精湛，寨内的古板小径，清一色青瓦古墙，曲巷通幽。明清苗族特色民居保护完好，苗族生态文化历史悠久，民风古朴，是一个典型八卦式军事性建筑的、以吴姓聚族而居的纯苗族古村落，以吴、张、龙、周四姓为主。在这里可以窥视苗族悠久历史的轮廓，欣赏苗族多彩社会的缩影，感受苗族灿烂文化的画卷。

---

* 案例内容来自中国矿业大学（北京）共同富裕研究院第二调研组的实地调查。

① 王怡，中国矿业大学（北京）共同富裕研究院助理研究员，管理学硕士。

（二）经济社会发展情况

1. 合村并居开启新篇章

雄龙村是武陵山脉下典型的贫困村，是凤凰县贫困面最广、贫困程度最深的区域。2017年，雄龙村和老家寨村合并成新的雄龙村，为了让雄龙村的贫困村民也能吃上旅游饭，2018年，村里将雄龙村的60多户村民搬至村里的核心景区——老家寨。合并前，村里有148户居民，2014年人均纯收入仅为2531元，贫困户占总人口的30%，有80多户村民都处于危房和无房状态中。[①]雄龙村是现在的村名，但当地人还是习惯称之为老家寨。这里因缺水、海拔高、土壤弱酸性、土地资源贫乏，素来有“三年两不收”之说。合并后，留拢坡下、水库之滨，“新”雄龙村徐徐揭开崭新的篇章。

2. 发展旅游促脱贫致富

现在雄龙村共有5个风景奇异的自然寨即5个村民小组，348户1243人，常住人口968人，人口聚集度一般，属于中度空心化村庄，人均年纯收入3700元，其中老家寨现有133户人家、668人，吴姓占60%以上、龙姓占30%、其他姓占10%。全村以发展旅游业为主，2016~2022年7月，雄龙村累计接待游客2万人次，实现旅游收入120万元以上，带动本村村民就业上岗78个，每年支付工资234万余元，村民人均增收3000余元。2021年，村集体经济组织收入36.7万元。旅游产业的发展带动了农业产业和农副产品销售，全村种植猕猴桃面积达1780亩；文化景点以全牛全羊烧烤等为主的特色美食带动了养殖业的发展，有2个养牛场共20头牛80只羊、4个养猪场共120头猪、1个林下养鸡1万余羽；实现收益300多万元。2021年，雄龙村荣获“湖南省特色旅游名村”称号，并进入湖南省乡村旅游重点村名单。[②]

（三）土地利用情况

雄龙村山林较多，建设用地较少。全村土地总面积674.3公顷，其中耕地面积154.27公顷，种植园用地6.37公顷，林地面积434.95亩，草地面积1.2公顷，工矿用地0.69公顷，公共管理与公共服务用地0.38公顷，交通运输用地15.59，水域及水利设施用地20.7公顷，设施农用地0.57公顷，生态红线面积107.91公顷。生态红线的限制与村庄发展存在冲突，建设用地面积14.6公顷，预计2025年可增加至16.28公顷，属于增长型村庄。[③]

《凤凰县域村庄分类和布局方案》显示，雄龙村为特色保护类村庄，地灾较为严重，

---

① 相关数据来源于雄龙村村级文件和凤凰县宅改办提供的《凤凰县域村庄分类和布局方案》。

② 相关数据来源于雄龙村提供的资料。

③ 相关数据来源于凤凰县宅改办提供的《凤凰县域村庄分类和布局方案》。

通过对县域内各村庄发展潜力和限制发展的分级评判，雄龙村属于低发展潜力、中等限制发展区域。

二、宅基地利用和管理现状

（一）宅基地利用情况

利用闲置资源发展旅游。雄龙村全村宅基地总数 392 宗，面积 59836 平方米，人均 30 平方米。其中，“一户多宅”宅基地 15 宗，已全部退出，宅基地复垦为耕地 8 亩，“面积超标”宅基地 3 宗，闲置宅基地 65 宗、闲置农房 37 栋。① 本村集体经济组织成员将闲置民居交由村集体经济组织集中运营，村集体经济组织通过价值评估，以资产入股方式参与企业开发乡村旅游景点、特色民宿。截至 2022 年 8 月，雄龙村在宅基地制度改革试点背景下，共盘活利用闲置宅基地 54 宗、农房 29 栋，闲置宅基地利用率达 83.07%，闲置农房利用率达 78.37%，② 充分利用和保护了传统少数民族古村寨风貌，探索出把资产变资金的发展模式，借助特有的民族原生态圈，让这座深山中的纯苗族聚居古村落成为新晋网红打卡地，其改革成效受搜狐网、新浪网等各大网站广泛推介。

（二）宅基地管理情况

1. 积极探索宅基地“三权分置”

第二轮宅基地制度改革中，雄龙村围绕《凤凰县农村宅基地制度改革实施方案》，就宅基地管理工作、摸排宅基地历史遗留问题、资格权认定、有偿使用等方面召开会议进行讨论。雄龙村根据《凤凰县山江镇农村宅基地资格权认定工作方案》，厘清了本村拥有宅基地资格权人员，形成了雄龙村农村宅基地资格权人员花名册。对全村宅基地进行摸底调查，对宅基地资格权人、家庭人口、宅基地和房屋实际情况、审批建房情况、闲置房屋情况、宅基地与房屋取得方式、地类以及宅外附属设施情况进行了全面摸排，形成了以村为单位的农村宅基地调查摸底汇总表。

2. 严格把关村民建房质量

雄龙村规定只有持有石匠证的工人才能承接村民的建房工作，石匠证由凤凰县统一培训、统一颁发，把农村自建房的安全隐患从源头消除，保障了村民住房安全。在建房之前，村民可以从湖南省提供的 200 套施工图纸中无偿挑选使用其中一种，也可以自行请设计公司帮忙设计，自行设计的施工方案需符合村庄发展规划，由镇级政府按农户提交的设计图纸审批后，可交由持有石匠证的人承接房屋建设。

---

①② 相关数据由雄龙村提供。

三、闲置宅基地和农房打造乡村旅游景点和特色民宿

雄龙村作为凤凰县少数民族原始生态及苗族历史特色民居保护最好的纯苗族聚居古村落之一，通过引导村民将闲置宅基地和闲置农房交给村集体经济组织集中运营，引入社会资本，整村打包入股给县级国有企业，采取“公司＋农户”模式，发展乡村旅游项目，打造特色景点和民宿，既增加了群众财产性收益，又合理利用了闲置资源。

（一）易地搬迁，集中修建安置房腾旧址宅基地

在发展乡村旅游之前，受到地理区位影响，雄龙村村内生活环境和基础条件较差，村内老房子年久未修，存在安全隐患，农民生活水平也很落后。2016 年，在脱贫攻坚的号召下，为了解决村里贫困户的住房问题，由凤凰县政府统一出资，对村里的特色民居进行提质改造，并在千潭湖的对面选取了一块荒地，集中修建安置房。在第二次全国土地调查后，该块地的土地用途改为建设用地，正好可以满足集中安置的土地需求。

在安置房的整体规划上，老家寨结合旅游发展规划，因地制宜，保留原有特色风貌，突出彰显民族特色。一是在房屋设计上，老家寨作为第一批民族特色村寨安置点，实行统一规划、设计、招投标和建设施工，坚持“一户一宅，建新拆旧”的原则。二是在建设质量安全上，严格要求具有石匠证的工人进行房屋建设，并将房屋建设监管纳入县级质量监管体系，严格交房标准，以此保障人均住房面积达标和质量安全。三是在基础设施上，确保安置房通水、通电、通网、门窗齐全、简易装修、功能齐全，室内已完成基本的瓷砖和刷白装修，全面达到入住条件，真正实现“拎包入住”。图 2-1 展示了雄龙村集中居住区整体风貌。

图 2-1　雄龙村集中居住区整体风貌

资料来源：由调研组成员实地拍摄。

新的安置房建成后，村集体积极与农户进行沟通，对搬进新安置区农户的原有宅基地实行无偿退出。截至 2022 年 8 月，共安排 57 户 258 名农民到集中安置点集中居住。搬迁农户与村集体签订“退出协议和收费单据”，保证拆旧建新，明晰宅基地权属关系。新建安置房需要农户按人均 2000 元，封顶 10000 万元的费用标准进行缴费，按“人均分配总数 +20 平方米”的标准进行分配，即无偿退出原有宅基地后，以人均 17 平方米分配房屋面积，同时在户内人口分配 17 平方米的总数上再加 20 平方米。[①]

（二）集体牵头，整村“打包”入股企业旅游开发

2016 年，在上级党组织的带领下，雄龙村紧抓发展乡村旅游的政策契机，积极探索以地入股合作发展的闲置宅基地盘活利用模式。结合农村“三变”改革，引导村民将闲置宅基地和闲置农房交由本村集体经济组织集中运营，村集体将 57 户易地搬迁腾退出来的闲置宅基地，结合村内其他闲置建设用地、“空心房”拆除复垦土地等资源重新进行价值评估，引入凤凰县旅发集团，整村打包入股县旅发集团，参与开发乡村旅游景点和特色民宿，打造了公共基础实施、特色民宿、游乐场、餐厅、休闲区等。例如，将龙金明等 7 户的闲置宅基地和民居建成综合办公室共 620 平方米，结合“空心房”拆除复垦土地建设停车场共 580 平方米；将农户张双发 70 平方米闲置宅基地建成儿童游乐场；将农户张忠云、张建新 220 平方米闲置宅基地打造成烧烤休闲区；将农户龙金国 120 平方米闲置宅基地打造成公共泳池；将农户吴求金 120 平方米闲置宅基地打造成餐厅“嗱叻崃那苟（吃饭了朋友）”；将吴志金、吴红宁、张海安等农户的闲置宅基地打造成特色民宿。

雄龙村在发展旅游产业的同时，把特色产业发展作为乡村振兴工作的又一侧重点。围绕产业发展是最根本、最有效的乡村振兴手段，是增强贫困地区“造血”功能的关键这一理念，因地制宜发展玉竹、养殖、蓝菜等特色产业，走出一条通过旅游带动、产业扶持的路子。因此，雄龙村形成了一手发展旅游业、一手发展种养殖产业的良性循环，丰富发展业态，全方位激活资源，推进“旅游 +”产业融合发展。

（三）企业加入，激发乡村旅游发展潜在活力

雄龙村乡村旅游发展的模式是引入县旅发集团。旅发集团投资 1.2 亿元，运用房屋独特的苗寨风格和结构，进行维修升级，历时一年翻建闲置房屋，打造乡村旅游景点和具有苗寨特色的高端民宿，吸引周边城市游客前来体验原生态苗寨生活。民宿每栋每晚收费 1200 元，每栋 2~3 个房间，经营状况较好，每个周末都处于爆满的状态。图 2–2 展示了特色民宿风貌。

---

① 相关数据来源于雄龙村村干部访谈。

图 2-2　雄龙村特色民宿实景

资料来源：由调研组成员实地拍摄。

采用“社会资本 + 村集体经济组织 + 农户”的土地盘活利用模式，实现社会资本、村集体经济组织、村民三方共同增收，收益由村集体经济组织、村民、企业按股分配。社会资本的进入，不仅实现了雄龙村从“深度贫困村”向“特色旅游名村”的蜕变，更是给当地村民的生活带来了翻天覆地的变化。在雄龙村的发展蜕变过程中，村民积极配合参与，从易地搬迁腾退资源，到参与本村就业，这座深山苗寨里的人们感受到了乡村振兴带来的获得感、幸福感和安全感。在雄龙村的旅游发展过程中，易地搬迁腾退原有宅基地的村民每年可拿到固定分红 5000 元，在本村就业上岗的村民共 78 个，每年村民收入在 2500 元以上。[①] 这种模式不仅使村民有了经济上的获得感，目睹自身参与帮助村庄实现蜕变，也给当地村民带来不一样的感受，激发了村庄的内在发展动力。雄龙村部分改革成果如图 2-3 所示。

图 2-3　雄龙村宅基地改革部分成果展示

资料来源：由调研组成员实地拍摄。

① 相关数据来源于雄龙村村干部访谈。

（四）抓住机遇，凝聚合力促进乡村整体发展

2011 年，国务院扶贫办、国家发展改革委颁布《武陵山片区区域发展与扶贫攻坚规划（2011–2020 年）》，明确提出发展旅游业等五大支柱产业来增强片区造血功能和内生动力。2014 年 11 月，国家发展改革委等七部门印发《关于实施乡村旅游富民工程推进旅游扶贫工作的通知》，提出“增强贫困地区发展的内生动力”“以发展乡村旅游为重点”的总思路。2016 年 1 月，中央一号文件也指出农村扶贫开发“以连片特困区为重点”，并提出大力发展“乡村旅游”的意见。2017 年，湖南省实施了乡村旅游精准扶贫工程，凤凰县抓住自身丰富的旅游资源，围绕传统村落和少数民族文化积极开发乡村旅游路线，建设了 131 个行政村综合文化服务中心及文化广场，农村广播“村村响”、卫星电视“户户通”工程。山江镇就以凤凰县重点景区定位进行打造，一共有 4 个乡村旅游精品村，作为旅游路线来推进乡村振兴。武陵山、罗霄山连片特困地区规划建设 13 条文化生态旅游精品线路。2020 年，这 13 条线路已实现湖南 51 个贫困县全覆盖，沿线 531 个旅游扶贫重点村全部脱贫致富，雄龙村就是其中的一个村。①

雄龙村抓住政策契机和发展机遇，2018 年，雄龙村作为湘西州美丽乡村精品村进行打造，实施“政府宏观引导、企业同台唱戏、村级密切配合、群众积极参与”四级联动，大力拓展以“留住淳朴，巧锁乡愁”为主题的乡村游产业“整村发展”。改厕所、治污水、清垃圾、美化村容村貌，一系列措施让百年老寨升级提档，以千潭水库及老家寨为中心，环水库建设观光栈道、浮桥、游步道、游客中心、停车场等服务设施，基本建成了完整的旅游产业配套设施，提升乡村旅游体验感。雄龙村作为乡村旅游精准扶贫的重点开发项目，不断推进旅游度假体验园的多种资源项目建设工作，共引入旅游发展资金 3000 余万元，对接凤凰古城、山江博物馆、苗人谷、凉灯村旅游线路，在千潭湖旁建设打造“老家寨凤栖山居”乡村民宿、观光度假、农事体验、民俗文化、休闲康养、特色美食、节庆活动等特色民俗文化景点，建设集观光、采摘、休闲、康养、娱乐为一体的农旅新型综合体验示范区，形成特色旅游度假群落和成熟的旅游业态综合体。2020 年作为新一轮宅基地制度改革试点，雄龙村把发展特色苗族村寨作为闲置宅基地盘活利用的突破口，引导村民将自家闲置宅基地和空闲地入股村集体经济组织，依托湖南省“一村一品”特色产业项目，持续打造小规模、大群体、小产品、大产业的“雄龙模式”，为凤凰县乡村旅游营造了一个健全的旅游度假村，不仅使游客增加，扩大农家乐客源，还带动周边旅游发展。

---

① 相关数据由凤凰县宅改办提供。

（五）规划先行，保护苗寨文化的“原汁原味”

乡村振兴，规划先行。在《国民经济和社会发展第十四个五年规划和2035年远景目标纲要》中，明确要强化乡村建设的规划引领。《中共中央—国务院关于全面推进乡村振兴加快农业农村现代化的意见》要求“加快推进村庄规划工作”。2019年以来，自然资源部办公厅先后发布《关于加强村庄规划促进乡村振兴的通知》和《关于进一步做好村庄规划工作的意见》，指导各地有序推进“多规合一”实用性村庄规划编制。雄龙村在促进村庄发展的同时，始终注重保护传统民居和苗寨文化的“原汁原味”。

1. 提前制定了村庄建设风貌保护发展规划和村庄发展总规划

一是将村内的建筑风貌分为三类：对建筑风貌一类，质量好或中等的采取保护措施，保存现状，真实反映历史遗存及原真性，个别构件采用以原建筑相同的建材进行维修，将近年来改造的与原风貌不相符的部分去除，恢复原有建筑及院落空间等；对建筑风貌二类，对建筑外观重新设计和改造，与传统风貌相协调；对建筑风貌三类，对严重影响古村风貌的现代建筑进行拆除。二是将村庄区域清晰划分出古村落保护区、新农村建设区、旅游区、农田、水库、广场等。科学规划，强调传统民居保护，突出乡土特色和地域特点，确保乡村产业设施、公共基础设施、基本服务设施建设从容展开，农村人居环境改善、乡村生态保护、农耕文化传承有序推进。雄龙村具体规划如图2-4所示。

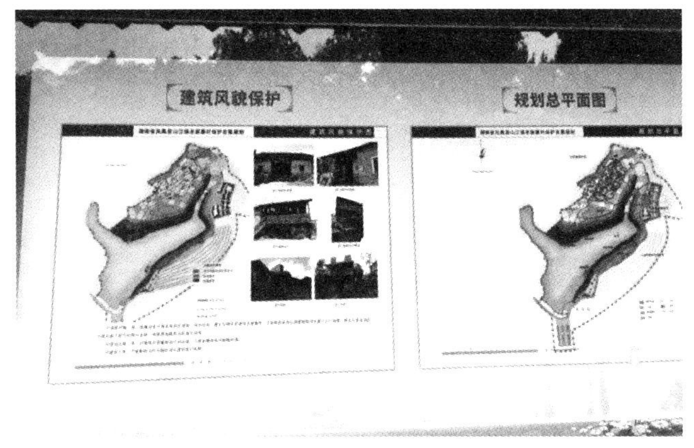

图2-4　雄龙村规划

资料来源：由调研组成员实地拍摄。

2. 坚持文化引领乡村特色，绿色发展保护优先，促进乡村文化振兴

传统古村寨里“原汁原味”的苗寨文化，是游客远离城市喧嚣前来体验生活的有力抓手。旅发集团和雄龙村发挥文化效应，突出苗寨特色文化发展优势项目。以稀有独特的自然风光、乡村风土人情、人文环境、建筑风格、独特文化和优质的服务等资源为吸

引点，积极开发自身秀美的山水资源和独特的民俗文化风情。老家寨地处苗疆腹地，至今依然保存着淳朴独特的民族文化，如卡酒、卡鼓、拦路歌、赶边边场等浓厚的苗族风情习俗，积极开展“四月八”跳花节、“六月六”苗歌节、端午龙舟赛等重要品牌民族文化活动，提升其文化影响力，全力打造了非遗全景体验剧《巫傩神歌》，与《边城》《苗寨故事》一起丰富了民族文化体验产品。不仅让更多人体验到特色的苗寨本土文化，而且让乡村文化在如火如荼的乡村旅游中发扬光大。

四、工作经验

（一）党建引领，确保村级组织以自治增活力

坚定有力的党组织是雄龙村发展取得显著效果的保障。一是雄龙村构建了“1+3+N”工作机制，探索党支部书记“一肩挑”，借助村民议事会、村民监督委员会、农民合作社等模式，带动群众全面参与，引导村民自我管理、自我教育、自我服务，带动产业振兴。二是宅基地制度改革工作常态化，山江镇宅基地制度改革办公室每月召开一次例会，镇领导每月会调度宅基地改革工作，村集体经济组织合作社定期研究宅改工作，利用赶集、重大少数民族节日在人员聚集处发放宣传资料，村内张贴宅基地制度改革宣传标语，让宅改工作深入人心，图 2-5 展示了雄龙村宣传场景。三是成立村集体经济合作社理事会和村集体经济合作社监事会，组织内部分工明确，理事长主持理事会全工作，副理事长侧重宅基地改革工作，其他组织成员在财务、宣传策划、村务等方面工作分工明确（见图 2-6）。四是充分发挥村委会在乡村治理中的主体作用，创新村民议事形式，切实落实群众知情权和决策权。

图 2-5 雄龙村宅基地改革宣传剪影

资料来源：由调研组成员实地拍摄。

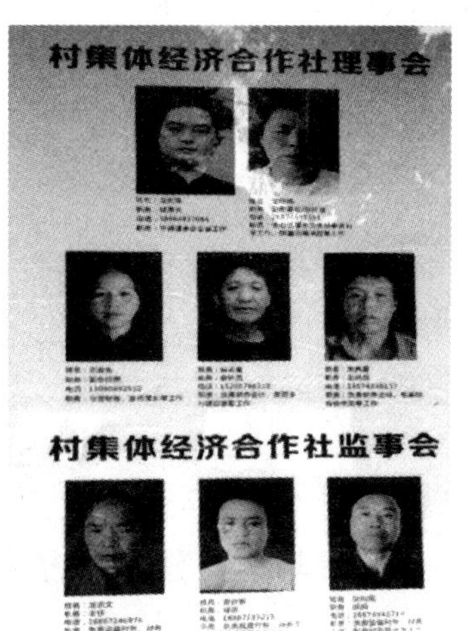

图 2-6 村集体经济组织合作社组织结构

资料来源：由调研组成员实地拍摄。

（二）共同增收，激发乡村改革发展内生动力

1. 多渠道壮大集体经济实力

村集体和县旅发集团签订了资源保护有偿使用协议书和共同建设旅游重点项目协议书，由村里安排专人负责全村生态山水、传统文化、民俗风情、村容村貌保护与开发，密切配合做大做强旅游产业，公司每年向村集体支付资源有偿使用费和旅游收入保底分红。县旅发集团与村集体经济组织签署了 20 年的流转合同，整村打包流转给县旅发集团，经营收益由村集体经济组织、村民、县旅发集团按股分配。2021 年，村集体经济组织收入达 36.7 万元，其中光伏发电项目 8 万元 / 年（村集体经济组织投资专为企业经营的本村景点供电），旅游资源保护利用 5 万元 / 年，旅游资产租金 19.3 万元 / 年，旅游分红 4.4 万元。同时，2022 年 4 月雄龙村成立了全县第一个村级劳务公司，主要业务是负责民宿和景点维护、服务，组织村民加入劳务公司，为村民提供就业信息和渠道，从中抽取 3%~4% 分红，现已有 20 万元入账，预计每年收入 80 万元。①

2. 带动村民增收致富

在旅游产业兴村富民的带动下，不少村民已经在开发企业提供的旅游服务岗位稳定就业，带动了本村村民就业上岗 78 个，包括保洁、船工、服务员等，每年支付村民工资 234 万余元，每年村民收入都在 2500 元以上。有的村民依托旅游产业发展养殖、苗绣、农家乐等特色产业，不仅可以享受国家产业扶贫优惠政策，还获得了可观的经营收入，带动了当地农业产业和农副产品的销售。参与易地扶贫搬迁的村民既能住上政府修建的新房，又能将原来的老房子作为旅游资产入股公司取得收益，县旅发集团承诺，每年给提供农房盘活利用的村民 5000 元的旅游分红。如今，维护老房子，留住淳朴风，为广大游客和后人锁定好原生态的乡愁梦成为了全村群众的共识。

3. 坚持以农旅一体化发展

围绕“依靠科技、开拓市场”，做大做优 2000 亩猕猴桃、400 亩烟叶、160 亩水稻等农业产业，成立凤凰戴努种植养殖专业合作社、湘刺绣合作社，将村民制作的苗族花带、服装、屏风、包包、围巾、风景画、银饰品等，在老家寨苗族花带编织技艺展示中心展出、销售，还有大部分绣娘们的作品直接批发给山谷居民等苗绣公司销售。

（三）鼓励参与，充分发挥村民的主人翁精神

在雄龙村的发展过程中，充分尊重农民意愿，做好引导工作，引导村民积极参与乡

---

① 相关数据由雄龙村提供。

村发展过程，并充分发挥村民的主人翁精神。雄龙村下一步计划开发一个价值 4000 万元、占地 20 多亩的会展中心和酒店式生态民宿，目前已充分做好农户搬迁意愿调研工作，对意愿不高的村民进行政策引导，充分保护农民住房保障权益，新区安置正在按部就班进行中。同时，在村庄产业发展过程中，为村民提供就业岗位，带动农副产品的销售，增加村民的财产性收入、经营性收入和工资性收入，村民切切实实享受到改革红利，助力村庄产业发展成为了全村群众的共识。

（四）多方宣传，利用多元渠道打响市场招牌

雄龙村在发展过程中，始终重视加强市场宣传，利用新媒体方式打响旅游景区和民宿招牌。雄龙村开发经营之初，游客稀少、门庭冷落。凤凰县政府十分重视媒体宣传，在宣传上下重手、出奇招，充分利用电视、网络等媒体宣传推荐雄龙村，腾讯网、搜狐网、新浪网等各大网站广泛推介，使雄龙村在短短几年间从一个名不见经传的旅游区一跃成为知名网红打卡点，向外界递出了一张精美的“名片”。另外，湘西腊肉因为在《舌尖上的中国》专题节目中亮相而名扬全国，深受广大游客追捧，使乡村旅游景点名扬四海、旅游产品人尽皆知。

五、村民意愿和满意度调查情况①

在调研过程中，雄龙村共有 80 名农户参与宅基地改革意愿问卷调查，男性占多数，初中及以下学历居多，以务农为主，占 50%，还有务农兼打临时工和兼副业的农户各占 18.75%，大多都是就近就业，在本村就业的占 81.25%；宅基地主要用于居住，全家都长住的占 81.25%；受访农户对自身的医疗、教育、养老等社会保障都比较满意。具体情况如表 2–1 所示。

表 2–1 雄龙村受访村民基本情况

基本情况		比例（%）
性别	男	81.25
	女	18.75
学历	初中及以下	75
	高中	0
	大专	12.5
	大学及以上	12.5

① 相关数据来源于雄龙村村民问卷统计结果。

续表

基本情况		比例（%）
家庭主要就业方式	务农	50
	打工	12.5
	务农兼打临时工	18.75
	务农兼副业	18.75
就业地点	本村	81.25
	本镇其他村	6.25
	本县其他镇	6.25
	本市其他县	0
	其他城市	6.25
宅基地利用情况	全家都长住	81.25
	老人和孩子长住	6.25
	只有老人长住	0
	闲置	6.25
	家庭二三产业经营用	6.25
	出租（流转）由他人经营	0
社会保障是否完善	非常完善	56.25
	比较完善	43.75
	不完善	0

根据调研组预设的集中居住、使用权流转、有偿退出、有偿使用、宅基地利用管理满意度五个方面，对农户的实际情况、主观认知、改革意愿和满意度进行访问的调查结果显示：集中居住意愿一般，顾虑主要是担心居住面积变小；流转意愿不高，主要担心流转收益不稳定或偏低；受访农户都没有退出宅基地的经历，对宅基地有偿使用意愿较高，对宅基地利用管理、村务公开度、宅基地流转后的社会保障、现有住房地理区位、住房周边公共服务设施等方面比较满意。

1. 集中居住意愿方面

受访村民的住房形式 94% 都是自建房，面积在 110 平方米以上的居多。雄龙村村民对集中居住意愿一般，50% 的被调查者有集中居住意愿，相较于进入城区集中点居住、自主购房或根据购房面积获得相应补偿和全部货币置换，农民更愿意选择平移至本乡镇集镇集中居住，占 81.25%。对于集中居住的条件大家比较在意的是经济效益和交通便利，各占 56.25% 和 43.75%，农民不愿意选择集中居住的顾虑是居住面积变小（占 68.75%）和非农就业难、没有熟悉的街坊邻居（各占 43.75%）。

2. 使用权跨村组流转意愿方面

受访农户都没有跨村组流转过宅基地，且 75% 的村民都不了解跨村组流转政策，流转意愿仅有 12.5%，不愿意流转的原因主要是担心“流转收益不稳定或偏低”“流转时间太长，不确定因素多”和“土地流失，失去宅基地”三个方面。农户流转的目的是增加收入。

3. 有偿退出意愿方面

雄龙村受访农户都没有退出宅基地的经历，如果退出宅基地希望获得的补偿形式主要是住房保障，农村住房和城镇住房分别占 56.25% 和 31.25%。关于宅基地退出后生活成本变化的认识，37.5% 的村民表示会上升，同时，75% 的农户认为进城打工困难，并且对宅基地未来升值空间的预期不高，只有 37.5% 的农户认为和城里的土地一样值钱。

4. 有偿使用意愿方面

雄龙村 75% 的受访农户支持实行宅基地有偿使用，认同本村宅基地有偿使用费的占 50%，但是宅基地有偿使用细则的制定村民参与度仅有 25%。

5. 宅基地利用管理满意度方面

雄龙村农户对宅基地管理利用满意度较高，所有受访农户都经常参加村民代表大会；93.75% 的农户表示赞同村规民约的所有规定，且对乡镇政府、村干部很信任；62.5% 的农户认为本次宅改对生活水平没什么影响，但对村容村貌、村内居住环境有正向影响，75% 的农户认为本次宅基地制度改革使村内居住环境变得舒适，93.75% 的农户认为宅改使村容村貌变好了。对村务公开度、村民权益保护情况、流转后的社会保障、现有住房地理区位、现有住房质量、住房周边公共服务设施、住房周围环境卫生满意度都很高，没有人表示不满意（见表 2-2）。

表 2-2 村民满意度调查

	非常满意（%）	比较满意（%）	一般（%）	不太满意（%）	非常不满意（%）
村务公开度	87.5	6.25	6.25	—	—
村民权益保护情况	75	18.75	6.25	—	—
流转后的社会保障	81.25	12.5	6.25	—	—
现有住房地理区位	81.25	6.25	12.5	—	—
现有住房质量	68.75	18.75	12.5	—	—
住房周边公共服务设施	81.25	6.25	12.5	—	—
住房周围环境卫生	81.25	12.5	6.25	—	—

续表

	非常满意（%）	比较满意（%）	一般（%）	不太满意（%）	非常不满意（%）
很信任乡镇政府	93.75	—	6.25	—	—
很信任村干部	87.5	6.25	6.25	—	—
经常去参加村民代表大会	75	25	—	—	—
赞同村规民约的所有规定	81.25	12.5	6.25	—	—

雄龙村通过引导村民将闲置宅基地与民居交给村集体经济组织集中运营，易地搬迁腾退资源，释放土地发展要素，引入社会资本，融入特色的苗寨元素与文化，以资产入股的方式整村打包流转，探索出了发展乡村旅游与特色民宿的独特模式，深刻诠释了凤凰县宅改办“农村宅基地制度改革把沉睡的死资产变成流动的活资本”的发展思路，闲置宅基地盘活利用率高达 83.07%，闲置农房利用率高达 78.37%，给村民每年带来 2500 元以上工资性收入，村集体增收 36.7 万元，在推动乡村振兴与共同富裕的实践中取得积极成效。

雄龙村发展的成功实践离不开党建引领，完善常态化工作机制，成立村集体经济合作社理事会与监事会，在村级组织的带领下，雄龙村坚持特色保护类村庄发展方向，提前制定村庄保护发展规划，区分古村落保护区与新农村建设区，既坚持高速发展，又注重特色建筑风貌与民俗风情保护；同时鼓励带动村民参与，加强乡村发展的辐射带动作用，实现村民的“家门口”就业，增加收入，切实享受到改革发展红利，在村庄发展的活力中增加内生动力；再次加强宣传引导作用，做到对内对外双向宣传，对内向村民宣传政策，让改革发展深入人心，增加老百姓参与的配合度，对外利用多渠道新闻媒介进行市场宣传，充分挖掘特色苗寨特色，扩大市场影响力与知名度，吸引更多游客前来观光。

村民意愿调查结果显示，村民对集中居住意愿一般，不愿意的原因主要是担心居住面积变小。宅基地流转意愿较弱，主要是因为受访农户都没有流转宅基地的经历，对流转政策不了解，担心流转收益不稳定或偏低。受访农户都没有退出宅基地的经历，且意愿不强，大部分农户都认为进城打工困难，对宅基地未来的升值空间预期不高；宅基地有偿使用意愿较强，但有偿使用细则参与度不高。对此次宅基地制度改革成效，村民满意度较高，认为居住环境和村容村貌都有所改善，对村务公开度、村民权益保护情况、现有住房质量等民主问题都比较满意。

雄龙村的发展对乡村旅游依赖性较强，缺少多元产业，对村集体与村民的收入增长带动作用有限，部分细则制定的村民参与度不高，未来村集体经济组织应更大范围地参与到村庄发展中去，更大幅度地增加村集体收入，同时拓宽村民就业空间，寻找更多能够吸引城市资本、人才等进入乡村的亮点和支撑点，发展多元产业，拓展乡村发展的深度、广度和辐射度。

凤凰县麻冲乡竹山村：生活变“场景”，深山苗寨实现神奇“裂变”*

王怡①

一、村庄基本情况

（一）自然地理情况

1. 昆仑峰中别有洞天

竹山村坐落于湖南省凤凰古城的西北屏障，位于麻冲乡东部，距离凤凰县城 38 千米，旅游公路贯穿寨域，省级（S259）于 2019 年正式通车，全村平均海拔 500 米。村庄南北宽约 3.5 千米，东西长约 3.8 千米。森林覆盖率 95% 以上，生态环境良好，东南北三面环水、南触乌巢河、北环两叉河、东毗潭湖、西面峻山叠嶂，幽坐凤凰昆仑峰中，寨中堡楼耸立，峰中古树窜天、苍翠连绵。泉水叮当，山花烂漫，苗歌扬醉，形成西高东低地势，谷深幽秘，悬崖峭壁，溶洞奇幻。

2. 苗族原始堡寨底蕴深厚

竹山村又名竹山苗寨，建寨已有 800 多年历史，是凤凰古城水道最发达的村寨之一，也是众多苗寨中最为原始的一处，因山寨山坡、山坳竹子而得名。竹山村是湘西苗族人土风情、建筑、典迹遗存比较完整的、最著名的“半坡部落”原始堡寨，峰中古树窜天、苍翠连绵，寨内的石板路和原始寨堡构成了一道亮丽的风景线。民族文化底蕴深厚，民族风情浓郁，寨中堡楼耸立，苗族原始部落、苗寨堡楼、青石云梯路、吴家大院、苗王邀文石、苗歌苗鼓、苗舞、神龙洞等均以苗族文化为主，民俗纯古，苗族节日珍繁，特产名多。村寨内有座小学，前身是竹山民族私塾，清朝末年名为竹山学堂。2014 年 11 月 25 日被列入第三批中国传统村落保护名录。

---

* 案例内容来自中国矿业大学（北京）共同富裕研究院第二调研组 2020~2022 年的实地调查。

① 王怡，中国矿业大学（北京）共同富裕研究院助理研究员，管理学硕士。

（二）经济社会发展情况

1. 贫困苗乡华丽蝶变

竹山村是麻冲乡移民村之一，全村共有 4 个村民小组，分居 4 个自然寨，分别为竹山寨、大坨寨、栗木寨、岩洞寨，共 310 户村民，总人口 1256 人，常住人口 820 人，有建档立卡贫困户 65 户 274 人，人口聚集度一般，属于中度空心化，是一个纯苗族聚居村。[①] 竹山村长期被大山封锁，交通不便，加上土地贫瘠，曾经是深度贫困村，以传统种植业为主，主要耕种的农作物为水稻、玉米，主要经济作物为烤烟、“懒汉梨”。

产业发展以旅游业为主。近年来，在凤凰县委、县政府的领导下，在上级业务主管部门的正确指导下，竹山村积极探索闲置宅基地和闲置住宅盘活利用工作。自 2018 年湖南省文旅厅驻村帮扶以来，引入市场主体，2019 年凤凰旅投开发建设集团有限公司（以下简称“旅投集团”）成立并进驻竹山村，开发旅游业，立足当地山水和民俗，挖掘少数民族特色文化，将农村传统建筑、农耕器具、民间技艺、民俗礼仪等乡土资源进行活态化传承和创新，创新打造旅游产品，开发了“爱在竹山”沉浸式体验剧、苗岭无边界温泉泳池、星空露营基地、竹山乡居民宿、竹山酒庄等特色休闲度假产品。同时，进一步完善“吃、住、行、游、购、娱”旅游六要素，竹山村成为湘西州很有名气的乡村旅游目的地。

2. 脱贫摘帽硕果累累

在闲置宅基地和闲置住宅盘活利用与精准扶贫等多方努力下，竹山村走出了一条文旅扶贫新路子。截至 2019 年底，竹山村的贫困发生率由 2014 年的 37.2% 降到 0.6%，全村人均纯收入达到 1.26 万元，比 2014 年增长了 7 倍，一举甩掉了贫困的“帽子”，实现了整村脱贫摘帽。现在，竹山村已成为国家 3A 级景区、全国乡村旅游重点村、湖南省乡村旅游重点村、湖南省文化和旅游扶贫示范村、湘西州乡村旅游示范村、“中国少数民族特色村寨”、凤凰县“同心”美丽乡村建设示范点，是凤凰国家级风景名胜区、长潭岗国家级水利风景区的重要组成部分。2019 年，竹山村被评为“全县先进基层党组织”，入选“建党百年红色旅游百条精品线路”，被国际摄影协会授予“摄影师最爱的摄影创作景区”。[②] 竹山村部分荣誉展示如图 2-7 所示。

---

① 相关数据来源于竹山村汇报材料及《湖南省凤凰县域村庄分类和布局方案说明》。

② 相关数据由竹山村提供。

图 2–7　竹山村部分荣誉展示

资料来源：由调研组成员实地拍摄。

（三）土地利用情况

竹山村国土调查面积 476.39 公顷，林地 320.21 公顷，交通运输用地 18.29 公顷，设施农用地 0.14 公顷，田坎 13.98 公顷，耕地面积 80.42 公顷，其中水田 53.29 公顷、旱地 27.17 公顷，建设用地面积 11.87 公顷，预计 2025 年无变化，属于平衡型村庄，无生态红线限制发展。①

《湖南省凤凰县域村庄分类和布局方案说明》显示，竹山村属于低强度开发、特色保护类村庄，地灾较轻，通过对县域内各村庄发展潜力和限制发展的分级评判，竹山村属于低发展潜力、中等限制发展区域。

二、宅基地利用和管理现状

（一）宅基地利用情况

根据 2022 年调研数据，竹山村全村宅基地宗数 334 宗，面积 39839 平方米，人均宅基地 25 平方米。其中，宅基地闲置 126 宗，“面积超标” 13 宗，“少批多占” 6 宗，“一户多宅” 15 宗，已退出 12 宗，宅基地复垦为耕地 2 亩。② 村民将闲置的传统民居入股村集体经济，村集体经济组织以此为资源结合农民居住用房、村集体建设用地、其他闲置地等资源，通过租赁方式出租给企业，开发乡村旅游，村民从中获取租金，以“资源参与”的方式打造闲置宅基地和闲置农房盘活的“竹山模式”。截至 2022 年 8 月，已盘活利用闲置宅基地 114 宗、闲置农房 48 栋，闲置宅基地利用率达 90.23%，闲置农房利用率达 100%，为村民创造收入 17.1 万元。在发展过程中，竹山村注重保护传统古村寨

---

① 相关数据来源于《湖南省凤凰县域村庄分类和布局方案说明》。

② 相关数据由竹山村提供。

建筑韵味，传统村落建筑风貌保护 160 栋，旅投集团承诺，保持农民建筑原有风貌，每人每年即可享受 300 元分红。①

（二）宅基地管理现状②

1. 乡、村两级"一门式"审批"六到场"监管

新一轮农村宅基地制度启动以后，麻冲乡建立《麻冲乡农村宅基地用地建房联审联办制度》，由农业农村、自然资源、林地、水利、综合执法大队等部门组成农村"联审联办"办公室，对农村宅基地用地建房申请审批和建房规划许可管理，实现"一门式"办理，简化村民审批办理流程。农户申请宅基地必须符合"一户一宅"、"建新拆旧"、村庄规划等相关规定。申请审批程序为农户向村民小组提出申请，村民小组通过公示后提交村集体经济组织审查，审查通过加盖经济合作社公章报送乡政府，乡政府从收到宅基地申请到房屋竣工，由乡政府组织宅基地联审联办工作小组人员实行"六到场"。"六到场"为收到建房申请后，"一到场"审查申请人是否符合条件；批准后，"二到场"实地丈量批放宅基地；农户基坑开挖后，"三到场"进行基坑验槽；主体结构施工过程中，"四到场"进行指导和质量监管；施工完工结束后，"五到场"对主体结构完工现场进行监管；房屋竣工后，"六到场"检查验收。

2. 乡、村两级严把建房审批关、质量关、风貌关

麻冲乡成立了由乡长为组长的农村建房建设管理领导小组、综合行政执法大队，制定《麻冲乡农村宅基地及住房建设管理办法（暂行）》《凤凰县麻冲乡宅基地用地动态巡查实施方案》，对宅基地规划、农村宅基地申请条件与用地标准、宅基地审批、宅基地登记发证等内容做出详细规定，要求乡级宅基地管理员每个月至少巡查 2 次。竹山村对村民建房质量严格把关，按照每月至少 3 次的频率进行动态巡查，建立巡查台账。同时，村民建房可以免费使用凤凰县提供的施工设计图统一建房，或自行请设计公司根据湘西的民族特色和民族文化，设计具备民族风格的住房图纸，通过乡级政府审批后才允许开始施工建房，保证建房安全及风貌与村庄整体风貌一致。

三、闲置宅基地和闲置农房盘活的"竹山模式"

（一）立足民族古村落资源禀赋定位发展旅游产业

竹山村是湘西苗族的风土人情、建筑、典迹遗存比较完整的纯苗族聚居村的中国传

---

① 相关数据来源于竹山村宅改办宣传栏、竹山村宅改办汇报材料。

② 相关数据来源于竹山村村级文件、竹山村宅改办汇报材料。

统古村落。竹山村周围遍布石头山，村中房屋全是用石块垒砌而成，非常坚固，几百年来形成了一道独特的苗寨风貌，拥有谷深幽秘、悬崖峭壁、溶洞奇幻、临水高崖的优质自然景观。同时，竹山村也是一个贫困村，历来村民主要经济收入来源是务工，由于村里山多田少，交通不便，加之群众观念“守旧”，曾是凤凰县脱贫攻坚“最难啃的硬骨头”。在加快整乡脱贫和乡村振兴的背景下，2018 年湖南省文化和旅游厅驻村帮扶，在湖南省文旅厅、凤凰县委县政府和麻冲乡党委政府的努力下，决定利用竹山村湘西苗族浓郁的人土风情，完整的堡寨建筑、典迹遗存等乡村特点，重点发展旅游产业，主打竹山“美丽牌”“民族特色牌”，走乡村旅游助推脱贫攻坚的道路。先后邀请自驾友、OAD 设计公司、美聚源、快居美、智成旅游等乡村休闲旅游规划专业公司到竹山村实地开展了一系列的考察和调研工作，进行“问诊把脉”，帮助谋划文旅融合发展的“切入点”和相关项目工作。委托长沙乡土田园农业规划设计有限公司为竹山村量身制定竹山村乡村旅游发展规划，组织专家实地调研探索文旅融合推进脱贫攻坚的“竹山模式”，制定并出台了“竹山村传统村落保护和发展规划”“竹山村乡村旅游发展规划”。在旅投集团及湖南省文化和旅游厅等后盾单位的全力扶持下，竹山村以凤凰“长潭岗美丽河湖带”、凤凰苗乡“千云公路”沿线旅游资源为载体，打造凤凰苗乡旅游的“旅游 + 产业”线路产品，不断完善村庄及景点基础配套设施，全面提升景区景点品质和服务，大力发展乡村旅游，力争人人就业、户户增收。

（二）盘活闲置宅基地和农房开启竹山发展飞跃期①

经过一年的发展，虽然竹山村乡村旅游发展已初见成效，但是仍有不少的闲置房屋、闲置土地未能充分利用和盘活。2019 年，凤凰县委、县政府因势利导，成立旅投集团助力乡村旅游发展。同年 6 月，竹山村积极筑巢引凤，成功引入旅投集团，投入 3000 多万元，仅用 3 个月建成了苗岭无边界温泉游泳池、竹山乡居民宿和“爱在竹山”沉浸式体验景区，快速地推进竹山乡村旅游的产业化进程，开启了竹山村的开发建设飞跃期。特别是 2020 年成为新一轮宅基地制度改革试点村以来，竹山村抓住机遇，利用闲置宅基地和农房发展乡村旅游、餐饮民宿等新产业、新业态。在充分保障农民宅基地合法权益的前提下，鼓励支持农村集体经济组织及其成员采取自营、出租、入股等多种方式盘活利用闲置宅基地和闲置住宅，采取“公司 + 合作社 + 村集体”的模式共享旅游红利，推动多方参与、合作共赢的良好局面。借着宅基地制度改革试点“东风”，旅投集团成功打造了包括乡村旅游民宿“竹山乡居”、竹山苗岭无边界游泳池、《花开竹山》情景剧、农耕文化实景体验场、乡村文化舞台、非遗传承展示展演基地等旅游景点，走出了一条依托“农旅融合、文旅融合”的乡村振兴的路子。竹山村也探索出以“资源参

① 相关数据来源于竹山村宅改办汇报的材料。

与”的方式盘活闲置宅基地的“竹山模式”，为凤凰宅基地制度改革工作的有效、有序开展构建了切实稳健的坚固“底盘”和经验“样板”。“爱在竹山”项目介绍及闲置资源盘活情况展板如图 2–8、图 2–9 所示。

图 2–8 “爱在竹山”项目介绍及收益情况

资料来源：由调研组成员实地拍摄。

图 2–9 闲置资源盘活利用部分展示

资料来源：由调研组成员实地拍摄。

1. 村集体整合闲置宅基地和农房统一出租

村民用闲置的传统民居入股村集体经济，村集体经济组织以此为资源，结合其他闲置土地，通过租赁方式出租给旅投集团，旅投集团打造了包括美食工坊村、乡村旅游民宿“竹山乡居”、竹山苗岭无边界游泳池、《花开竹山》情景剧、农耕文化实景体验场、乡村文化舞台和非遗传承展示展演基地等项目在内的“爱在竹山”沉浸式体验景区，共盘活利用闲置宅基地 260 多宗，面积 100 多亩。其中，①美食工坊村共 65 栋农房，含闲置农房 22 栋、村民自营民宿 2 栋、村民自住房 43 栋。竹山村集体经济合作社整合闲置的 22 栋农房作为资源，通过租赁方式出租给旅投集团，结合 43 栋苗族传统民居、2 栋自营民宿打造而成。②“竹山乡居”民宿占地面积 7 万多平方米，是湘西规模最大的民宿群，单独成栋的布局让很多家庭享受快乐的时光。分为三个板块：第一板块取名“清斋”，围绕临近长潭岗悬崖水岸的 22 栋，定位高端轻奢私享，一栋一设计，一院一景致；第二板块取名“乡趣”，无边界游泳池旁的 11 栋以“研学”“康养”“书画”为主题的民宿，打造研学民宿区、书画民宿区、康养民宿区，在板块一和板块二附近优选 8 栋房屋进行功能用房打造，配套中餐厅、西餐厅、酒庄、茶吧、多功能玻璃会议厅、烤吧、清吧及管理用房；第三板块取名“花间”，寓意“宿花间，解乡愁”，以 22 栋独立坐落在林间草地的民宿为主，配套烧烤吧、音乐清吧、夜间观星大草坪等设施，让厌倦了喧嚣城市里的索然无味的人，不用走太远，就能感受乡间的恬静和心中的远方。竹山村特色民宿俯瞰图如图 2–10 所示。③无边界游泳池面积 958 平方米，原为竹山村第三村民小组闲置宅基地，竹山村集体经济组织合作社将其出租给旅投集团，其中一级泳池太阳池面积 78 平方米，寓意以天空为镜，沐阳光之躯；二级泳池月亮池面积 130 平方米，寓意剪天空之月，浴纯洁之身；三级泳池大地池面积 750 平方米，寓意采大地之水，涤心之灵魂，泉水康养健身。竹山苗岭无边界游泳池实景图如图 2–11 所示。泳池门票的村集体分红部分由乡政府统筹，用于麻冲乡在册 764 户 3147 人建档立卡户生活补助发放（按 160 元 / 年标准发放，2021 年发放费用约 51 万元）。

图 2–10 竹山村特色民宿俯瞰图

资料来源：由调研组成员实地拍摄。

图 2–11 竹山苗岭无边界游泳池实景图

资料来源：由调研组成员实地拍摄。

2. 农民直接出租闲置宅基地和农房

旅投集团与农户签订租赁合同，规模化流转打造农耕文化实景体验场地、乡村文化舞台、非遗文化传承和展现展示，共盘活利用闲置住宅 48 栋、闲置宅基地 8 宗。其中，农耕文化实景体验场地是由农户龙付英将原居住农房、附属用房、庭院、菜园出租给旅投集团打造而成的，拆除了原附属用房结合庭院、菜园建造表演场地，原居住农房作为演出后台供演员换装和日常食宿。旅投集团租赁闲置宅基地和闲置农房的租金标准为：闲置住宅每年每栋给予 3000 元租金，每三年上调 5%，每年创造村民收入 14.4 万元。闲置宅基地每年每处 1500 元租金，每年创造村民租金收入 17.1 万元。

3. 村民以自营方式盘活利用闲置宅基地和闲置住宅

竹山村村民自发返乡利用自家宅基地住房开设经营了乡村餐馆（农家乐）3 家、乡村民宿 5 家。2020~2021 年，在严峻的新冠肺炎疫情影响和不景气的市场经济环境下，乡村农家乐年均每户创造村民收入近 3 万元，乡村民宿年均每户创造村民收入 1 万余元。[①] 除此以外，竹山村村民每家每户在自家出售乡村腊肉、鸡鸭、土鸡蛋、稻花鱼、竹笋、蘑菇等土特产，不仅显著提高了村民收入，更是告别了从前凌晨天未亮肩挑手扛走几十里山路赶集卖货的历史。在新冠肺炎疫情形势向好之后，村民乡村自营创收方式更是展现了蓬勃的生机和无限的可能。

---

① 相关数据来源于竹山村宅改办汇报的材料。

（三）民房、民俗深度融合打造文化资源核心竞争力

一是赋予苗族文化市场价值，生活巧变场景，深山苗寨焕发独特魅力。在竹山村的实践中，旅投集团遵循市场规律和需求，用专业精神变日常资源为旅游产品，把文旅资源优势转化为发展优势。以创意为抓手，整合传统民居、树林、田园、农具、生活习俗等文化资源，注重文化再造，找准资源要素的文化主题，变成文化旅游景观、“实景”旅游产品，塑造出了一个全要素旅游产业综合体。把传统苗寨变成沉浸式体验景区，租赁闲置房屋，植入苗族非遗传承的文化符号，变民房为民宿。将编花带、织布、纺纱、编织草鞋、“簸”稻谷和玉米、熏腊肉、磨豆腐、打糍粑、苗族婚嫁等村民日常生活习俗，融入景区情景在现，连苗家人的洗衣、做饭，也可以成为游客们“围观”的对象。让游客在吃簸箕宴、看农耕演示、舂碓、磨豆腐、玩婚俗、学苗语、唱苗歌等过程中寻觅乡愁、愉悦心灵。这既保护了民间传统工艺，又让民间工艺成了旅游产品。村民编花带、织布实景如图 2-12、图 2-13 所示。

图 2-12 村民展示打花边实景图

资料来源：由调研组成员实地拍摄。

图 2-13 村民展示织布实景图

资料来源：由调研组成员实地拍摄。

二是实施“旅游 + 农业”“旅游 + 文化”等模式，整合特色文化和资源，推动产业融合。在农业方面，不仅在景区产品中植入农耕文化，还在农旅融合基础上，依托旅游，发展特色田园经济、庭院经济，采用“村集体 + 合作社 + 农户”的模式，成立了村凤竹种养专业合作社，发展养殖业，鼓励引导村民种植优质经济作物，实现旅游与农业的有机融合，多层次、多维度、多方面丰富了文化旅游的内涵，开设特色农产品超市、开发苗家簸箕宴等特色餐饮，带动竹山村及周边乡镇的优质农产品销售，2021 年农业

产值 200 万元，实现农副产品销售额 2100 多万元；截至 2022 年 7 月，实现农副产品销售额 900 多万元。竹山景区内部黄酒销售区、手工艺品销售区如图 2–14、图 2–15 所示。在传统文化方面，升级打造竹山篝火演艺情景剧《竹山花开》，延伸产业链条，雇用当地村民当演员，扩大村民就业面；成立非遗产业合作社，开发建设竹山“非遗”工坊，20 多名非遗传承人居家现场作业展示，获得稳定收入。①

图 2–14 竹山景区黄酒销售区

资料来源：由调研组成员实地拍摄。

图 2–15 竹山景区手工艺品销售区

资料来源：由调研组成员实地拍摄。

三是通过市场运营方式打造文化旅游产品品牌。通过个性化的创意，融合特色文化要素，策划具有差异化的乡村“热文化”产业，打造出“人无我有、人有我优”的文化旅游产品品牌。推出神龙谷峡谷探险游、最美苗乡一号公路自驾游、长潭岗水上风光休闲游等生态旅游新产品，将绿水青山变成金山银山。组织举办竹山美丽乡村四季摄影赛、“苗族食俗”厨艺大赛、苗寨深度研学亲子夏令营、“湘人乡游 • 乡居竹山”等系列活动，在云平台“游潇湘”、抖音等开展直播营销，推介竹山旅游产品，塑造竹山旅游品牌，进一步增强了传统村落吸引力、影响力。在旅投集团的“包装”打造下，竹山村乡村旅游景点逐渐走上市场运营正轨，主打生态文化，形成一二三产业互促共进的生动局面。

（四）取得成效

1. 创造了落后山村跨越发展的“奇迹”

竹山村把乡村运营理念植入到乡村建设中来，推动农、文、旅深度融合，把文旅资源优势转化为发展优势，让好风景成为群众的好前景。近年来，在旅投集团的包装运营下，竹山苗寨、《竹山花开》晚会的全票价分别为 80 元 / 人，优惠价 50 元 / 人，竹山无

① 相关数据来源于竹山村宅改办汇报的材料。

边界游泳池 68 元 / 人，优惠票价 50 元 / 人，吸引了周边及全国其他城市的游客前来，感受传统苗族乡村民俗沉浸式体验，“竹山”的名字也逐渐走向全国。竹山村通过企业运营，依托苗寨村落风貌、山水文化资源，打造了集观光、民俗风情、休闲度假、特色民宿于一村，各具功能属性的九大旅游经营产业综合体，以委托帮扶、房屋租赁和资源有偿使用、旅游开发与农副产业融合、旅游带动增就业等方式助力脱贫，先后荣获“中国扶贫交流基地”“第三批全国乡村旅游重点村”“全国百个乡村旅游扶贫示范案例”“湖南省文化和旅游扶贫示范村”等称号。2020~2022 年 7 月，在新冠肺炎疫情影响下，更是逆势而上，其中，2021~2022 年 7 月，累计接待游客 22.55 万人，实现旅游收入 2005 万元。[①]“竹山模式”的成功实践已经成为了新时代乡村发展的“网红明星”，创造了落后山村跨越发展的“奇迹”，打造了新农村建设的“标杆”，也正逐渐释放出促发展、促振兴的“裂变”效应。

2. 习俗文化获得保护传承

竹山村立足特色的山水、民情、民俗资源，挖掘苗家农耕、编织草鞋、纺纱、织布、婚嫁等民间习俗，让这些习俗文化获得保护传承。按照传统村落保护的相关规定，对 1 组、3 组两个传统古苗寨进行全面保护修缮，还原苗寨本真的风貌，增加了景区的看点。乡村文化恰到好处地融入到生活化的场景之中，这种浸入式、体验式的农旅融合、文旅融合有效地引发了游客的购买欲望和传播冲动。同时鼓励和支持群众参与旅游，在参与旅游中实现就业、增加收入，村民将生活日常场景化，每月可获得几千元的工资。

四、工作经验

（一）政府发挥好引领带动作用，凝聚多方合力促发展

“竹山模式”的成功实践，凝聚合力是根本。从国家乡村振兴战略、湖南省文化和旅游厅的引领力，凤凰县地方政府的执行力，市场主体的推动力，到乡镇政府、竹山村集体经济组织、合作社、村民的向心力，几股力量有机结合、科学整合，凝聚起求发展、促脱贫的磅礴力量。

湖南省文化和旅游厅、当地政府整合资金和资源，抓好村庄基础设施建设，在国家乡村振兴战略的引领下，把握好竹山发展的方向盘。在规划竹山旅游发展前景时，竹山村就会同旅投集团建立了“企业 + 村集体 + 合作社 + 农户”的模式，打造“永不撤走的工作队”。旅投集团负责为市场运营出谋划策，打造“网红”景区；竹山旅游专业合作社为公司提供劳务用工、租赁、市场管理等合作；村民通过就业、租赁、分红等形式

① 相关数据来源于竹山村宅改办汇报的材料。

加入家乡建设队伍，并实现增收；村集体通过集体资产、土地、分红等保障集体经济收入，较好地兼顾了村集体、村民及市场运营主体的各方利益，尤其是能快速处理矛盾和协调各方利益，最大限度地动员群众支持、参与文旅开发。

（二）政府发挥好市场服务职能，切实维护农民利益

在竹山村的发展过程中，涉及较大规模的农户闲置宅基地和闲置农房的盘活利用，为保障农民权益，严格依法规范盘活利用行为，稳妥推进盘活利用推介宣传，竹山村集体经济组织发挥带头作用，严格落实上级政府要求，在农村闲置宅基地、闲置住宅盘活利用过程中，切实维护农民利益，不强迫流转、不强迫“上楼”，不违法收回农户合法取得的宅基地，不以退出宅基地作为农民进城落户的条件。乡、村两级严格把关，严格依法依规按程序操作，坚决守住法律与政策底线。由乡镇主要领导或分管领导带队，对违规用地、违规建设、“两宅”盘活利用项目特别是利用闲置住宅开展经营性活动的场所，如民宿、餐馆、银饰店、手工作坊等每月开展巡查 1~2 次，严格市场准入和事中事后监管。

（三）政府发挥基础设施建设和文化保护作用，为旅游开发提质增效

竹山村在打造高品质旅游景区过程中，始终注重加快乡村基础设施建设，保护传统苗寨村落的“原始形态”。一是积极推动美丽乡村建设，全面改善农村环境面貌。“要想富、先修路”，便捷的交通是发展旅游产业的前提，湖南省文化和旅游厅驻村帮扶队积极争取凤凰县委、县政府支持，加速打造凤凰千工坪镇至贵州云长坪镇的旅游公路。2019 年，“千云”公路改造完成，彻底打通了竹山村与外界联通的“最后一公里”。此外，还通过与凤凰县各部门对接，开展改水、改厕、改厨、改圈、改排水沟等创建行动，保障竹山村用水安全；安装路灯 126 盏、铺设青石板 3820 平方米、建设仿古木栏杆近 100 米，加大美化、亮化等工作力度，实现了通信、网络、亮化全覆盖，利用湖南省旅游专项资金约 380 万元在村里建起了大型游客服务中心、生态停车场、文化广场、乡村大舞台、旅游厕所、标识标牌等，为竹山乡村旅游发展夯实了基础。山旮旯变身 3A 级风景区，古老苗寨焕发出崭新的活力。二是充分发挥“历史保护”的旅游资源价值。竹山村已经被纳入了中国传统村落保护名录，根据竹山村完整堡寨建筑的乡村建筑特点，对景区景点宅基地住宅自然景观进行保护，并且已经出台了相关保护政策，比如易地搬迁户和危房改造户可以不拆除旧房。建设 55 栋安置房，解决老百姓住房困难问题，旅投集团给予全村 294 户村民每户每年 300 元，鼓励传统民宅的保护，竹山村 294 户村民每年因为自家的宅基地住宅景观获得收入共计 8.82 万元。这样既保持了传统村落的完整性，又保持了传统村落的原有风貌，闲置民房出租给企业再利用的同时也得到

了维修，减少村里对闲置房维修的成本。①

（四）扩大产业发展带动效益，让农民共享发展成果

一是积极推动产业融合发展，带动农业产业和农副产品销售。近年来，竹山村充分利用抛荒土地，开发闲置土地，发展农业产业。目前，全村每年种植猕猴桃 600 亩、懒汉梨 100 亩、迷迭香 80 亩、优质油茶 160 亩，开展乡村采摘游，一期懒汉梨采摘园达 100 亩，带动土鸡蛋、黄酒、猕猴桃干等优质农副产品销售，产业带动 62 户，户均年收入可达 2000~5000 元。二是扩大闲置宅基地和闲置住宅盘活利用后期，带动辐射广度和深度。竹山村旅游景区为群众提供导游、保洁、保安、演艺、民俗展示等旅游服务岗位，全方位让村民参与其中，让村民真正成为发展的“主人”，帮助群众实现稳定就业。截至 2022 年 7 月，竹山村景区内安置本村村民 69 人，每个岗位人均年收入可达 2.7 万元，竹山村村民每年创造工资性收益达到 186.3 万元，已支付 399 万元工资。同时，旅投集团与麻冲乡全乡建档立卡户签订委托帮扶协议书，带动建档立卡户每年每人享受固定收益 160 元，每年创造全乡村民收益达 58 万余元，村集体仅旅游分红每年有 25 万元。② 竹山村乡村旅游的发展不仅改变了落后、封闭的乡村风貌，还改变了村民的精神风貌，村民们热情、乐观的气质之变见证了深山苗寨村民思想观念、精神面貌之变。③

五、村民意愿和满意度调查情况④

在调研过程中，共有 85 名农户参与宅基地制度改革农民意愿问卷调查，男性占多数，初中及以下学历占一半，以务农兼打临时工为主，占 50%，大多都是就近就业，在本村就业的农户占 75%，宅基地大部分都是用于全家都常住，占 87.5%。竹山村在农户的社会保障方面需加强，有一半受访农户认为医疗、教育、养老等社会保障不完善。受访农户情况如表 2–3 所示。

表 2–3 竹山村受访农户基本情况

基本情况		比例（%）
性别	男	75
	女	25
学历	初中及以下	50
	高中	37.5

① 相关数据由竹山村村干部提供。

② 相关数据来源于竹山村宅改办汇报材料。

③ 相关数据由竹山村提供。

④ 相关数据来源于竹山村村民问卷统计结果。

续表

基本情况		比例（%）
学历	大专	12.5
	大学及以上	0
家庭主要就业方式	务农	37.5
	打工	12.5
	务农兼打临时工	50
	务农兼副业	0
就业地点	本村	75
	本镇其他村	12.5
	本县其他镇	12.5
	本市其他县	0
	其他城市	0
宅基地利用情况	全家都长住	87.5
	老人和孩子长住	12.5
	只有老人长住	0
	闲置	0
	家庭二三产业经营用	0
	出租（流转）由他人经营	0
社会保障是否完善	非常完善	37.5
	比较完善	12.5
	不完善	50

根据调研组预设的集中居住、使用权流转、有偿退出、有偿使用、宅基地利用管理满意度五个方面，对农户的实际情况、主观认知、改革意愿和满意度进行访问的调查结果显示：集中居住意愿一般，主要是担心搬迁后非农就业难；流转意愿不高，主要担心流转收益不稳定或偏低、流转时间太长，失去宅基地和农村人情关系丢失；受访农户都没有退出宅基地的经历，对宅基地有偿使用意愿较高，对宅基地利用管理、村务公开度、宅基地流转后的社会保障、现有住房地理区位、住房周边公共服务设施等方面比较满意。

1. 集中居住意愿方面

受访农户的住房形式都是自建房，面积在 90~110 平方米和 110 平方米以上的居多。62.5% 的农户有集中居住意愿，相较于平移至本乡镇集镇集中居主、自主购房或根据购房面积获得相应补偿和全部货币置换，农户更愿意选择进入城区集中点居住，占 62.5%。对于集中居住的条件，大家比较在意的是经济效益、住房条件、生态环境和就业，各占 87.5%、75.0%、62.5% 和 62.5%。农户不愿意选择集中居住的顾虑是搬迁后非农就业难，占 87.5%，及居住面积变小、小区物业等生活成本上升，各占 62.5%。

2. 使用权跨村组流转意愿方面

受访村民都没有过跨村组流转宅基地的经历，且 75% 的村民都表示不了解宅基地使用权流转政策。流转意愿仅有 25%，不愿意流转的原因主要是担心“流转收益不稳定或偏低”“土地流失，失去宅基地”和“农村人情关系丢失”三个方面，各占 37.5%。农户流转的目的是增加收入。

3. 有偿退出意愿方面

竹山村受访农户都没有退出宅基地的经历。如果退出宅基地，50% 的农户希望获得的补偿形式是城镇社会保障。关于宅基地退出后生活成本变化的认知，75% 的农户表示没什么变化，62.5% 的农户认为进城打工困难。村民对宅基地未来升值空间的预期不高，只有 25% 的农户认为宅基地会和城里的土地一样值钱。

4. 有偿使用意愿方面

竹山村 75% 的受访农户支持实行宅基地有偿使用，认同当前本村宅基地有偿使用费的占 62.5%，但宅基地有偿使用细则的制定村民参与度仅有 12.5%。

5. 宅基地利用管理满意度方面

竹山村农户对宅基地管理利用满意度较高，75% 的农户表示经常参加村民代表大会，75% 的农户表示赞同村规民约的所有规定，且 87.5% 的受访农户表示对乡镇政府、村干部很信任。75% 的农户认为本次宅改对生活水平没什么影响，但对村容村貌、村内人居环境有正向影响。87.5% 的农户认为村内人居环境变得舒适了，所有农户都认为村容村貌变好了。对村务公开度、村民权益保护情况、流转后的社会保障、现有住房地理区位、现有住房质量、住房周边公共服务设施和住房周围环境卫生满意度都很高，没有人表示不满意（见表 2-4）。

表 2-4 村民满意度调查

	非常满意（%）	比较满意（%）	一般（%）	不太满意（%）	非常不满意（%）
村务公开度	87.5	12.5	—	—	—
村民权益保护情况	87.5	12.5	—	—	—
流转后的社会保障	75.0	25.0	—	—	—
现有住房地理区位	100	—	—	—	—
现有住房质量	87.5	12.5	—	—	—
住房周边公共服务设施	75.0	25.0	—	—	—
住房周围环境卫生	87.5	12.5	—	—	—

续表

	非常满意（%）	比较满意（%）	一般（%）	不太满意（%）	非常不满意（%）
我很信任乡镇政府	87.5	—	12.5	—	—
我很信任村干部	87.5	12.5	—	—	—
经常去参加村民代表大会	75.0	—	25.0	—	—
赞同村规民约的所有规定	75.0	—	25.0	—	—

在湖南省文化和旅游厅帮扶驻村队的帮助下，竹山村结合自身独特的原始苗寨民族文化与地理区位，立足当地山水和民俗，将特色文化和充分盘活闲置宅基地与闲置民居发展乡村旅游项目结合，找到一条文旅扶贫的新路子。村集体经济组织引导村民将闲置宅基地与民居入股村集体经济，村集体将其与村内其他土地资源统筹整合后，出租给旅投集团，统一开发旅游项目，成功开发“爱在竹山”沉浸式体验项目。在乡村旅游的效应辐射下，村民可将自家闲置宅基地与民居直接出租给旅投集团，或自营民宿与餐饮项目。竹山村的成功实践也离不开深度挖掘体验式苗族生活，将生活巧变场景，将苗族生活场景打造成一张特色“名片”。“竹山模式”的成功实践每月平均可给村民增加 2000 元的工资性收入，村集体每年增收 25 万元，竹山村从深度贫困村成功蜕变为国家 3A 级景区和“全国乡村旅游重点村”。

竹山村的华丽蜕变主要受益于以下几个方面：一是离不开包括上级政府、市场主体以及村集体内部等多方合力的支持，找准路子，给予资金、人才、专业技术等方面的支持，保障乡村发展；二是在发展过程中始终注重维护村民利益，充分带动村民就业，让村民在唱歌跳舞、日常劳作中就能获得收入，照顾到每一位村民，保障建档立卡户收益，让村民切实享受到发展红利；三是在发展的同时注重传统村落建筑风貌的保护，村民维持民居原有风貌即可享受“保护津贴”，这既保护了“原汁原味”的苗族传统文化，又维持了旅游发展的“名片”；四是注重打响市场招牌，积极申报国家级、省级荣誉称号，变“官方招牌”为“自身招牌”，在全国范围内扩大影响力。

村民意愿调查结果显示，愿意选择集中居住的农户占多数，主要是希望能够增加经济收益；大部分村民不愿意流转宅基地，也不了解宅基地流转政策；虽然受访农户都没有退出宅基地的经历，但对宅基地退出的意愿较强，主要是希望能够获得城镇社会保障；村民对宅基地有偿使用支持度较高，但有偿使用细则制定参与度较低；对此次宅基地制度改革成效，村民满意度较高，认为村庄居住环境、村容村貌等都有所改善，对村务公开度、村民权益保护情况等民主问题都比较满意。

竹山村的发展对乡村旅游依赖性较强，乡村旅游对其他产业的辐射带动作用有限，仅能带动农副产品、工艺品等的销售，未来可进一步挖掘发展更多产业；在村民民主问题中，村民对部分改革发展细则参与度与政策知晓度不高，政府应充分听取村民意见，加强政策宣传，在政策认知层面充分提高村民民主思想，使村民切实参与到改革过程当中。

宁远县水市镇游鱼井村：闲置宅基地让乡村公益大放异彩 *

王怡 ①

一、游鱼井村基本情况

（一）自然地理情况

宁远县位于湖南省南部、永州南六县的中心位置，东连新田县、蓝山县和嘉禾县，南接江华瑶族自治县，西邻道县、双牌县，北接祁阳县。宁远县素有“天然温室”之称，境域四面环山，县域形似舟形盆地，地貌类型多样，山丘面积占全县面积的63%，属于典型的丘陵地区。宁远县既是农业大县，也是生态旅游强县，有地貌旅游、人文旅游和生物旅游三大旅游资源。

水市镇位于宁远县西南部，九嶷山北麓，境内南高北低，西南两面属山地，东北地处丘陵，平均海拔在500米以上，距县城18千米，属于丘陵地区的远郊传统农区。水市镇依靠一条水市江弯流而下，灌溉水市镇各乡镇，是水市镇的象征性的子母江。水市原名水打铺，历史上曾因上游猛降暴雨造成山洪暴发，故有“青天白日水打铺”之称。水市镇东邻冷水镇、湾井镇，南接九嶷瑶族乡，西接道县四马桥镇，北连舜陵镇、天堂镇。

游鱼井村位于水市镇南部，九嶷山北麓三界峰下，毗邻湘江之源，山水秀丽、风景宜人，因村旁泉水井常有游鱼而得名，村域南邻樟木脚村，东靠水晶窝村，北边与水市镇水市村接壤，西与黎壁源村隔江相望，距离镇区约1千米，距县城16千米，距厦蓉高速公路宁远南出入口仅8千米，交通较为便捷。

---

* 案例内容来自中国矿业大学（北京）共同富裕研究院第二调研组的实地调查。

① 王怡，中国矿业大学（北京）共同富裕研究院助理研究员，管理学硕士。

（二）经济社会发展情况

1. 属于传统农业村庄

游鱼井村辖 16 个自然村，分设 20 个村民小组，全村现有居民户数 446 户，居住人口 2124 人。大元村是其中一个自然村，现有村民 98 户 411 人，其中留守儿童 68 人，闲置农房 39 座。游鱼井村以传统农业为主，村民年人均收入约 3600 元，主要经济来源为种植水稻、烤烟和柑橘。近年来，水市镇外引资金 17 亿元，实施重点产业项目 7 个，建成"万字号"产业基地 6 个，形成了较为稳固的"12349100"产业总体框架，即 1 万亩烤烟、2 万亩水果、3 万亩油茶、4 万亩优质稻、9 万头生猪、100 万只九嶷山兔。烤烟生产连续五年稳产 2.4 万担以上，稳居宁远县第一、永州市第二。游鱼井村包装打造了大界源、大元社、云上源等一批现代气息与古朴风格兼具的文旅产业。2018 年，游鱼井村成立了骆何杨油茶种植专业合作社，种植油茶 5000 亩，有效解决了该村闲散贫困劳动力的就业，发展壮大了村级集体经济，增加了农民收入。2021 年，游鱼井村依托油茶产业，争取上级资金修建了"三界峰油茶主题公园"，内设露营基地等基础设施，成为游鱼井村的特色名片，有效推动村级经济发展。[①]2022 年，水市镇获评"国家产业强镇"。

2. "大元社"成为村庄新名片

大元村（自然村）是典型的经济落后、人口流出的中部农村，闲置农房多、留守儿童多。大元村走出去的大学生刘休从中央美术学院毕业后返乡创业，针对留守儿童教育问题，利用自己所学创办了艺术孵化基地——"大元社艺术文化交流中心"（以下简称"大元社"），免费为留守儿童提供全程艺术教育培训服务。大元社的创办搭上了农村宅基地制度改革试点的"东风"，租赁了 10 座闲置农房。大元社关爱留守儿童，如同一个开放的家庭，接纳每一个愿意进入大元社的孩子，成为他们的老师、伙伴和代理家长。大元社的发展社会效益显著，先后被中央电视台、新华社等多家官方新闻媒体宣传报道，并拍摄独立纪录片，成为游鱼井村的一张"亮丽"名片。刘休、周燕夫妇的先进事迹也被授予了多项荣誉。2020 年，大元社被评为省级示范儿童之家。刘休获评全市"优秀乡土人才"，周燕家庭获评"全国最美家庭"。2022 年，周燕荣获了首届"全国乡村振兴青年先锋"称号和"湖南省关工委先进个人"称号。大元社所获部分荣誉展示如图 2-16 所示。

---

① 相关数据由游鱼井村村干部提供。

图 2-16　大元社所获部分荣誉展示

资料来源：由调研组成员实地拍摄。

（三）土地利用情况[①]

游鱼井村村庄总面积 779.73 公顷，耕地面积 274.52 公顷（其中水田 51.67 公顷，旱土 16.93 公顷），林地面积 452.08 公顷，水域面积 30.55 公顷，建设用地面积 25.11 公顷，其中村民住宅面积 20.18 公顷，公共服务用地面积 0.06 公顷，国有建设用地面积 3.91 公顷，村庄道路用地面积 0.96 公顷，人均建设用地面积 120 平方米。

根据《宁远县县城村庄分类和布局方案》，游鱼井村现有人口 2124 人，为集聚提升类村庄，在以此为前提的基础上，确定以生态保护为基础、以农业现代化为支撑、以市场为导向、以农民增收为主线、以绿色产品为特色，融合村民人居环境整治和乡村振兴发展，将游鱼井村建设成宜居、宜业的产业特色示范村。

二、宅基地利用和管理现状

（一）宅基地利用现状[②]

游鱼井村现有宅基地资格权户 494 户，宅基地资格权人 1939 人，宅基地共有 519 宗，98830 平方米，其中住房占地面积 53700 平方米。“一户一宅”的 344 户，“一户两宅”

① 相关数据来源于游鱼井村提供的《宁远县水市镇游鱼井村村庄规划（2020–2035 年）》。

② 相关数据来源于宁远县宅改办汇报材料。

的 83 户，“一户三宅”的 3 户，无房户 15 户，异地搬迁户 1 户。“一户一宅”宅基地面积超标 150 户，超标面积 16099 平方米。

大元村通过全方位、地毯式调查摸底，确定有宅基地资格权农户 98 户，宅基地资格权人 411 人，现有宅基地 119 宗，面积 20686 平方米，其中建筑占地面积 19104 平方米。现有农房中，土木结构 12 座，砖木结构 6 座，砖混结构 101 座；属一层平板房 55 座，二层楼房 11 座，三层楼房 41 座，三层以上楼房 12 座。宅基地（农房）利用情况是：自住房屋 80 座，出租房屋 6 座，闲置房屋 33 座。属“一户多宅”的 25 户，宅基地面积超标 32 户，无非本集体经济组织成员占用宅基地。

（二）宅基地管理现状

1. 明确规范村民建房要求

游鱼井村对村民建房有明确要求：一是选址要求，禁止建设区内不允许建房；坚持一户一宅，原则上要拆除旧房，再建新房，有特殊情况在建设新房过程中必须保留旧房的，应在新房建成后一个月内拆除旧房；结构较差建筑则根据村庄发展需求逐步拆除，对于结构一般的建筑规划中逐步引导村民拆除，统一规划建设。二是面积要求，严格控制宅基地占地面积标准，宅基地占用耕地的每户面积不得超过 130 平方米。建房屋宅基地占用荒山荒坡的每户面积不得超过 210 平方米，占用其他地类的每户面积不得超过 180 平方米。三是建筑风貌引导新建建筑风格提倡中式风格住宅，住户可以根据自己需要选择户型、材质、风格，采用青瓦白墙，建筑高度不宜超过三层。新建房屋的庭院边缘必须距离村道 3 米，距离河流 8 米，房屋间距必须考虑防火、日照以及公共空间的分配。截至 2020 年，游鱼井村已整治危房 7 户。①

2. 责任包干确保建房依法依规

水市镇建立了以镇长负总责的动态巡查责任包干制度，层层细化，确保村民建房全过程依法依规，不出现偏差。由镇长负总责，镇长每半个月对本镇发生的违法用地和违法违规建房情况进行一次调度，调度是否及时发现并制止、是否查处到位、是否产生不良后果和影响。水市镇党委、政府、人大班子成员包片组，镇党委、政府、人大班子成员每个星期对所包片区的用地建房情况进行一次巡查，发现违法用地和违法违规建房行为迅速了解掌握情况，并向镇长报告。镇干部包村，镇干部每三天一次对所包村的用地建房情况进行一次巡查，发现违法用地和违法违规建房行为立即制止，并向包片区镇领导报告。村“两委”干部包村民小组，村“两委”干部对所包村民小组村民的用地建房情况，分上午、下午每天巡查二次，发现违法用地和违法违规建房行为立即制止，并

---

① 相关数据来源于游鱼井村提供的《宁远县水市镇游鱼井村村庄规划（2020–2035 年）》。

向包村镇干部报告；组干部、共产党员、县镇人大代表、党代表包户。组干部、共产党员、县镇人大代表、党代表经常与所包农户取得联系，掌握其建房苗头和动向，一旦发现用地建房行为，第一时间了解情况，并立即向村“两委”报告。同时，在农民建房过程中，水市镇积极推行无人机巡查手段，利用无人机进行日常巡查、航拍，对建房过程实行监管。

三、返乡创业盘活闲置资源，发展留守儿童公益项目

游鱼井村是一个位于丘陵地区且以农业为主的传统村庄，为了增加家庭收入，村民大多选择外出务工，留守儿童和老人较多，房屋闲置情况也比较严重，大元村地处偏僻，39 座闲置农房“养在深闺无人问”，闲置农房流转一直是迟滞宅改的坚冰。2020 年，宁远县被确定为新一轮宅基地制度改革试点县，把全县 54 个乡村振兴示范创建村纳入农村宅基地制度改革试点村，游鱼井村就是其中之一。同时，近年来，宁远县坚持“人才是第一资源”的理念，聚焦经济发展和乡村振兴两大主战场，全方位引进、培养、用好人才。游鱼井村探索出了一条“宅改服务人才振兴，人才振兴促进文化振兴和产业振兴”的乡村振兴新路子。图 2–17 展示了大元社的简介。

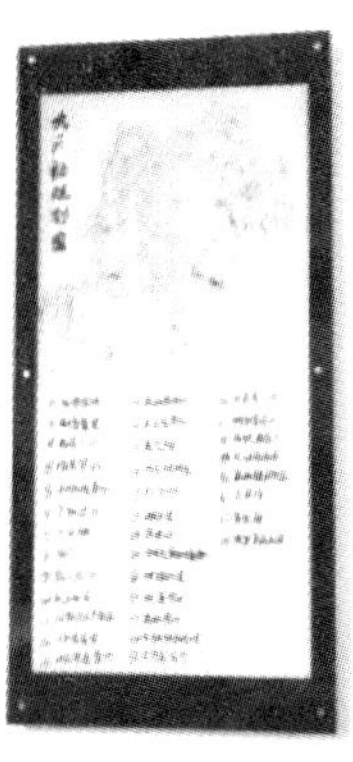

图 2–17　大元社简介

资料来源：由调研组成员实地拍摄。

（一）大学生返乡开办大元社艺术文化交流中心

大元村，这个 489 口人的村子有 300 人在外务工，常住人口只有 165 位老人和 24 名留守儿童。从本村走出去的刘休夫妇分别是中央美术学院和中国美术学院的高材生，2015 年底回村探亲时被留守孩子们渴望的眼神所触动。刘休在 2010 年被古琴制作大师收为衣钵弟子，开始古琴制作和演奏，在古琴产业界渐露头角，当时北京宋庄和河北雄安都有上市公司邀请他进行合作，而刘休的妻子周艳 2014 年从中国美术学院毕业，毕

业作品获得了学院的金奖，学院还给她考研考博的机会。在大元村长大，深受宁远古琴文化熏陶的刘休从小就有传承古琴文脉的梦想；周燕在中国美术学院读书期间，了解过很多艺术改变乡村的案例。本着一个“想看看艺术能为山里的孩子做些什么”的念头，怀着“把艺术带回家”的梦想，夫妇二人决定回到家乡。他们拿出在大城市打拼积攒下的积蓄，开办了大元社艺术文化交流中心，免费为农村留守儿童提供一个学习和娱乐的空间，致力于用艺术教育服务乡村孩子，引导孩子们发现更广阔的世界。他们利用自家宅基地投资 110 万元建起了一栋两层楼房，配备了电脑、投影仪、天文望远镜、古琴等设施，为留守儿童搭建了艺术家园，当起了共享爸爸、共享妈妈，和乡村留守儿童一起做乡土记录、研究、创作，试图用艺术教育和艺术活动等形式促进乡村文化振兴，重建人文环境和自然环境的多元融合。刘休、周燕夫妇二人回到家乡，倾心打造的留守儿童公益事业获得了湖南省的充分肯定，宁远县县委、县政府在多方面给予了大力支持，在一定程度上也鼓励了更多的在外人员返乡支持家乡建设。

（二）流转闲置农房扩大规模①

水市镇党委、政府和游鱼井村“两委”全力支持大元社发展，大元社利用宅基地制度改革试点的制度红利，抓住机遇、扩大规模。一是流转闲置农房扩大基础功能区。随着进入大元社的孩子越来越多，慕名到大元社支教服务的大学生越来越多，大元社急需扩大活动范围。根据《宁远县农村宅基地流转管理指导意见》《水市镇农村宅基地流转管理办法》的有关政策规定，刘休、周燕夫妇以每年 2000 元左右的租金流转了散落在村内各地的 10 栋闲置农房，共计面积 1200 余平方米，建立了大元社驻村儿童工作站、大元村留守儿童之家、大元社空巢老人服务站、茶叶冲社区艺术孵化基地、宁远城乡文艺人才团队、省舜艺儿童之家创新实践试点等。大元社与村民签订流转合同，合同期限为 5 年，取得经营权证，每栋民房投入 10 万元左右进行翻建，主要是对房屋进行简单的装修，不动房屋主体结构，作为制琴坊、教室、宿舍、食堂等，打造了服务留守儿童的学生宿舍、志愿者宿舍、博士工作站接待中心、虞舜韶乐文化展示、公共食堂 5 个空间，大元社的规模得以扩大。例如，水市镇游鱼井村的村民冯生财有一栋闲置的农房，因为年久失修，严重漏雨，已经坍塌了一角，他顺应村庄发展，将房屋流转给了大元社。刘休进行简单修缮后，用于制作古琴。双方约定流转期为 10 年，每年租金 1000 元。水市镇人民政府核发大元社流转宅基地（农房）使用权证，明确了流转的内容、方式和年限，村民拥有房屋的所有权，而流转方只有使用权，双方不用担心权属问题。这既满足了大元社发展的需求，又使村民的房子得到了修缮巩固，并获得财产性收入。

二是多方支持流转村内闲置资源扩大活动范围。宁远县整合部门资金 40 余万元，

---

① 相关数据来源于调研组与游鱼井村村干部、刘休老师的访谈。

修缮建设了知青文化实景演出森林剧场，推动大元社与宁远县文旅集团合作，联合打造舜风古琴园。大元社以此为舞台，举办了多次大型活动，如乡村青少年艺术节、九嶷音乐会等。借着“宅改”的政策契机，在宁远县级部门牵头下，水市镇与中国农业大学签订了战略合作协议，由中国农业大学“乡村振兴基金”项目支持流转闲置知青楼，准备新建研学交流中心，为高校调研乡村振兴、村庄规划建设提供研学场所，扩大大元社活动范围，全线推进人才振兴、文化振兴、乡村振兴。图 2-18 为游鱼井村修建的知青文化实景演出森林剧场。

图 2-18　游鱼井村知青文化实景演出森林剧场

资料来源：由调研组成员实地拍摄。

（三）公益项目带动全村产业发展

大元社的发展形成了规模带动效应。一是开发了中小学生的研学项目。以流转过来的农房打造的宿舍、食堂和教室等为依托，每年可以接待游学团队几千人，收费标准为每人每周 18000 元研学费用，包吃住、课程教学以及课程材料，开设美育游学、古琴游学、农耕课程等，吸引了全国各个城市的学生，带活了村域消费。二是带动村民就业。刘休将流转过来的闲置农房打造成制琴坊、漆琴坊、桃子窝家庭农庄等功能性用房，大力发展古琴文化产业。例如，青砖瓦房结构的“铸梦轩”是主要用于展示古琴文化和虞舜音乐文化的融合、展示古琴制作工艺的空间。刘休利用自己的手艺，制作的古琴销往北上广大城市获得的收入是维持大元社公益项目的重要资金来源。每张古琴的市场售价在 5 万 ~10 万元，刘休聘请当地的村民参与一些简单的制作工序，如木工、漆工等，按计时制发工资，每人每月能有 3000~5000 元的工资收入，技术工能达到 5000~8000 元。据刘休描述，目前古琴订单处于供不应求的状态，有扩大再生产的需要，规模化生产需要更多的人工投入，下一步正在考虑流转更多的闲置农房改造成制琴坊，形成流水线制作，待古琴制作产业规模扩大后，将会为当地村民提供更多的就业机会。[①]

（四）取得效果

1. 美化村庄环境

刘休、周燕夫妇多次邀请清华大学的建筑师、中央美院的景观设计师改善村庄环境，将村庄里的闲置传统建筑进行改造，改造成公共空间。活化了5座结构安全的村庄空心房作为公共食堂、公共宿舍和古琴文化展示空间，同时发动社会各界一起修建了大元村的知青露天剧场，用日常的艺术活动和公共空间改造让村民感受艺术之美。一幢土坯房被改建成公共食堂和讲堂，一幢砖房则被打造成了手工坊和古琴文化展示空间。最终，村里出现了露天剧场、水井小公园和运动场，为孩子们的户外活动提供了场所。为了使孩子们完全融入共同建设的艺术家园中，周燕非常注重孩子参与，带领孩子们一起制定大元村的整体规划，从测绘、清理闲置房子，到传统建筑的结构分析，改造愿景和功能分区的讨论，再到平面图纸、效果图的制作，以及最后的施工、周边景观设计，孩子们都有全程参与。

2. 营造了良好乡村文化氛围

"引导孩子们发现更广阔的世界"是大元社的宗旨，2016~2022年，大元社策划组织活动313次，直接服务了8000余名留守儿童，日常服务时间达5000多小时。大元社乡村青少年艺术节自2018年开办以来，在大元村共举办了三届。首届艺术节举办了两场，第一场选在了宁远县没有人居住的空村——茶叶冲，第二场在大元村开展。第二届、第三届在大元村举办，一共举办了四次艺术节活动，累计506个家庭，824名村民，3046个孩子参加乡村青少年艺术节，137个乡村孩子直接感受艺术陪伴且创作参加活动，艺术节联结本地11个政府部门，25位本地企业家参加。2020年4月，孩子们还受邀参加了北京尤伦斯年度公益特展。2022年8月20日，在大元社的组织下，孩子们和村民们共同举办了暑假的"结业典礼"，40多名孩子在大元社露天剧场演出了沉浸式戏剧、体验"发射火箭"等活动。大元社通过乡村青少年大地艺术节、对外艺术交流、把艺术带回家和公共环境营造等活动，为孩子们提供了安全的自我表达和阐释空间。在这里，每个孩子都可以作为独立的个体，从自我生长的环境中汲取灵感，获得走出困境和原生家庭束缚的力量。经过这些年的发展，大元社已经影响3000多名乡村儿童，依靠社区美誉的在地化实践，成为了界内前1%的先行者。[②]图2–19为大元社举办的部分活动展览介绍，图2–20为大元社留守儿童合影，图2–21为大元社留守儿童部分作品展示。

---

① 相关数据来源于调研组与刘休老师的访谈。

② 相关数据由游鱼井村村干部提供。

图 2-19　大元社部分活动介绍

资料来源：由调研组成员实地拍摄。

图 2-20　大元社留守儿童合影

资料来源：由宁远县宅改办提供。

图 2-21　大元社儿童部分作品

资料来源：由调研组成员实地拍摄。

3. 让暮气沉沉的家乡“活起来”

大元社的创立与发展不仅丰富了留守儿童的课余生活，它所焕发的社会效益更是成为游鱼井村的一块“亮招牌”，有效带动了游鱼井村的整村推进。预期在一到两年的时间内，“大元社”将通过一系列的展示活动策划，推动宁远县在地方文脉梳理、历史记忆保存等方面的探索，形成一套成熟的、其他村镇可复制的模式，把宁远县变成乡村振兴的标杆型城市，在国内外产生较大影响，并为中国的新型城镇化的发展模式及乡村振兴做出应有的贡献。

四、工作经验

（一）上级领导高位支持，鼓励优秀人才返乡创业

一是宁远县始终坚持党委领导、政府主导、部门帮扶、社会参与、多措并举，做强人才项目，服务文化振兴。大元社的发展离不开上级政府的高位支持和鼓励。宁远县委书记曾多次前往大元社进行实地调研，详细了解了大元社团队近年来用文化和艺术助力乡村振兴的工作成绩，对大元社在乡风文明、乡村风貌中产生的积极作用给予了充分肯定。二是依托宁远县独特的历史文化记忆，共吸引城乡文艺创意博士、硕士人才 50 多人次来到大元社，共建“宁远县城乡文艺创意人才团队”。团队扎根农村，以全新的运作方式搭建文化梳理与展示平台，通过公共艺术推广交流与文化素质教育，推进了古琴文化进校园等一系列乡村振兴文化活动，选派有艺术天赋的留守儿童到北京研学，参加尤伦斯青少年艺术展、北京 UCCA 年度公益特展、重庆 O’Kids 儿童友好城市展。在上级政府的帮助下，大元社已经形成了一些创新文化艺术教育和文化体验核心产品，包括古琴制作体验、舜文化古琴游学与研学、潇湘水云游学、自然与艺术体验营、高校科研实践课程等，这些产品在中国具有独创性和专业性，北京、上海、香港、深圳、广州有稳定的合作高校，产品市场初步成形。

在刘休夫妇和大元社的带动感召效应下，大元村打工能人杨春林回村投资 2000 万元注册成立山界峰农林开发有限公司，流转承包荒山 1 万亩，种植油茶 2000 亩，柑橘、竹林 1650 亩，培育松木、杉木 6000 亩。在大元村模式的影响带动下，2020~2022 年宁远县农村结合开展“稳就业、强基础、富家乡”主题活动，共引领回农村优秀人才 113 名，带回项目 67 个、资金 9624 万元，促进了人才振兴、乡村振兴。①

（二）加强基础设施建设，保障公益事业顺利运行

大元社的发展既促进了文化振兴，也促进了村容提升、群众受益。一是镇、村两级加强基础设施建设支持发展。近两年来，大元村先后利用空坪余地开发建设古琴文化广场和休闲健身活动场所，村容村貌焕然一新；流转农房的 10 户农民家庭每年户均增收在 2000~3000 元，村民初步尝到了闲置农房流转的甜头。为了保障大元社的正常运营，水市镇和游鱼井村对村庄基础设施建设、绿化等的修缮格外重视，整合资金拓宽村庄道路、修建文化广场、加强绿化带建设、改造旱厕等，在大元社周边摆放艺术符号，提

---

① 相关数据来源于宁远县宅改办汇报材料。

升了村内人居环境，保障大元社公益事业顺利运行。二是上级政府提供资金支持。2021年，宁远县拨付190万元用于大元村的道路修建，拨付20万元用于完善大元村路灯安装设施，拨付38万元用于建设500平方米场地，美化人居环境。从2019年开始，宁远县政府决定每年专门向大元社拨款10万元，用于活动场所和基础设施建设，民政、妇联等部门的资源配置也在向大元社倾斜，为大元社的顺利发展提供了有力支撑。[①]

（三）注重发动社会力量，助力乡村公益事业发展

大元社的发展除了受到上级政府的支持和鼓励，还离不开社会公益组织、慈善机构、全国各地的志愿者们的支持。一是获得社会慈善组织的支持。2020~2022年，大元社得到了北京尤伦斯当代艺术中心、阿里巴巴高管致朴公益基金会、北京天使妈妈慈善基金会等合作伙伴的热心支持。以大元社艺术文化交流中心名义争取到了2家爱心企业捐赠善款6.2万元，上海朴质儿童公益关爱服务中心、上海睿远公益基金会等3家基金会筹措社会资金100余万元，帮助乡村公益事业的发展。此外，2020年，大元社还与致朴公益基金会合作“乡村美育工作方法研究”，与北京天使爱美丽专项公益基金合作开展“乡村美育全成长计划”，在线上给宁远的美术老师开设名师网课，线下提供实操平台，并为乡村教师群体提供艺术支持，宁远县133名教师直接受益，间接受益乡村孩子14万名、留守儿童9682名。二是联动县域内33个政府部门和25个本地企业，其中包含教育系统、卫生系统、文化艺术系统、社会团体、企业家和企业家协会等，招募高校知识分子和青年大学生来做志愿者，多元化支持留守儿童的成长。三是大元社成立了大学生实践实习基地，吸引了40多名国内外高等院校的师生加盟志愿服务，除了几位常驻老师利用晚上和周末给孩子们上课之外，每年寒暑假还有来自各地高校的学生过来支教。志愿者们除辅导基本课程作业外，还教授手工、绘画、音乐等艺术相关课程。[②]图2–22为志愿者老师们正在讨论教学内容。

图2–22　志愿者老师们正在讨论教学内容

资料来源：由调研组成员实地拍摄。

① 相关数据由宁远县宅改办提供。

② 相关数据由游鱼井村村干部提供。

（四）加强事迹宣传报道，扩大大元社对外知名度

经过六年的成长，大元社艺术文化交流中心正逐渐受到社会各界的关注和支持，刘休、周燕夫妇的大爱精神也慢慢感染到更多的人投身到留守儿童志愿服务中去。这都离不开当地政府、各方新闻媒体的专题报道与推介。大元村先后被湖南电视台、北京电视台、央视少儿频道、中国日报、北京青年报、凤凰网等多家媒体宣传推介，线上播放观看量达到了 3.1 亿人次，2021 年 6 月 18 日大元社被中央电视台主题报道。2022 年 8 月，湖南省电视台打造的微纪录片《这十年》中的第十集《诗画乡村的“造梦人”》讲述了全国乡村振兴青年先锋周燕创办大元社的事迹，他们的故事也正逐步走向全国。[①] 图 2-23 为创始人周燕接受中央电视台采访。

图 2-23　创始人周燕接受中央电视台采访

资料来源：由宁远县宅改办提供。

五、村民意愿和满意度调查情况[②]

在调研过程中，游鱼井村共有 70 名农户参与宅基地改革意愿问卷调查，男性居多，初中及以下学历居多，以务农为主，占 68.42%，还有务农兼打临时工的占 21.06%，大多都是就近就业，在本村就业的占 73.68%，宅基地主要用于居住，全家都长住的占 68.42%。且所有受访农户认为自身的医疗、教育、养老等比较完善。受访农户基本情况如表 2-5 所示。

① 相关数据由宁远县宅改办提供。

② 相关数据来源于游鱼井村村民问卷统计结果。

表 2-5　游鱼井村受访农户基本情况

基本情况		比例（%）
性别	男	84.21
	女	15.79
学历	初中及以下	68.42
	高中	31.58
	大专	0
	大学及以上	0
家庭主要就业方式	务农	68.42
	打工	5.26
	务农兼打临时工	21.06
	务农兼副业	5.26
就业地点	本村	73.68
	本镇其他村	15.80
	本县其他镇	5.26
	本市其他县	5.26
	其他城市	0
宅基地利用情况	全家都长住	68.42
	老人和孩子长住	26.32
	只有老人长住	5.26
	闲置	0
	家庭二三产业经营用	0
	出租（流转）由他人经营	0
社会保障是否完善	非常完善	73.68
	比较完善	26.32
	不完善	0

根据调研组预设的集中居住、使用权流转、有偿退出、有偿使用、宅基地利用管理满意度五个方面，对农户的实际情况、主观认知、改革意愿和满意度进行访问的调查结果显示：集中居住意愿较低，顾虑主要是生产生活方式不习惯；流转意愿不高，主要担心土地流失，失去宅基地；受访农户都没有退出宅基地的经历，对宅基地有偿使用意愿较高，对宅基地利用管理、村务公开度、宅基地流转后的社会保障、现有住房地理区位、住房周边公共服务设施等方面的满意度有待提高。

1. 集中居住意愿方面

受访农户中，94.74% 的农户都是自建独栋房，面积在 90~110 平方米的居多，占

57.89%。游鱼井村村民对集中居住意愿不强，仅 31.58% 的农户有集中居住意愿，相较于平移至本乡镇集镇居住、进入城区集中点居住、自主购房或根据购房面积获得相应补偿和全部货币置换，农户更愿意选择进入城区集中点居住，占 52.63%。对于集中居住的条件，大家比较在意的是住房条件、交通便利和经济效益，各占 68.42%、63.16% 和 57.89%，农户不愿意选择集中居住的顾虑是生产生活方式不习惯和居住面积变小，各占 63.16% 和 52.63%。

2. 使用权跨村组流转意愿方面

所有受访农户都没有跨村组流转宅基地的经历，且仅 31.58% 的农户表示了解宅基地使用权跨村组流转的政策，流转意愿仅有 5.26%，不愿意流转的原因主要是担心"土地流失，失去宅基地""农村人情关系丢失""流转收益不稳定或偏低"三个方面，各占 57.89%、42.11% 和 31.58%。农户流转的原因主要是受到传统文化（如风水）的影响和为了增加收入，各占 26.32% 和 21.05%。

3. 有偿退出意愿方面

游鱼井村受访农户都没有过退出宅基地的经历，如果退出宅基地希望获得补偿形式主要是住房保障和社会保障，希望获得城镇住房的农户占 31.58%，获得农村住房和城镇社会保障的农户各占 26.32%。关于宅基地退出后生活成本变化的认识，52.63% 的农户表示不清楚是否会上升，同时，73.68% 的农户认为进城打工困难，42.11% 的农户对宅基地未来升值空间的预期表示不清楚，仅 31.58% 的农户表示会和城里的土地一样值钱。

4. 有偿使用意愿方面

游鱼井村 68.42% 的受访农户支持实行宅基地有偿使用，并且认同本村宅基地有偿使用费，也有 68.42% 的农户参与了宅基地有偿使用细则的制定。

5. 宅基地利用管理满意度方面

游鱼井村农户对宅基地管理利用满意度较高，但仍有较大提升空间，89.47% 的受访农户表示经常参加村民代表大会；94.74% 的农户表示赞同村规民约的所有规定，87.57% 的农户表示对乡镇政府、村干部很信任；大部分农户都认为本次宅改对生活水平、村容村貌、村内居住环境有正向影响，57.89% 的农户表示生活水平更高了，84.21% 的农户认为本次宅基地制度改革使村内居住环境变得舒适，所有受访农户都认为宅改使村容村貌变好了。在村务公开度、村民权益保护情况、流转后的社会保障、现有住房质量方面，游鱼井村还有提升空间，对这四个方面的农户表示满意的各占

73.68%、57.89%、47.37%、52.63%；尤其在现有住房地理区位、住房周边公共服务设施和住房周围环境卫生方面更需进一步提高，有村民表示对这三个方面不太满意，分别占 5.26%、10.53% 和 5.26%（见表 2-6）。

表 2-6 游鱼井村农户满意度调查

	非常满意（%）	比较满意（%）	一般（%）	不太满意（%）	非常不满意（%）
村务公开度	73.68	5.26	21.06	—	—
村民权益保护情况	57.89	10.53	31.58	—	—
流转后的社会保障	47.37	21.05	31.58	—	—
现有住房地理区位	42.11	15.79	36.84	5.26	—
现有住房质量	52.63	5.26	42.11	—	—
住房周边公共服务设施	36.84	15.79	36.84	10.53	—
住房周围环境卫生	47.37	15.79	31.58	5.26	—
我很信任乡镇政府	78.84	10.63	10.53	—	—
我很信任村干部	78.84	10.63	10.53	—	—
经常去参加村民代表大会	68.42	21.05	10.53	—	—
赞同村规民约的所有规定	68.42	26.32	5.26	—	—

游鱼井村通过引进返乡人才，盘活村内闲置宅基地发展社会公益项目，发展乡村产业，带动村民增收，服务留守儿童，实现了经济价值、社会价值、生态价值多丰收。在返乡创业人员刘休与周燕的努力下，社会公益组织“大元社”通过吸纳志愿者，在服务乡村留守儿童的同时，流转闲置农房扩大规模，建造食堂、教室、宿舍、制琴坊等多个功能区，发展制作古琴、研学游学项目，带动乡村产业发展活力；为留守儿童举办各类活动，关爱他们的身心健康的同时，扩大了大元社的社会影响力。大元社的发展累计服务了 8000 余名留守儿童，流转宅基地农户每年可增加 2000 元财产性收入，聘请参与制作古琴的农民每月可增加 3000~5000 元工资性收入。

游鱼井村向外递出的精美“名片”离不开地方政府对返乡人才创业的支持，既加大村庄基础设施建设支持力度，在资金上支持大元社的发展，又注重发动社会力量，吸纳志愿者加入，在人才上保障大元社的发展需求；注重通过多种新闻媒体加强专题报道与推介，拍摄独立纪录片，扩大大元社对外知名度，宣传刘休、周燕夫妇的大爱精神，弘扬社会价值；推进高校合作项目，开发更多研学产品，进一步扩大大元社发展规模。

村民意愿调查结果显示，游鱼井村村民对集中居住意愿不强，主要是担心生产生活方式不习惯；对宅基地流转政策知晓度不高，担心土地流失，所以大部分农户不愿意流转宅基地；受访农户都没有退出宅基地的经历，大部分都支持实行宅基地有偿使用，且有偿使用细则制定参与度较高；对于本次宅基地制度改革成效，村民满意度较高，认为村容村貌和居住环境都有所改善，对村务公开度、村民权益保护等民主问题都比较满意，但有少数农户对现有住房地理区位、住房周边公共服务设施和环境卫生表示不太满意。

游鱼井村的改革问题主要在于对大元社的依赖性过强，其他产业项目较少，而大元社的发展规模尚小，社会效益显著，但对村庄发展经济带动效应有限。下一步可以从金融信贷、农房流转等方面给予大元社倾斜，支持大元社扩大制琴坊、研学项目、留守儿童活动空间等规模，进一步拓宽村民就业空间，增强村庄发展活力。同时，游鱼井村集体经济组织应加强村庄产业发展建设，可吸引更多的人员返乡发展社会公益项目，打造特色“公益村庄”。

宁远县湾井镇下灌村："江南第一村"用乡村旅游展美丽画卷*

王　怡[①]

一、村庄基本情况

（一）自然地理情况

宁远县素有"天然温室"之称。山地面积广，土地类型多，有山地 280 万亩，占总面积的 74%，土质好，垂直地带性差异显著，开发潜力大。县域形似舟形盆地，地貌类型多样，山地、丘陵、岗地、平原、水面之比大体为 47 ∶ 15 ∶ 16 ∶ 20 ∶ 2。[②]湾井镇位于宁远县城南部边陲，距离县城 13 千米，北邻舜陵街道和冷水镇，西接水市镇，东与蓝山县接壤，南距九嶷山名胜风景区 11 千米，境内有东江、泠江河两条河流。下灌村又名灌溪村，属于平原地区，位于宁远县城西南方向约 30 千米，坐落在灌溪与泠江河畔，毗邻九嶷山舜帝陵景区，是九嶷山"十里画廊""灌溪仙境"景区的一部分，八大景点让人美不胜收，自然风光秀美。

（二）经济社会发展情况

1. 下灌村历史悠久

下灌村是全国历史文化名村，有着 2000 多年的历史，号称湖南第一村，享有"千年古村""江南第一村"的美称，被列入第四批中国传统村落名录。下灌村拥有丰富的历史文化和民俗文化，周边拥有云龙牌坊、云龙牌坊与王氏虚堂、宁远烈士陵园、舜帝大庙、金洞漂流、阳明山林场、佛教名山等景点景区，拥有湖南宁远文庙、饮酒喝茶、无头碑的故事、阳明山民间传说、舜帝祭典、永州戏曲文化、宁远文庙等民俗文化，拥有永州芋头、道州喝螺、永州东安鸡、千年生姜、禾亭水粉、珠坝白苦瓜、盘王腊肉等特产。古迹众多，木质的老屋、雕花的房檐、窄窄的鹅卵石路、斑驳的石拱桥，其中灌

---

* 案例内容来自中国矿业大学（北京）共同富裕研究院第二调研组的实地调查。

① 王怡，中国矿业大学（北京）共同富裕研究院助理研究员，管理学硕士。

② 相关数据由宁远县宅改办提供。

溪学堂和李氏宗祠被列为省级文物保护单位。下灌村有四大文化：状元文化、麻将文化、宗祠文化、饮食文化，源远流长。

下灌村的行政建制非常特别。下灌村下辖泠江村、下灌村、状元楼村和新屋里村四个行政村，七个网格点。

2. "麻将村"人才辈出

下灌村共有 35 种姓，13000 多人，其中李姓人口占 99.6%。历年来，下灌村崇学重教，人才辈出，历史上最辉煌时期是唐、宋两朝，当朝状元李郃和乐雷华皆出于此，下灌村孕育了 2 名状元、26 名进士，武将开村的荣耀逐渐被书香墨韵取代，"江南第一村"的来历更多也是源于此。唐朝状元李郃发明了"叶子戏"，也就是今天的麻将，因此下灌村又称"麻将村"，现在下灌村的建筑风貌、旅游景区中都设计了独特的麻将元素。

3. "下灌景区"旅游快速发展

近年来，宁远县大力发展民俗旅游和农业观光旅游项目，以宁远县九嶷山舜帝陵为龙头辐射带动下灌片区旅游开发，形成了下灌景区别具一格的乡村旅游风貌。下灌景区是天然的大氧吧，景区交通便捷，旅游资源丰富，冷九大道、九嶷大道、夏蓉高速穿境而过，旅游公路交错纵横，是通往 4A 级景区九嶷山舜帝陵的必经之路。下灌村已经成为宁远特色旅游新名片，宁远美丽乡村建设示范村，被评为"湖南美丽乡村""气候旅游胜地""十佳冬季旅游目的地"和 2017 年第二批全国特色小镇建设。2020 年 8 月 26 日，下灌村入选第二批全国乡村旅游重点村名单，是永州唯一一个"被列入第四批美丽宜居小镇、美丽宜居村庄示范名单的村落"的乡镇。2021 年，下灌旅游区成功创建为国家 4A 级旅游景区，接待游客超过 100 万人次，实现集体经济收入 52 万元。[①]2022 年，下灌村入选中国美丽休闲乡村名单。

泠江村作为下灌村的四个行政村之一，是下灌景区的重要组成部分。泠江村共 460 户、1851 人，农业发展以种植水稻、烤烟、蔬菜、水稻、大豆、花生、生姜、红瓜子、红薯为主；第三产业以旅游业为主，年均接待游客 2.4 万人。[②]

（三）土地利用情况

宁远县全县总面积 2501 平方千米，总人口 89.6 万，区划面积、人口数量均排湖南省第 29 位，宅基地总宗数 201309 宗，宅基地总面积 56658 亩。在新一轮宅基地制度改革试点中，宁远县共流转闲置宅基地 2072 座共 211428 平方米，发放农村宅基地流转使用权证 1243 本，撬动资金 7350 万元流向闲置宅基地开发，通过盘活利用增加集体收入 4601 万元，增加农

①② 相关数据由泠江村村干部提供。

民收入655万元。[①] 湾井镇全镇总面积107平方千米，总人口4.45万，现有耕地面积1293公顷，宅基地总宗数201309宗，宅基地总面积56658亩。[②] 下灌村总面积约3平方千米，下灌旅游景区在村内占地约2580000平方米（3869.98亩），实际建设用地面积437750平方米（656.62亩），总建筑面积43000平方米，其中新建建筑面积19000平方米，修缮改造（古村）建筑面积24000平方米。项目征收土地面积437750平方米（656.62亩），建设全部为集体土地，其中耕地（水田）112.28亩，园地74.85亩，林地198.3亩，其他农用地146.49亩，建设用地（农村宅基地）75.91亩，未利用地（其他草地）48.79亩。[③]

二、泠江村宅基地利用和管理现状

（一）宅基地利用现状

2022年，泠江村宅基地共453宗，其中，闲置宅基地32宗，"一户多宅"49宗，"面积超标"24宗，超标部分暂无退出，废弃宅基地6宗，人均宅基地面积46平方米。在成为新一轮宅基地制度改革试点村庄后，泠江村在下灌景区的辐射带动下，已整治盘活15宗闲置宅基地，共退出15宗"一户多宅"部分宅基地。在助力下灌景区的建设中，泠江村主要是引导村民退出零散、闲置、废旧的宅基地、老厕所等，将退出部分入股宁远县文旅集团，综合整治后打造主题公园、公共基础设施等，村民按退出面积参与收益分红，村集体经济组织按收益比例分红。[④]

（二）宅基地管理现状

1. 村集体制定宅基地管理章程

泠江村根据湾井镇《关于印发〈湾井镇农村宅基地资格权认定管理办法〉等9个农村宅基地制度改革指导性文件的通知》的文件精神，制定了《湾井镇下灌村泠江网格宅基地有关事项决定程序》《湾井镇下灌村泠江网格宅基地管理章程》《湾井镇下灌村泠江网格宅基地资格权人（户）认定办法》《湾井镇下灌村泠江网格宅基地有偿使用制度》《湾井镇下灌村泠江网格宅基地收益取得分配和使用管理办法》《湾井镇下灌村泠江网格宅基地审批初审规定》等细则，对宅基地改革探索的资格权认定、有偿使用、收益分配、审批等方面作出详细指导与规定，保障宅基地制度改革试点工作的开展。

---

① 相关数据来源于宁远县宅改办汇报材料。

②③ 相关数据来源于湾井镇宅基地制度改革试点工作领导小组提供材料。

④ 相关数据由泠江村村干部提供。

2. 镇、村加强村民建房管理

一是湾井镇将村民建房监管纳入对各村干部的考核工作中。湾井镇成立了以镇长为主任的规划管理委员会、农村住房建设管理执法队伍，高位规范农村建房，制定《湾井镇规范农村建房责任追究办法》，量化无序建房工作月考评细则，考核村级（网格）关于建房的工作台账、日常巡查和审批监管工作，要求村级（网格）村民建房理事会安排人员每三天巡查一次，并详细记录巡查情况，对于考核结果，每年年底综合评选规范农村建房先进村、规范农村建房先进村理事会、规范农村建房先进个人。二是村级形成日常工作机制加强村民建房管理。泠江村成立了泠江网格宅基地制度改革试点工作领导小组、工作专班、村民建房理事会等，严格落实村民建房申请审批、建房监管等要求，并形成日常村民建房用地会议记录、建房情况巡查台账等。

三、引进社会资本整村打造文旅产业

2015 年，下灌村引入九嶷山文化旅游发展集团有限公司（以下简称"文旅集团"），紧扣"全域景区、全域旅游"导向，拓展农业产业延伸功能，促进农旅深度融合，以乡村旅游休闲度假区和 4A 级景区的目标定位重点打造下灌景区，把下灌景区建设成集山水观光、文化体验、主题商业、休闲娱乐、特色度假等多功能于一体的高品质中国乡村文化旅游休闲度假区，并且以"公司 + 农户"的发展模式，充分发挥乡村旅游扶贫、富民、美乡的功能作用。其中，泠江网格是下灌景区打造的重点区域，泠江村以宅基地制度改革试点为契机，引导村民退出闲置、零散、"多宅"部分的宅基地，联动集体经营性建设用地等资源统一入股给文旅集团，打造了恐龙主题公园、民俗博物馆、民俗广场、舜乡花海等景区项目，是下灌景区建设的重要支撑和重要景点。

（一）泠江网格利用闲置宅基地入股打造景区项目①

2015 年，下灌村引进文旅集团打造乡村文旅产业，引导村民流转闲置、"多宅"部分宅基地，为项目落地提供土地要素。泠江村作为景区核心区域，打造了恐龙主题公园、舜乡花海、民俗博物馆、民俗广场等项目。一是引导 20 多户农民将闲置、"多宅"部分宅基地流转给村集体，村集体统筹入股到文旅集团，文旅集团进行整治后建设为恐龙主题公园，发展乡村旅游项目。二是文旅集团将闲置宅基地整合复垦后，与流转的耕地结合，打造了下灌景区舜乡花海，这是一个集观赏、互动、体验于一体的综合性游乐园，主要包括稻草艺术、七彩风车、儿童拓展乐园、绿雕艺术、爱我中华、热气球园、薰衣

① 相关数据来源于调研组与泠江村村干部的访谈。

草园、原始农耕园、狂野非洲园、荷兰风车园、麻将文化、大丰收园、富士山塔、塑雕艺术等，门票售价 20 元 / 人，效益较好，吸引了不少周边城市游客前来打卡。三是加强村庄公益性项目建设，修建了民俗广场和民俗博物馆。其中，民俗广场用地原为 8 户村民的宅基地，共 1600 余平方米。宅基地上的房屋基本都是危房，有的已倒塌。开展农村宅基地制度改革试点工作后，村集体经济组织根据宅基地有偿退出政策通过补偿，将宅基地使用权收回，并与文旅集团合股，开发成民俗广场。民俗博物馆的原址为下灌中学，已闲置废弃多年，周边是村民废弃的农房、畜禽舍等。村集体采取有偿退出和无偿退出的方式，对符合有偿退出条件的农户给予补偿，拆除了周边的农房、畜禽舍，收回宅基地使用权，将集体建设用地（下灌中学）和宅基地（废弃的农房、畜禽舍等）一并入股文旅集团，由文旅集团出资将原下灌中学打造成了集农耕文化、九嶷古琴文化、麻将文化于一体的民俗博物馆，将收回的宅基地打造成了休闲文化广场、古戏台和风雨走廊，前来旅游打卡的游客络绎不绝。图 2-24 展示了下灌村举办的古琴演奏现场。四是紧抓乡村旅游带动效应，文旅集团租赁村民闲置宅基地和房屋开发成民宿、农家乐、酒庄等，增加农民财产性收入，同时带动村民自主经营，增加经营性收入，对乡村振兴辐射效应显著。

图 2-24　古琴演奏现场

资料来源：由宁远县宅改办提供。

（二）融入麻将元素，打造特色“麻将小镇”

因麻将鼻祖诞生于此，下灌村又被称为“麻将村”，下灌村前书记李虔福敏锐地察觉到麻将文化带来的无限商机，决定将极具吸引力的麻将文化作为下灌村发展的突破点。2016 年，下灌村开始围绕“麻将文化”进行基础设施建设，几乎将麻将元素融入到了村庄的每一个角落。游客中心前庭广场的草坪上躺着两副巨型石制麻将，这些麻将牌由花岗石制成，每张牌长 0.5 米、宽 0.3 米左右，上百斤重；进入下灌村经过的状元桥上也铺满了一排排的麻将牌；村内 200 多栋民居是清一色白墙青瓦的徽派建筑，白墙上也都印着一个个的麻将牌。为了扩大"麻将村"的知名度和影响力，2016 年，下灌村举办了首届"李郃杯"麻将大赛，吸引了 10 万名游客前来参加。2018 年 4 月 4 日，华谊兄弟长沙公司董事长刘启东带领团队来到下灌村考察，在深入了解下灌村悠久的历史文化后，决定在下灌村建设一个麻将小镇，围绕麻将、科技、历史文化，将麻将小镇打造成集"电影旅游 + 科技旅游 + 文化旅游 + 民俗文化及非物质文化遗产产业"于一体的特色文旅项目。

（三）加强产业融合，提升村庄产业聚集效应

1. 多种旅游产业业态综合发展

泠江村在下灌村的带领下，利用独一无二的生态资源、文化资源和旅游资源，大做"景区带村、产业兴村、改革强村"文章，积极探索"党建 + 产改 + 全域旅游 + 美丽乡村"发展模式，积极响应农村土地改革，激活产业、经济、资本、土地等发展要素，引导群众通过土地流转、参与经营、入股分红、就近就业等多样方式，吃旅游饭、发旅游财，探索形成村集体经济发展新模式，实现旅游、扶贫、公益、商业等协同发展。下灌村之所以能够打造成远近闻名的乡村旅游景区，重要法宝之一就是能够将多种产业融合发展，注重挖掘整村资源的联动效应，下灌村注册成立了宁远县下灌旅游开发有限责任公司对整村进行商业开发，整合投入资金 2.1 亿元，坚持"古村要古、新村要新、农家要农"的理念，实施了民居改造、河道景观、灌溪大道、湿地公园、下灌新村、花海基地、游客集散中心等工程建设，将旅游项目、民宿、农家乐、酒庄等进行综合开发，新发展农家乐、休闲农庄等 5 家，通过举办花海展、美食节、摄影奇石展等活动，进行"文旅融合"，提升乡村旅游聚集效应。下灌景区开园以来共接待游客 15 万人次，实现产值 300 万元。

2. 走一二三产业融合发展之路

下灌村把乡村田园、文化资源、生态优势等转化成旅游资源，把绿水青山变为金山银山，走一二三产业融合发展之路。近年来，下灌村大力推进农业现代化发展。总计兴修农田机耕道 9 条 4500 余米，护砌防洪沟渠 10 条 5300 米；河道清淤 3100 米；开发油茶基地 800 亩、烤烟基地 1700 亩、大棚无公害蔬菜基地 200 亩、水果基地 2000 亩，培育年出栏 200 头以上生猪养殖基地 3 个，重点养牛基地 1 个，新发展竹木加工企业 3 家。[①] 下灌村成功打造出了全新的乡村旅游基地、扶贫产业示范基地、大学生创业教学

---

① 相关数据由泠江村村干部提供。

实践基地、村级集体经济发展示范基地、青年农民培训中心实践教学基地，极大地推动了乡村振兴。

（四）取得效果

1. 美化乡村人文环境

良好的乡村生态环境是农村最大的优势和宝贵的财富，是提高农民生活质量和幸福感、推动乡村自然资本加快增值、促进乡村旅游项目快速发展的重要推动力。下灌村是古村，但长期以脏乱差出名，村内车辆乱停乱放。为打造高品质乡村旅游景区，泠江村依托毗邻九嶷山国家森林公园的优势，坚持“政府引导、部门主导、村组主责”的原则，与下灌村积极向上争取资金 1.2 亿元，实施民居改造和基础设施建设。特别是 2020 年以来，借宅基地制度改革政策契机，积极盘活利用宅基地资源，共拆除空心房 456 座 23000 多平方米，清除旱厕 576 座 3031 平方米，剔除乡村美丽画卷中的“污点”，为全村创造更好的人居环境，也为打造乡村旅游景区提供了良好的生态环境基础。图 2–25 展示了泠江村整洁的村庄风貌。①

图 2–25　泠江村外景

资料来源：由泠江村宅改办提供。

2. 提升村民幸福感

下灌景区的发展使村庄提质升级的同时，也给村民带来了物质和精神上的富足。一是泠江村利用村民有偿永久退出的 5 亩闲置、小面积、零散破旧的旧宅、老厕所等打造的民俗广场，为日常晚上、节假日村里的老人、小孩的休闲活动提供了场所，有下乡队伍来的时候会在这里进行文艺演出，大大提升了村民的幸福感。二是建设打造的民俗博

① 相关数据由泠江村村干部提供。

物馆在 2016 年以前门票售价是 20 元 / 人，后期为了加强村庄整体效益，作为公益场所设施不再收费；恐龙主题公园门票售价 10 元 / 人，村民不仅可以享受到这些文化资源，还可以按宅基地面积参与收益分红，每年可有几千到一万元不等的财产性收入。三是文旅集团出租农民闲置宅基地改建成酒庄、民宿、农家乐等，农民每年能获得 1 万 ~2 万元的资产性收益，同时文旅集团出资请村民参与基础设施建设、修缮河道等工作，既改善了村庄村容村貌，又增加了村民收入。四是乡村旅游的发展带动了周边村民将自家闲置宅基地打造成农家乐、民宿等，增加了农民经营性收入。

四、工作经验

（一）加强组织建设，保障村庄稳定快速发展

组织振兴是乡村振兴的重要政治基础，泠江村与下灌村狠抓组织建设是村庄发展迅速的基本保障。一是 2019 年下灌村成立了村经济合作社，构建了"两委一社"管理新模式。全村推行以"党建为核心，法治为纲、德治为基、自治为要"的"一心三治"乡村治理方式，村级事务得到有效治理和管理，极大地推动了农业增效、农民增收、农村发展。二是建立了农村集体经济组织，村级事务管理更公开、更规范，村级财务管理更阳光、更透明，村级集体经济组织活力凸显。三是核清了村集体资源资产底子，界定了村集体成员身份，为集体经济组织成员赋真权、颁铁证，做到"百姓利益放心头、矛盾减少在源头、小事解决在村头、大事控制在镇头"，有力地促进了社会和谐稳定。四是充分发挥了村党委的核心引领作用，抓党组织建设，定期召开党员干部会议，让大家为村里的发展献计献策，由此产生了村里的议事制度，坚持村党委、村委会、村集体经济合作社"三驾马车"齐驱并进，能够极大地调动村庄资源，整治土地，基础设施建设，形成发展合力。

（二）干部带头，形成人人参与的主人翁氛围

在开发乡村旅游项目之前，泠江村与下灌村村庄内部环境脏乱差，组织涣散，村里要修路，村民就阻工，村里要拆猪栏、牛栏，三年都没拆下来。当时的下灌村党总支缺少凝聚力，党员干部开会都来不齐。2012 年，李乾旺任村党总支书记，强调发挥党员干部带头作用，支持村里的建设，激发人人参与的内在动力。鼓励党员干部带头拆迁，并主动垫资为村里的拆迁出资。村内下灌大桥桥西以前被"占"成了一个停车场，车辆乱停乱放，影响出行，村干部们义务出工，人人上阵，花了一个月时间突击治理，杜绝了大桥上的一切车辆乱停乱放。加强党员干部管理，定期学习、开会，上班"打卡"，"禁酒"等。在村支部书记带领大家做了几件事后，干部们的工作动力大大提升，村干部们的努力也在潜移默化影响着村民，村民自发出工支持村庄建设，形成了人人参与的主人翁氛围。

（三）文化融入发展，提升村民精神风貌和乡风文明

文化振兴是乡村振兴的根魂所系。泠江村与下灌村抢抓宁远县大力实施“文化活县、旅游兴县”战略的利好机遇，注重保护和传承农村优秀传统文化，将传统文化融入乡村旅游项目之中，培育文明乡风、良好家风、淳朴民风，提升农民精神风貌和乡村社会文明程度，坚持“乡贤领、乡风兴、家风评”文化模式，完善村内精神文明建设软硬件建设，提升村民素质。一是利用一座占地 70 多亩的旧学校兴办“农耕文化展览馆”和文化广场；利用村老宗祠创办“村史馆”和廉政教育基地；利用历史文人典故挖掘“麻将文化”和发展地方文化特色产业，将麻将元素融入民宿、农家乐、村内公共基础设施等，举办麻将文化体验活动；利用“千年古村”和“江南第一村”品牌打造“千年打卡圣地”和乡村旅游地。二是每逢节日上演地方戏曲，每年定期组织开展灌溪仙境摄影展、“九九重阳节”书画活动、舞龙舞狮活动，极大地丰富了村民文化生活，吸引了不少周边城市的游客前来，带动了当地产业发展。三是每年开展的“卫生家庭，文明家庭”“孝星、好媳妇、好婆婆、好儿孙”和“健康老人”评比活动，激励村民以模范为榜样，学当模范、争做典型，促进乡村文化振兴。四是通过举办户外健身活动、“状元杯”歌手大赛、书法大赛、广场舞大赛、祁剧表演等，丰富村民文化生活，提升村民文化素养。在乡村旅游的发展带动下，大大提升了村民的精神文明风貌，乡风文明建设效果显著。

（四）加强基础设施建设，创建高品质旅游景区

下灌景区的发展体现了高品质乡村旅游景区发展必须基础设施建设先行的理念。文旅集团不仅出资打造旅游景点，还投入了大量的资金进行基础设施建设。修缮河道、兴建广场；硬化村道、巷道共计 6.8 千米，完成民居立面改造 215 座；对电线、电信线、电视线“三线”全面改造升级，安装 LED 路灯 64 盏，太阳能灯 25 盏，并对沿河民居进行了灯光亮化；种植大苗树 500 株，确保绿意盎然；拆除了泠江河沿岸 24 座违章建筑和构造物，对影响环境的猪栏、厕所、临时建筑等进行了综合整治和规范。这些基础设施投入使村容村貌焕然一新，为乡村旅游打下了基础。县级政府总投资约 5 亿元将下灌旅游区打造成了国家 4A 级旅游景区，注重下灌旅游景区和下灌古村风貌的提质改造，打造了状元耕读体验园、舜德文化廊道建设、大凤民宿村、户外拓展区、状元楼、状元府修缮提质、两江口湿地公园、文星塔公园以及灌溪大道等配套设施建设，修建了东江河生态所砌及骑行绿道、西江河沿河风景线及慢行道、露营区、渔猎园、自驾车营地、十里画廊沿线观景台、片区内游步道、旅游交通体系及其他配套基础设施等，以“商、旅、文”相结合的旅游模式提升了宁远县的旅游业知名度，平均每年为景区带来了游客 150 万人次，带动就业 1800 人。

（五）村集体加强产业监管，保障村庄旅游项目建设质量

为保证村庄旅游发展质量，保护游客利益，泠江村在下灌村的统筹下，成立了旅游发展监督委员会，主要由村干部、党员、退休老师等组成，每周对农家乐、民宿进行1~2 次的巡查。为游客开设专门的投诉建议通道，若游客与景区产生矛盾投诉到村里，由监督委员会出面协调处理。恐龙主题公园的监管主要由文旅集团负责，如果游客投诉到村委会，由村委会安排人员介入协调处理。村集体的介入充分监督了文旅集团的经营管理，也保护了游客正当权益，维护了旅游景区的"名声"。

五、村民意愿和满意度调查情况①

在调研过程中，泠江村共有 85 名农户参与宅基地改革意愿问卷调查，男性占多数，初中及以下学历居多，以打工为主，占 40%，还有务农的农户占 30%，大多都是就近就业，在本村就业的占 60%，宅基地主要用于居住，全家都长住的占 60%，且受访农户对自身的医疗、教育、养老等社会保障都比较满意，仅 5% 的农户表示不太完善，具体情况如表 2–7 所示。

表 2–7　泠江村受访农户基本情况

基本情况		比例（%）
性别	男	95
	女	5
学历	初中及以下	60
	高中	25
	大专	10
	大学及以上	5
家庭主要就业方式	务农	30
	打工	40
	务农兼打临时工	20
	务农兼副业	10
就业地点	本村	60
	本镇其他村	5
	本县其他镇	0
	本市其他县	5
	其他城市	30

① 相关数据来源于泠江村村民问卷统计结果。

续表

基本情况		比例（%）
宅基地利用情况	全家都长住	60
	老人和孩子长住	25
	只有老人长住	10
	闲置	5
	家庭二三产业经营用	0
	出租（流转）由他人经营	0
社会保障是否完善	非常完善	40
	比较完善	55
	不完善	5

根据调研组预设的集中居住、使用权流转、有偿退出、有偿使用、宅基地利用管理满意度五个方面，对农户的实际情况、主观认知、改革意愿和满意度进行访问的调查结果显示：集中居住意愿较高，主要是担心居住面积变小；流转意愿不高，主要担心流转收益不稳定或偏低、流转时间太长，失去宅基地；受访农户都没有退出宅基地的经历，对宅基地有偿使用意愿较高，对宅基地利用管理、村务公开度、宅基地流转后的社会保障、现有住房地理区位、住房周边公共服务设施等方面比较满意。

1. 集中居住意愿方面

受访村民的住房形式 95% 都是自建房，面积在 110 平方米以上的居多。泠江村村民对集中居住意愿较高，80% 的农户有集中居住意愿，相较于进入城区集中点居住、自主购房或根据购房面积获得相应补偿和全部货币置换，农户更愿意选择平移至本乡镇集镇集中居住，占 55%。对于集中居住的条件大家比较在意的是住房条件、经济效益和生态环境，各占 70%、60% 和 50%，农户不愿意选择集中居住的顾虑是居住面积变小，占 70%，以及生产生活方式不习惯、小区物业等生活成本上升，各占 45%。

2. 使用权跨村组流转意愿方面

受访农户都没有跨村组流转过宅基地，且 70% 的农户都不了解跨村组流转政策，仅有 40% 的农户愿意流转，不愿意流转的原因主要是担心“流转收益不稳定或偏低”“流转时间太长，不确定因素多”和“土地流失，失去宅基地”三个方面。农户流转的目的是增加收入。

3. 有偿退出意愿方面

泠江村受访农户都没有退出宅基地的经历，如果退出宅基地希望获得的补偿形式主要是货币、股权份额和农村住房，分别占 35%、25% 和 25%，关于宅基地退出后生活成本变化的认识，表示会上升或觉得没什么变化的农户各占 40%，同时，70% 的农户认为进城打工没有困难，对于宅基地未来升值空间的预期，有 40% 的农户认为会和城里的土地一样值钱，也有 40% 的农户认为不会。

4. 有偿使用意愿方面

泠江村 95% 的受访农户支持实行宅基地有偿使用，认同本村宅基地有偿使用费的农户占 75%，宅基地有偿使用细则的制定村民参与度较高，75% 的受访农户都表示参与过。

5. 宅基地利用管理满意度方面

泠江村农户对宅基地管理利用满意度较高，95% 的受访农户都经常参加村民代表大会；所有受访农户表示赞同村规民约的所有规定，且对乡镇政府、村干部很信任；50% 的农户认为本次宅改使生活水平提高了，50% 的农户认为对村内居住环境没什么影响，但所有农户认为村容村貌变得更好了。对村务公开度、村民权益保护情况、流转后的社会保障、现有住房地理区位、现有住房质量、住房周边公共服务设施、住房周围环境卫生满意度都很高，没有人表示不满意，仅极少数农户表示一般（见表 2–8）。

表 2–8 村民满意度调查

	非常满意（%）	比较满意（%）	一般（%）	不太满意（%）	非常不满意（%）
村务公开度	80	15	5	—	—
村民权益保护情况	60	40	—	—	—
流转后的社会保障	65	25	10	—	—
现有住房地理区位	65	35	—	—	—
现有住房质量	75	25	—	—	—
住房周边公共服务设施	70	20	10	—	—
住房周围环境卫生	70	25	5	—	—
很信任乡镇政府	55	35	10	—	—
很信任村干部	70	30	—	—	—
经常参加村民代表大会	60	35	5	—	—
赞同村规民约所有规定	75	25	—	—	—

下灌村的发展成效主要来自于借宅基地制度改革"东风"，通过退出、流转宅基地，依托"下灌景区"参与乡村旅游建设。宁远县文旅集团整村开发乡村旅游，打造民俗博物馆、民俗广场等村庄公益性项目，泠江村作为景区核心区域，通过引导村民退出零散、废弃的农房、畜禽舍等，或将闲置宅基地流转给村集体，村集体统筹入股文旅集团开发多种旅游项目，增强产业集聚效应。同时，在村庄发展规划中，将特色的麻将元素

融入其中，打造“麻将小镇”的“亮招牌”。经过改革发展，下灌旅游景区已成功创建为国家4A级旅游景区。

下灌村整村发展乡村旅游，打造文旅产业的成功实践得益于以下几个方面：加强组织建设，以强有力的组织领导带动村庄发展，发挥村干部的带头作用，感染村民自发参与到乡村建设中来；将当地麻将、古琴等文化融入乡村发展中，举办多种活动，提升村民精神风貌；坚持基础设施建设先行，打造高品质旅游景区；引入市场力量发展乡村旅游项目的同时，村集体加强监管，保护外来游客的权益，维护“下灌景区”的对外“名片”。

村民意愿调查结果显示，受访农户集中居住意愿较高，并且更倾向于选择平移至本乡镇集镇集中居住，主要是希望能够改善住房条件；对宅基地流转政策知晓度不高，也大都不愿意流转宅基地，主要是担心流转时间太长，流转收益不稳定；受访农户都没有退出宅基地的经历，大部分都支持实行宅基地有偿使用，且有偿使用细则制定参与度较高；对于本次宅基地制度改革成效，村民满意度较高，认为村容村貌和居住环境都有所改善，对村务公开度、村民权益保护情况等民主问题也都比较满意。

下灌景区的发展尚未形成一种特色项目，旅游项目多为零散、不聚焦的小型项目，且下灌村在发展过程中未能充分利用景区发展的辐射效应增加村民的工资性收入。因此，未来下灌景区需进一步找准自身定位，开发独具特色的旅游项目作为对外打响的“大招牌”，吸引来自更大范围的更多游客前来。同时，村集体不仅要做好项目开发前市场主体与村民之间的中介，还要做好项目开发后村民与市场主体之间的沟通桥梁，拓展就业空间，帮助村民争取更多的利益。

浏阳市古港镇梅田湖村：“美丽屋场”激活“美丽经济”*

杨璐璐　刘文洁[①]

一、古港镇梅田湖村基本情况

（一）自然地理情况

1. 山青水美环境迷人

古港镇梅田湖村位于浏阳市古港镇北部，由梅田湖村与中坪村合并而成，坐落于连云山下，东接大围山国家森林公园。梅田湖村属近郊农村，距离长沙市区 80 千米、浏阳市区 20 千米，距离市区 25 分钟车程，距黄花国际机场 50 千米，45 分钟车程，距高速互通口仅 3 千米 5 分钟车程，交通便利，区位优势突出。梅田湖村因比邻梅田湖而得名，梅田湖是 1220 亩的自然湖，由发源于大山的大西河和中坪河汇聚而成，两条河流穿行于群山峻岭之间，形成了溪流纵横、山高谷深、植被繁茂的丘陵湖泊自然景观。

2. 生态旅游资源丰富

梅田湖村山、水、林、田等生态资源丰富。境内有遐迩闻名的皇龙峡漂流、皇龙大峡谷溯溪探险、5D 高空观光玻璃桥、飞龙玻璃滑道、梅田水库省级水利风景区、紫阳湾移民合作景区、大西洞世外桃源度假村等自然观光景观；有松山、云盘、紫阳湾等幸福屋场；有周国恩纪念馆、包大丞相纪念馆、梅田湖研学旅行基地、3~6 岁幼儿园亲子基地、中坪天然氧吧民宿体验等人文旅游景区及名胜古迹。

---

* 案例内容来自中国矿业大学（北京）共同富裕研究院第二调研组 2020~2022 年的实地调查。案例相关资料由梅田湖村调研访谈提供。

① 杨璐璐，中国矿业大学（北京）共同富裕研究院执行院长，教授，博士生导师。刘文洁，中国矿业大学（北京）共同富裕研究院助理研究员，管理学硕士。

（二）经济社会发展情况

梅田湖村辖 24 个村民小组，1057 户，4898 人，党员 153 名，其中移民户 190 户、移民人口 620 人，移民建档立卡贫困户 9 户 28 人。村内人均可支配收入 28600 元，年接待游客 100 万人次，为集体经济和村民创收 2100 万元。梅田湖村村域面积共 52.6 平方千米，其中耕地3868亩、林地62080亩，森林覆盖率高达85%，被誉为湘东小明珠。①

梅田湖村以特色农产品种养殖和乡村休闲旅游业为特色产业，是集聚提升类村庄。自 2006 年开展土地整理以来，先后组建了华隆农业专业合作社和万盛禽畜养殖专业合作社，主要农产品有木瓜、黄豆、菠菜、绿苹果等。常年种植蔬菜 1000 多亩，西瓜、甜瓜 300 多亩，成为长沙市二线菜篮子基地之一。此外，依托皇龙峡生态旅游区，农庄、农家乐等休闲旅游产业蓬勃发展，已形成自然环境优美、资源优势独特、产业结构完善、人居氛围和谐，科学可持续发展的乡村旅游新局面。②

梅田湖村被列为“省级两型创建示范基地”，获得“省级卫生村”“长沙市两型示范单位”“长沙市卫生村”“长沙市秀美村庄”等荣誉称号。2022 年 8 月，农业农村部推介梅田湖村为 2022 年中国美丽休闲乡村。2021 年 11 月，梅田湖村被确定为 2021 年湖南省乡村振兴示范创建村。2017 年 10 月，中国生态文化协会授予梅田湖村 2017 年度“全国生态文化村”称号。

（三）土地利用情况

梅田湖村村域面积为 52.6 平方千米，村庄面积较大，其中村庄建设用地约 5 平方千米，因村庄位于山区，山林多耕地少，耕地面积约 4986 亩，在村庄总面积中占比较小，林地占比较大，林地面积大约有 62080 亩。村内无草地、园地、湿地等其他用地（见表 2-9）。③

表 2-9 梅田湖村土地利用情况

类目	面积
村庄占地面积	52.6 平方千米
村庄建设用地	5 平方千米
耕地	4986 亩
林地	62080 亩

资料来源：表格由笔者绘制，相关数据由梅田湖村村干部提供。

①③ 相关数据由梅田湖村村干部提供。

② 相关数据由梅田湖村提供。

二、宅基地利用和管理现状

（一）宅基地利用情况

2022 年，梅田湖村共有宅基地 1024 宗，占地面积大约为 280 亩，经过两轮宅基地制度改革，村内宅基地已经没有"一户多宅"情况，但仍存在"一户一宅面积超标"宅基地，该类宅基地情况有 100 余宗，梅田湖村根据宅基地制度改革要求对这 100 余宗宅基地均实行了宅基地有偿使用。非本集体经济组织成员占用宅基地 3 户，是城镇居民与村民的合作建房，发展民宿产业。村内有闲置宅基地 42 户，已全部盘活利用为研学基地发展"旅游 + 研学"产业。共退出宅基地 50 余户，共计 80 余亩，多数为位于山区内的村民进城买房后的闲置宅基地（见表 2–10）。[①]

表 2–10　梅田湖村宅基地利用情况

类目	宗数 / 户数	面积
宅基地总数	1024 宗	280 亩
一户一宅面积超标	100 余宗	27 余亩
非本集体经济组织成员占用	3 户	540 平方米
闲置已利用	42 户	11.34 亩
宅基地退出	50 余户	80 余亩
有偿使用	100 余宗	27 余亩

资料来源：表格由笔者绘制，相关数据由梅田湖村村干部提供。

（二）宅基地管理情况

1. 下放宅基地审批权限，简化审批流程

浏阳市在第一轮"三块地"改革试点中，推进下放宅基地审批权限改革。从 2009 年起，浏阳市将集镇规划区范围外利用旧宅基地、荒山荒地建房用地审批权限下放到乡镇人民政府审批，报县级国土资源主管部门备案。2019 年，新的《中华人民共和国土地管理法》颁布实施后，浏阳市人民政府办公室下发了《关于印发浏阳市规范农村宅基地用地建房审批管理办法的通知》（浏政办发〔2020〕9 号），明确了农村宅基地管理与审批的工作职责、面积标准、工作流程和工作要求。乡镇审批管理实行部门联合、集体办公，一站式服务，每宗建房事务确保四到场。自农业农村部门接手以后，按月开展了常态化的农村宅基地管理利用情况统计报表填报工作，农村宅基地审批管理工作已步入正常化。

二轮宅基地制度改革启动后，继续推进宅基地审批管理改革，建立市级主导、乡镇

① 相关数据由梅田湖村村干部提供。

主责、村级主体的宅基地审批管理机制。改革乡镇自然资源所管理模式，推行与乡镇相关站、办所合署办公，整合农村宅基地审批管理力量。各乡镇街道均建立健全了由农业农村办公室牵头负责的农村宅基地审批管理队伍，市财政每年安排宅基地审批管理专项经费 5 万元。制定《浏阳市农村建房宅基地审批指导意见》，进一步明确人口、地类、面积的审批标准。简化审批流程，推行一个窗口对外受理、多部门内部联动运行，建立宅基地和农房乡镇联审联办制度。打造涵盖基础信息、审批管理、巡查监管、改革利用四个模块的农村宅基地信息共享管理平台。农户在网上申报建房后，系统会自动甄别该农户是否具有建房申请资格，村、镇和市级相关部门可以实时在线办理，符合要求后“一键制证”，从而实现宅基地全流程线上审批。图 2-26 是浏阳市宅基地申请和审批流程。

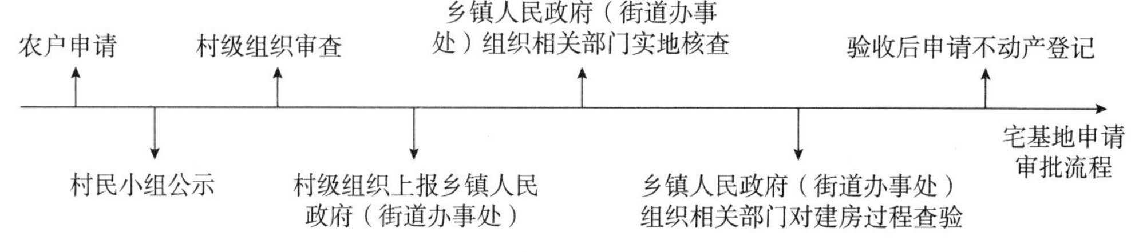

图 2-26　浏阳市建房审批流程

资料来源：图片由笔者绘制，资料来源于浏阳市市级文件。

如果村民有建房的需求，可以与村、镇负责审批相关工作的人员联系，或者到行政服务窗口进行申报，主要有以下五个环节：第一，村民申请。考虑村民交通不便、申报不易，并且乡镇人力有限不能 24 小时全天在岗，乡镇把相关的审批流程以及需要提供的资料清单发放到村里，村民可以就近到村里领取，向村委会申请。第二，村级初审。由村里组织该村民小组的成员开会讨论，村民小组的其他人讨论是否同意该村民在这个位置建房，并且在村民小组内进行资格权认定，全组村民签字递交到村集体经济组织。如果村民小组同意，可以把资料报送村里，由村委会审批。第三，以村民小组为单位进行公开公示。第四，乡镇实地核实。乡镇政府第一时间组织农业农村办、自然资源办以及镇村所的工作人员到现场核实。对土地的性质和地质灾害安全、是否符合一户一宅、建房选址等情况进行核实。选址要符合土地利用规划和村庄规划，如果村民选的建房位置与规划相冲突，尽量调规，满足村民建房刚性需求，若实在难以调规，就尽量引导村民到集中安置点建房。乡镇工作人员通过村组了解并核实土地情况后给村民答复是否符合相关标准、能不能建房。第五，审查放线。乡镇审批之后会在 3 天之内组织相关部门审查，包括公路部门的建筑要求等，通过审查后发证，3 天之内通知村庄安排相关村民建房放线，放线工作由自然资源局的测绘队来完成。

2. 规范村民建房监管

加强审批备案，开展事前勘查，保证建房过程的"四到场"，对房屋安全，占地面积是否超标、是否有违规建房、易地建房等建房过程进行监管。"四到场"：一是村民进行建房申报的时候需要到场核实选址等情况；二是建房申请批准以后到场放线；三是建房过程中巡查到场，防止出现少批多建、超层超高等问题；四是建设完成以后，验收到场（见图 2–27）。

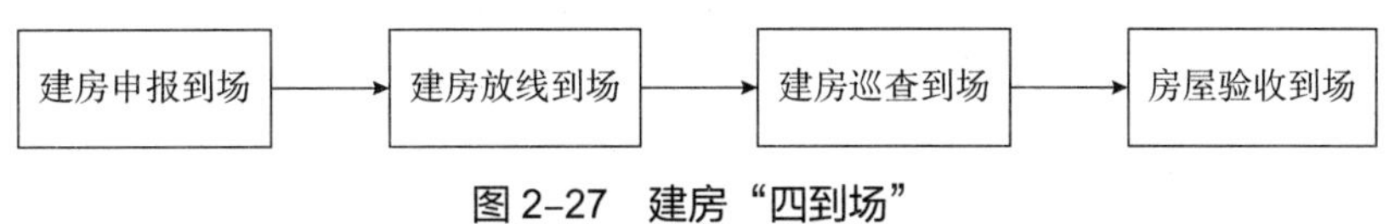

图 2–27 建房"四到场"

资料来源：图片由笔者绘制，资料来源于梅田湖村村干部访谈。

在镇、村、村民小组三级建立巡查机制。推行乡镇联合执法、农业综合执法，及时制止违法违规行为。加大执法力度，乡镇综合执法大队会不定期对房屋安全进行巡查，建立巡查台账。加强日常巡查，对村组巡查周期为 7~10 日一轮，基本实现周巡查。

3. 实行分区域发证

"四到场"监管后，规范开展村民建房发证工作，集镇规划区内和集镇规划区外两个区域分开发证。集镇规划区内发证还需要到自然资源所办理用地规划许可证，这种许可权限无法下放。集镇规划区外发证是由镇上发工程证。建房证、工程证、规划许可证（规划区内的）多证齐全以后可以到自然资源所办理不动产权证。

三、放活宅基地使用权，发展"研学 + 旅游"文旅融合产业

2020 年长沙市委、市政府做出全域"美丽屋场"创建的决策部署。浏阳市以提升农民生活品质为核心，以农村人居环境整治为抓手，全力推进"美丽屋场"建设，着力打造乡味浓郁、特色鲜明的"美丽屋场"样板。重点支持 34 个"美丽屋场"创建村建设，每村每年县级财政支持项目资金 300 万元，期限定为 3 年，重点从基础设施完善、改善人居环境、挖掘文化内涵三个方面把"美丽屋场"建设实化为一个个优质项目。古港镇梅田湖村是 34 个"美丽屋场"创建村之一，发挥"美丽屋场"建设对乡村发展的撬动作用，将风貌管控与文旅融合，采用旅游公司、村集体、农户三者合作、共同经营的形式发展文旅融合产业，盘活农户闲置宅基地，唤醒农民的"沉睡资产"，全面释放经济效益、社会效益与生态效益，以"美丽屋场"激活"美丽经济"。

（一）松山“美丽屋场”打造乡村旅游新景点

古港镇松山屋场共86户，362人[①]，是浏阳市“美丽乡村幸福屋场”建设的新样本。按照幸福屋场创建“十个一”的标准，充分挖掘屋场内的山水资源、田园景观、地域文化和人文传统，将社会主义核心价值观贯穿到农村精神文明建设当中。依托千亩连片油菜基地、彩色稻田、稻草艺术等自然禀赋，将农业生产和休闲农业相结合，培育增加农民收入、改善农村生态的大产业。通过油菜花田、彩色稻田和稻草人艺术，打造乡村旅游的新景点，既是农民幸福生活的家园，也是市民休闲度假的乐园。在展示屋场美丽形象的同时也给周边村民带来了更多商机，进一步促进了民宿经济、旅游产业的发展，实现村美民富的目标。

1. 文化长廊——梅田湖村的文化名片

松山屋场文化长廊以展板的形式，带领游客深入了解梅田湖的村级基础建设、乡村旅游发展、美丽屋场建设、文化道德教养等情况，让游客一览松山屋场美景，为游客提供了一个亲子休闲游玩、学生实践教育的好去处。文化长廊全景如图2–28所示。

图2–28　文化长廊全景

资料来源：由梅田湖村提供。

2. 松山科普公园——梅田湖村“科普文化”传播基地

松山农业科普文化公园位于风景如画的浏阳松山屋场内，公园占地面积500余亩，水果种植面积200余亩，荷花种植面积100余亩，水稻种植面积100余亩，苗木种植面积60余亩。在保留原有建筑物的同时，以“科普文化”作为联系纽带，将科普性、

① 相关数据由梅田湖村村干部提供。

文化性、休闲性、参与性融为一体，涵盖种养文化、养生文化、耕食文化、两型生活文化等。通过户外展架、特设匾牌等形态进行农业科普普及，将屋场内各个区域串联起来，形成一个有机整体，为广大游客提供了一个农业科普推广视角，吸引游客前来观光旅游并成为乡村旅游新景点，突出梅田湖村生态农业和浏阳自然朴素的乡土文化特色。[①]

3. 稻草艺术节——传承传统手艺

在艺术节中，村内手艺传承人利用收割后的秸秆和部分上年的老旧秸秆制作成精美、惟妙惟肖的稻草艺术品，在秋天田野里上演了一场乡村“时装秀”，让游客享受艺术和大自然结合的美感，感受独特的农村文化。每年的稻草艺术节与油菜花节同步举行，在每年 3 月开幕，稻草艺术具有长期观赏性，每年都要修缮和更新，游客辐射长株潭地区。2021 年举办的稻草艺术节和油菜花节共接待游客 40 余万人次，为村民带来第三产业收入 300 余万元。[②] 图 2-29 展示了稻草艺术展示区——春耕，图 2-30 展示了稻草手艺人开展稻草编织教学过程。

图 2-29 稻草艺术展示区——春耕

资料来源：由调研组成员实地拍摄。

图 2-30 稻草手艺人向研学学生开展稻草编织教学

资料来源：由梅田湖村提供。

4. 油菜花节——美景带动周边旅游产业

每年 3 月中下旬，古港镇梅田湖村的百亩油菜花竞相开放，梅田湖村利用油菜花花田

---

①② 相关数据由梅田湖村提供。

发展旅游业相关产业。一是油菜花园参观。2022 年，梅田湖村更新了油菜花品种，新品种油菜花花期要比 2021 年延长一个星期，留出更多的时间让更多的游客前来赏花游玩。并且梅田湖村延续上年创意，村民们以穿插栽种的常规和紫叶品种组成“科技助力乡村振兴”八个大字，在油菜花地里绘制出巨幅“蓝图”，在高处或通过航拍镜头观赏格外清晰（见图 2–31）。二是带动旅游经济发展。梅田湖村村民依托油菜花园景点，在其周围开办民宿、农家乐、采摘园等乡村旅游业态，盘活了村内闲置宅基地和闲置农房，推动村域经济发展。部分村民在自家附近、屋场周边就地摆摊，让自家的农家特色产品有了销路，切实享受到乡村旅游带来的红利。每年的油菜花节在 3 月开幕，赏花期 1.5 个月，辐射长株潭地区游客，日均接待量 6000 人，2021 年油菜花节共接待游客 12 万人次，为当地带来经营收入 500 万元。①

图 2–31　梅田湖村油菜花田航拍

资料来源：浏阳市融媒体中心。

5. 稻田“福娃”——吸引众多游客慕名观赏

福娃是中国传统人物形象，象征着吉祥快乐。站在松山文化长廊上，可以将这幅稻田艺术景观尽收眼底。画面一边是海浪，一边是“浏阳古港欢迎您”七个大字，中间主体部分是一个手持如意、脚踏莲花的“福娃”，额发、笑容、飘带都十分清晰，栩栩如生（见图 2–32）。据梅田湖村村干部介绍，这幅作品被命名为“吉祥中国娃”，由深圳一家公司设计，通过航拍定位构图、GPS 定点在田里勾勒出画面轮廓，再由当地 14 户村民将 48 亩水田用彩色水稻种植而成。从栽种至收割，稻田“福娃”轰动四个多月，共迎来游客 18 万人次。②

①② 相关数据由梅田湖村村干部提供。

图 2-32　稻田"福娃"实景

资料来源：由梅田湖村提供。

（二）松山研学基地利用闲置农房壮大集体经济

松山研学基地坐落于梅田湖村松山屋场，是通过美丽乡村政策，改善人居环境基础设施，利用本地的山水资源打造的一个旅游创新模式，是集文化、旅游、民宿、农家生产生活体验为一体的综合性研学基地。基地占地面积 800 亩，以"亲近自然、体验农耕"为理念，根据不同季节设置不同主题，探究出以"春耕、夏耘、秋收、冬藏"为主题的研学模式，设有捉鱼池、挖藕体验池等各类研学场地，将研学活动与文化、旅游、农业充分融合，深受学子们的喜爱，走出一条以旅游产业为支撑的乡村振兴发展之路。

1. 引导村民把自家的空闲房屋整合起来

一年四季都有长沙市中学生到梅田湖村进行研学旅行，体验农家生活、参与农业生产。研学的学生和带队老师吃住在农家，使本来闲置或利用率较低的农房有了新用途。农民将一些闲置宅基地原址再利用，转为经营用途，成为带队老师、学生、司机的住宿地、餐馆等，形成设施齐全、配套的旅游服务。如村口的一栋房子原先为关门闭户的旧宅，但是本村旅游服务经营发展后，房主利用研学契机，重建为三层楼房，用于自住和经营民宿，除了学校的学生，平常也有较多游客来此学习观赏。

2. 创新"村级 + 公司 + 农户"的模式运营

以"村镇 + 公司 + 农户"的创新模式，成立了浏阳梅田湖松山旅游开发有限公司，引导村民把自家的空闲房屋整合起来，统一规划管理，创建了"梅田湖研学实践基地"这一功能齐全的综合性大型基地（见图 2-33）。2017 年 8 月 16 日，村级引进一位在外创业的党员返乡，以"引老乡、回故乡、建家乡"的发展理念，正式成立浏阳市梅田湖松山旅游开发有限公司。公司以美丽乡村为依托，开展以农耕文化为主题的研学实践教育基地建设，打造返璞归真的农耕文化实践体验，让青少年在研学过程中陶冶情操、增长见识，体验不同的自然人文环境。基地以“村镇 + 公司 + 农户”的模式运营，整合当地 42 户农户资源（后陆续有农户加入公司，现已有合作农户 56 户），农户自行出资将自家闲置农房改造后，以房屋入股梅田湖研学旅行基地，其中村民占股 39%，村集体经济组织占股 40%，打造了“两园三基地”的体验模式。[①] 公司把农家闲置的房间统一包装成榻榻米床铺，统一规划、统一标准、统一管理。加入公司的农户们多次参加村上组织的素质教育培训，基地长期组织农户对入住学生进行安全培训，如食品安全知识培训、消防知识培训，研学基地内景如图 2–34 所示。研学旅行客户预定后，公司将住宿学生统一分配到农户家中，农户需提供住宿、餐食以及打扫等服务。农户既是股东也是服务员、安全员、生活老师。基地自 2017 年 10 月正式接团以来得到了上级各部门的大力支持以及各旅行社和学校的高度认可，被湖南农业大学指定为“科研教学实践基地”，休闲农业协会授予其“浏阳市休闲农业与乡村旅游示范基地”的称号，以及被指定为长沙市稻田中学和长沙市“学生社会实践活动基地”。2018 年，长沙市教育局、长沙市发展和改革委员会、长沙市旅游局授予基地“研学旅行创建基地（营地）”的称号，湖南省部分中学研学活动如图 2–35 所示。

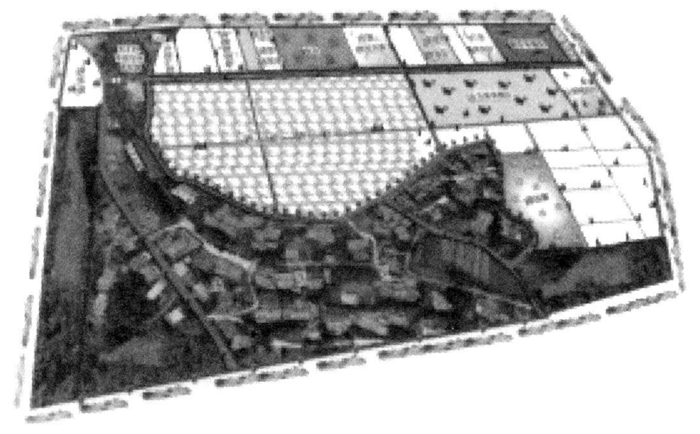

图 2–33 梅田湖村研学基地规划

资料来源：由梅田湖村提供。

① 相关数据来源于梅田湖村村干部访谈材料。

图 2-34　梅田湖村研学基地内景

资料来源：由调研组成员实地拍摄。

图 2-35　湖南省部分中学研学活动

资料来源：由梅田湖村提供。

（三）紫阳湾移民幸福屋场整村推进休闲旅游产业

紫阳湾移民幸福屋场位于浏阳市古港镇梅田湖村北部连云山脉南麓，辖紫阳、梅田、河东、石狮四个村民小组，其中移民户 190 户，637 位移民人口。屋场地块内地势平坦，散布水塘，住户密集分布在地块北部，南部环绕大片农田，视野开阔、生态环境优越，屋场内道路实行了提质改造、路灯亮化、主道两侧绿化、改水改厕工程，民风淳朴，十分富有乡村气息。2020 年，紫阳湾移民幸福屋场荣获长沙市"五星美丽屋场"称号。①

1. 依托省级移民整村推进产业发展项目，做大休闲旅游产业

创建梅田水库坝下共 180 亩的紫阳湾移民合作景区（见图 2-36）。2018 年 8 月 31 日，全村 190 户移民户主齐聚古港镇政府楼二楼会议室，共商移民整村推进发展大计，详细

① 相关数据由梅田湖村提供。

解读移民整村推进项目铺排、资金安排和人居环境、产业开发规划。梅田湖村依托省级移民整村推进产业发展项目，做大休闲旅游产业，以“生态优、村庄美”为主题进行屋场建设，统一外墙风格，屋场形象全面升级；利用移民普惠资金对农户房宅进行修整，统一风貌；通过改造农户闲置的土砖房打造移民文化展览馆，用来展示梅田水库修建历程和农耕文化（见图 2–37）；租用村民闲置房屋改造为老年活动中心、紫阳湾游客接待中心、垃圾分拣中心；以八大主题打造田园综合体项目，建成了一个“适度集中居住＋风貌管控＋乡村旅游”的综合性宅改示范小区。

图 2–36　紫阳湾移民屋场外景

资料来源：由调研组成员实地拍摄。

图 2–37　紫阳湾移民文化展览馆

资料来源：由调研组成员实地拍摄。

2. 建立众筹公司，形成“村级引领、项目公司化经营、全体移民参与”的模式

全村 190 户、637 位移民成立移民合作社和公司，形成“村级引领、项目公司化经营、全体移民参与”的创新模式，共同打造紫阳湾移民合作景区。公司采取融入村级集体经济股份，全体移民户自筹资金及移民整村推进对移民普惠资金入股的方式运营。集

体经济占股 10%，全体移民户自筹资金及移民整村推进对移民普惠资金[①]入股占 40%，外资入股 50%，公司化管理，村级及移民户按占股比例对盈利进行分红。屋场采取项目收费的形式经营管理，成立项目经理部，以公司化进行运营管理，移民户共同监督监管模式，提高村级及村民收入。紫阳湾移民合作景区项目一期建设拟投资 192 万元，其中移民整村推进项目支持 92 万元，公司及社会资金入股投资 100 万元。[②]

3. 打造八大主题田园综合体项目

紫阳湾移民幸福屋场依托当地资源，综合打造了适宜各年龄段的八大主题田园综合项目。第一，适合开展亲子活动的草地乐园。因城市游乐项目缺失问题严重，为满足市场需求，公司将屋场主入口南侧部分用地规划为一个集游乐、运动、健身为一体的草地亲子乐园。第二，儿童亲水小漂流。将基地东部一条长约 600 米、宽约 2 米的南北向水渠打造为亲水小漂流项目，让儿童感受水上活动的乐趣。第三，赏花采摘一站式体验的四季果园。公司将基地西南部打造为 120 亩、分四季的水果赏花采摘体验基地。四季果园在开花期可作为休闲赏花观光场所，在结果期可作为水果采摘体验基地，同时可作为移民合作景区的收入来源，充分体现休闲农业与乡村旅游业相结合的理念。第四，陶冶性情的垂钓基地。基地共占地 30 亩，依山傍水，公司沿塘边修建的几处垂钓平台和风雨连廊，采用仿古砖材质铺设，在保证使用寿命的同时和乡村自然相呼应。第五，集趣味性与观赏性于一体的花海迷宫。花海迷宫位于紫阳湾屋场东北部，根据欧洲植物迷宫，结合各种古今中外文化元素形成。迷宫占地约 1 公顷，长宽各 100 米左右，出入口设置在屋场路上，游客步行线路长约 1.6 千米，游玩时长可达 20~30 分钟。第六，可在运动中感受美丽的七彩旱滑道。滑道结合屋场中部山包进行东西向设置，长度约 160 米，双滑道，滑道宽约 3.4 米，可同时并排放置两个雪圈，组合放置三至四个雪圈，其色彩组合炫丽，形象鲜明，让体验者不仅可以享受到旱雪的刺激，还能感受到彩虹的美丽。第七，森林中的趣味欢乐谷（见图 2-38）。趣味欢乐谷占地 30 亩，秉持"更快乐、更健康、更美好"的经营理念，建设于风景秀丽、景致典雅的生态原始森林之中。第八,万鸟林科普教育公园。万鸟林占地面积 300 亩，利用植被繁茂且现有古樟、古松、古柏的良好生态环境，把景区内梨树坡山林打造成湖南地区唯一的鸟类主题生态科普林，是让人们认识、爱护鸟类，维护生态平衡，寓教于乐的一所科普教育基地。[③]

---

① 普惠资金是国家拨付给水库移民的后期扶持资金，主要用于移民后生活环境的改善和经济的发展。根据梅田湖村周书记的介绍，紫阳湾屋场共 190 户、637 个移民。根据政策要求，移民后期扶持资金中有 20% 要用于基础设施建设，40% 用于人居环境改善，还有 40% 可用于带动移民户致富或村集体经济增收。

② 相关数据由梅田湖村村干部提供。

③ 相关数据由梅田湖村提供。

图 2-38　紫阳湾趣味欢乐谷

资料来源：由梅田湖村提供。

（四）取得成效

2019 年，梅田湖村累计接待游客 48 万人次，旅游从业人数 590 人，其中村民从业人数达 400 人，村民年人均旅游创收 7600 元。松山研学基地共计接待学生 84623 人次，村级分红 25.34 万元。2020 年，仅秋季研学接待学生 50000 余人次，带动当地二次消费及第三产业带动收入超过 500 万元，2021 年 1 月 28 日，现场 41 户农户分红达 170 多万元。截至 2021 年 4 月，接待春季研学学生近 2 万人次，带动社会效益超过 200 万元，村级融入了 10% 的集体股份。2021 年，梅田湖研学实践基地接待学生 85689 人次，最多的时候研学人数一天达到 3600 人次，入股村民年底分红 312 万元，带动 100 多户农户就业和增收，带动当地二次消费及第三产业收入超过 500 万元。[①]

四、工作经验

（一）党建引领基层管理

农村富不富，关键在支部。梅田湖村始终注重发挥党建引领作用，不断强化基层党组织在推动乡村振兴中的主心骨地位。将思想解放、懂经营、善管理的致富能手充实到班子队伍中，班子成员大学以上学历占比达 30%[②]。通过建立微信群、召开网格会、走访入户等方式延伸党组织的服务联系触角，做好民情收集、政策宣讲等工作，凝聚广大村民参与村级事务、支持村级集体经济发展的共识，注重将老干部、退伍军人、在外创业人士等力量凝聚起来，近年来累计吸引 28 名在外创业人士回到家乡投资兴业。

---

① 相关数据由梅田湖村提供。

② 相关数据由梅田湖村村干部提供。

（二）"三治"推动乡村和谐有序

党的十九大报告明确提出，健全自治、法治、德治相结合的乡村治理体系。近年来，梅田湖村大力推进以基层党建为引领，自治、法治、德治"三治"相结合的乡村治理模式，坚持以自治"共治共享"建家园，以德治"春风化雨"淳民风，以法治"定分止争"促和谐，确保了乡村社会充满活力、和谐有序。

（三）"微网格"打通基层治理"神经末梢"

基层党组织和广大党员是基层社会治理中的"主心骨"和"顶梁柱"。2020 年 3 月中旬，浏阳市出台专门工作方案，在全市推行"党建 + 微网格"工作。梅田湖村应声而动，按照"政策法规宣传员、民情信息收集员、和谐稳定促进员、推动发展引领员"的"四员"定位，建立了总网格 1 个、微网格 39 个（其中党员 39 人、另有志愿者 10 人）的网络架构（见图 2–39），确保党的声音一传到底、群众诉求一跟到底、问题化解一竿到底、安全稳定一盯到底、服务发展一促到底，以此打通基层治理的"神经末梢"。①

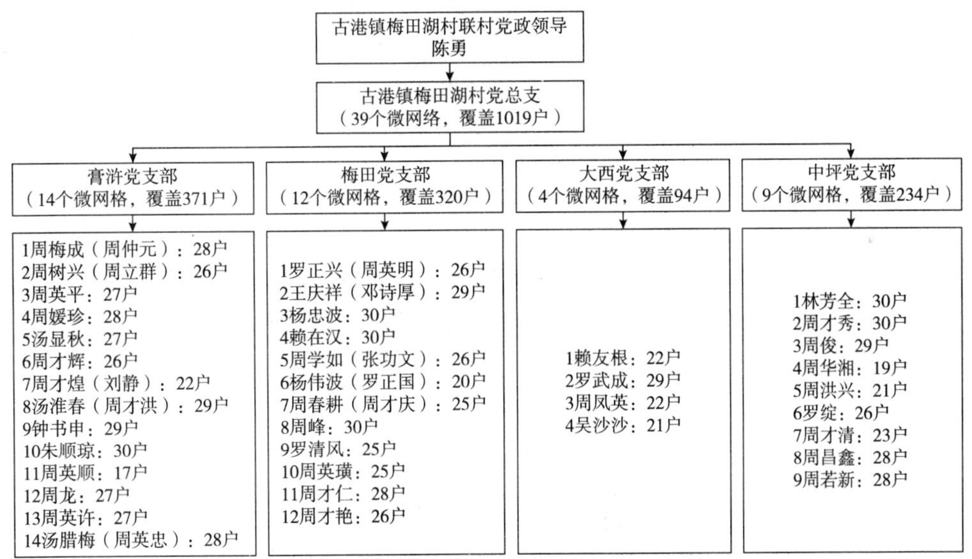

图 2–39　古港镇梅田湖村"党建 + 微网格"架构

资料来源：笔者根据梅田湖村松山屋场文化长廊宣传栏内数据绘制。

（四）乡村文化丰富生活、凝聚民心

梅田湖村在推进乡村文化繁荣发展的实践中，十分注重以阵地凝聚人心，营造积极向上的文化氛围。为了让先进文化迅速占领农村文化空白点，先后建成了一批覆盖全域

① 相关数据来源于梅田湖村松山屋场文化长廊宣传栏。

的文化大舞台、文化活动中心，常年开展丰富多彩的文体活动，让文化浸润村民心灵，让村民生活更加充实。同时注重发挥榜样的感召力量，在全村范围内开展“平安家庭示范户”“村级优秀共产党员”“好婆媳”“好乡贤”“好家庭”“好家风”评选活动，在全村形成了崇德向善、见贤思齐的浓厚氛围。

（五）抓机遇、展优势、强发展

2016 年，中央一号文件提出要大力发展休闲农业和乡村旅游，国家农业部积极推动落实在 2015 年由 11 部门联合印发的《关于积极开发农业多种功能大力促进休闲农业发展的通知》，该文件指出：“休闲农业发展要与农耕文化传承、美丽田园建设、创意农业发展、传统村落传统民居保护、精准扶贫、林下经济开发、森林旅游、乡村旅游、新农村建设和新型城镇化等有机融合、相互促进、协调发展，推动城乡一体化发展。”“支持农民发展农家乐，闲置宅基地整理结余的建设用地可用于休闲农业。”“鼓励利用‘四荒地’（荒山、荒沟、荒丘、荒滩）发展休闲农业”。2016 年，教育部等 11 部门联合发布的《关于推进中小学生研学旅行的意见》明确，“各中小学要结合当地实际，把研学旅行纳入学校教育教学计划”，学生们走出校门感受“立体式”学习。

梅田湖村抓住国家政策机遇，结合其特有的品牌和区位优势，大力发展文旅融合产业，以文旅融合发展带动村庄旅游相关产业发展，促进农业产加销紧密衔接、农村一二三产业深度融合，推进农业产业链整合和价值链提升，让农民共享产业融合发展的增值收益。梅田湖村多次接受国家、省、市级的现场观摩，成功举办各类活动，晋级“国家级美丽乡村标准化示范村”“全国生态文化村”，并先后获得“湖南省乡村旅游重点村”“长沙市五星美丽屋场”“省级同心美丽乡村”“长沙市同心创建示范点”“长沙市文明村”“湖南省两型创建示范基地”“湖南省美丽乡村示范村”“湖南省秀美村庄”“湖南省卫生村”“ 长沙市两型示范单位 ”“长沙市 2015 年城乡环境整治优胜村”“长沙市卫生村”等诸多荣誉。

五、村民意愿和满意度调查情况①

在调研中，古港镇梅田湖村共有 62 名农户参与宅基地制度改革农民意愿问卷调查，参与调研农户大多为长期在村内居住的男性，以初中及以下学历为主，主要就业方式为务农以及务农为主偶尔打工，务农占比较高。参与调研的农户均表示有医疗保险，认为社会保障非常完善。在宅基地方面，梅田湖村参与本次问卷调查的农户都符合“一户一宅”要求，主要用于自住，其中超过一半农户家中有闲置宅基地（见表 2–11）。

---

① 相关数据来源于调研组对梅田湖村的调查问卷，表格、图片由笔者绘制。

表 2-11　梅田湖村调研农户基本情况

基本情况		比例（%）
性别	男	82.26
	女	17.74
学历	初中及以下	83.87
	高中	8.06
	大专	4.84
	大学及以上	3.23
家庭主要就业方式	务农	48.39
	务农为主，偶尔打工	32.26
	打工为主，偶尔务农	12.9
	完全打工	6.45
	其他	0
是否长期在村里居住	是	93.55
	否	6.45
宅基地用途	自住	45.16
	家庭二三产业经营用	6.45
	出租由他人经营	16.13
	流转给他人使用或经营	14.52
	入股给专门机构经营	17.74
	其他	0
是否有闲置宅基地	是	58.06
	否	41.94

根据调研组预设的有偿使用、宅基地流转、宅基地退出、宅基地制度改革满意度四个方面，对农户的实际情况、主观认知、改革意愿和满意度进行访问的调查结果显示：农户对宅基地有偿使用意愿不高；宅基地流转情况较多，主要方式是入股给专门机构经营；宅基地有偿退出的农户数量较多，有偿退出补偿的意愿主要是农村住房；农民对宅改的效果比较满意。

1. 宅基地有偿使用意愿方面

梅田湖村有 67.74% 的受访农户不赞同宅基地有偿使用，仅有 9.68% 的农户赞同对利用宅基地搞经营的农户宅基地有偿使用。关于有偿使用费的缴纳方式，80.65% 的受访农户认同一次性缴纳。关于不缴纳有偿使用费的惩罚方式，相较于缴纳滞纳金、不确权颁证、不能评为两委候选人、文明户等措施，选择"不予分配集体收入"的农户相对集中，占 35.48%。关于有偿使用费的使用，支持用于"旧村改造"和"村庄公益事业"的农户占比较高，分别为 24.19% 和 25.81%。

2. 宅基地流转意愿方面

梅田湖村 74.19% 的受访农户有宅基地流转的经历，且了解流转政策制度的农户占比 91.94%，流转的主要方式为入股给专门机构经营，占比 53.23%。农户对流转后的期望较高，认为宅基地流转后家庭收入增加（67.74%），居住条件变好（80.65%），社会保障水平得到提高（61.29%）。

3. 宅基地退出意愿方面

梅田湖村受访农户中没有退出宅基地的经历，如果退出宅基地，农户希望获得的补偿形式主要是住房保障，农村住房和城镇住房分别占 56.45% 和 41.94%。关于宅基地退出后家庭收入变化的认识，45.16% 的农户表示会增加，同时，19.35% 的农户认为居住条件会得到改善，27.42% 的农户认为社会保障水平会提高。

4. 宅基地制度改革满意度方面

梅田湖村农户对宅基地制度改革满意度较高，在改革后家庭经济、居住条件、社会保障方面非常满意的占比分别达到 38.71%、33.87% 和 59.68%，但在民主参与方面有待加强，仅 25.80% 的农户表示对改革过程中参与权的实现比较满意（见表 2–12）。

表 2–12　宅基地制度改革后农户满意度调查

	非常满意（%）	比较满意（%）	一般（%）	不满意（%）	非常不满意（%）
改革后家庭经济状况	38.71	48.39	12.90	—	—
改革后居住状况	33.87	51.61	14.52	—	—
改革后社会保障享有状况	59.68	32.26	8.06	—	—
改革后社会资本状况	38.71	32.26	29.03	—	—
改革过程中的参与权实现	20.97	25.80	37.10	16.13	—
改革过程中的知情权实现	14.52	56.45	29.03	—	—
整个宅基地改革过程	40.32	50.00	9.68	—	—

浏阳市古港镇梅田湖村是在宅基地“三权分置”改革、使用权“放活”方面做文章的典型，“探索盘活利用农村闲置宅基地和闲置住宅发展乡村产业的途径”相较于全国其他试点地区盘活闲置的做法，其特点体现在：一是不大拆大建，不大规模腾退集中整治，而是抓住“宅基地经营性用途”的政策空间，就地再利用，对闲置农房内部进行装修和外部进行风貌管控，将土地和资本结合原址进行农村二三产业开发。二是资本与土地结合的途径是宅基地使用权流转制度改革，依托多样化的使用权市场放活具体途径，包括土地和农房入市、出租、出让、入股、合作、自营等方式。三是产业类型集中在乡

村旅游、餐饮民宿、文化研学、游乐园四类，并且围绕不同产业形成不同宅基地使用权流转方式。四是盘活主体以多主体参与的合作经营方式为主，既有以村委会牵头，农民强强联合的自筹联合开发模式，也有与社会资本（旅游公司）合作联合开发模式，比如"村镇+公司+农户"模式。农民参与合作经营不仅体现在土地入股方面，还包括众筹方式的资金入股，调动全村"钱、地、人"的集合力量。政府、旅游公司、村集体、村民等各经营主体都能在宅基地盘活利用中发挥作用，盘活形式多样，便于提取宅基地盘活利用促进乡村振兴的关键要素。五是结合农村人居环境整治的"美丽屋场"建设和村民建房建筑风貌管控为产业发展提质增效。梅田湖村是浏阳市所推行的"农房风貌管控"试点村，以风貌管控的统一规划管理将闲置宅基地盘活、产业发展和村貌改善相结合在全国还是首例。

梅田湖村闲置宅基地和农房盘活模式的优势体现在六个方面：一是充分发挥了集体所有权统筹，农户资格权保障，宅基地使用权流转的"三权分置"制度优势；二是通过较低整治成本，解决了闲置宅基地再利用的效率问题；三是通过合作联合开发，经营收益在社会资本、农户、集体之间分配，使农民共享产业发展收益，实现了脱贫和全村农民共同富裕；四是充分发挥了村庄美化的带动功能，形成资本投资吸引力，不但改善农村基础设施建设，为农村面貌、人居环境带来了明显改观，而且通过美丽乡村建设项目整合资金、项目等资源，全面推动乡村产业发展，带来了发展乡村旅游的商机，以"美丽屋场"激活"美丽经济"；五是通过宅基地制度改革调动的乡村资源多样，梅田湖村的宅基地制度改革将村庄的传统农耕文化纳入其中，对乡村生态资源进行开发，还吸纳了农村闲置劳动力；六是宅基地制度改革推动乡村振兴的效果显著，在保障经济效益的同时，保护环境获取生态效益，保护乡村文化、传承农耕精神、建设研学基地发挥社会效益。

对梅田湖村农户的调研反映出了农户对宅基地制度改革的部分问题和情况：第一，农户最关心的问题还是经济收益，对涉及经济利益的宅基地有偿使用还较为抵触，并且因宅基地制度改革时间长度有限，宅基地是祖宗基业应为个人所有的观念仍旧深入人心，短时间内这种观念难以彻底转变，村庄实行宅基地有偿使用具有一定的困难；第二，当今农村人口生活水平提高，农户对医疗、教育、就业等需求不断增加，进城工作和生活的农户增多，村内部分农房闲置，并且进城农户也有资金需求，因此村内有宅基地使用权流转意愿的农户较多，宅基地使用权已流转的农户其流转方式多样，这些农户在流转后对收入、居住条件和社会保障水平提高的满意度也较高；第三，虽然农房流转经营可以给农户带来收益，但农户对住房的需求仍旧很高，房屋仍然是农民迫切关注的问题，虽然当今农村进城人口增加，但受落叶归根传统观念影响，相对于城镇住房保障，关注农村住房的农户仍旧占比最高；第四，在调查中参与调查问卷的农户认为其在宅基地制度改革中的参与度不够，因此宅基地制度改革下一步要提高农户的参与度，让农户切身感受到在美丽乡村建设中的参与感，提升农户幸福感和满意度。

浏阳市古港镇宝盖寺村：“网红”民宿带火深山旅游*

刘文洁①

一、村庄基本情况

（一）地理生态情况

1. 古港镇自然资源丰富

古港镇，隶属于湖南省长沙市浏阳市，地处浏阳市东部，东与沿溪镇为邻，南与高坪镇接壤，西抵溪江乡，北与社港镇交界，因浏阳河流经境内，境域为历代商埠港口，而得名“古港”。古港镇地处浏阳河上游大溪河畔，地势起伏较大，整体由东北向西南倾斜，地形分为山地、丘陵、平原，境内最高点海拔 1359.7 米。古港镇自然资源丰富，森林覆盖面积为 68.7%。2019 年 12 月，宝盖寺村入选第一批国家森林乡村名单。②

2. 镇、村交通便利

古港镇距浏阳市人民政府 18 千米，镇内有大浏高速、319 国道、浏东公路高等级公路穿境而过，境内长 6 千米，在境内设有互通口。③宝盖寺村区位条件较好，村东与沿溪、三口、永和镇相连，西与溪江、社港、淳口毗邻，南与高坪镇相依，距浏阳市 30 千米、距省会长沙市 80 千米、距黄花国际机场 60 千米、距长沙高铁南站 70 千米、距大浏高速最近的高速路入口仅 3 千米，东接大围山国家森林公园，是长沙、浏阳至大围山的必经之地，地理位置优势明显。④

---

* 案例内容来自中国矿业大学（北京）共同富裕研究院第二调研组 2020~2022 年的实地调查。

① 刘文洁，中国矿业大学（北京）共同富裕研究院助理研究员，管理学硕士。

②④ 相关数据由宝盖寺村提供。

③ 相关数据来源于《中华人民共和国政区大典·湖南省卷》。

3. 宝盖寺村是典型的山区农村

村庄位于浏阳市东北部，古港镇中北部，海拔较高，地形复杂，四面环山，山峦重叠起伏，与大围山相连，与浏阳河环抱。植被茂盛，古树参天，山明水秀，自然环境非常优美，没有任何工业污染。宝盖寺村有丰富的自然资源和良好的生态环境，村内地形以山地、丘陵为主，属亚热带季风性湿润气候，四季分明，光照充足，雨水充沛。宝盖寺村常年平均气温约为17摄氏度，降水量约为1500毫米，以林地为主，森林资源丰富，春秋空气清新凉爽，夏季植被繁茂，由于宝盖寺村地处亚热带阔叶林带，这里有百年以上的银杏树、杉树、伯乐树等珍稀植物，也有着富饶的野生动物资源（见图 2-40）。①

图 2-40　宝盖寺村部分风貌

资料来源：由调研组成员实地拍摄。

（二）经济社会发展情况

1. 镇域农业产业化发展

古港镇区域总面积209.6平方千米②，下辖1个社区、15个行政村③，截至2019年末，全镇户籍人口为 64236 人，城镇化率 42.8%④。古港镇是一个农业大镇，依托浏阳市农业园落户古港的优势，古港农业已形成蔬菜、水稻、竹木（含花卉）、小水果四大支柱产业。古港镇也是长沙市重要蔬菜生产基地，现已达到年复种面积 10000 亩，产品在长沙和周边省市享有盛誉。水稻单、双季种植面积 2.1 亩，年产优质杂交稻谷 10500 吨。林业面积 112.3 平方千米，占总面积的 72%，森林覆盖率 68.7%，年生产木材 4000 立方米，年生产楠竹 30 万根。小水果面积 3500 亩，年产优质水果 400 吨。古港镇强力推进农业产业化进程，穗港养殖每年生产生猪 2 万多头，带动了古港畜牧事业蓬勃发展，全镇年出栏生猪 6 万余头；方圆板业有限公司年产值达 2000 万元，为浏阳市农副产品

① 相关数据由宝盖寺村提供。

②④ 相关数据来源于《中国县域统计年鉴・2020（乡镇卷）》。

③ 相关数据来源于《古港镇 2020 年统计用区划代码和城乡划分代码》。

加工的龙头企业；农产品流通合作社、蔬菜产业合作社等农产品销售网络日趋健全。①

2. 村庄范围较大

古港镇宝盖寺村村庄范围较大，且位于深山中，由原鹤源村和宝盖寺村合并而成，村域面积 53.3 平方千米，村庄两个尽头之间有约 40 分钟的车程。村辖 28 个村民小组，1118 户，常住人口 4868 人。党总支下设 4 个支部，共有党员 158 名，共青团员 46 人。村主要农产品有山药、茅菜、菠菜、大白菜、莲藕、甜菜、青椒等。宝盖寺村与白露村、郭家亭社区、梅田湖村等相邻。2021 年 11 月 26 日，中共湖南省委实施乡村振兴战略领导小组办公室将宝盖寺村列入湖南省省级乡村振兴示范创建村。②

3. 民俗文化资源丰富

宝盖寺村有丰富的人文资源，佛教文化源远流长（初始于晋，盛于唐代），宝盖寺村就是因唐代著名寺庙宝盖寺坐落于此而得名。宝盖寺是一座千年古刹，系浏阳沙门四大祖庭之一，亦是湘楚八大名寺之一，始建于唐代，于唐文宗大和九年（公元 835 年）、唐昭宗景福元年（公元 892 年）昌兴扩建。宝盖寺系连云山脉海拔 1311.7 米之宝盖山下，该处山峦叠嶂，巍峨雄踞，潺潺清水环宝刹，荡荡湖泊映繁花，风景如画，格外怡人。植被繁茂，古木参天，古墓群，祖师塔，底蕴尽显。特别是国家入册保护的宝盖水库，更是水映山寺，波生空灵。人们到此可春赏幽兰、夏倚翠竹、秋观红叶、冬吟白雪，是难得的人间仙境。宝盖寺村拥有非常浓厚的佛教文化氛围，除此之外还有狮山书院、聂公庙、祖师塔、古墓群、天然彩色菊花石雕、德胜斋茴饼等历史文化资源，此外宝盖寺村还有着非常丰富的民俗文化。宝盖寺村借助域内千年古刹的文化遗存以及独特的环境资源发展旅游和民宿行业。

（三）土地利用情况

宝盖寺村村域面积 53.3 平方千米，其中耕地面积 5830 亩，林地面积 55680 亩，基本农田面积 3680 亩，林地多耕地少，是典型的山区村庄。村庄土地结构单一，没有草地、园地、湿地等其他类型用地（见表 2-13）。③

表 2-13　宝盖寺村土地利用情况

类别	面积
村庄总面积	53.3 平方千米
耕地	5830 亩

① 相关数据由浏阳市宅改办提供。

②③ 相关数据由宝盖寺村提供。

续表

类别	面积
基本农田	3680 亩
林地	55680 亩

资料来源：表格为笔者绘制，相关数据由宝盖寺村提供。

二、宅基地利用和管理现状

（一）宅基地利用情况

宝盖寺村共有宅基地 1200 余宗，占地面积约 252 亩，村内没有一户多宅以及宅基地面积超标的情况。在宅基地闲置方面，宝盖寺村地处山区，村民居住分布较零散，随着村民外出务工，深山中的村民因交通不便大都从山上搬出或者搬迁至城镇，农房闲置情况突出。村庄共有土木结构房屋 165 栋，无人居住房屋 102 栋，已改造为民宿的房屋 64 栋，还有 30 栋房屋正在招商。为了盘活闲置宅基地和农房，村集体通过村民小组把闲置的农房统一集中处理，招商引资，引进社会资本对原有老旧农房进行翻修和改造，打造民宿、农家乐，产生聚集性效益。[①]

（二）宅基地管理情况

1. 理清宅基地管理思路

宝盖寺村对闲置宅基地的管理思路有以下三个方面：一是引导有偿退出，分暂时退出和永久退出两种，暂时退出是宅基地退出 10 年期限，永久退出就是退出宅基地资格权和使用权，村集体根据房屋结构的不同按照不同的标准进行补偿，一套农房最多可以得到 30 万元补偿费用；二是盘活利用，村民在浏阳市区或集镇购置房产后，宅基地和房屋长期闲置容易损坏，村集体就引导村民将闲置宅基地通过流转、租赁的形式交由旅游公司进行盘活，发展民宿产业；三是无偿捐献（捐赠），村民将闲置房屋无偿捐赠给村集体，村集体将其开发利用，打造展览馆等村集体公益项目。

2. 成立宅基地管理专门机构

宝盖寺村为更好地对村内宅基地进行管理，成立了宅基地管理民主理事会和宅基地改革理事会，管理宅基地相关事务。宝盖寺村宅基地民主理事会依照依法管理、公平公正、民主集中的民主管理原则，依托村集体经济组织理事会和监事会选举 7 人作为宅基地民主理事会成员，由村支书担任理事长，对村内宅基地资格权认定、宅基地申请初

---

①② 相关数据由宝盖寺村村干部提供。

审、宅基地使用权流转初审、宅基地有偿使用费收取、管理、宅基地有偿退出、农村住宅建筑风貌管控以及宅基地使用权抵押等宅基地相关事项进行决策和管理。村内出现宅基地相关问题时，由村管理机构牵头，组织村民协商解决，重大或全局性问题通过召开村民会议或村民代表会议方式讨论决定，如资格权的认定、有偿使用费收取标准的确定和管理、一户多宅拆除等。召开村民会议，应当有本村 18 周岁以上有民事行为能力的过半数的村民通过，或者有本村 2/3 以上农户的代表参加，村民会议所作决定应当经到会人员过半数通过。会议决议和实施结果应公开。建房选址等局部或细节问题可以由村级管理机构安排人上户征求意见或由组级机构落实。理事会对民主管理普遍性问题订立专项村规民约进行规范管理，个性问题或个案根据实际情况经民主程序妥善解决。

三、盘活山区闲置民房打造特色民宿

（一）镇级牵头改造村庄道路，打通民宿旅游线路

近年来，浏阳市古港镇践行“绿水青山就是金山银山”理念，借助自然地理特色优势发展民宿旅游，把民宿作为推动乡村旅游发展的重要抓手和有效载体，全力将资源优势、绿色优势、文化优势转变为经济优势，让乡村旅游更好地助力乡村振兴。“要想富，先修路”，出于融通、旅游、发展的考量，古港镇从 2021 年底开始谋划对主要交通道路的改造。对梅田湖水库东边入口开始到宝盖寺村一坝处，共 4 千米的道路进行提质改造，将原有的 4 米宽路面拓宽到 6.5 米，将原本近 20 千米的“绕路”化为 4 千米的直路，将西边皇龙峡景区和梅田湖村线路与宝盖寺村宝盖寺、梦俚民宿、云溪杉舍旅游景点连接起来，以点带面、同频共振，以交通带动宝盖寺村旅游业的进一步发展。浏阳古港镇负责人介绍，“下一步，政府将在强化规划引领、完善配套设施、提升服务水平、加强规范管理等方面下更大功夫，为民宿发展提供更多针对性支持和帮助，推动乡村旅游成为乡村振兴的重要引擎，让更多的村民朋友充分享受乡村振兴带来的丰硕果实。”①

（二）引入公司开发闲置民房，发展特色古朴民宿

宝盖寺村为盘活村内闲置宅基地和农房，相继引进湖南梦俚酒店管理有限公司、湖南杉沐居旅游开发有限公司投资的 4800 万元建设宝盖寺村休闲度假民宿项目，已吸引旅客 5 万人次，营业额达 450 万元，11 户农房出租户年总收入达 8.3 万元，村级集体经济每年增收 8 万元以上，带动周边消费达 100 万元以上。②

① 相关数据来源于人民网 2022 年 4 月 13 日《浏阳古港镇：“融通 + 旅游 + 发展”之路 串起乡村振兴美景》。

② 相关数据由宝盖寺村村干部提供。

1. 梦俚民宿项目

位于古港镇宝盖寺村的梦俚民宿因身处连云山深处，古朴的土砖房，搭配露天泳池、石头小径和参天银杏树，山水相映，而成为“网红打卡点”，梦俚民宿不仅是浏阳市“十佳夜间经济示范点”，2021年还荣获长沙市“十佳精品旅游民宿”称号。梦俚民宿位于宝盖寺村白果组，其组名因两棵参天银杏树相依偎而得名，白果组在海拔700多米的半山腰，有20多户人家。2016年11月，古港镇政府引进湖南梦俚酒店管理有限公司投资建设宝盖寺村白果组休闲度假民宿项目。2016年12月2日，湖南梦俚酒店管理有限公司与宝盖寺村村委会、白果村民小组协商，由公司与农户直接签订土地租赁协议，租赁期限20年，公司出资进行整修、危房加固改造升级、统一装修、经营民宿，租赁协议约定期满后土地交还给白果组，地面建筑物归白果组所有。梦俚民宿总占地面积约4000平方米，共有7栋建筑，都是在村民的土砖房基础上加固、改造而成。通过公司与乡村组织互动、公司与村民联动，增强乡村集体经济组织和村民的参与度以及产业发展的内生动力和造血功能，推动乡村文化旅游开发升级、关联产业发展、区域形象提升，促进古港镇一产升级、三产联动、产业转型、乡村振兴，带动当地农产品销售、餐饮服务业和乡村旅游业的发展。①

梦俚民宿，外观上是极具乡村特色的土砖房，房与房之间的道路用深山中开采出来的岩石铺成，房间内部现代化的设施一应俱全，随处摆放着各式各样的老物件……从大格局到小摆件，民宿的每个细节都体现着设计者的心思。民宿四周的环境更加优美，青山环绕，竹涛回响，置身其中有“人在梦里”之感（见图2-41）。梦俚民宿虽然不大，但设施齐全，不仅有游泳池、篮球场、棋牌室，还设有书吧、音乐餐吧、清吧和瑜伽房。民宿共有13间客房，全部用“梦”取名，有一梦、醉梦、晓梦，也有春梦、夏梦、秋梦、冬梦，还有半梦、尘梦、寻梦、入梦、游梦、如梦。“一梦”是打造的第一间房，在泳池边上，可枕水而居；“醉梦”的院子里开着正艳的映山红；“晓梦”是一间亲子房，拾级而上，高高的阳台，晨起后便看见第一缕阳光；春梦、夏梦、秋梦、冬梦的一栋房子有个大院子，可坐看四季风景，春华秋实，夏月冬雪，漫聊时光故事；半梦、尘梦、寻梦、入梦、游梦各有风采；最后的一间“如梦”在更高处，每个房间都有着不一样的布局和风格。

不同于传统的饭店旅馆，也不同于普通的农家客栈，梦俚民宿是一个典型的利用当地闲置资源，为游客提供休闲赏景，体验当地自然、文化与生产生活方式的小型住宿场所。在民宿可以徒步看看原生态瀑布、梯田、小溪，仰望星空，民宿门口有2株600多年的银杏，屹立在山腰间，风景独好。加上视野开阔，山脉蜿蜒崎岖，景致独特，使许

① 相关数据由宝盖寺村村干部提供。

多人流连忘返。除此之外，山下有一个很精致且远近闻名的宝盖寺庙可供游玩。民宿还提供当地口味特色餐饮。民宿主体由老屋、猪圈、牛栏等六栋房屋经过翻修、加工、改造而成，分成上屋、下屋两个板块。木头、卵石铺成步道，将每栋房屋串联起来。每栋房子的外墙都保持了当地独有的夯土外墙、室内土木结构特色，尊重当地文化，还原历史，融入自然环境，园区打造就地取材，室内装修风格保留了古朴之风，亦渗入了年轻简约的风格，让人感到焕然一新，室内装饰木材及家具都是民宿主人和设计师数十次在浙江老木材市场和浙江个性化家具厂定制的，卫浴设备全是德国进口品牌，硬件设施超五星标准（见图 2-42）。自 2016 年投入建设到 2021 年，民宿已吸引旅客 5 万人次，营业额达 450 万元，11 户农房出租户年总收入达 83000 元，村级集体经济每年增收 80000 元以上，带动周边消费达 100 万元以上。①

图 2-41　梦俚民宿外景

资料来源：由调研组成员实地拍摄。

图 2-42　梦俚民宿部分内景

资料来源：由调研组成员实地拍摄。

① 相关数据由宝盖寺村村干部提供。

百年古朴的银杏树旁，当地宝盖寺村青年汪良将自家闲置的老房子改造成农家乐，与一旁的民宿浑然一体。每逢周末节假日，吃饭的游客爆满，当地原生态的菜肴颇受游客青睐，一家人靠经营农家乐年收入在 30 多万元，凭借乡村旅游，当地村民日子也是越过越红火。好风景带来好前景，好生态了宝盖寺村的“绿色提款机”。“我们要像爱护眼睛一样保护好生态，就会收获更多红利。”农家乐业主汪良说。[①]

2. 云溪杉舍民宿项目[②]

山腰新建的云溪杉舍，利用农村闲置房屋进行改造，主打“森林康养”概念，独具汉唐风格的小楼显得格外打眼。云溪杉舍民宿坐落在宝盖寺村的千年古刹宝盖寺旁，因屋旁的几棵百年杉树而得名。云溪杉舍占地 20 亩，共有 12 间房，大多为原木风格，具有日式独立院落，每个房间依自然之物入景，精巧恬淡中可沉浸于汉唐风的清雅。设置有餐厅、茶室、书吧等，可以定制养生食谱，聚会、禅修或雅集。云溪杉舍共 12 个单元，溪畔、竹语、锦上是三间日式独立院落，主楼有五套庭院，均有独立客厅和厨房，古典雅致风韵，温暖治愈。此外，还有四套新建的北欧风格的亲子套房，巨大的落地窗可以远观连绵起伏的山峦，近赏户外园林盛景。

云溪杉舍民宿距长沙市区直线距离约 75 千米，驾车大约 1.5 小时；距株洲市区直线距离约为 85 千米，驾车大约 1.7 小时；距湘潭市区直线距离约为 100 千米，驾车大约 2 小时；距浏阳市区直线距离约 25 余千米，驾车大约 40 分钟；距离千年古刹宝盖寺 2 千米。周边有太浏高速、浏东公路等多条高速公路经过，铁路交通也非常便利，这也保证了游客来往的便利性。

云溪杉舍四周环山，坐落在古港镇两条旅游带上，一条是红色文化和佛教文化旅游带，另一条是生态休闲旅游带。周边有松山屋场景点、皇龙峡漂流景点、宝盖寺佛教文化旅游景点。云溪杉舍位于一个半圆形半岛上，岛上有三棵百年杉树，故取名为云溪杉舍。半岛面积约为 45 亩，半岛生态环境优越，背倚青山，绿水环抱，周边为苗木种植基地，住户较少，环境幽静，整个建筑背倚青山、溪流环绕、视野开阔、环境优美。

云溪杉舍民宿由村民的闲置农房改造而成，它坐落于村庄内，与农家近邻，它又超脱于村庄外，是集山谷旅居、森林康养、文人雅集于一体的中国式田园民宿，经过了精心的改造，有原木、土夯、落地玻璃窗、楼台亭榭、小桥流水。毗邻千年古刹宝盖寺，承袭汉唐文化的古朴余韵，有峡谷、山泉、繁茂的竹海和层叠的山峦。秉承着与自然共居、以自然为色的理念，云溪杉舍在这片优渥的土地落地生根，木材原色装扮的空间温暖治愈，呈现山间禅院的雅致生活，山水、花木、曲径、游廊，流水环绕的庭院充盈闲适。

---

① 相关数据来源于人民网 2021 年 9 月 30 日《立足生态优势 浏阳古港打造民宿旅游》。

② 本节案例相关内容和数据来源于查陈勇：《乡村振兴战略背景下的民宿改造设计》，湖南师范大学硕士学位论文，2021 年。

四、工作经验

（一）发挥村集体组织作用

宝盖寺村虽然闲置农房较多，但是分布零散，单个农房的分散流转和改造难以彰显开发投资价值、发挥经营效益，宝盖寺村充分发挥集体统筹作用，解决盘活市场和投资开发规模的问题。村委会利用管理优势、动员优势、组织优势与旅游开发公司谈判，为农民找市场，规避单个农户信息闭塞的难题，为旅游公司整合闲置农房资源，统一流转、开发意愿，提供产权合法性的支撑保障，提升社会资本投资的积极性和可能性。通过企业整体投资谋划，在休闲度假民宿项目的整体开发和主题定位下，进行具体农房的盘活和再利用，使投资转化为具体成果。同时，在集体和企业形成整体合作框架下，由农户和企业签合同，集体并没有“越俎代庖”，充分尊重了农民市场主体的地位，符合“宅改”的基本原则，闲置农房盘活的红利直接惠及农户。

（二）民宿企业化运作精准定位

宝盖寺村地处山区，位于深山之中，道路多为山路，发展民宿旅游业的交通优势不足，依靠农户自身经营管理民宿的自营模式不足以打响宝盖寺村深山民宿品牌，甚至会产生经营亏损的后果。宝盖寺村引入企业专业化运营，对深山民宿进行合理评估，形成特色乡村民宿集群品牌，走深山特色民宿发展路线，使宝盖寺村民宿旅游业效益最大化。浏阳市的民宿行业已经渐渐从一些小作坊式的家庭旅馆转向市场化的企业运作民宿，宝盖寺村秉承浏阳民宿发展理念，通过对民宿进行统一的改造、入股、运营，以市场化的模式来整合资源，推动村庄民宿业高品质发展。宝盖寺村引进湖南梦俚酒店管理有限公司、湖南杉沐居旅游开发有限公司进行投资，建设宝盖寺村休闲度假民宿项目，依照企业发展要求运营，规范民宿行业发展。

（三）品牌加持打响民宿知名度

为打造民宿的“浏阳品牌”，浏阳市力争三年内建成 5 个民宿集聚区、10 个民宿示范村、100 个民宿精品店，推进“民宿进非遗、非遗进民宿”，打造更多有温度、有故事、有灵魂的民宿。宝盖寺村以梦俚民宿、云溪杉舍的品牌影响为基础，全力做好宝盖民宿谷策划、包装和规划，整合镇、村和社会资本，加速推进民宿项目建设，力争将宝盖民宿谷创建成国家 3A 级旅游景区，与皇龙峡景区比翼齐飞，将梦俚民宿和云溪杉舍打造为新晋网红民宿打卡点。

五、村民意愿和满意度调查情况①

在调研中，古港镇宝盖寺村共有 43 名农户参与宅基地制度改革农民意愿问卷调查，参与调研农户大多为非长期在村内居住的男性，以初中及以下学历为主，主要就业方式为务农和打工，外出打工的比例较高。受访农户均表示有医疗保险，并且自主购买商业养老保险的农户达一半以上。在宅基地方面，宝盖寺村参与本次问卷调查的农户都符合"一户一宅"要求，宅基地主要用于自住和出租由他人经营。村庄宅基地闲置情况较为突出，其中超过一半农户家中有闲置宅基地（见表 2-14）。

表 2-14　宝盖寺村调研农户基本情况

基本情况		比例（%）
性别	男	86.05
	女	13.95
学历	初中及以下	83.72
	高中	9.30
	大专	4.65
	大学及以上	2.33
家庭主要就业方式	务农	27.91
	务农为主，偶尔打工	18.60
	打工为主，偶尔务农	20.93
	完全打工	32.56
	其他	0
是否有自主购买商业养老保险	是	53.49
	否	46.51
是否长期在村里居住	是	30.23
	否	69.77
宅基地用途	自住	34.88
	家庭二三产业经营用	9.30
	出租由他人经营	37.21
	流转给他人使用或经营	11.63
	入股给专门机构经营	4.65
	其他	2.33
是否有闲置宅基地	是	67.44
	否	32.56

① 本节数据来源于调研组对宝盖寺村的调查问卷，表格、图片由笔者绘制。

根据调研组预设的有偿使用、宅基地流转、宅基地退出、宅基地制度改革满意度四个方面，对农户的实际情况、主观认知、改革意愿和满意度进行访问的调查结果显示：农户对宅基地有偿使用意愿较低，如果要收取有偿使用费的话受访农户认为主要应对“一户多宅”和“面积超标”的农户收取有偿使用费；宅基地流转情况较多，主要方式是出租由他人经营；受访农户中没有宅基地有偿退出的情况，若有偿退出，农户想要的补偿主要是货币和城镇住房；农民对宅基地制度改革的效果比较满意。

1. 宅基地有偿使用意愿方面

宝盖寺村有 48.84% 的受访农户不支持宅基地有偿使用，赞同对“一户多宅”和“面积超标”的农户收取有偿使用费的比例较高，分别占 27.91% 和 25.58%。关于有偿使用费的缴纳方式，53.49% 的受访农户认同一次性缴纳。关于不缴纳有偿使用费的惩罚方式，相较于宅基地不得转让、不能评为两委候选人、文明户等措施，选择“不予确权颁证”和“不予分配集体收入”的农户相对集中，分别占 37.21% 和 20.93%。关于有偿使用费的使用，支持用于“村庄公共设施维护”和“村庄基础设施建设”的农户占比较高，分别达到 30.23% 和 23.26%。

2. 宅基地流转意愿方面

宝盖寺村受访农户中 65.12% 有宅基地流转的经历，且了解流转政策制度的农户占比 76.74%，流转的主要方式为出租由他人经营，占比 57.14%。农户对流转后的期望较高，认为宅基地流转后家庭收入增加（74.42%），居住条件变好（62.79%），社会保障水平得到提高（44.19%）。

3. 宅基地退出意愿方面

宝盖寺村受访农户中没有退出宅基地的经历，如果退出宅基地，农户希望获得的补偿形式主要是货币和城镇住房，分别占比 62.79% 和 44.19%。关于宅基地退出后家庭收入变化的认识，39.53% 的农户表示会增加，同时，55.81% 的农户认为居住条件会得到改善，34.88% 的农户认为社会保障水平会提高。

4. 宅基地制度改革满意度方面

宝盖寺村农户对宅基地制度改革满意度较高，在改革后家庭经济、社会资本状况和整个宅基地改革过程方面非常满意的占比分别达到 39.54%、46.51% 和 39.54%，但在改革后居住状况方面有待加强，仅有 18.60% 的农户表示对改革后居住状况非常满意（见表 2-15）。

表 2-15 宅基地制度改革后农户满意度调查

	非常满意（%）	比较满意（%）	一般（%）	不满意（%）	非常不满意（%）
改革后家庭经济状况	39.54	51.16	9.30	—	—
改革后居住状况	18.60	27.91	53.49	—	—
改革后社会保障享有状况	27.91	39.53	32.56	—	—
改革后社会资本状况	46.51	34.89	18.60	—	—
改革过程中的参与权实现	20.93	41.86	37.21	—	—
改革过程中的知情权实现	25.58	39.54	34.88	—	—
整个宅基地改革过程	39.54	44.18	16.28	—	—

宝盖寺村在宅基地制度改革中充分利用自然风景和人文景色发展特色乡村民宿产业，改革效果显著，其重点主要有两个方面，一是政府和集体充分发挥主观能动性为村庄发展民宿产业提供有利条件。在民宿产业发展基本条件方面，古港镇政府积极对通往民宿的道路进行提质改造，在拓宽道路、减少距离的基础上，将皇龙峡景区和梅田湖村线路与宝盖寺村宝盖寺、梦俚民宿、云溪杉舍旅游景点连接起来，以交通带动宝盖寺村民宿产业和旅游业蓬勃发展；在吸引投资方面，村集体发挥集体统筹作用，一方面主动寻找旅游开发公司，与之进行谈判，为流转农户争取最大权益，另一方面统一农户宅基地流转开发意愿，并将村内分布散乱的闲置宅基地和农房资源进行整合，综合旅游公司和农户意见进行统一流转开发，帮助企业寻找和确定宝盖寺村民宿旅游开发定位，同时也避免农户因信息闭塞问题而使权益受到损害；在扩大民宿知名度方面，村集体积极开展宣传活动，利用“浏 TV”公众号等新媒体线上宣传，吸引广大游客前往。二是将民宿企业化运作，以品牌加持打响民宿知名度。宝盖寺村吸取其他村庄民宿经营经验，引入专业公司进行企业化运作，在对自身具备条件合理评估的基础上，准确找到“以特色景点为吸引力的深山特色民宿”发展路线，以企业发展要求运作，统一对民宿进行改造和运营，逐渐从小作坊式的家庭运营模式向市场化、规模化、产业化转变，形成特色乡村民宿集群品牌，规范民宿业发展。依托市域内打造“浏阳品牌”契机，宝盖寺村引入湖南梦俚酒店管理有限公司、湖南杉沐居旅游开发有限公司，以梦俚民宿、云溪杉舍品牌为基础，打造宝盖民宿谷品牌并推广，形成精品民宿聚集品牌效应，以品牌带动发展。

对宝盖寺村农户的调研反映出了农户对宅基地制度改革的部分问题和情况：第一，受宅基地是祖宅传统观念影响，宝盖寺村村民对宅基地有偿使用的接受程度不高，普遍认为宅基地不应收取有偿使用费，村庄推行宅基地有偿使用政策时会比较困难，但参与问卷调查的农户中认为若要收费应对“一户多宅”和“面积超标”农户收取有偿使用费的比例相对较高，因此村集体未来可以通过加强宅基地是集体所有、宅基地应“一户一宅”等宣传更新农户思想观念，降低有偿使用政策推行难度；第二，在村内进城人口增加的情况下，村内闲置宅基地和农房增多，村庄流转宅基地情况随之增多，因宝盖寺村集体以农民意愿为先，充分尊重农民的市场主体地位，农户与引入公司直接签订租赁协议，因此村内流转宅基地的主流方式是出租，进城农户将宅基地使用权出租后按照合同要求收取租金，获得了一定的经济收益，因此宅基地流转后农户对收入、居住条件和社会保障水平提高的满意度普遍较高；第三，由于宝盖寺村位于深山，是典型的山区农村，多数农户居住条件较差，结合调研数据可知农户对居住问题的关心程度较高，村庄未来进行宅基地的盘活与开发时要重点关注农户居住问题。

03

农村住房保障

汨罗市汨罗镇瞭家山社区：打造原生态“江南水乡楚韵风味”宜居家园 *

王立徽 ①

一、瞭家山社区基本情况 ②

（一）生态地理环境

1. 区位优势明显、旅游资源丰富

瞭家山社区是汨罗镇的东大门，地处美丽的屈子生态湿地公园湖畔。距离镇区仅 3 千米，距离汨罗市仅 2.2 千米。东接汨罗市区和城郊乡，南抵古培明月及本镇龙塘村，西连南托八十托水库与夹城相连，北与城郊狄家坪接壤。京广铁路、湘汨公路纵贯南北，G240、G536、S308 穿境而过，交通方便，商业繁荣，区域优势十分明显。除此之外，瞭家山社区附近旅游资源十分丰富，紧靠金马伦高原、大汉山国家公园、关丹等旅游景点；有长乐甜酒、龙舟毛尖、屈原醇酒、汨罗粽子等特产；还有屈原传说、汨罗江畔端午习俗、长乐抬阁故事会、平江影戏等民俗文化。

2. 楚文化源远流长

瞭家山社区根据境内一山名“瞭家山”而得名。2700 年前，楚文王时期，罗子国遗民来到风景秀丽的龙塘山下筑城立国，并在其东门附近山丘建有瞭望台，瞭家山社区现阳光驾校便是该处遗址，“瞭家山社区”一名也由此而来。除了名称，其民俗风情也深受源远流长的楚文化影响，其中“打五中”就是当地一项十分具有代表性、特色性和大众性的民俗文化活动，在每年的正月初五，龙塘居民共同驱穷赶鬼，迎接财神、共修福德、同保太平，具有很强的感染力和吸引力，已经成为了瞭家山社区的“民俗品牌”。

---

* 案例内容来自中国矿业大学（北京）共同富裕研究院第二调研组 2020 ~ 2022 年的实地调查。

① 王立徽，中国矿业大学（北京）共同富裕研究院助理研究员，管理学硕士。

② 相关资料来源于瞭家山社区村级文件。

（二）经济社会情况

1. 属于城郊农村社区

瞭家山社区是由原瞭家山社区和龙塘村合并而成的，是汨罗镇下辖的一个社区，处于城乡接合部，是一个典型的城市和农村相结合的社区。瞭家山社区辖 11 个居民小组、1039 户，户籍人口 4375 人，常住人口 6180 人。社区现有工作人员 7 名、辖区民警 2 名、网格管理员 6 名、志愿者 1178 名。社区设立党总支，下辖三个支部，有党员 156 名。因处于城乡接合部，社区内人口流动较大，从业人员类型也较多，包括从事农业、非农业、经商、从政等。

2. 集体经济基础较好

自然条件优越、经济基础较好，为瞭家山社区招商引资奠定了良好的基础。目前，瞭家山社区内产业共有 12 个，区内有希望饲料厂、水泵厂、石油公司、汨罗市特殊学校、汨罗盐业公司等企事业单位十余家，其中在本村注册商标的产业有四个。瞭家山社区非农就业的村民数量达 2888 人，参加专业合作社的农户达 30 户，参加就业的村民数量有 1180 人，每年接待游客人数可达 11200 人。2021 年，瞭家山社区 GDP 总值达 12448 万元，村集体经济组织收益每年达到 120 万元，其中二三产业产值达到 51 万元，人均纯收入 10084 元。

3. 创新“五位一体”基层治理模式

瞭家山社区以“党建 +”为主线，以“自治”为主体，以“建家”为主题，创新“五位一体”基层治理模式，打造乡村振兴高质量发展“样板间”“社区吹哨、志愿者报到”基层治理模式。社区先后荣获“第二批全国乡村治理示范村”“全国先进基层群众性自治组织”“全国最美志愿服务社区”“全国模范人民调解委员会”“湖南省和谐建设示范社区”“湖南省文明社区”等称号。

（三）土地利用情况

建设用地稀缺，产业发展受限。瞭家山社区总面积 427.73 公顷。其中，林地面积 40.45 公顷，占总面积的 9.46%；耕地面积 200.71 公顷，占总面积的 46.92%，有利于村庄农业发展；城乡建设用地 96.99 公顷，仅占总面积的 22.68%，其中空闲地面积为 0，建设用地十分紧张，给村民住宅用地建设带来巨大压力，也在一定程度上制约了村庄产业的发展（见表 3–1）。

表 3-1　瞭家山社区土国土空间结构调整

<table>
<tr><th colspan="3" rowspan="2">用地类型</th><th colspan="2">现状基期年</th><th colspan="2">规划目标年</th></tr>
<tr><th>面积（公顷）</th><th>比例（%）</th><th>面积（公顷）</th><th>比例（%）</th></tr>
<tr><td colspan="3">国土总面积</td><td>427.73</td><td>100</td><td>427.73</td><td>100</td></tr>
<tr><td colspan="3">耕地</td><td>200.71</td><td>46.92</td><td>200.71</td><td>46.92</td></tr>
<tr><td colspan="3">林地</td><td>40.45</td><td>9.46</td><td>37.57</td><td>8.78</td></tr>
<tr><td colspan="3">草地</td><td>5.07</td><td>1.19</td><td>5.07</td><td>1.19</td></tr>
<tr><td colspan="3">园地</td><td>5.34</td><td>1.25</td><td>5.26</td><td>1.23</td></tr>
<tr><td colspan="3">农业设施建设用地</td><td>11.11</td><td>2.60</td><td>11.11</td><td>2.60</td></tr>
<tr><td rowspan="12">城乡建设用地</td><td colspan="2">城镇建设用地</td><td>25.31</td><td>5.92</td><td>25.31</td><td>5.92</td></tr>
<tr><td colspan="2">村庄建设用地</td><td>71.68</td><td>16.76</td><td>74.64</td><td>17.45</td></tr>
<tr><td rowspan="9">其中</td><td>居住用地</td><td>64.31</td><td>15.04</td><td>65.70</td><td>15.36</td></tr>
<tr><td>公共管理与公共服务用地</td><td>2.48</td><td>0.58</td><td>2.48</td><td>0.58</td></tr>
<tr><td>商业服务用地</td><td>1.33</td><td>0.31</td><td>2.9</td><td>0.68</td></tr>
<tr><td>工矿用地</td><td>0.57</td><td>0.13</td><td>0.57</td><td>0.13</td></tr>
<tr><td>乡村道路用地</td><td>1.90</td><td>0.44</td><td>1.90</td><td>0.44</td></tr>
<tr><td>其他交通设施用地</td><td>0.66</td><td>0.15</td><td>0.66</td><td>0.15</td></tr>
<tr><td>公用设施用地</td><td>0.43</td><td>0.10</td><td>0.43</td><td>0.10</td></tr>
<tr><td>空闲地</td><td>0</td><td>0</td><td>0</td><td>0</td></tr>
<tr><td colspan="2">合计</td><td>96.99</td><td>22.68</td><td>99.95</td><td>23.37</td></tr>
<tr><td colspan="3">区域基础设施用地</td><td>16.18</td><td>3.78</td><td>16.18</td><td>3.78</td></tr>
<tr><td colspan="3">其他建设用地</td><td>2.96</td><td>0.69</td><td>2.96</td><td>0.69</td></tr>
<tr><td colspan="3">陆地水域</td><td>48.28</td><td>11.29</td><td>48.28</td><td>11.29</td></tr>
<tr><td colspan="3">其他土地</td><td>0.64</td><td>0.15</td><td>0.64</td><td>0.15</td></tr>
</table>

资料来源：相关数据来源于《汨罗市汨罗镇瞭家山社区村庄规划公告图（2020–2035）》。

二、宅基地利用和管理现状

（一）宅基地经营性用途的较多

瞭家山社区村集体经济组织成员户数共有 1360 户，截至 2019 年底建成房屋数 1133 宗，2021 年宅基地总宗数 1035 宗，其中闲置宅基地 18 宗，整治闲置宅基地数量 11 宗，整治支持产业落地的有 9 亩；宅基地“面积超占”24 宗；退出宅基地数量 9 宗；2019 年申请建房数（含在建和建成）21 宗，2020 年申请建房数 29 宗（见表 3–2）；2021 年查处因历史违建房屋 310 平方米，新增违建 1180 平方米。

表 3-2　2021 年瞭家山社区宅基地摸底调查

摸底指标	摸底情况
村集体经济组织成员户数（户）	1360
截至 2019 年底建成房屋数（宗）	1133
宅基地总宗数（宗）	1035
闲置农房数（宗）	8
闲置农房数（未居住 1 年以上）（宗）	10
2019 年申请建房数（宗）	21
2020 年申请建房数（宗）	29
整治闲置（宗）	11
“一户多宅”（宗）	4
面积超占（宗）	24
宅基地退出（宗）	9
用作经营的村民自建房（平方米）	220

资料来源：瞭家山社区村级文件。

（二）审批建房申请条件有明确规定

瞭家山社区设立村民建房理事会，主要负责宅基地初审、协助汨罗镇人民政府做好村民住房建设的审查、监管巡查等工作，通过制定村规民约等方式对村民住房行为进行有效规范。在建房人员资格认定上，瞭家山社区严格按照《汨罗市农村宅基地及村民住房建设管理办法》中规定的村庄现划区内建设住房的条件进行建房人员资格认定：①具备分户条件，确需另立新户建设住房的；②现有住房属于危房，需拆除新建的；③自愿退出宅基地向村民集中建房点集聚的；④ 因自然灾害、政策性移民等原因，拆迁安置的；⑤因国家项目需要征地的；⑥改善住房条件，需要重新扩建或新建的。

（三）审批建房流程有严格规范

在符合以上申请建房条件的基础上，村民住房建设按下列程序办理审批手续：①农户申请，村组初审。农户申请后，村民小组开会讨论，公示后出具意见，村级组织审查通过后，指导建房农户填写《农村宅基地使用承诺书》和《农村宅基地和建房（规划许可）申请表》，并附相关资料上报乡镇人民政府。②乡镇部门联合初审，现场踏勘审查。在收到村民申请建房材料之日起 5 个工作日内组织进行初审和现场踏勘审查，初审不合格的，出具告知书。③联审联批，颁发两证。乡镇人民政府组织相关机构、单位联合会审，会审通过颁发《乡村建设规划许可证》和《农村宅基地批准书》并及时报县级农业农村部、自然资源部、住房和城乡建设部等部门备案。④ 定桩放线，日常监管。乡镇人民政府发证后 5 个工作日内组织进行免费定桩放线，乡镇人民政府组织相关机构、单位和村级组织对村民建房进行监管。⑤组织验收，颁发证书。房屋竣工后，乡镇人民政府组织相关机构、单位进行竣工验收，出具《农村宅基地和建房（规划许可）验收意见表》，农户报县级自然资源部申请颁发不动产权证。具体流程如图 3–1 所示。

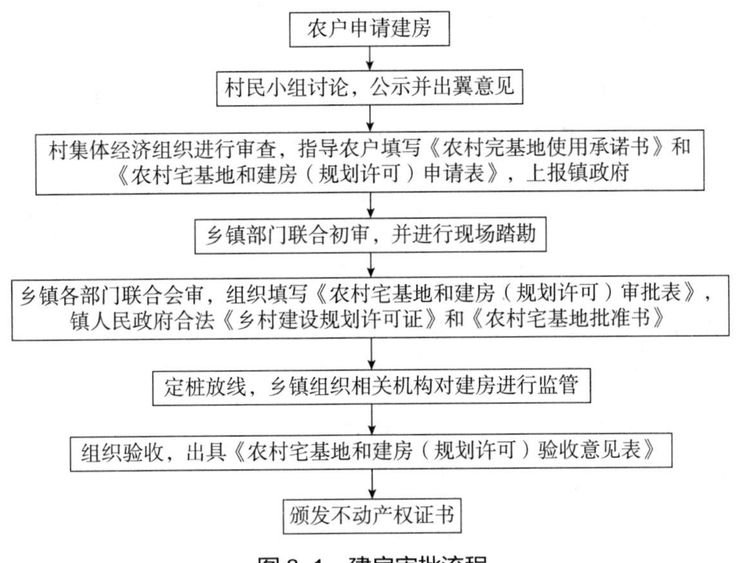

图 3–1　建房审批流程

资料来源：笔者根据瞭家山社区村级文件绘制。

（四）实施动态巡查监管

汨罗镇成立综合行政执法大队，对执法人员印发行政执法证，持证上岗，并形成执法大队人员花名册。瞭家山社区设立一名村级协管员，负责日常动态巡查监管，本着“即查即拆”的原则，发现一起拆除一起。同时，镇、村分别设立举报电话，及时受理和查处农村宅基地制度改革试点工作等方面的投诉，并建立举报、信访处理台账。2021 年，瞭家山社区共查处违法建房四宗，其中两宗属于历史遗留问题，占地面积 310 平方米，另外两宗属于新增的钢架棚和瞭家山社区修理厂，共占地 1180 平方米。[①]

三、整容颜、规范建、淳风俗、活产业，打造龙塘秀美屋场[②]

（一）建房刚需矛盾突出

汨罗镇瞭家山社区由瞭家山社区和龙塘村合并而成。2017 年，瞭家山社区的瞭家山片区被划入城市禁建区，村民不能进行建房导致新增建房刚需矛盾突出。同时，正赶

① 相关数据来源于瞭家山社区村级文件。

② 相关资料由瞭家山社区村干部提供。

上妇幼保健院扩建征用土地，需要解决拆迁户的安置问题。因此，村集体统筹考虑，开辟了龙塘片区的一块荒山用于集中居住点的规划建设，解决拆旧建新户、新分户和拆迁户的建房难问题。

（二）规划龙塘新屋

在规划完成之后，龙塘集中建房点于 2018 年 3 月开始选址建设。该建房点坐落在 G240 西侧，距市主城区 3 千米，位于山清水秀的龙塘水库南端。建房点规划用地 78 亩。计划集中安置 132 户，分三期进行，一期安置 32 户、二期安置 50 户、三期安置 50 户。由村集体进行“三通一平”①。其中，建设资金主要来源于三方面：一是妇幼保健院征地拆迁的一部分拆迁款；二是村集体经济的一部分项目资金；三是上级政府拨付的一部分支持资金。截至 2022 年 10 月，基础设施、管网都已经实现全覆盖。

（三）明确龙塘新屋建房人员资格

符合条件的建房户都能到龙塘集中建房点进行建房。主要涉及三种建房主体：一是妇幼保健院的拆迁户；二是处于城市禁建区的拆旧建新户；三是新分户。

首先，对于妇幼保健院的拆迁户，共提供三种拆迁补偿形式。①货币补偿形式，即政府以“房屋面积 ×5000 元”的价格补偿到农户，平均一户农户能够拿到 300 多万元的拆迁费用，农户根据补偿的拆迁费到市里买房。②政府提供安置房，农户实现拎包入户，安置地点在妇幼保健院的对面，在拆迁的 62 户农户里有 3 户选择了这种拆迁补贴形式。③房地安置，村集体提供龙塘集中建房点的宅基地，村民免费到规定地点建房，平均一处房屋的建造价格在 50 万 ~ 60 万元；据统计，农户选择到集中居住点自建的较多。因此，政府为了解决因建房空置期拆迁户没有地方居住的问题，由市里统一出资对拆迁户进行 12 个月的租房补贴，以此妥善解决拆迁户住房保障问题。

其次，拆旧建新户需要无偿退出原有宅基地。在城市禁建区的农户，面临危房改造，需要拆旧建新，不能继续危房改造，只能进行集中建房。在无偿退出原有宅基地的基础上，重新在集中建房点进行宅基地审批申请，走汨罗市宅基地审批管理流程，得到审批答复后方可到龙塘集中居住点进行自建。

最后，新分户需要建房的走宅基地审批流程。在新分户的建房资格认定上，以岳阳市住房建设条例和汨罗市建房的管理办法为上位政策，瞭家山社区按照自身的村务管理情况和风俗习惯，对新分户的条件进行细化。新分户如果是男孩必须满足 18 周岁以上才能申请分户。对于女孩申请建房的，必须要满足离婚五年以上的条件，才能凭借离婚凭证进行新建房屋的申请；对于半边户，不能在本集体进行建房申请。2018 年以后，

---

① “三通一平”中“三通”是指通电、通水、通路，“一平”是指“土地平整”。

湖南省妇联推出维护妇女儿童合法权益的行动，相应地，汨罗市市委市政府在《汨罗市农村宅基地“三权分置”实施办法（暂行）》中关于“保障宅基地农户资格和农民房屋财产权”的“资格权认定与取得”一项里就特别将出嫁女、离异女、丧偶女等特殊女性群体的权益进行了明确[①]。瞭家山社区为此积极响应相关政策，对符合取得条件的，保障其房屋财产权和资格权认定资格，并允许其享受本集体经济福利。截至 2022 年 7 月，瞭家山社区已经为离异回本地的妇女在集中建房安置点安排四处宅基地，在征地拆迁中保障妇女合法权益 68 起 138 人次。

（四）统一规划设计与风貌管控

进行统一的规划。瞭家山社区为了更合理地利用这片山林土地和保障风格统一，特地请了杭州的专业设计团队对建房点进行整体设计，并最大程度保留原有林地。在总体布局上，遵循生态宜居的理念，依山而建、依势而行，蕴含居民生活习惯习俗，形成错落有致、具有江南水乡式的楚韵风格的建筑群（见图 3–2）。居民点内种有法国梧桐、茶花海藻、茶梅、美国红枫等，绿化面积达到 62%。同时对每户居民门前进行统一规划设计，打造绿色景观果园式庭院，庭院内用天然石头错落有致地铺设地面，缝隙间栽种草皮。实现了家家户户门前有花园、果园的美丽场景。

图 3–2　龙塘集中建房点建筑群

资料来源：由瞭家山社区提供。

① 《汨罗市农村宅基地“三权分置”实施办法（暂行）》中指出：“与本村人员已办理结婚证书但户口尚未迁入的对象及其户口尚未申报的子女，出具书面证明未在原籍地享受股改待遇，并将户口在规定日前迁入本村，今后若发现原籍地已享受，将收回股权，属离异妇女，其随母迁入的子女人数依据法院判决书确定”“与本村人员离婚，户籍关系未迁出的人员及其依法判决随同子女”“因离婚将户籍迁回的原本村出嫁人员，本人及其依法判决的随同子女，需在规定日前将户口迁回本村”，有以上情形之一的人员，应该认定具有本村集体经济组织成员资格。

对村民建房有面积和结构的要求。申请宅基地面积以 130 平方米为准，以三层为主要居住形式，总建筑面积在 400 平方米左右。在具体的房屋建筑设计上，由汨罗市住建局免费提供图纸，提供图纸的数量有 130 多套。由村民统一商量、统一决定，以满足大多数人的住房风格需求。最终，在村民的协商下，龙塘集中居住点最终采用的房屋设计是“中式风格”——灰瓦白墙、大落地窗。在选择相应图纸后，村民按照图纸进行自建（见图 3–3）。

图 3–3　龙塘集中居住点建房风貌

资料来源：由瞭家山社区提供。

（五）村民建房理事会对建房事务进行统一管理

瞭家山社区的建房事务由村民建房理事会进行统一管理，其中包括建房选址的分配、建房质量的监管。在建房选址分配上，为了保证公平和减少矛盾，瞭家山社区按照抓阄的方式进行。抓阄以村民小组为单位进行，在集体内部首先确定每个小组具体在哪一排，其次，小组内部每户村民的位置按照申请的先后顺序依次确定，保障已建房的区域排列紧密，不出现空档。在建房施工人员培训上，由汨罗镇对农村建筑工匠进行培训，并以结业考试的方式确定工匠建筑资质，最终形成农村建筑工匠人员名单。在施工安全管理巡查上，由汨罗镇综合执法大队对施工过程中的相关内容进行监管，其中包括是否签订《施工合同》、住房建筑用料和安装是否规范、特种作业人员是否持证上岗、安全防护设施是否配备等。对于不符合安全规范的，责令其进行停工整改，最终形成检查记录。同时，瞭家山社区村民建房理事会还聘请第三方监理公司对建房质量进行统一验收，平均一栋房屋 500 元。在建房颁证上，农户审批通过之后，由乡镇颁发规划许可证。房屋建完并验收合格后，颁发不动产证，截至 2022 年 7 月，入住龙塘大屋的 32 户已经全部颁发房地一体不动产权证书[①]。

（六）建设“生态宜居”的新瞭家

瞭家山社区所有的设计遵循一条原则——“生态宜居”。在人居环境改善上，瞭家山社区充分调动村内志愿者自主加入到人居环境整治工作中，带头签订承诺书，实行联户制度，自主挂牌认领社区公共卫生区域和路段。近三年来，瞭家山社区在市级的支持下引用最先进的“物联网＋智能化＋微动力”模式进行污水处理，实行雨污分流，由专业团队施工、管理，日处理量可达 100 立方米。同时，全面推行“畜禽粪便干湿分离—沼气利用—四级净化”处理模式。在基础设施的建设上，由汨罗市人民政府拨付 200 万元用于便利超市、卫生室、居民室内外健身及文化场所、公共厕所、垃圾压缩站、生态菜园及停车场、沿水库游步栈道等配套设施的建设。目前，自来水、天然气全部入户，强弱电入地，道路硬化率达 99%，绿化覆盖率达 90%，互联网宽带家庭数量达 1120 户，公共文化设施总面积 25638 平方米，建设了一个生态宜居的新瞭家。

（七）筹建乡土文化馆保留“村庄印记”

为了打造特色乡村文化品牌，瞭家山社区依托农民学哲学这一独特的人文历史和自然生态资源，筹建集乡村文化、党建教育、乡村旅游、乡愁记忆、休闲娱乐、产业发展于一体的综合性文化馆，即“湘村哲学创新实践体验地”（见图 3–4）。乡土文化馆占地 1000 多平方米，共分三大板块，包括乡情村史馆、乡村文化空间、乡村茶馆。乡情村史馆包括村史厅、中国农民学哲学展厅、美丽乡村展厅等。社区党总支书记何永胜表示，社区以这种“村庄印记”的方式，缓解更多人记忆中的那缕乡愁。

图 3–4　瞭家记忆

资料来源：由瞭家山社区提供。

---

① 相关数据资料由瞭家山社区村干部提供。

（八）盘活闲置宅基地开办“罗城故事”和轰趴馆

瞭家山社区以宅基地制度改革为契机，利用闲置宅基地，结合“我在汨罗有间房”的发展创意，大力发展民宿、餐饮等产业，通过流转宅基地使用权，实现村集体与村民的增收。瞭家山社区村民何文祥和何立军两人将各自闲置的宅基地分别以 3 万元 / 年和 1 万元 / 年的租金流转给瞭家山社区经济合作社，成为“房东”。村集体经济合作社将闲置宅基地集中统一收储，打通资本下乡通道，引入湖南建恩餐饮有限公司（以下简称“建恩餐饮”），打造“罗城故事”网红打卡餐厅，人气火爆，并在央视财经频道“百年百城”走进汨罗进行专题报道。该项目不仅每年为村集体经济增收 2 万元，还为周边群众提供 30 余个就业岗位。在闲置宅基地流转盘活这一过程中，宅基地产权认定清晰，所有权属于瞭家山社区龙塘片区第五、第八村民小组，资格权属何文祥和何立军，10 年使用权属建恩餐饮。

在看到放活宅基地使用权的红利后，2021 年初，村民何波与何锐将闲置的宅基地流转到村集体，村集体将收储后的 800 平方米宅基地流转给武汉慢姑娘网络科技有限公司，经营集休闲、娱乐于一体的特色民宿“慢姑娘”轰趴馆，内设客厅、餐厅、棋牌室、K 歌房、书房、特产销售区等。吸引了大批游客前来体验。通过盘活集体资产、土地流转、宅基地改革等集体经济收入近 50 万元；2022 年，由新华社湖南分社策划的“十年十村”在全国两会期间重磅报道，瞭家山社区作为湖南省十村之一被宣传推介。

“目前社区已与文化产业公司对接，整合龙塘大屋的‘轰趴馆、哲学馆、罗城故事、打五中’等文旅资源，将其打造成乡村旅游点，与屈子文化园、长乐古镇等汨罗景点串联成乡村游线路，打包经营，拉动村级集体和农民增收，推动文旅发展和乡村振兴。”瞭家山社区党总支书记何永胜介绍。瞭家山社区通过放活宅基地使用权，既实现了农民“居、产、业”一体化发展，也实现了“农业、旅游业”的融合发展。

（九）取得成效

在这个距离主城区 3 千米的居民点，32 栋楚韵风格的小别墅依着起伏的山势迤逦而建，高高低低、错落有致，与周围茂密的树林、清澈的龙塘水库、笔直的 G240 大道构成一幅田园牧歌式的乡村画卷。

如今汨罗瞭家山社区的农户逐渐过上了富足的生活，“脏、乱、差”现象已成为过去。农民在享受居住保障的基础上实现了家门口的就业，增加了收入来源。村庄环境更是发生了天翻地覆的变化，村庄变得整洁了，随处可见的垃圾现象没有了，危墙破院不见了，臭气熏天的牲畜圈拆除了。村庄基础设施更加完善，水、电、网等基础性设施全部到户，生活污水处理率达到 92%，自来水入户率达 100%。与之前相比，瞭家山社区实现了“路通、地净、水清、村绿、房美、民乐”。瞭家山社区被评为湖南省和谐建设示范社区、湖南省文明社区、湖南省卫生社区、湖南省美丽乡村、湖南省乡村振兴示范创建村、岳阳市深化“空心房”整治集中攻坚先进基层党组织、岳阳市人居环境整治示范社区。农村生活环境得到极大改善，农民心里更美了。

四、工作经验

瞭家山宅基地之所以能够取得较好成效，既得益于工作机制的完善，又得益于规范集中建房本身惠及民生、符合民意，还得益于农民群众的积极配合、合力推进。

（一）以党建为引领创新基层自治

汨罗市积极推行“党建引领、群众自治”的工作机制，瞭家山社区积极响应，共建立了三个党支部，以支部书记、党小组长为骨干，成立志愿者服务队支部。以“党建+”为主线，以“自治”为主体，以“建家”为主题，实施“党建+志愿者”模式，把乡村治理纳入基层党建的范畴，进行网格化管理，努力打造乡村振兴的“样板间”。

1.“党建+志愿服务”提升基层治理软实力

瞭家山社区坚持以党建为引领、以自治为主导、以服务为根本，探索“党建+志愿服务”基层治理新路径。目前，瞭家山社区设立社区志愿服务中队，下设包括巾帼志愿服务分队、扶贫帮困志愿服务分队、治安防控志愿服务分队在内的8个小分队；组建了10个社团、1支民间“和事佬”调解队，实现认领任务“人对人”、主动服务“心连心”、义务巡逻“年复年”。在具体的工作中，村里对志愿者落实联户制度，鼓励自发参与环境整治、义务治安巡逻、“五保户”定点帮扶等，实现区域化覆盖、网格化管理。

2.“党建+产业”打造村庄发展硬实力

瞭家山社区党总支书记何永胜强调，“龙塘新屋轰趴馆的成功打造是社区党支部扎实推行‘双引双带’，推进乡村产业发展的有益实践。”瞭家山社区党支部发挥支部战斗堡垒作用，壮大村集体经济，做强乡村振兴“硬支撑”。引进“罗城故事”网红餐厅和特色民宿“慢姑娘”轰趴馆，带动周边30多名群众实现“家门口就业”。成立以“公司+农户”的野山椒种植合作社，打造集种植、采摘、摄影于一体的新型农产品产业基地，产值可达1000万元。通过盘活集体资产、土地流转、宅基地改革等举措，为村集体经济增收，既保存了乡村原有风貌，又能让村民感受到现代化气息。

（二）加强各个板块间的有效联动

瞭家山社区将宅基地制度改革与乡村振兴紧紧联系起来，以龙塘新屋为载体，整合轰趴馆、哲学馆、罗城故事、“打五中”等文旅资源，打造别具特色的乡村旅游点。仅仅几年时间，就通过宅基地制度改革、规范集中建房撬动了当地各方面的资源。一样的土地，不一样的面貌；一样的土地，不一样的资本。实现乡村振兴战略，关键在于深化农村改革，汨罗市瞭家山社区抓住了农村宅基地制度改革的突破口，因地制宜地探索出一条可复制可借鉴的“宅改”之路，全面振兴乡村空间、盘活乡村资源成为了下好乡村振兴战略这盘棋的“关键一步”，为未来岳阳乃至湖南宅基地改革提供“瞭家经验”。

（三）树立好家风，形成村庄良好风尚

瞭家山社区通过通俗易懂的歌曲，把新时代文明实践所倡导的文化传播宣扬好，让遵纪守法、敬老爱幼、移风易俗等在潜移默化中融入村民生活中，在全社区形成良好风气。瞭家山社区《社区居民公约歌》被评为“湖南省首届十佳最美村规民约”（见图3-5）。用“好家风”改变“旧习惯”，“老民俗”凝聚“新活力”。除了村规民约，家家户户都在门头、堂屋等显著位置悬挂了家规家训。社区每年评选一批“好媳妇”“好女婿”“好家风”“最美庭院”“文明新风示范户”，通过评比，激发村民自治活力，形成良好村庄风尚。

图3-5 瞭家山社区居民公约歌

资料来源：由调研组成员实地拍摄。

（四）发挥女性参与村庄治理的优势

瞭家山社区动员号召广大妇女同胞积极参与社区基层治理各项工作。2018年3月，瞭家山社区成立了一支完全由女性组成的志愿者队伍——巾帼志愿者服务队。志愿队注重发挥妇女的柔性力量，积极投身社区基层综合治理，如帮助困境老人、关爱留守儿童、打扫社区卫生等。近年来，这支队伍不断壮大，成为社区志愿者服务的主力军。目前，队伍中妇女志愿者注册人数达879余人，占比80%以上。为了打造妇女儿童的“第

二个家”，社区妇联还开通妇女反家暴维权服务热线，打造留守儿童之家，开设“四点半课堂”，免费提供课业辅导、课外特长培训（见图 3–6）。通过发挥女性的柔性力量，瞭家山社区基层治理井然有序。

图 3–6　四点半课堂

资料来源：由调研组成员实地拍摄。

五、村民意愿和满意度调查情况①

在对瞭家山社区农户意愿的调研中，共有 60 名农户参与了问卷调查。其中男性占多数，主要是初中及以下学历和高中学历，本村打工和务农兼打临时工人数占到一半以上。受访农户都符合“一户一宅”要求，且闲置宅基地较少。受访农户对自身的医疗、教育、养老等社会保障都比较满意（见表 3–3）。

表 3–3　受访农户基本信息

基本情况		比例（%）
性别	男	58.3
	女	41.7
学历	初中及以下	50.0
	高中	40.0
	大专	10.0
	大学及以上	0

① 相关数据来源于瞭家山社区村民问卷。

续表

基本情况		比例（%）
家庭主要就业方式	务农	20.0
	打工	30.0
	务农兼打临时工	40.0
	务农兼副业	10.0
就业地点	本村	75.0
	本镇其他村	0
	本县其他镇	11.7
	本市其他县	13.3
	其他城市	0
宅基地利用情况	全家都长住	93.3
	老人和孩子长住	3.3
	只有老人长住	1.7
	闲置	1.7
	家庭二三产业经营用	0
	出租（流转）由他人经营	0
社会保障是否完善	非常完善	70.0
	比较完善	20.0
	不完善	10.0

根据调研组预设的集中居住、使用权流转、有偿退出、有偿使用、宅基地利用管理满意度五个方面，对农户的实际情况、主观认知、改革意愿和满意度进行调查的结果显示：集中居住意愿较高，比较关注集中后经济效益和生态环境；流转意愿不高，原因是怕失去宅基地；受访农户都没有退出宅基地的经历，宅基地有偿使用意愿一般，对宅基地利用管理比较满意。

1. 集中居住意愿方面

瞭家山社区受访农户的住房形式 90% 都是自建房，且面积都在 110 平方米以上。农户集中居住意愿较高，占比达 86.7%，且 70% 的农户倾向于选择平移至本乡镇集镇集中居住。对于集中居住后农民比较在意的是经济效益（83.3%）和生态环境（83.3%）。农民不愿意选择集中居住的顾虑是生活成本变高和居住面积变小，占比为 80%。

2. 宅基地使用权跨村组流转意愿方面

受访农户都没有跨村组流转宅基地的经历，且 68.3% 的农户都不了解跨村组流转政策，农户跨村组流转意愿也不高，仅有 11.7%。农户不愿意流转的顾虑在于“失去宅基地”和“流转时间长，不确定因素多”，而愿意流转的农户流转目的是增加收入（68.3%）。

3. 宅基地有偿退出意愿方面

瞭家山社区受访农户都没有退出宅基地的经历，如果退出宅基地希望获得的补偿形式主要是住房保障，其中农村住房保障和城镇住房保障分别占 63.3% 和 55%。关于宅基地退出后进城打工难易程度的认识，仅有 1.6% 的农户表示很难，且有 61.7% 的农户认为宅基地退出后生活成本没什么变化。农户对宅基地未来升值空间的预期有两种看法，认为宅基地以后“能升值”和“不能升值”的各占一半。

4. 宅基地有偿使用意愿方面

瞭家山社区农户对有偿使用制度的主观认可度一般。48.3% 的受访农户支持实行宅基地有偿使用，在关注有偿使用的农户中，有 41.7% 的农户认同宅基地有偿使用费，还有 38.3% 的农户表示没有关注，在宅基地有偿使用细则的制定上村民参与度仅有 35%。

5. 宅基地利用管理满意度方面

瞭家山社区农户对宅基地管理利用满意度较高，认为宅基地改革后生活水平、人居环境、村容村貌方面都显著提高的农户分别占到 68.3%、45.0%、55.0%。73.3% 的农户表示赞同村规民约的所有规定，且有 63.3% 的农户经常参加村民代表大会。农户对村干部信任度：村务公开度、村民权益保护情况、流转后的社会保障、现有住房质量、住房周边公共服务设施和环境卫生满意度都很高，其中对于现有住房地理区位非常满意的高达 98.3%（见表 3–4）。

表 3–4 村民满意度调查

	非常满意（%）	比较满意（%）	一般（%）	不太满意（%）	非常不满意（%）
村务公开度	93.3	6.7	—	—	—
村民权益保护情况	71.7	28.3	—	—	—
流转后的社会保障	78.3	16.7	5.0	—	—
现有住房地理区位	98.3	1.7	—	—	—
现有住房质量	80.0	20.0	—	—	—
住房周边公共服务设施	73.3	16.7	10.0	—	—
住房周围环境卫生	87.5	12.5	—	—	—
我很相信乡镇政府	70.0	17.5	12.5	—	—
我很相信村干部	70.0	20.0	10.0	—	—
我赞同村规民约的所有规定	73.3	10.0	16.7		
我经常去参加村民代表大会	63.3	23.3	13.4	—	—

综上所述，瞭家山社区目前进行的宅基地制度改革的具体探索内容主要集中在农民住房保障实现形式和宅基地的盘活利用。

第一，在住房保障的实现形式探索上，瞭家山社区以村庄划入城市禁建区和妇幼保健院扩建征地为契机，为解决拆旧建新户、新分户和拆迁户的建房难问题，开辟龙塘片区荒地用于集中居住点的规划建设。在规划过程中，瞭家山社区能够紧紧融合当地生态环境、区位地理优势、地域风情等具有标志性的地方特色，建设出具有原生态“江南水乡楚韵风味”的宜居家园。同时，在住房的具体建设中，瞭家山社区能够紧紧围绕建房资格认定、住房风貌管控、住房建筑安全、住房环境治理、房屋产权管理等多个方面进行严格把握和管理，使住房保障成效显著。具体表现为：一是实现对新分户、拆迁户和拆旧建新户不同建房主体资格认定清晰；二是形成错落有致、具有江南水乡式的楚韵风格的建筑群；三是建筑工匠全部持证上岗、定期培训，住房安全有所保证；四是实现对智能化基础设施的运用，住房环境日趋完善，建设了一个生态宜居的新瞭家；五是对入住龙塘大屋的 32 户农户已经全部颁发房地一体不动产权证书，保障农户住房产权。

第二，在宅基地盘活利用上，瞭家山社区能够紧紧围绕闲置的宅基地资源和当地的地域特色资源引入外来资本，建设民宿、餐厅等能够带动乡村旅游发展的产业链条，实现村级集体和农民增收，推动文旅产业发展和乡村振兴。而正是通过放活宅基地使用权，实现了“农业、旅游业”的融合发展，继而实现农民“居、产、业”一体化发展。

第三，在宅基地改革意愿方面，瞭家山社区农户集中居住意愿较高。一是目前瞭家山社区被划为城市禁建区，目前和将来都面临无宅基地可批的窘境，而就近的集中居住是农户愿意接受的主要住房保障形式，也是集约土地的有效形式。二是目前龙塘集中居住点已经建设完成，优美的居住环境和优越的地理区位吸引了大量建设主体。但农户在宅基地跨村流转和宅基地有偿退出方面意愿都不强烈。一方面，住房空间有限随之带来建房审批复杂和困难，如果退出宅基地，就会面临失去宅基地的风险。另一方面，集中居住点所处的位置交通便利、靠近城市且有大量产业入驻村里，农户在本村就能实现就业，宅基地闲置率低，因此农户宅基地流转意愿不强。

第四，在农户对宅基地改革的满意程度上，瞭家山社区农户对现有住房保障比较满意，尤其是在地理区位、住房质量和居住环境卫生方面，但在基础设施的健全和完善上还有待提升。

总体来看，瞭家山社区住房保障成效较为显著，农户对现有住房保障满意度较高。但是在宅基地退出、跨村流转、有偿使用等方面探索还比较谨慎。下一步瞭家山社区需要在宅基地预留空间上做文章，在宅基地使用权放活上下功夫，既要实现农户居住保障，又要激发村庄产业发展活力。

汨罗市汨罗镇武夷山村：描绘农村居民点改造的“富春山居图”*

王立徽[①]

一、武夷山村基本情况

（一）地理生态情况

1. 平原地貌，区位便利

武夷山村位于汨罗镇中部区域、汨罗市西郊，东面紧邻屈子生态湿地公园，西北与屈原管理区河市镇交界，城市主干道罗城西路东西向穿村而过，240 国道贯穿南北，距离城镇 3 千米，交通十分便利。全村有 2/3 区域划入城市建设规划区。武夷山村在气候上属于亚热带湿润气候，四季温度适宜，雨量充沛，适合农作物生长，加之地形以平原为主，地势较为平坦，适合进行农业机械化作业。因此，武夷山村盛产水稻、瓜菜和各种鱼类等名优特产。

2. 具有思辨、创新的优良传统

20 世纪六七十年代，武夷山村曾是贫下中农学哲学的全国典型，其善于思辨、敢于创新的优良传统让这片大地在乡村振兴的大潮下焕发勃勃生机，构筑了一幅新时代秀美乡村的新图景。近年来，武夷山村抓住改革机遇，发挥创新思维，先后获得湖南省民主法治示范村、省级文明村、省级乡村振兴示范创建村、湖南省“十大平安创建示范村”等省级荣誉。

（二）经济社会情况

1. 产业发展进入快车道

武夷山村由原南托、北托和茶木三个村合并而成。是“多规合一”村庄规划试点

---

* 案例内容来自中国矿业大学（北京）共同富裕研究院第二调研组 2020 ~ 2022 年的实地调查。

① 王立徽，中国矿业大学（北京）共同富裕研究院助理研究员，管理学硕士。

村，为城郊融合类村庄[①]。共有 50 个村民小组，1510 户，村民 5669 人，党员 202 人。近年来，武夷山村依托区位优势，产业发展进入快车道。2018 年，从村民手中把 G240 以西的土地流转到集体经济组织，计划依托其丰富的水资源和土地资源，重点向高效农业、观光农业和休闲农庄发展，建成田园综合体。2019 年，武夷山村与湖南大学农学院合作的水产养殖基地开始运营，养殖基地中的小龙虾成功上市。目前，“生态果园”的建设也已与相关企业达成合作意向，正在积极筹备建设中。同时，武夷山村还计划投资 5000 万元，建设占地 50 余亩，建筑面积 2 万平方米的农产品批发市场。未来，武夷山村将依托 G240 交通大动脉及自身特色资源，积极创建既可以享受城市品质又可以体验农村乡韵的城乡统筹示范点。

2. 非农就业人数占比较高

村里收入主要来源于土地流转经营费。村集体以 300 元 / 亩从农户手中流转过来 1700 亩土地，再以 800 元 / 亩的费用流转出去，从中赚取经营费用。据统计，武夷山村 2021 年 GDP 达 1497 万元，村集体收入达 100 万元。本村产业能满足 2100 人实现本地就业，其中非农就业人数达 1000 人，农民收入显著提高。2021 年，拥有私家车的农户数量就达到了 1000 ~ 1100 户[②]。

3. 创建社团实现村民自治

武夷山村建有 9 个社团，包括助学社（退休老教师和热心党员）、文体小组、老年协会、红白理事会、矛盾纠纷调委会、退役军人之家、志愿者协会、文明劝导队等，在村庄治理、环境整治、乡风文明建设中发挥着重要的作用。2019 年，武夷山村被评选为全国乡村治理示范村。2021 年 6 月，武夷山村党总支入选“湖南省先进基层党组织”拟表彰对象公示。2021 年 11 月，被中共湖南省委实施乡村振兴战略领导小组办公室授予“湖南省省级乡村振兴示范创建村”称号。

（三）耕地多、林地少

武夷山村国土面积约 328.89 公顷，其中农用地占地 267.92 公顷，包括耕地面积 207.21 公顷，约占总面积的 63%；林地面积 9.31 公顷，占比 2.38%。建设用地占地 57.59 公顷，包括农村住宅用地 43.34 公顷，基础设施用地 2.83 公顷，公共服务设施用地 0.77 公顷；生态用地 3.38 公顷。具体土地利用情况如表 3–5 所示。

---

① 相关资料来源于《汨罗市汨罗镇武夷山村村庄规划（2020–2025 年）》。

② 相关数据由武夷山村提供。

表 3-5　武夷山村土地利用情况

地类			面积（公顷）	比例（%）
国土总面积			328.89	100
生态用地	水域		3.38	1.03
	林地（生态林）		0	0
	合计		3.38	1.03
农用地	耕地		207.21	63.00
	园地		0.65	0.20
	林地（商品林）		9.31	2.83
	牧草地		0	0
	其他农用地		50.75	15.43
	合计		267.92	81.46
建设用地	城镇建设用地		0	0
	村庄建设用地		47.04	14.3
	其中	农村住宅用地	43.34	13.18
		村庄公共管理与公共服务设施用地	0.77	0.23
		村庄公园与绿地	0	0
		村庄工业物流用地	0.11	0.03
		村庄基础设施用地	2.83	0.86
		村庄其他建设用地	0	0
		区域交通设施用地	7.23	2.20
		区域公共设施用地	1.88	0.57
		特殊用地	1.43	0.44
		采矿用地	0	0
		其他建设用地	0	0
		合计	57.59	17.51
未规划用地			0	0

资料来源：《汨罗市汨罗镇武夷山村村庄规划（2020—2025 年）》

二、宅基地利用和管理现状

（一）宅基地整治成效明显

武夷山村共有村集体经济组织成员 1440 户，截至 2019 年底，建成房屋 1352 宗。宅基地共有 1600 多宗，其中闲置宅基地 50 宗，宅基地面积超标的有 40 宗，“一户多宅”40 宗。对于闲置面积超标和“一户多宅”的宅基地，武夷山村加大整治力度，其中整治闲置 40 宗。2021 年，宅基地面积超标退出 40 宗。“一户多宅”退出 30 宗。退出的宅基地中复垦为耕地的面积达 180 亩。存量违法建设拆除面积达 1578 平方米，具体数据如表 3-6 所示。

表 3-6 武夷山村宅基地利用情况

用地类型	宗数（宗）
宅基地总宗数	1600 ~ 1700
闲置宅基地	50
闲置整治宅基地	40
一户多宅	40
一户多宅退出	30
宅基地面积超标	40
宅基地面积超标退出	40

资料来源：相关数据由武夷山村村干部提供。

（二）审批监管流程优化

1. 建立村民建房集体会审制度

全面贯彻落实汨罗市农民建房相关规定，对每一宗建设用地或重大问题采取公开讨论、集中决策。一是村级初审集体公开讨论。村民建房诉求一律由村受理实施初审，对符合建房条件的由村集体开会讨论，每周四为集体会审日，并形成“会议记录”，统一报镇政府建房窗口受理。窗口受理后通知村民建房负责人组织入户调查和实地勘查，实地勘查后由审批负责人组织联审，并形成“会议纪要”。一般控制区内村民建房的由便民服务中心窗口发证，做到持证建房。二是为村民建房提供便捷服务。组建“农民建房集体会审”群。农民建房选址日期固定每周三为现场调查日。对符合土地利用总体规划、城市规划、村庄规划、村民建房条件及政府相关文件规定的，采取现场调查、线上汇报、会议审核、集中批复。三是对城市禁建或严控区域的村民建房，村民建房工作小组加强与市禁建办对接、协调，报市村民建房“禁建办”审核审批，做到工作同步、程序合规、审批合法、群众满意。具体审批流程如图 3-7 所示。

图 3-7 建房审批流程

资料来源：笔者根据武夷山村村级文件绘制。

2. 实行审批“一户一档”档案管理

农村宅基地审批档案既是维护建房所有权人利益的有效凭据，也是村民办理房地一体确权登记的有效凭证。在“一户一档”审批档案管理中包括“三表两书一证”，即宅基地和建房（规划许可）申请表、宅基地使用承诺书、宅基地和建房（规划许可）审批表、乡村建设规划许可证、宅基地批准书、宅基地和建房（规划许可）验收意见表。严格把握村民申请资格，审查用地选址，规范审批程序。

3. 网格化监管与实地巡查相结合

为打通服务群众的“最后一公里”，按照“网格化 +12345+110”联动融合社会治理新模式，武夷山村投资 80 余万元，率先在汨罗市建成村级综治中心和网格化服务管理中心。全村配备兼职坐席员，重点处理网格化指挥中心信息收集、事件分流等工作。在各屋场、路口等重要地段安装 121 个高清监控摄像头，构建治安“天罗地网”，其中也包括对建房的监管。除此之外，实行明访与暗访结合的巡查模式，在群众中安插“眼线”，做到违建必查。

三、“拆、改、建”三部曲描绘美丽屋场新画卷

武夷山村积极落实屋场改造、规范建房和集中居住，为村民营造良好的生活环境，为企业投资提供良好的营商环境，实现村庄的可持续发展。

（一）高家坪片区“拆出”美丽新屋场

武夷山村高家坪片区位于国道 G240 西侧，距武夷山村 1000 米，屋场内有 8 个村民小组，188 户 802 人，屋场总面积 16.05 公顷。

1. 昔日“乱搭乱建”给村民生产生活带来不便

近年来，因为村民在房前屋后乱搭乱建，高家坪屋场显得杂乱无章，屋场“危房”“杂房”偏多，只有两条很窄的水泥路，有的村民屋前甚至没有路，村民出行受到影响。由于村民环保意识不强，村组经济条件薄弱，屋场内没有建设雨污水管网，另外屋场内还有几家家禽养殖户，晴天臭气熏天，雨天污水横流，这是近几年里高家坪屋场村民生活场景的真实写照（见图 3–8）。高家坪屋场邻近 G240 国道，其破烂不堪的村容村貌严重影响了武夷山村的外观形象，也给当地村民的生活带来了极大的困扰，因此对高家坪屋场进行改造必须提上日程。2019 年 3 月，武夷山村支两委研究决定要将高家坪屋场打造成为武夷山村美丽屋场建设中的一个示范屋场。

图 3-8 高家坪屋场改造前村容村貌

资料来源：由武夷山村村干部提供。

2. 奔赴浏阳学习屋场改造经验

随着经济水平的提高，村民宜居、养生意识不断加强，如何提升村居环境成为村民们的共同愿景。时逢中央吹响乡村振兴的建设号角，接到中共岳阳市委、岳阳市政府、中共汨罗市委、汨罗市政府关于《深化农村“空心房”整治推进村庄清洁行动集中攻坚实施方案》的通知后，村里带头人王启辉书记和村内其他代表就开始着手准备。首先奔赴湖南浏阳的竹联村，对其“保留原有风貌，美丽屋场改造”和规范建房经验进行学习。

3. “以奖促拆”带动村民拆除“四房”①

在实地参观和学习后，村干部们就高家坪屋场的规划及人居环境，组织召开屋场党员组长会和户主会，进一步争取村民的支持与理解。最终形成“以奖促拆”方案，即对主屋进行 1000 元 / 平方米的补偿，对杂屋进行 300 元 / 平方米的补偿，在不断地劝说和引导下，村民们同意拆除“四房”。虽然有的房子是村民刚装修好用作为厨房和厕所的，但为了配合屋场建设，不少村民主动拆除。在拓宽道路时要损坏部分村民的菜园，屋场便采取“腾多少、补多少”的方法，在公共菜园内分地。采取“宅基地和田地”的统一管理和计算，即当宅基地减少时就补菜地，菜地减少时就增加宅基地面积，目的就是实现农民在土地分配上的公平享有。对于有碍交通视线的偏杂房、影响村容村貌的空心房、年久失修的危房、污染严重的养殖房、钢架棚、围墙实现应拆尽拆。对主干道、休闲广场、游步道、公共菜园、公共厕所、雨污分流设施、三格式化粪池、生态停车场实现该建就建。

4. 政府推进投资改造，屋场焕新貌

在屋场改造上，高家坪示范屋场建设计划投资约 500 万元，建设项目包括拆杂屋

① “四房”是指“违建房、危险房、空心房、零散房”。

围墙、新修加宽道路、新建雨污水管网、园林绿化、屋场亮化等，计划拆除杂屋 3500 平方米，拆除围墙 1500 米，新修道路 3500 米，污水管网 5500 米，新建人文景观休闲广场 10 处。截至 2022 年，整个屋场已拆除“四房”83 栋，共 3180 平方米，拆除围墙 1380 米，主干道拓宽 1.5 米已加宽 700 米，新修道路 3500 米，污水管网已铺设 3200 米[①]，屋场实现干净整洁（见图 3–9）。在环境整治和维持中，高家坪屋场积极发动人民群众参与环境整治行动。所有住户负责门前环境，实行“三包”整治，即包绿化、包整洁、包秩序，常态保洁房前屋后的环境卫生；按垃圾类别做好科学分类，自觉保护和爱惜公共区域的环境卫生设施；保持水源清洁，禁止使用一次性塑料用品；在基础设施的供应上，做到强弱电入地、水电气进户；强化生活污水处理，分户建设三格式化粪池处理，雨污分流（见图 3–10）。

图 3–9 高家坪屋场改造后村容村貌

资料来源：武夷山村村级文件。

图 3–10 雨污三格化粪池管网

资料来源：武夷山村村级文件。

① 相关数据由武夷山村村干部提供。

“下一阶段，屋场内还要修建 2 个休闲广场和多个生态停车场，并实现绿化亮化、垃圾分类、天然气入户、自来水入户和电子天眼监测。”村书记王启辉说，“不仅要将屋场‘打扮’得干干净净、清清爽爽、整整齐齐，还要让屋场人有归属感，真正共享美丽屋场建设成果。”高家坪屋场鸟瞰效果图如图 3-11 所示。

图 3-11 高家坪屋场鸟瞰效果图

资料来源：由武夷山村村干部提供。

（二）大塘杨屋场探索城镇开发边界内农村居民点的改造建设新模式

大塘杨屋场总用地约 7.18 公顷，目前已纳入城镇开发边界内，规划范围现状用地基本为农村住宅用地，东侧有水塘和少量林地。在区位上，大塘杨屋场位于汨罗市汨罗镇武夷山村东北部，北邻江景村、西起茶木片区、东南至北托片区，紧邻屈子生态公园，仅一路（杨塘路）之隔，离汨罗市中心城区也仅 2 千米，区位明显，地理位置优越（见图 3-12）。屋场整体风貌形象也间接代表着汨罗市区及屈子生态公园的旅游形象，因此改善屋场风貌迫在眉睫。

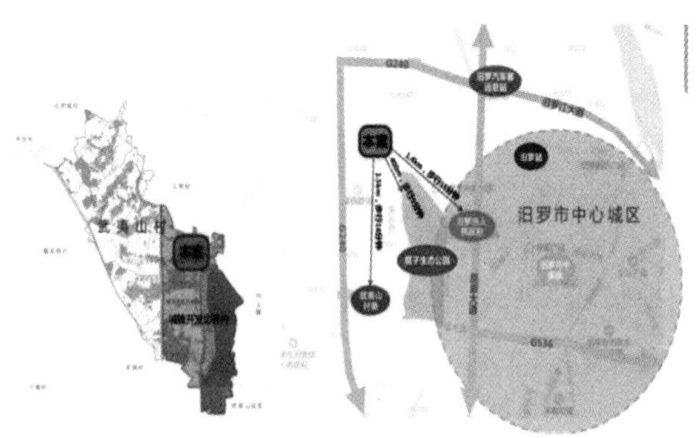

图 3-12 大塘杨屋场区位图

资料来源：《汨罗市武夷山村大塘杨整治项目规划》。

1. 环境改善和房屋整治迫在眉睫

大塘杨屋场在改造前面临着整体环境较差、居住质量低且建房需求大的问题。居民居住风格、朝向、层数多样，用地相对粗放、破旧，开裂房屋较多，存在一定的安全隐患。根据该村对大塘杨屋场建筑质量的摸底调查，建筑质量好及较好的仅占房屋总量的 16% 左右（见图 3-13），质量差的共计 34 栋，以危房、空闲房或杂物房为主（见图 3-14）[①]。污水和环卫设施缺乏，居住环境较差，整体风貌不佳。同时，大塘杨组居民点分户需求大，但已经没有多余空闲宅基地用来建房（见图 3-15）。

图 3-13 质量较好的建筑

资料来源：《汨罗市武夷山村大塘杨整治项目规划》。

图 3-14 质量差的建筑

资料来源：《汨罗市武夷山村大塘杨整治项目规划》。

① 相关数据来源于《汨罗市武夷山村大塘杨整治项目规划》。

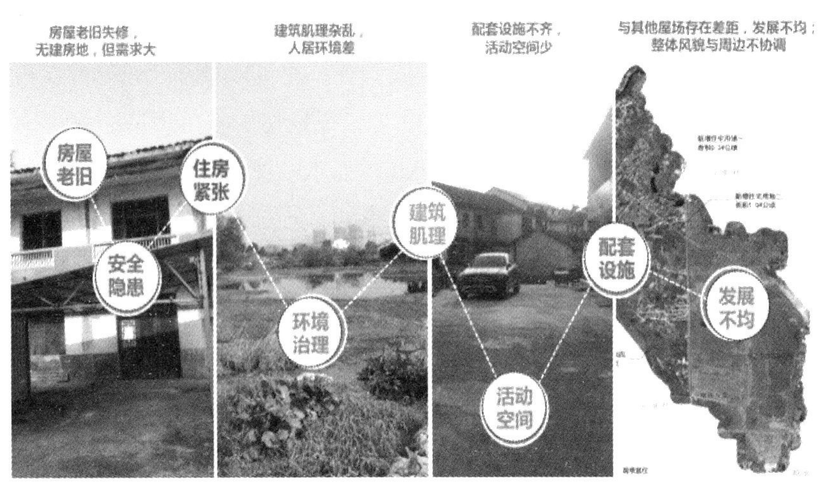

图 3-15　大塘杨屋场现有问题

资料来源：《汨罗市武夷山村大塘杨整治项目规划》。

2. 分类处置，重塑村貌

面对居住质量低、环境差和建房需求大的问题，大塘杨屋场从房屋拆建、环境整治入手，采取分类处理、分期整治、多途径保障和分区域整治四种方式重塑村貌。一是对建筑进行分类梯度处理。对于质量好的进行保留；对于质量较好的，听取村民自己意愿；对于质量一般的，要根据实际情况进行引导性拆除重建或改造；对于质量差的，比如危房、闲置房等，从安全的角度考虑重点引导其拆除重建。二是对环境、设施进行分期改善。开展环境两年分期整治计划，对于严重影响正常居住的环境和设施，如垃圾处理、厕所改造等要在半年内完成整治；对于较影响居住的环境和设施，如建筑外部环境等，一年完成整治；对于提升居民生活便捷度的环境和设施，比如公园、活动中心等，两年内完成。三是在房屋修建和重建时，多途径保障实施。所有村民修建、改建、重建房屋都需要符合规划选址，并按照规定户型建设，同时将规划内容纳入村规民约，确保规划实施。实行政府、村、民共建，政府和村委负责公共设施和基础设施建设，其中包括供水、排水工程设计、电力电信、燃气、环卫和综合防灾等，较好地解决了村民用于生活的基本公共设施供给。村民负责房屋和宅前屋后整治。四是根据房屋不同的情况实施因地制宜建设，对于村庄整体风貌差，危房、闲置房较多的村组，提倡引导村民按照规划重建，并补贴村民一定的费用，从本质上改善村民的居住条件。

3. 村民自筹与政府投资相结合

房屋建设由村民自建自筹，景观工程和市政建设则由政府投资，表 3-7 是大塘杨屋场村庄整治投资情况。通过优化人居环境，建设小花园、小菜园、小空间，改善市政设施，进行户厕改造和危房、闲置房屋整治，打造干净整洁舒适的乡村环境，提供了便利的基础设施和公共服务，为村民营造了良好的生产生活环境，让老百姓住得放心、住得舒适且住安心。武夷山村大塘杨屋场建房需求较大，但因处于城镇建设区内，无法获批新的建房地，通过危房破院的拆除，集约土地，改善村庄环境，从根本上解决了宅基地需求。武夷山村大塘杨屋场通过改造和整治周围环境，使其与屈子公园环境相协调，成为汨罗市一道亮丽的风景线。

表 3-7 大塘杨屋场村庄整治投资情况

项目名称	建设规模数量	投资规模（万元）	资金来源
项目直接费用		7395.58	
建筑工程		6800	
新建住宅（栋）	85	6800	村民自筹
新建活动单位（栋）	1	80	政府投资
景观工程		109.23	
步行道（平方米）	345	6.9	
广场建设（平方米）	4500	90	
水塘整治（个）	1	5	
行道树（棵）	800	4	
儿童游乐设施（处）	1	0.2	
建设器材（套）	2	0.08	
休憩亭（处）	1	1.5	
其他		1.55	
市政工程		486.36	

资料来源：武夷山村的村级文件。

（三）武夷山村全域推进“统规统管、村民自建”规范集中建房新模式

1. 以征地拆迁为契机推进规范集中居住

2017 年，汨罗市推进屈子生态湿地公园片区建设项目，规划面积 1.1 平方千米，需要在汨罗镇征地 470 亩，拆迁 102 户，其中武夷山村就有 84 户，且要求在 30 天内完成拆迁任务。面对错综复杂的拆迁工作，党总支班子召开了一个又一个户主会、一次又一次讲解拆迁政策、一次又一次听取户主意见，发现拆迁农户在拆迁问题上主要存在三个方面的顾虑：一是有故土情结，离土难离乡；二是对拆迁政策不相信，总认为自己会吃亏；三是有跟从心理。“别人拆了，我就拆，别人不拆，我也不拆。”只有找到问题结症，工作方法才能有的放矢。针对群众想法，村集体与村民进行“约法三章”：一是坚持阳光拆迁，公开补偿标准，保证政策不走样；二是高标准规划设计安置区，谁先拆谁先选新址；三是谁先拆先建，谁先享受宜居环境。有着 30 多年党龄的老党员杨培放第一个在搬迁协议书上签了字，他所在的李家屋九组第一批同意搬迁的 4 户村民中，有 3

户是党员。之后，从十几户到几十户，最终南托片区 260 多户村民都相继同意拆除旧房子，搬进了新小区。旧的宅基地退回村集体，武夷山村由此节约出 450 多亩土地，均进行了复绿。北托、茶木两个片区也在南托片区的基础上，进行有规划的集中建房。如今，武夷山村已有 400 多户村民搬进了集中建房点。

2. 遵循“规划先行、先批后建、按图建房”原则

在具体的建房规划上，武夷山村采取统一规划、统一建房选址、统一建房图纸、统一外墙设计等。在住房建筑的设计和施工上，由长沙专业团队进行设计。在建房标准上，都按三层别墅来建，平均每户的宅基地占地面积按汨罗市建房 130 平方米进行分配，房屋总面积能够达到 390 平方米（见图 3–16）。为防止村民建房的风格与整体风格有出入，村集体与建房人签订“按图建房承诺书”，以保障住房风貌的规范统一。集中建房点整齐划一的式样，绿树成荫的环境，周边群众看在眼里，想在心里。

图 3–16　武夷山村公寓式样

资料来源：由调研组成员实地拍摄。

3. 村委会进行统一建房管理

目前，对于建房管理等一系列事项，武夷山村并没有委托专门的公司进行管理，而是在村委会的统一管理下进行村民自治。首先，在建房人员资格的认定上，严格按照村规民约进行。只允许本村集体经济组织成员进行规范集中建房。近年来，随着居住环境的优化，武夷山村宅基地的供给越来越满足不了内部人员建房需求，因此，是不允许非本集体经济组织成员来村建房的。其次，在建房选址上，主要以村小组抓阄的方式进行，目的是继续保持邻里关系。再次，在基础设施的提供上，如水、电、网、道路、公园等公共服务设施由村集体统一建设、统一管理，保障农民的生活质量。最后，在建房安全上，严格考核施工团队资质，要求工匠持证上岗，保障建房的质量安全问题。

4. 村民自筹自建房屋

2015年，刚开始做规范集中建房的时候，村民自建一处房屋大概是1000元/平方米。目前，由于物价上涨等原因，农户自建一处房屋的价格平均为1300元/平方米，综合下来，平均每户建一处房屋需要30多万元。在房屋的功能设计上，由于没有庭院，村民一般将一楼用于堆放杂物或者进行车库设计，二楼、三楼用于居住。村民自建的形式为村集体节省了招投标事宜等费用。

5. 以居住环境“引”发展机遇

基础设施和住房保障的不断完善为产业发展提供了良好的营商环境，武夷山村经济的发展也迎来了春风。良好的区位地理环境、生态环境以及基础配套措施为武夷山村吸引了大量外来企业进村发展。村民在村书记王启辉的带领下，积极投入到壮大集体经济的活动中去。为了做通“乡村振兴”这篇文章。武夷山村村集体以300元/亩的价格从村民手中流转过来1700亩土地。村集体再以800~1000元/亩的价格租给优质的农业公司，发展稻虾种养、鱼苗繁育、果蔬种植等。村书记王启辉说：“不能把鸡蛋放进同一个篮子里面”，要有规划地打造一个集果蔬采摘、领养种植、研学旅游、农事体验于一体的田园综合体。截至2022年7月，武夷山村已引进六家农业公司，流转出去了800多亩土地，正逐步向着规划中的田园综合体目标迈进。[①] 下一步，武夷山村将计划建设一所面向全国的农民工培训学校，吸引更多外地朋友来到汨罗，学习汨罗的集中建房、美丽乡村、基层治理、集体经济等方面的先进经验，并以此为平台，发展壮大武夷山村的乡村旅游产业，带动一二三产业融合发展，推动武夷山村全面振兴。

（四）取得成效

针对“有新房无新村，有新村无新貌”的问题，武夷山村推进美丽屋场建设，规范村民集中建房，打造秀美家园。如今，美丽屋场建成3个，300多栋连排别墅拔地而起，绿树成荫、干净整洁，满足了1600多户村民居住需求[②]。在村庄公共服务设施的建设上，村级便民服务中心、老年人活动中心、村级卫生室、农村电商平台一应俱全，村民在如画景色中安居乐业、享受新生活。在具体的基础设施的配套供给上，垃圾分类、雨污分流、天然气入户、摄像头覆盖全村，改造旱厕数量达12000个，道路硬化率达98%，绿化覆盖率达40%，村内1050户实现了互联网宽带的安装，人均受教育年限达9～10年[③]。武夷山村正在绘就村庄秀美、百业兴旺、百姓富裕、乡风文明的农村

①② 相关数据由武夷山村村干部提供。

③ 相关数据来源于武夷山村村级文件。

新图景，集聚更高品质生态文化活力，续写乡村振兴的瑰丽篇章。在基层治理上，近年来，武夷山创新基层治理，通过德治、自治、法治融合推进，助推乡村治理体系建设，连续数年呈现无非正常上访、无治安刑事案件、无公共安全事件、无诉讼、群众满意度高的“四无一高”良好态势。

四、工作经验

（一）党员示范引领激发群众参与活力

武夷山村坚持以“关键少数”引领“绝大多数”，以党风政风促进民风乡风，率先开展“支部倡议 + 党员承诺”活动，197 名党员签订承诺书，在征地拆迁、移风易俗、环境整治、邻里矛盾上，带头执行、带头礼让、带头落实。通过示范引领，引导群众自我管理，让全体村民群策群力、事事关己、人人出力，释放出武夷山村强大的发展合力。武夷山村也通过党建引领基层公共服务（一门式）全覆盖，积极打通服务群众“最后一公里”，发挥基层组织战斗堡垒作用和党员先锋模范作用，为规范集中建房项目的推进提供组织保障。在推进规范集中建房过程中，武夷山村始终坚持党建引领和群众参与并重、环境美化与文明教化并举、社会管理与村民自治同步、制度建设与情感教育兼容，积极发动人民群众参与村庄整治与规范房屋建设，依托山水生态、田园风光和人文资源，打造功能配套、环境优美的村庄。

（二）成立九个社团，形成村庄协同治理合力

为有效破解新形势下乡村治理难题，武夷山村以村民自治为抓手，将有威望的老干部、老党员、老模范、老教师、老军人等群体组织起来，建设了老年协会、红白理事会、文明劝导队、军人之家、助学社等九大社团，形成了协同治理的强大合力。例如，老年协会参与人数达 980 人，占整个村人数的 1/5①。借助“本村人、本家人”的地缘和亲缘优势，老年人通过说服教育、亲情感化等方式，就近化解矛盾纠纷，宣讲政策，壮大群防群治力量，增强邻里守望、共建共享意识。

（三）重视村民利益，村庄形成良好风气

武夷山村一切以群众利益为出发点，对于改造房屋实行以奖促改，积极听取农民意见，虚心接受村民的监督，增强农户宅基地退出和建房意愿。在土地流转过程中，村集体将流转土地周边的沟渠坝路等公共面积也算进了流转面积中，为村民谋福利，提高村民的收益。在平时的生活中，村集体自掏腰包对村内考上大学的学生给予奖励。正是这

① 相关数据来源于武夷山村村级文件。

样一件件小事慢慢在村民心里发酵，逐渐获得村民信任与支持，村庄形成良好治理秩序与风气。规范集中建房这一项目本身就是从民众自身利益出发，目的是实现农户居住保障，适合民意、惠及民生，既实现了村民安居乐业的美梦，也实现了村庄的可持续发展。

五、村民意愿和满意度调查情况①

在对武夷山村农户意愿的调研中，共有 64 名农户参与了问卷调查。其中男性占多数，主要是初中及以下学历和大专学历，本村打工和务农兼打临时工人数占到一半以上。受访农户都符合“一户一宅”要求，且没有闲置宅基地。受访农户对自身的医疗、教育、养老等社会保障都比较满意（见表 3-8）。

表 3-8 受访农户基本信息

基本情况		比例（%）
性别	男	62.50
	女	37.50
学历	初中及以下	37.50
	高中	18.75
	大专	31.25
	大学及以上	12.50
家庭主要就业方式	务农	18.75
	打工	37.50
	务农兼打临时工	31.25
	务农兼副业	12.50
就业地点	本村	75.00
	本镇其他村	6.25
	本县其他镇	12.50
	本市其他县	6.25
就业地点	其他城市	0
宅基地利用情况	全家都长住	93.75
	老人和孩子长住	0
	只有老人长住	6.25
	闲置	0
	家庭二三产业经营用	0
	出租（流转）由他人经营	0

① 相关数据来源于武夷山村村民问卷。

续表

基本情况		比例（%）
社会保障是否完善	非常完善	43.75
	比较完善	56.25
	不完善	0

根据调研组预设的集中居住、使用权流转、有偿退出、有偿使用、宅基地利用管理满意度五个方面，对农户的实际情况、主观认知、改革意愿和满意度进行调查的结果显示：集中居住意愿较高，但比较关注集中后经济效益和居住条件；流转意愿不高，主要原因是怕失去宅基地；受访农户都没有退出宅基地的经历，对宅基地有偿使用意愿较高，对宅基地利用管理比较满意。

1. 集中居住意愿方面

武夷山村受访农户的住房形式 81.00% 都是自建房，且面积都在 110 平方米以上。农户集中居住意愿占比高达 81.25%，且 62.50% 的农户更倾向于选择平移至本乡镇集镇集中居住。农户对于集中居住后比较在意的是经济效益（87.50%）和居住条件（81.25%）。农户不愿意选择集中居住的顾虑是生活成本变高和居住面积变小，分别占 68.75%、56.25%。

2. 宅基地使用权跨村组流转意愿方面

受访农户没有跨村组流转宅基地的经历，且62.50%的农户都不了解跨村组流转政策，农户跨村组流转意愿也不高，仅有 18.75%。不愿意流转的农户顾虑在于“失去宅基地”和“流转后所在地福利难以保证”，而愿意流转的农户流转目的是增加收入（75.00%）。

3. 宅基地有偿退出意愿方面

武夷山村受访农户都没有退出宅基地的经历，如果退出宅基地希望获得的补偿形式主要是农村住房保障和城镇社会保障，分别占 50.00% 和 43.75%。关于宅基地退出后生活成本变化的认识，仅有 37.50% 的农户表示生活成本会上升，且有 68.75% 的农户认为进城难度一般。农民对宅基地未来升值空间的预期较高，有 50.00% 的农户认为宅基地会和城里的土地一样值钱。

4. 宅基地有偿使用意愿方面

武夷山村农户对有偿使用制度的主观认可度不高，只有一半的受访农户支持实行宅基地有偿使用，在关注有偿使用的农户中，只有 37.50% 的农户认同宅基地有偿使用费，还有一半农户表示没有关注，且在宅基地有偿使用细则的制定上村民参与度仅有 12.50%。

5. 宅基地利用管理满意度方面

武夷山村农户对宅基地管理利用满意度较高，认为宅基地改革后生活水平、人居环境、村容村貌方面都显著提高的农户分别占到 75.00%、75.00%、81.25%。87.5% 的农户表示赞同村规民约的所有规定，且有 68.75% 的农户经常参加村民代表大会。农户对村干部非常信任（93.75%），对村务公开度、村民权益保护情况、流转后的社会保障、现有住房地理区位、现有住房质量、住房周边公共服务设施和环境卫生满意度都很高，没有人表示不满意（见表 3-9）。

表 3-9　村民满意度调查

	非常满意（%）	比较满意（%）	一般（%）	不太满意（%）	非常不满意（%）
村务公开度	93.75	—	6.25	—	—
村民权益的保护情况	81.75	18.25	—	—	—
流转后的社会保障	68.75	18.75	12.5	—	—
现有的住房地理区位	75.00	25.00	—	—	—
现有住房质量	75.00	25.00	—	—	—
住房周边公共服务设施	68.75	6.25	25.00	—	—
住房周围环境卫生	87.50	12.50	—	—	—
我很相信乡镇政府	68.75	18.75	12.50	—	—
我很相信村干部	93.75	—	6.25	—	—
我赞同村规民约的所有规定	87.50	12.50	—	—	—
我经常去参加村民代表大会	68.75	18.75	12.50	—	—

武夷山村宅基地改革亮点体现在对农民住房保障形式的探索。目前完成对高家坪片区美丽屋场的拆建、对大塘杨屋场居民点改造建设以及开启全域范围内的“统规统管、村民自建”规范集中建房新模式。围绕“改、拆、建”三部曲，武夷山村在住房保障、人居环境、产业发展等方面成效显著。

第一，在住房保障具体实践探索上。武夷山村分别在住房审批、监管、风貌管控、资金支持、基础设施和公共服务设施提供、住房建筑安全等方面进行统一管理，各项内容有序进行，目前村庄整体整洁规范，一排排三层联排别墅拔地而起，周围绿树成荫，村庄道路宽阔干净。而武夷山村之所以能够成功推进规范建房项目的实施，一是离不开“党建”“社团”和“村干部”的合力推动，尤其是在村干部的带领下，村民自治组织发挥重要作用；二是武夷山村所处的地理区位使然，武夷山村位于城乡接合部，宅基地增量审批数量和预留空间有限，需要通过规范建房来提高土地集约利用率。同时，通过农户对现有住房的满意程度来看，现阶段村民比较关注住房保障，较为重视宅基地资源，尤其对现有住房质量、住房环境和服务设施等均表示十分满意。

第二，在土地集约利用和居住环境整治上，武夷山村对有碍村民生产生活的建筑进行以奖促拆，对破墙烂院实现应拆尽拆，实现对宅基地资源的优化配置，以前的“脏乱差”住房环境得到明显改善。雨污三格化粪池管网、强弱电自来水管网统统“入地”，学校、医疗、服务设施逐渐完善，为村民提供便捷的生产生活条件。之所以能够顺利地实现整治和拆建，一是武夷山村实施以奖促拆，激发了农户拆旧、建新的积极性；二是离不开武夷山村的村民自治，村里通过组建九大社团，有效推动了规范建房的有序进行，而且九大社团文娱活动应有尽有，村民精神文化生活丰富多彩，村民满意程度显著提升；三是改革内容有益于民，一切从村民利益出发，从而受到村民的支持和一致好评。

第三，在村庄产业发展上，武夷山村能够充分利用自身良好的区位地理环境、生态环境，吸引外来企业进村发展，同时为稳定外来企业的长期投资和在村发展，村集体一方面为其提供优质的基础配套设施，另一方面以多划面积的方式补助资金到村民，维护了村集体、村民和企业的长期发展关系，收入也日渐增加。

第四，在宅基地改革意愿方面，武夷山村集中居住意愿较高，主要原因在于武夷山村地处城乡接合部，宅基地预留空间有限，分散性一户一宅分配形式满足不了农户后期的申请需求，同时目前推行的“统规不统建”的集中居住形式受到农户一致好评。但在有偿退出、跨村流转和有偿使用方面则表现得不强烈。一是武夷山村所处位置优越，公共服务设施完善，距离城市较近，能够满足大部分农户的居住需求。同时，优越的生活生产环境引入了多个产业，因此农户退出意愿和流转意愿都不强烈。二是武夷山村由于居住空间有限，类似于面积超标、一户多宅等历史遗留问题几乎不存在，因此宅基地有偿使用意愿也不高。

总体来说，对武夷山村的实地调研也反映出了该村在宅基地制度改革过程中存在的不足：一是宅基地改革内容有限。尤其在宅基地的资格权认定上还没有落实，导致集体成员认定和分配房屋上常出现纠纷事件。二是现阶段农户较为注重的是住房权益保障，随着居住环境的改善和居住品质的提升，越来越多农户进行宅基地的申请，涉及宅基地流失风险的流转、退出等宅基地改革内容还尚未开展，同时农户的流转、退出和有偿使用等意愿不强烈。因此，下一步武夷山村还需要在住房保障的基础上，探索宅基地资格权的认定与落实，并在“三权分置”的基础上逐渐放活宅基地。

浏阳市大瑶镇南山村：跨区建房圆了农民“多元化住房梦”*

刘文洁[①]

一、村庄基本情况

（一）自然地理情况

1. 湘赣边山村

浏阳市东西南北四乡产业特色区分明显，东区以官渡为中心，以林木产品加工为特色产业；西区以镇头为中心，以苗木为特色产业；南区以大瑶为中心，以花炮及其原辅材料为特色产业；北区以北盛为中心，以家具为特色产业。大瑶镇位于南区，是浏阳市目前实力最强的乡镇，地处湘赣两省萍浏醴三市交界处，是湘赣边小镇。南山村位于大瑶镇西侧，西与杨花乡交界，南与金刚镇接壤，北与镇中心相邻，地势平坦，水源丰富，属于亚热带季风湿润气候区，夏热冬寒，四季分明，雨量充沛，夏季以东南风为主，冬季以西北风为主。2004 年 3 月，南山村由原来的南山村与南木村撤并而成。

2. 交通便利，处于镇乡结合区

南山村交通便利，地理区位优势显著。距大瑶镇 3.3 千米，车程约 10 分钟，是镇乡结合区，距浏阳市 27 千米约 40 分钟车程，属于远郊农村。镇域内形成了“五横两纵一高速”的交通格局，现已融入萍浏醴半小时交通圈、长株潭一小时交通圈。五横为瑶青公路、杨大公路、310 省道、大杨公路、瑶文公路，两纵为 319 国道、106 国道，一高速为长浏高速公路。[②]

---

* 案例内容来自中国矿业大学（北京）共同富裕研究院第二调研组 2020 ~ 2022 年的实地调查。

① 刘文洁，中国矿业大学（北京）共同富裕研究院助理研究员，管理学硕士。

② 相关数据由南山村提供。

（二）经济社会情况

1. 大瑶镇是中国花炮产业第一镇

人间巧艺夺天工，天下花炮看浏阳。据 1935 年出版的《中国实业志》记载，“湘省爆竹之制造，始于唐，盛于宋，发源于浏阳也”。浏阳市南区是花炮最重要的主产区，尤其是大瑶镇，更是“十家九爆”。大瑶镇 12 余万常住人口，直接从事花炮业的有四五万人之多。全镇花炮上下游全产业链企业超过 400 家，全球 70% 的花炮原辅材料在此集散。[①] 从下高速出口开始，你就可以见到无处不在的花炮元素：从街边充满童趣的《放花炮的小孩》雕塑，到李畋广场巍然矗立的花炮始祖铜像；从展示千年传统的花炮文化博物馆，到充满现代化气息的花炮文化步行街。

2. 南山村村域规模不大

大瑶镇镇域总面积 149.3 平方千米[②]，下辖 15 个行政村（社区），其中南山村村域面积仅有 6.7 平方千米。大瑶镇常住人口 12.1 万人，户籍人口 94088 人；[③] 南山村总人口 3698 人，共 871 户，户籍人口 3459 人，户籍人口大约占大瑶镇户籍人口的 3.7%，人口较少。南山村下设 5 个党支部，党员 116 人（含预备党员 1 人），[④] 下辖芙蓉小区、新河小区、樟树湾小区、新海小区、南山小区、新东小区、齐心小区、袁木小区、新旺小区、朝阳小区共十个村民小区。[⑤]

3. 农业规模化、现代化水平较高

南山村位于大瑶镇城镇开发边界，在城乡融合振兴区，《浏阳市大瑶镇 2021—2025 年乡村振兴总体规划》显示，南山村属于城郊融合类村庄，是大瑶镇花炮产业的外围生产圈层，第二产业以花炮、建材和原材料提供为主。农业以种植业为主，主要种植水稻、油菜和其他小水果，年产量分别为 1274.41 吨、800 吨和 20 吨。2021 年，大瑶镇申报 16 处双季稻示范基地，其中仅有 1 处的大瑶镇双季稻千亩示范基地就位于南山村，申报面积为 1001.46 亩，南山村还有一处双季稻百亩示范基地。南山村不断探索发展新型农业经营主体和社会化服务，引入新型“农田管家”模式，开展“农田管家”试点，集中连片发展高效农业，让农民入股分红，实现利益共赢、成果共享，形成以村社集体经营为核心的乡村生产、供销合作体系，成立明水种养专业合作社，发展农业社会化服务，推进村庄农业的现代化进程，实现农业生产与市场的有效对接，促进农业增效、农

---

① 相关数据来源于长沙晚报 2021 年 4 月 7 日《花炮产业第一镇，以创新惊艳世界》。

②③ 相关数据来源于《浏阳市大瑶镇 2021—2025 年乡村振兴总体规划》。

④⑤ 相关数据由南山村提供。

民增收。南山村通过完善土地及房屋的征收、拆迁和补偿，对周边农业进行主题化开发，将现代农业、休闲农业、传统农业进行完美结合。①

4. 村庄整体发展成效显著

南山村基础设施完善，地理位置优越，招商环境良好。南山村建有休闲农庄、百姓广场、农民公园、人工湖、商贸街、别墅区、图书馆、幼儿园、社区活动中心、现代远程教育中心，村内有小型水库 2 座，小学 1 所，幼儿园 1 所，医务室 1 所，企业 28 家，全村路通、水通、电足。全村社区政通人和，人民安居乐业，乡风文明和谐，村容干净整洁，社会秩序良好，事业全面发展，生活更加富裕。原中共湖南省委副书记梅克保视察南山村，称赞其为“全省社会主义新农村建设树起的一面旗帜”。南山村先后被授予“国家级生态村”“湖南省十大明星村”“湖南省社会主义新农村示范村”“湖南省民主法治示范村”“湖南省卫生村”“湖南省生态村”“长沙市文明村”“长沙市美丽乡村示范村”等荣誉称号。2021 年 11 月，南山村被确定为 2021 年湖南省乡村振兴示范创建村。2020 年 11 月，南山村被授予第六届全国文明村镇称号。②

5. 民俗文化丰富

南山村周边拥有浏阳王震故居、寻淮洲故居、大围山拓展基地、沈家大屋、湖南省苏维埃政府旧址（锦绶堂）、桃树湾清代民居、浏阳石牛寨等景点景区。有长沙花鼓戏（浏阳）、浏阳文庙祭孔古乐、浏阳河酒制作技艺、浏阳花炮制作技艺、火宫殿八大传统小吃制作技艺、长沙火宫殿庙会、洞井龙舞等民俗文化。拥有浏阳花炮、大围山梨、浏阳烟花鞭炮、浏阳素食菜、浏阳臭豆腐、酱烧琵琶鸭、浏阳黑山羊等特产。

近几年，南山村将丰富村民文化生活、培育文明乡风作为工作重点，创建书屋、道德讲堂、健身广场、公园以及农民大舞台等学习娱乐场所，为南山村村民业余生活提供了多样的选择。同时，南山村还有正能量爆满的“善行榜”、承载村民欢乐与希望的“笑脸墙”为村民的生活增乐添彩。此外，南山村每年都会组织参加篮球赛、文艺晚会等活动，极大地丰富了村民的精神文化生活。

（三）土地利用情况

大瑶镇区域总面积 149.3 平方千米，城乡建设用地面积 2304.09 公顷，耕地面积约 1912.75 公顷，人均耕地仅 0.45 亩，以种植水稻、蔬菜为主。园地面积 150.71 公顷，林

---

① 相关数据来源于《浏阳市大瑶镇 2021—2025 年乡村振兴总体规划》。

② 相关数据由南山村提供。

地面积 9561.35 公顷，草地 33.69 公顷，湿地 13.67 公顷。① 南山村村域面积为 6.7 平方千米，其中耕地面积 1768 亩，林地面积 6605 亩，建设用地约 2000 亩，其中城乡建设用地大约 300 亩（见表 3–10）。②

表 3–10　大瑶镇和南山村土地利用情况

类目	面积	
镇、村	大瑶镇	南山村
总面积	149.3 平方千米	6.7 平方千米
城乡建设用地	2304.09 公顷	300 亩
耕地	1912.75 公顷	1768 亩
林地	9561.35 公顷	6605 亩
草地	33.69 公顷	0 亩
园地	150.71 公顷	0 亩
湿地	13.67 公顷	0 亩

资料来源：表格由笔者绘制，大瑶镇相关数据来源于《浏阳市大瑶镇 2021—2025 年乡村振兴总体规划》，南山村相关数据由南山村村干部提供。

二、宅基地利用和管理现状

（一）宅基地利用现状

开展新一轮宅基地制度改革后，浏阳市对农村宅基地底数重新进行摸底调查，2022 年南山村共有宅基地 1071 宗，占地面积达 295 亩，其中符合要求的“一户一宅”宅基地共 871 宗、240 亩，涉及“一户多宅”的共 200 宗、55 亩，有偿使用宗数 200 宗，“一户多宅”农户全部缴纳了有偿使用费。非本集体经济组织成员占用宅基地共 103 宗、23 亩，有宅基地闲置情况，约 30 宗，共计 8 亩（见表 3–11）。

表 3–11　南山村宅基地利用情况

类目	宗数（宗）	面积（亩）
宅基地总数	1071	295
一户一宅	871	240
一户多宅	200	55
非本集体经济组织成员占用	103	23
闲置	约 30	8
有偿使用总宗数、总面积	200	—

资料来源：表格由笔者绘制，相关数据由南山村村干部提供。

① 相关数据来源于《浏阳市大瑶镇 2021—2025 年乡村振兴总体规划》。
② 相关数据由南山村村干部提供。

（二）宅基地管理现状

1. 建房审批流程明确

浏阳市在 2015 年就被纳入第一轮宅基地制度改革试点，开始探索下放宅基地审批权限，宅基地审批工作较为扎实。南山村村民建房按照浏阳市制定的审批管理流程统一实行，建立镇村两级审批体系（见图 3–17）。第一，由农户提出建房申请，由村民小组开会讨论，公示后出具意见，交由村级组织审查，村级组织通过后指导农户填写《农村宅基地使用承诺书》和《农村宅基地和建房（规划许可）申请表》，并附相关资料上报到乡镇人民政府；第二，乡镇人民政府在 5 个工作日内组织进行初审，并且到现场踏勘

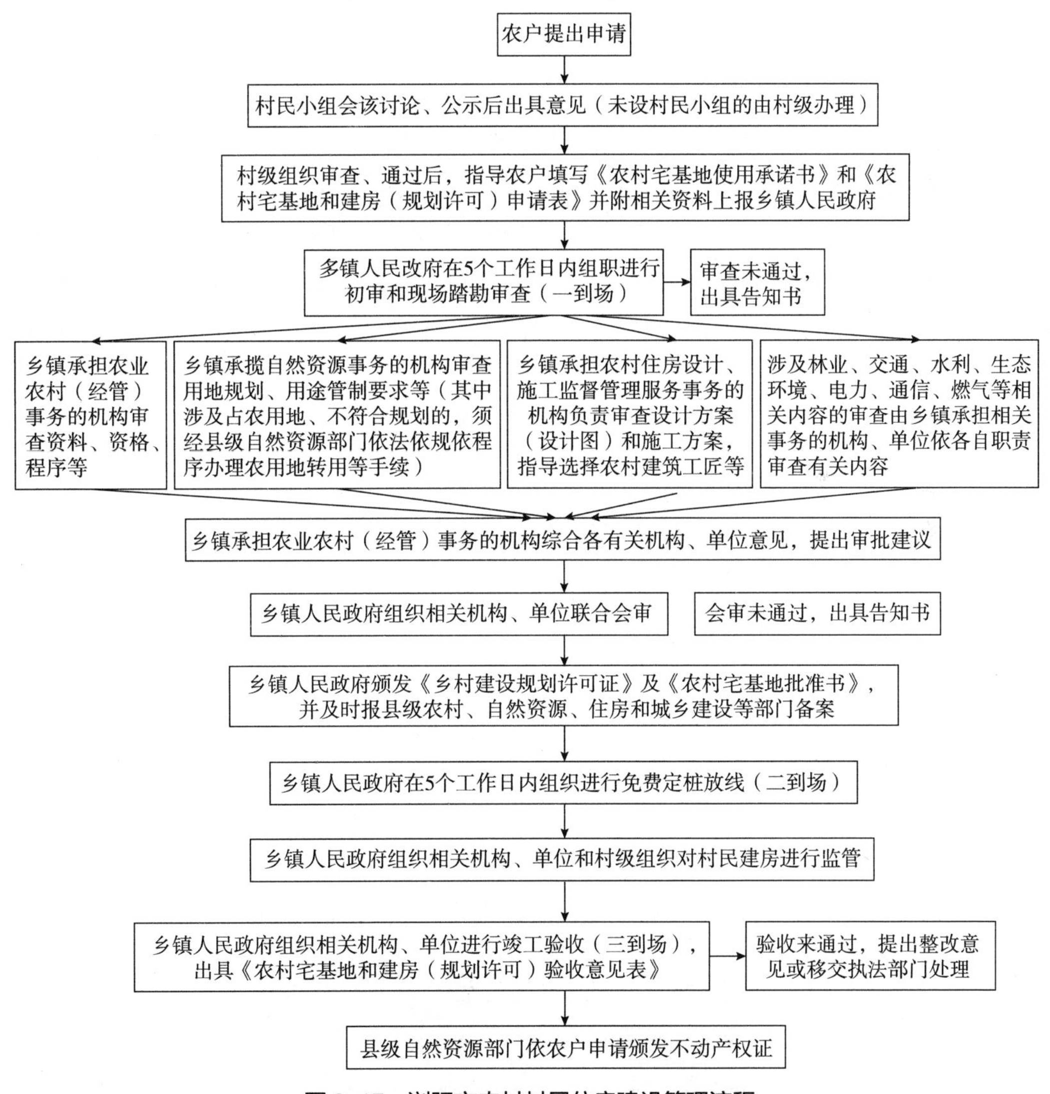

图 3–17　浏阳市农村村民住房建设管理流程

资料来源：由南山村村干部提供。

审查（一到场），审查通过后由乡镇组织有关农业农村（经管）事务、自然资源事务、农村住房设计和施工监督管理服务事务以及涉及林业、交通、水利、生态环境、电力、通信、燃气等相关内容的机构进行审查和指导，由乡镇承担农业农村（经管）事务的机构综合有关机构、单位意见，提出审批建议，交由乡镇人民政府组织相关机构、单位联合会审；第三，会审通过后，乡镇人民政府为村民颁发《乡镇建设规划许可证》和《农村宅基地批准书》，并及时上报县级农业农村、自然资源、住房和城乡建设等部门备案；第四，乡镇人民政府在 5 个工作日内组织进行免费定桩放线（二到场），并且组织相关机构、单位和村级组织对村民建房进行监管；第五，村民建房完成后，由乡镇人民政府组织相关机构、单位进行验收（三到场），并出具《农村宅基地和建房（规划许可）验收意见表》；第六，由县级自然资源部门依照农户的申请颁发不动产权证书。

2. 成立村民事务理事会

南山村为更好管理村内事务，解决村庄宅基地超标超占、违规使用的问题，成立南山村村民事务理事会，负责宅基地有偿使用费收取和拆除退出宅基地上的建筑物。图 3-18 反映了南山村村民事务理事会的工作流程。首先，村集体在村内召开动员会，成立村民理事会并完善理事会章程；其次，组织理事会成员参加相关培训，对宅基地相关政策及文件精神加以熟悉，走访群众，向村民进行宣传；再次，组织开展宅基地实地

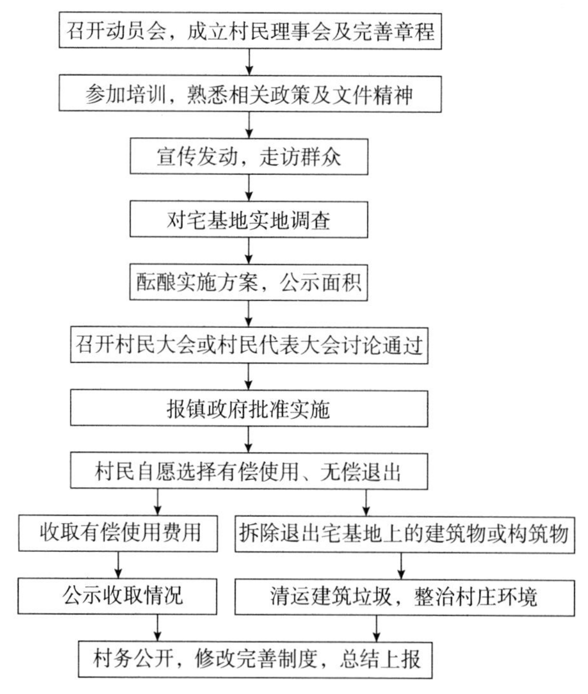

图 3-18　南山村村民事务理事会工作流程

资料来源：由南山村村干部提供。

调查，公示宅基地面积，草拟实施方案，并召开村民大会或村民代表大会讨论通过，上报镇政府审批后，由村民自愿选择有偿使用还是无偿退出，村民理事会根据村民自愿选择的结果采取相对应的措施；最后，村民理事会公开宅基地情况，并根据宅基地处理情况修改完善制度，总结上报。

三、扩大宅基地使用权流转范围，保障农民居住权益

（一）集体经济组织成员跨区建房需求较高①

浏阳市在宅基地制度改革试点前期，经全面调查摸底，发现宅基地跨村、镇使用现象大量存在，限于法律障碍而无法确权。主要原因是浏阳山多地少，素有“七山一水分半田，半分道路和庄园”之说，不少边远山区交通不便，地质灾害频发，经济条件较好的农户为改善交通和居住环境已自行跨村、镇购买宅基地。南山村北与镇中心相邻，距大瑶镇仅 3.3 千米，交通便利，区位优势显著，成为外村村民跨村建房的首选地方。

“农村居民跨村、镇使用宅基地是否可以确权”“今后新增跨村、镇建房是否可以批准”成为亟须解决的问题。这一问题的解决农民有需求、政府有责任、部门有义务。跨村、镇建房得不到法律确认的情况下使宅基地权属不清晰，农民财产无保障，有的农民一辈子的积蓄就为了建一栋房子，如果因为权属不被认可而造成经济损失很可能引起社会不稳定。受诸多条件限制，短期内无法以政府为主导、以财政资金为支撑全面落实边远山区农民的搬迁安置，而对于农民自行通过宅基地流转改善居住环境的，政府有责任予以政策支持。同时，保障户有所居、防范地质灾害、引导农民集中居住、提高节约集约用地水平、推进城镇化建设本身就是自然资源部门的职责所在。

（二）浏阳市探索宅基地资源全市配置，提供跨区建房产权保障②

1. 改革宅基地流转制度，允许跨区域流转

一是构建交易平台。浏阳市开发了集体建设用地网挂交易系统，2015 年成立了湖南首家农村资源流转交易中心，建立了“浏阳市城乡地价一体化”基准地价，为宅基地的流转、抵押、退出、收储提供了交易平台和价格指导。二是扩大流转范围。浏阳市出台了《浏阳市农村宅基地使用权流转管理办法（试行）》，在严格落实“一户一宅”、面积法定的前提下，允许四个街道辖区和两个工业园规划区之外的宅基地面向全市符合申请条件的农户流转，并鼓励通过公开竞价的方式取得。截至 2021 年 6 月，浏阳市共办理宅基地流转 371 宗、面积 59360 平方米。例如，澄潭江镇槐树社区推出 9 宗符合规划和节约集约用地要求的宅基地，经村民代表大会民主讨论同意公开择位竞价流转，吸引

①② 本节案例内容由浏阳市宅改办提供。

外村外镇农户落户成交 3 宗，地价总额 55.14 万元。三是保障进城或集中居住农民的集体成员利益。浏阳市出台了《浏阳市农村宅基地退出暂行规定》，鼓励农业转移人口进入城镇购房或农村集中居民点定居，在集体经济组织认可的前提下，进城农民或跨村、镇迁居农民仍保留原农村集体成员身份，并享有相关经济分配权益；需返乡创业的，可通过公开竞价重新取得宅基地。①

2. 建立宅基地有偿使用制度，明确“外地户”土地使用权

一是对一户多宅的多宅部分实行有偿使用（非法的多宅不予认可且要求拆除，但拆除之前同样按标准缴纳有偿使用费），促使不愿承担有偿使用成本的农户主动退出多余的宅基地，增加宅基地流转的储备量。二是虽然允许宅基地流转给外村农户使用，但为了体现公平，维护本集体成员的权益，要求非本集体成员即跨村镇流转的“外地户”使用的宅基地，在一次性缴纳择位竞价费后，按总用地面积的 50% 向村集体缴纳有偿使用费，才能获得相应的宅基地使用权。有偿使用费“村收村支”，主要用于农村基础设施建设，“本地户”享受到了更加优越的村庄环境和更加完善的配套服务。现居大瑶镇南山村芙蓉小区的刘亚光等 26 户“外来户”均通过有偿使用办理了不动产权证书。三是建立宅基地土地使用权证年检制度，未按时足额缴纳有偿使用费的，不予办理变更、流转等手续。有偿使用的目的并不是收费，将有偿使用与自愿退出相结合，对不愿意缴纳有偿使用费的，主动拆除多占部分的建筑物，既解决农民住房保障问题，又促进节约集约用地。试点以来，浏阳市已收取宅基地有偿使用费 587 万元，通过有偿使用引导 189 户退出多余宅基地 3.4 万平方米。②

（三）退出宅基地统筹利用，原来偏远的居住点实现退耕还林

浏阳市实行宅基地总量控制，即建设用地总量不增加、耕地面积不减少，边远山区的农户进入城镇或集中居民点定居后，原有宅基地必须退出，严格执行“一户一宅”。具体措施主要体现在两个方面：一是收取拆旧保证金。易地建房的农户在办理新宅基地许可时一律签订拆旧协议书并缴纳拆旧保证金，未按期拆除旧屋的，保证金不予退还，抵作政府强拆费用。二是实行复垦奖补政策。村庄内部退出的闲置宅基地复垦验收后，由市财政按标准给予奖励，结余的建设用地指标和耕地补充指标在浏阳市区域范围内统筹使用。2017 年初启动的北盛镇边洲村宅基地复垦项目，32 户退出宅基地后统一迁至集中居民点，复垦规模 80 亩，新增水田 36 亩，既改善了农村人居环境，又开发了高标准农田，实现了经济社会与生态效益的有机统一和提高。截至 2021 年 6 月，浏阳全市

①② 相关数据由浏阳市宅改办提供。

共有 189 户农户自愿退出宅基地，面积 34020 平方米，达成退出意向 1000 多户。[①]

（四）规划引领，建造镇域范围内跨村集中居住点

宅基地制度改革启动以后，以美丽乡村规划提质行动和土地利用总体规划中期修改完善为契机，以建设用地总规模不突破、耕地面积不减少为基本原则，按照“多规合一”要求，由湖南省自然资源厅牵头启动了 251 个村（城市规划区和园区规划区除外）土地利用规划编制工作，因地制宜布置村民集中居住点。在城市和园区规划区统一建设现代化的农民公寓和农民住宅小区；在集镇、村庄规划区进行连片集中建设或多户联建；在广大农村地区，对地势较为平坦的村落尽量利用非耕地，规划多个集聚区满足农民生产生活需求，对山区则着重改善居住交通条件，避开地质灾害隐患，鼓励农民逐步迁移。浏阳市通过腾挪整治、集中安置，规划整理新的集中连片宅基地 402 处，面向浏阳市符合申请条件的农户公开竞价流转，有效确保农村居民建房需求。[②]

大瑶镇共规划集中居住点 30 个，精心打造了南山村芙蓉小区、新河小区集中居住点，兴建农家别墅 57 栋，节约用地面积近 6900 平方米。[③]

1. 新河小区居住点

新河小区位于大瑶镇南山村中心地带，基础设施完善，地理位置优越，经济发展活跃，周边乡镇、村组居民对移居该地愿望强烈，市场需求旺盛。2016 年，南山村多次组织召开支、村两委会议，村民代表会议，屋场户主会议，决定启动新河小区集中居民点建设（见图 3-19）。

图 3-19　大瑶镇南山村新河小区

资料来源：由南山村提供。

---

①② 相关数据由浏阳市宅改办提供。

③ 相关数据由南山村提供。

该居民点原有旧宅基地 7 宗，通过“一户多宅”清理整治，无偿退出非法宅基地 4 宗，面积 1202 平方米；通过置换找补差价和协商收储，有偿退出 3 宗合法宅基地，面积 527 平方米；通过统一规划、统一设计，整理出新的宅基地 28 宗，户均 150 平方米，全部实行 3 层以内联体建设，除 2 宗宅基地由原住村民置换获得外，其余 26 宗实行公开择位竞价，参与竞价的对象为浏阳市范围内符合宅基地申请条件的农户，要求原有宅基地必须退出。通过竞价，每宗成交价达 10.8 万 ~ 12.8 万元，村组获取总竞价款近 300 万元。“土地竞价款用于支付房屋赔偿款、支持基础设施建设，剩余部分拿出七成进入村级集体经济腰包。”南山村党总支书记陈贤礼介绍。非本集体经济组织成员通过竞价获得土地后还需要缴纳有偿使用费才可以办理不动产权证。跨区集中居住使多方的利益得到实现，边远山区的农民迁居于此，交通便利，基础设施齐全，环境优美，就业方便。原有宅基地退出并获得补偿，原有承包地自愿有偿流转给农业大户。本地农民集体分享土地增值收益，壮大集体经济，推进乡村振兴。①

南山村村民张贤告是 3 户有偿退出者之一，也是大瑶镇首批选择有偿退出的“吃螃蟹者”之一。他选择以置换找补差价的方式有偿退出，即先有偿退出宅基地用来新建集中居住居民点，再就地重新选择一块土地回迁。按照农村宅基地退出补偿标准，他一共拿到 24.6 万元房屋补偿款。这个价格是通过评估中介对房屋估值，再与集体经济组织协商后确定并公示后确定的。②

2. 芙蓉小区居住点

芙蓉小区位于浏阳市大瑶镇南山村南部，占地面积约 12 亩，小区共有 29 户村民、共 118 人，是浏阳市 402 处农村村民集中居住点之一（见图 3–20）。29 户原有宅基地均为零星分布，超过一半涉及占用基本农田、一般水田、旱土，通过规划引领、村民自愿，引导农民进入集中居住点建房，其原有旧宅基地及房屋前后土地通过实施增减挂钩项目还田还耕，共计新增耕地面积约 16 亩。③

图 3–20 大瑶镇南山村芙蓉小区

资料来源：由南山村提供。

---

①③ 相关数据由南山村村干部提供。

② 相关数据由南山村提供。

芙蓉小区29户村民中只有5户本村村民，24户都是易地搬迁来的。黎定程家便是其中一户，原先居住地位置偏僻，2017年一家人跨村搬到了南山村。浏阳市自然资源局依据允许跨区流转的新政策给这些跨村建房的村民办了证，村民们在取得合法的不动产登记证后，还可以办理农房抵押贷款，为发展产业提供了充足资金。夏友义是芙蓉小区第一批跨村置地建房的外村人。夏友义一家原本住在大瑶镇华园村的一条山冲内，交通闭塞、条件落后，生活十分窘迫。2006年，南山村推出了一项“吃螃蟹”的改革之举，即为了建设社会主义新农村，当地整理了一片荒废的宅基地，在声明不享受本村集体经济组织权益的前提下，允许外村人到本村置地建房。宅基地分配利用一直都是以集体为边界、以集体成员资格为前提，南山村宅基地公开出让的消息一出立刻引起了轰动，因为从事实上突破了“宅基地只能在本集体经济组织成员之间转让”的有关规定。夏友义两兄弟当机立断，缴纳1万元宅基地使用费，建起了一栋两层高的新楼房。在新一轮农村宅基地制度改革实施后，浏阳市自然资源局依据新规给夏友义在内的这些外村置地建房的村民办了证，跨村建房的农户取得合法的不动产登记证后，还可以办理农房抵押贷款，为发展产业提供了充足资金。[①] 村民在凉亭开展文化活动如图3–21所示。

图3–21　南山村芙蓉屋场村民在凉亭开展文化活动

资料来源：由南山村提供。

（五）小微水体管护优化，提升村民居住环境[②]

近年来，南山村积极开展小微水体管护行动，整治人居环境。南山村市级小微水体管护示范片区主要涉及南山村芙蓉、南山、新东、樟树、新海等组，共有308户、1398

---

① 相关数据由南山村提供。

② 本节案例内容来源于《水塘变景观，悠然见“南山”（走向我们的小康生活）》，《长沙晚报》，2020年7月22日，第A12版。

人，有沟渠 7 条、山塘 12 口、河流 1 条。南山村首先从源头抓起，开展“厕所革命”，在农户家中进行三格式化粪池改造，安装油水分离器，生活污水初步处理达标后，再排入人工湿地生活污水集中处理系统，变成可用于灌溉的清亮水流。同时，对山塘和沟渠进行清淤加固、水系治理和生态修复，将小微水体变成小微景观。村里还成立了志愿者队伍，每处小微水体都有专人负责检查管护。目前，南山村示范片区内旱厕全部清零，投放人工生态浮岛 3 座，改造核心区生态池塘和道路，栽种了多种植物花卉美化环境，完善垃圾分类源头减量等，提升了大瑶镇南山村示范片区内水体水质，连通了沟渠，盘活水体，提升了池塘库容，人居环境得到较大改善。同时，南山村以“村绿、房齐、路净、灯亮、水清、景美”为目标，通过开展环境整治、推行垃圾分类减量和提倡两型生活观念，大大提升了村民居住环境。①

（六）取得成效

1. 保障了农民的土地权益

在建设用地吃紧、建房刚需矛盾突出的情况下，浏阳市打通了更大范围的资源配置，提升宅基地利用效率。同时，浏阳市统筹规划的集中居民点避免了各村建设居民点的资金问题、利用效率问题，节约了建设成本，大大优化了农村公共设施建设，也方便了居民生活。浏阳市通过使用权流转制度改革、跨区建房确权登记工作，解决了农民权益保障上的制度障碍，稳定了农民的产权，提升农民的归属感和幸福感。将农村土地制度改革三项试点有机结合，通过民主决策程序，在不突破改革四条底线的前提下，将集体土地所有权和使用权分离，实行宅基地公开流转，保障了农民公平分享土地收益。

2. 明确集体成员权益义务关系

浏阳市扩大宅基地流转范围，结合有偿使用，让农村土地利用的“集体边界”不再成为资源配置的障碍，增加了农民集体间流动的渠道。事实上，浏阳市在进行使用权流转制度改革前，这种跨区建房已经存在，搬入新村庄建房居住是否享有本集体成员权益一直存在争议。浏阳市允许跨区流转和异地落户后，非本集体成员即跨村镇流转的“外地户”通过有偿方式拥有土地合法产权，明确了其在土地上与集体的关系。再通过明确约定是否纳入集体成员等条件，解决了跨村流动人员的集体成员利益关系、村务议事参与权等方面的争议，不但提升了迁入地地域聚集吸引力，而且有助于村务事务的管理。

---

① 相关数据来源于《水塘变景观，悠然见“南山”（走向我们的小康生活）》，《长沙晚报》，2020 年 7 月 22 日，第 A12 版。

3. 增加了农民收入

浏阳市对于跨区异地建房进行产权确认，增加了农民土地的财产权益，与宅基地抵押相结合，让农房一纸不动产权证书成为贷款“硬通货”，为农民群体创新创业注入了源泉活水。大瑶镇南山村农户杨传发的宅基地使用面积 158 平方米，房屋建筑面积 424 平方米，在改革试点中，他通过有偿使用等相关政策领取了不动产权证书后，以不动产抵押向农村商业银行贷款，金额由原来的 5 万元提升至 20 万元。2016 年以来，浏阳市有 7 家银行开展了宅基地及地上房屋抵押贷款业务，贷款 47.6 亿元，惠及农户 3 万余户。[①]

4. 美化了村居环境

浏阳市结合城乡统筹环境同治、三年绿化行动、全域美丽乡村建设等工作，大力引导宅基地有序流转、规范使用，鼓励农民集中居住，积极开展废弃宅基地复垦。近年来，浏阳市通过合法有偿、非法无偿等手段，拆除整合废旧宅基地 1089 宗，绿化植树 3000 万株，创建了古港镇梅田湖村等美丽乡村、官渡镇中州屋场等幸福屋场，推动了乡村旅游产业蓬勃发展和农业生产的规模化经营。[②]

四、工作经验

（一）党建带领村庄发展

为优化乡村治理，大瑶镇创新推行“小区管家·民情直达”治理模式，推进“党建聚合力”工程，构建“镇—村（社区）—党支部—小区”四级全域网格体系，加强干部与群众之间的联系。在小镇内，可以看到干部与群众“同坐一条板凳”，也可以看到“十户联访夜夜谈”“小区夜话”，抑或是上情下达一天之内便覆盖全镇每家每户。南山村村干部发挥党员先锋模范作用，通过加强党员与群众的交流联系深入了解村民真实意愿，以党建引领村庄发展。

（二）村域集群发展

南山村继续秉承大瑶镇“一村一品、一村一景”村域发展思路，建设“村村有示范、全镇有联片”的全域美丽乡村。大瑶镇全镇建成了 24 个美丽屋场，连片打造崇文—南山—天和精品路线及 7 个连片美丽宜居村庄集群，构建美丽乡村景观示范带。南山村继续打造以新河小区、芙蓉小区为代表的新型移民集中居住小区，推动宅基地使用

①② 相关数据由浏阳市宅改办提供。

权跨村流转，带动南山村村集体经济发展。[①]

五、村民意愿和满意度调查情况[②]

在调研中，大瑶镇南山村共有 50 名农户参与宅基地制度改革农民意愿问卷调查，参与调研农户大多为长期在村内居住的男性，以初中及以下学历为主，主要就业方式为务农和打工为主偶尔务农，打工人数较多。参与调研的农户均表示有医疗保险，并且自主购买商业养老保险的农户占比接近一半。在宅基地方面，南山村参与本次问卷调查的农户绝大部分符合"一户一宅"要求，宅基地主要用于自住和家庭二三产业经营用，其中大部分农户家中没有闲置宅基地（见表 3-12）。

表 3-12　南山村调研农户基本情况

基本情况		比例（%）
性别	男	82
	女	18
学历	初中及以下	84
	高中	10
	大专	4
	大学及以上	2
家庭主要就业方式	务农	46
	务农为主，偶尔打工	20
	打工为主，偶尔务农	30
	完全打工	4
	其他	0
是否有自主购买商业养老保险	是	42
	否	58
是否长期在村里居住	是	94
	否	6
在本村有几处宅基地	1 处	96
	2 处及 2 处以上	4
宅基地用途	自住	82
	家庭二三产业经营用	10

① 相关数据由浏阳市宅改办提供。

② 本节数据来源于调研组对南山村的调查问卷，表格、图片由笔者绘制。

续表

基本情况		比例（%）
宅基地用途	出租由他人经营	4
	流转给他人使用或经营	2
	入股给专门机构经营	0
	其他	2
是否有闲置宅基地	是	6
	否	94

根据调研组预设的有偿使用、宅基地置换、宅基地退出、宅基地制度改革满意度四个方面，对农户的实际情况、主观认知、改革意愿和满意度进行访问的调查结果显示：农户对宅基地有偿使用意愿较高，认为主要应对非本集体成员通过购买等方式占用本村宅基地、退出原宅基地在其他村或镇申请宅基地和分户申请新的宅基地时对于利用区位好的以公开竞价方式选位的农户收取有偿使用费；宅基地置换情况较多，主要置换为本村内楼房自住；宅基地有偿退出的农户较少，有偿退出补偿的意愿主要是货币；农民对宅基地制度改革的效果比较满意。

1. 宅基地有偿使用意愿方面

南山村仅有 6% 的受访农户不赞同宅基地有偿使用，赞同对非本集体成员通过购买等方式占用本村宅基地的农户收取有偿使用费的比例最高，达 90%。关于有偿使用费的缴纳方式，62% 的受访农户认同每年缴费。关于不缴纳有偿使用费的惩罚方式，相较于加收滞纳金、宅基地不得转让、不能评为两委候选人、文明户等措施，选择“不予确权颁证”和“纳入失信黑名单”的相对集中，分别占 56% 和 24%。关于有偿使用费的使用，支持用于“村庄基础设施建设”和“村庄公共设施维护”的农户占比较高，分别达到 26% 和 28%。

2. 宅基地置换意愿方面

南山村受访农户中 72% 有宅基地置换的经历，并且认同置换补偿标准的农户占 88%，其中将宅基地置换为本村内楼房的农户达 88.89%。农户对宅基地置换后的期望较高，认为宅基地置换后家庭收入增加（54.17%）、居住条件变好（81.94%）、社会保障水平得到提高（66.67%）。

3. 宅基地退出意愿方面

南山村受访农户中没有退出宅基地的经历，如果退出宅基地，农户希望获得的补偿形式主要是货币和提供农村住房，分别占比 42% 和 38%。关于宅基地退出后家庭收入变化的认识，26% 的农户表示会增加，同时，44% 的农户认为居住条件会得到改善，22% 的农户认为社会保障水平会提高。

4. 宅基地制度改革满意度方面

南山村农户对宅基地制度改革满意度较高，在改革后家庭经济、社会保障享有状况和整个宅基地改革过程方面非常满意的占比分别达到 38%、44% 和 60%，但在改革后社会资本状况方面有待加强，有 24% 的农户表示改革后的社会资本状况一般（见表 3-13）。

表 3-13　宅基地制度改革后农户满意度调查

	非常满意（%）	比较满意（%）	一般（%）	不满意（%）	非常不满意（%）
改革后家庭经济状况	38	42	20	—	—
改革后居住状况	34	62	4	—	—
改革后社会保障享有状况	44	44	12	—	—
改革后社会资本状况	20	56	24	—	—
改革过程中的参与权实现	34	26	40	—	—
改革过程中的知情权实现	26	48	26	—	—
整个宅基地改革过程	60	32	8	—	—

南山村在保障农民基本住房的基础上，积极探索放活宅基地使用权的具体举措。第一，县域内跨村组流转宅基地使用权。受浏阳市山多地少等自然条件影响，部分居住于交通不便的山区村庄的村民在经济条件允许的情况下已自行于距镇中心相邻、交通便利的南山村跨村、镇购买宅基地，县域内跨村组流转宅基地既是县域内部分村民的现实需要，也是放活宅基地使用权的一项探索，南山村在宅基地制度改革政策的支持下，积极开展县域内跨区流转宅基地使用权试点，通过浏阳市构建的交易平台和出台的流转管理文件，允许宅基地使用权在一定条件下以公开竞价方式跨区流转，目前浏阳市已办理宅基地使用权流转 371 宗，面积共计 59360 平方米。第二，宅基地有偿使用，引导农民自愿有偿退出。首先，除基本的对宅基地合法“一户多宅”的多宅部分收取有偿使用费外，南山村对村内跨村镇流转的非本集体成员在一次性缴纳择位竞价费后，按总用地面积的 50% 收取有偿使用费，以此来维护本集体成员权益，收取的有偿使用费主要用于村庄基础设施建设，反哺于民；其次，将有偿使用与自愿退出相结合，对不愿缴纳有偿使用费的农户主动拆除多占部分，既解决农民住房保障问题，又促进节约集约用地；最后，通过收取拆旧保证金和实行复垦奖补政策，将跨村镇申请和居住农户的原偏远地区宅基地退出后复垦，既改善农村人居环境，又开发高标准农田，实现经济社会生态效益有机统一。第三，建设集中居住点。南山村通过非法宅基地无偿退出、宅基地置换以及宅基地统一整理，将原有旧宅基地清理整治，精心打造新河小区和芙蓉小区集中居住

点。南山村将整治后的宅基地以公开择位竞价方式向全市范围内符合宅基地申请条件的农户流转，位于偏远地区、有一定经济实力的农户可享受便利的交通，本集体农户房屋也更加整洁统一，建设集中居住点并允许非本集体成员择位竞价的方式使多方受益。

对南山村农户的调研反映出了农户对宅基地制度改革的部分问题和情况：第一，受宅基地使用权县域内跨村镇流转的影响，南山村村民对跨村占用宅基地和公开竞价方式取得宅基地使用权的农户收取宅基地有偿使用费的接受程度较高，村庄接下来在对非集体成员推行宅基地有偿使用政策时会较为顺利；第二，因建设集中居住小区，村庄内宅基地置换情况较多，且置换为本村内楼房是南山村宅基地置换的主流，建设集中居住点后，村庄环境得到了进一步整治，基础设施也日益完善，村民依据便利的交通和美化后的环境开展相关生产生活，因此南山村在宅基地置换后其农户对收入、居住条件和社会保障水平提高的满意度较高；第三，目前南山村的外来资本投入较少，农户对宅基地制度改革后社会资本状况满意度较低，改革下一步要注重吸引社会资本的投入，拓宽农户的增收渠道。

浏阳市沿溪镇沙龙村："破茧成蝶"构筑"产、居、业"农民生活新图景*

王立徽①

一、村庄基本情况

（一）生态地理特征

沙龙村属于近郊农村，农业种植条件好。沙龙，原名"沙垅"，因土地肥沃，成垄成行得名，位于浏阳市东部核心，属沿溪镇所辖，东邻省级工业开发区——花炮精品园、西接国家级现代农业园、南伴浏阳河、北依浏东公路。沙龙村位于长沙至南昌高速公路中心地段，距浏阳市区 20 千米，距长沙市区 80 千米，是长株潭游客前往大围山的必经之地，更是湘鄂赣农产品集散中心地带。沙龙村依托大浏高速与浏东公路西融长株潭，东接江西铜鼓、南昌等地，距黄花国际机场 60 千米，距长沙高铁南站 75 千米，交通便捷。在气候上，沙龙村属中亚热带季风湿润气候，光热适中，降水偏多。村庄地形较为平坦，处于浏阳河上游流域的农业开阔地带，生态资源优越，适合万亩蔬菜的种植。

（二）经济社会发展情况

1.2000 年之前是省级贫困村

沙龙村由原梓山、新农、塘田、沙龙四村合并而成，辖 33 个村民小组，共 1678 户 6970 人。2000 年以前，全村耕地面积 5600 亩，人均耕地不足一亩，是湖南省有名的贫困村。在许多老人的记忆中，那个年代的沙龙村十分闭塞，到了年底一大家子就没有饭吃，全靠"返销粮"②，1996 年，谭应梅担任沙龙村支书时，沙龙村还是一个"无资源优势、无区位优势、无人缘优势"的"三无村"，面对村庄贫困这一窘境，村支书带领 90 多位村民代表前往华西村学习，学习归来后，沙龙村开始修路、修水渠、搞土地流

* 案例内容来自中国矿业大学（北京）共同富裕研究院第二调研组 2020 ~ 2022 年的实地调查。

① 王立徽，中国矿业大学（北京）共同富裕研究院助理研究员，管理学硕士。

② "返销粮"是指农民一年收获的粮食交纳了农业税后，剩下的不够家庭食用，需要再向粮站购买的粮食。

转、村级班子建设、引进高端蔬菜品种、调整村里产业结构等，同时沙龙村是时任中共湖南省委书记张春贤的联系点，此后，沙龙村就开始了轰轰烈烈的新农村建设。

2. 蔬菜产业化发展带动全村致富

沙龙村按照"一社一品"的思路推进农业规模化、设施化、智能化发展，大力发展果蔬产业。1998 年，沙龙村在浏阳市率先探索土地流转点工作，成功流转土地 150 亩，2001 年整理土地达 800 亩，2006 年实现土地流转 1000 亩。2013 年，沙龙村成为长沙市万亩蔬菜示范基地，并率先牵头成立村级土地专业合作社，完成 3962 亩土地的流转，全年完成工农业总产值 42680 万元，其中农业产值约 20500 万元，农民人均可支配收入达到 19260 元。同时，沙龙村先后成立农业机械合作社 1 个、水果花卉专业合作社 3 个、蔬菜专业合作社 16 家，培育蔬菜品种 180 多个，全村蔬菜种植面积达 4000 余亩，蔬菜标准化基地初具规模（见图 3–22），蔬菜基地每天运转量达数十吨。① 沙龙村始终将蔬菜品质看作站稳市场的"金字招牌"，每一份沙龙蔬菜都有"身份证"，客户扫描二维码即可查询合作社、大棚等信息，合作社还引入了农药残留物自检系统，蔬菜采摘前均会先采样检测，确保质量过关再投放市场，沙龙村也被评为"三品一标"示范基地、长沙市放心菜基地。蔬菜种植带动农民增收致富，为村民提供了几千个就业岗位，带动村民增收共 4236 万元，农民人均收入可达到 3.2 万元②。村级通过物业服务、硬件设施、资源整合等方式入股，构建"合作社 + 村级"的利益联结机制，年底参与合作社分红，为村级集体经济增收注入源头活水。沙龙村一跃成为湖南省农村宅基地改革示范村。2021 年，沿溪镇紧紧围绕"建设美丽富饶新沿溪"的发展目标，全力打造"宜居宜业宜游的'七彩蔬果'特色小镇"等特色品牌。

图 3–22　沙龙村蔬菜培育基地

资料来源：由沙龙村村干部提供。

①② 相关数据由沙龙村村干部提供。

3. 积极寻找村庄发展出路，为乡村振兴提供“沙龙经验”

沙龙村新型学农基地展览馆记载着沙龙的发展历史，真实生动地描述了沙龙发展的全过程。2000 年以来，沙龙村在改革的道路上不断前行，紧紧围绕党建起家、产业兴家、环境美家、文化乐家、幸福万家五个方面，积极寻找村庄发展出路，为乡村振兴提供“沙龙经验”。表 3–14 是沙龙村 20 多年来的发展历程。

表 3–14 2000 ~ 2021 年沙龙村村庄发展历程

年份	重要事件
2000	启动浏阳第一个村级规划，建设蝴蝶小区别墅群
2001	长沙市土地整理工作先进单位，整理土地 800 亩推动农业产业化发展，获得长沙市五好村党支部称号
2003	被列为湖南省省级基层民主政治建设试点村； 梓山村、新农村、塘田村、沙龙村四村合并，组成新沙龙村
2004	大规模土地整理，开始有外来企业落户沙龙村； 荣获湖南省民主法治示范村、长沙市文明村、浏阳市农村能源建设先进单位等称号
2005	被确立为省社会主义新农村建设示范村
2006	实现土地流转 1000 亩以上，硬化路面 27.6 千米，“三纵四横”村级路网形成
2007	获土地整理先进单位
2008	水渠修建 41.3 千米，全村实现了田成方、渠成网、路相通的现代农业基础格局
2009	获湖南省省级生态村荣誉，被评选为富民强省明星单位
2010	获湖南省社会主义新农村建设示范村，城乡一体化建设先进单位
2011	村支书获得“全国农村基层干部十大新闻人物”
2013	建立高标准万亩蔬菜种植核心区和无公害农产品精品实验示范基地
2014	九家合作社联合成立湘朵公司，尝试电商运营模式
2019	获得全国“一村一品”示范村镇
2020	入选第二批国家乡森林乡村名单
2021	被湖南省授予“省级乡村振兴示范创建村”称号

资料来源：沙龙村村史馆宣传栏。

（三）耕地占比较大

沙龙村村域面积 619.6 公顷，其中建设用地面积 103.12 公顷；林地面积 136.73 公顷；耕地 5600 余亩，约占总用地的 2/3，其中水田 4440 亩。具体数据如表 3–15 所示。大规模的耕地面积为沙龙村农业发展提供了有利条件。为此，为充分利用耕地资源，沙龙村积极进行土地整理工作，引进高端蔬菜品种，2001 年被评为长沙市土地整理工作先进单位，2002 年又被列为国家“十五”重大科技攻关项目试验基地，美香椒、豆角等五个品种被农业部定为无公害农产品。

表 3-15　沙龙村土地利用现状

序号	用地类别名称		用地面积（公顷）	占总用地比例（%）	人均（平方米）
1	村庄总用地面积		619.60	100.00	
2	村庄建设用地		103.12	16.64	155.42
3	水域和其他用地		516.48	83.36	
	其中	水域	6.41	1.03	
		耕地	373.34	60.26	
		林地	136.73	22.07	

资料来源：《浏阳市沿溪镇沙龙村村庄规划（2015-2025）》。

二、宅基地利用和管理现状

（一）宅基地利用较为合理

沿溪镇沙龙村作为整体推进农村宅基地制度改革的试点村，目前已完成了所有宅基地的调查与测量，并启动了有偿使用、确权发证、集中居民点建设等工作。在宅基地利用方面，沙龙村共有 1520 宗宅基地，占地面积达 480000 平方米，其中一户一宅 1481 宗，占宅基地总宗数的 97.43%。"面积超标" 37 宗、"少批多占" 2 宗、"闲置" 10 宗、"一户多宅" 39 宗。截至 2022 年 10 月，宅基地退出 43 宗，宅基地有偿使用 76 宗（见表 3-16）。

表 3-16　沙龙村宅基地利用情况

类目		宗数（宗）	面积（平方米）
宅基地总数		1520	480000
其中	一户一宅	1481	460000
其中	少批多占	2	80
	闲置	10	1686
	面积超标	37	960
	一户多宅	39	15600
宅基地退出		43	3734
宅基地有偿使用		76	11862

资料来源：由沙龙村村干部提供。

（二）宅基地管理

1. 成立宅基地管理理事会

为做好宅基地改革试点工作，沙龙村专门成立宅基地管理理事会，由 5 人组成，理事长由村党支部书记担任。一是对建房主体资格进行审核。坚持"一户一宅"原则对农户建房进行审批，主要包括“户”和“宅”的认定、户内人口和占地地类的确定以及审批面积的确定等内容。在建房主体资格审核的基础上对建房进行初审，初审流程如图3–23所示。二是协助乡镇和村组搞好村民建房的用地管理工作，并且按月开展常态化的农村宅基地管理利用情况统计报表填报工作。三是对建房施工进行监管和巡查。

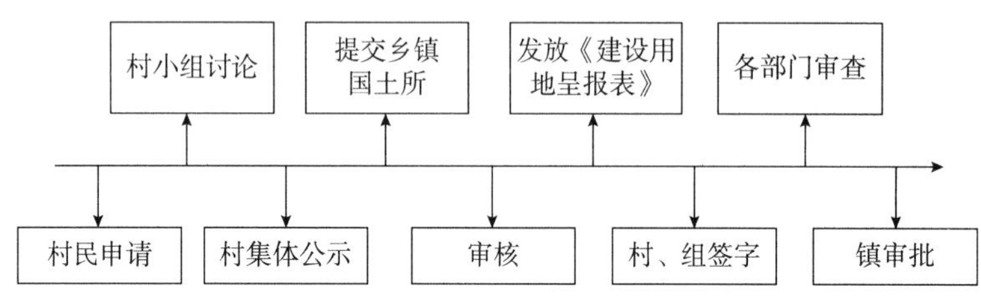

图 3–23 建房初审流程

资料来源：由笔者绘制。

2. 建立村民小组宅基地协管员制度

协管员主要负责对本组村民进行法规政策宣传、土地巡查监管、违法行为制止和调解土地纠纷等，做到监管到位、上报及时，预防村民违法违规建房，且每宗建房事务确保四到场。

3. 建立乱占耕地举报奖励制度

2022年4月，浏阳市被列入农村乱占耕地建房住宅类房屋专项整治试点市（县）后，成立农村乱占耕地建房住宅类房屋专项整治试点工作协调小组办公室，抽调人员与宅基地制度改革试点工作专班实行两块牌子一套人马合署办公，下设综合协调、政策指导、审批服务、舆情监控四个工作组。乡镇街道加强日常巡查，为预防违法违规建房，村组巡查周期为7～10日一轮，基本实现周巡查。对于举报违法违规建房者，经核查属实，会予以奖励100元，有效防止了违法违规建房行为的发生。

4. 实行双重激励机制

为了实现土地集约和村民居住保障，沙龙村分别对领导班子和村民建立激励机制。在激励领导班子成员方面，将深化农村宅基地制度改革试点和审批管理工作一并纳入乡镇（街道）年度绩效考核，将其作为领导班子成员评优评先、提拔重用的重要依据。沙龙村压实村一级的工作责任，及时劝阻农村住房建设中的违法行为，向乡镇报告，并配合开展违法用地查处等工作，切实打通试点工作“最后一步路”。在激励村民方面，鼓励村民在集镇和中心村集中连片居住，同时鼓励农业转移人口进入城镇购房定居。其中，符合以下条件的农户退出宅基地会进行适当的补贴：①符合宅基地申请条件且没有宅基地并承诺不再申请宅基地的农户；②主动放弃已有合法宅基地由集体经济组织无偿收回的农户。按所在村民小组宅基地评估均价 × 宅基地资格权面积（或放弃的合法面积）×50% 予以补贴。

三、"多规合一"打造现代化集中居住蝴蝶花园小区

（一）"人多地少"窘境制约村庄发展

沙龙村曾经是省定贫困村，全村耕地面积 5600 亩，人均耕地不足一亩，是一个典型的人多地少村。当时，村民住房非常分散，加上房前院后庭院、猪栏等的面积，一户人家实际上要占到两三亩地，土地无法成片，自然也就制约了产业的发展。2000 年后，沙龙村开始了轰轰烈烈的新农村建设，对全村所有耕地都进行了土地整理。如果对宅基地进行大规模整理势必会产生村民住房问题，为此村书记外出考察学习其他地区的建房经验，在结合本村村情的基础上，沙龙村决定将村民原有的宅基地退出，采用土地集体统一调拨、统一规划设计、统一户型、统一标准面积等方式，利用一处荒坡规划建设集中居住点。

（二）规划建立蝴蝶花园小区集中居住点

蝴蝶花园小区集中居住点总规划面积 15.6 公顷，由村落式独栋别墅群组成（见图 3–24）。在建立之初，由浏阳市和乡镇人民政府、村民委员会分别成立专门工作班子，具体组织落实建设项目征地、拆迁补偿、置换主体资格认定、房屋权属认定、分配选房、签订换房协议、城镇管理、土地整理复垦等工作。沙龙村主要通过引导农户自愿建新拆旧和以奖代补的方式鼓励村民退出原有宅基地，这种以奖代补的方式有效地解决了村民建房资金难、搬迁难的问题。在建设过程中，沙龙村严格坚持一户一宅、建新必须

图 3–24 蝴蝶花园小区

资料来源：由沙龙村村干部提供。

拆旧的原则，最终将原占地 160 多亩的农民居民点改造为仅占地 56 亩的现代集中居住小区，大大节约了土地，且实现了对 86 户农户的集中安置。同时，沙龙村也鼓励其他村组的村民以宅基地有偿使用的形式集中到蝴蝶花园住宅小区建设住宅。在建设过程中，蝴蝶花园小区建设用地增减挂钩项目共实施三期，腾退 180 亩宅基地，可安排村民建房 300 户，现建成村民别墅 86 栋，满足住户 413 人。①

（三）以风貌管控为抓手，实现住房提质升级

2020 年，新一轮宅基地改革推行，美丽宜居村庄建设和农房风貌管控等项目落户在沙龙村，蝴蝶花园集中居住区再次实现提质升级，围绕住房风貌、住房安全等方面开展落实。一方面，在住房风貌的整体设计上，沙龙村坚持统一规划、精美设计、规范建设，形成风格风貌统一、配套设施齐全的新时代农村集中居住区。在住建部门设计的图集中，沙龙村选择合适图样建筑主体和装修外墙。同时，沙龙村积极响应浏阳市推广的规划师、建筑师、建造师“三师下乡”制度，聘用专业化主体进行农村住宅设计风格的整体设计，对村民建房的层数、高度、建筑面积、立面和房顶的颜色等进行规范，推行统一风格、统一色调的外墙风貌。改造后，86 栋农村居民房屋白墙黛瓦、客家风韵，并绘以风景、民俗、社会主义核心价值观等墙画，有效植入“旅游 +”“生态 +”“文化 +”等模式，串点连线成片打造美丽宜居村庄，全方位提升村民居住环境和精神文化生活。另一方面，在建房安全上，沙龙村始终以建房安全为首要目标，采用合理的建筑结构和建造方式，对建筑石匠进行培训、考核和颁证，以此保障农房质量过关，同时对存在结构安全隐患的农房进行加固再整治改造，确保安全。在坚持“安全”“风貌”两原则下，蝴蝶花园小区最终建成建筑安全、外墙风貌美观大方的农村集中居住点。

（四）加大配套措施供给与完善

为贯彻农村人居环境整治三年行动，2019 年开始，长沙市从乡村居民最迫切的环境改善和生活质量提升入手，大力开展农村人居环境整治村庄清洁行动，实施“五清一改”②、抓好“五治”③。沙龙村也开始了人居环境治理，蝴蝶花园小区集中居民点在保障居住质量的基础上，加大住房周围人居环境和公共服务设施的改善。加快农村宽带通信网、移动互联网、数字电视网等发展，农业农村信息化服务体系也不断完善，为数字农业、数字旅游等发展营造出了良好的发展环境。在污水处理及垃圾分类方面实施“预处理 + 人工湿地”的处理工艺，农村道路、水利、交通等设施水平显著提高。为保障居民

---

① 相关数据由沙龙村村干部提供。

② “五清”是指清理农村生活垃圾、清理农村河塘沟渠、清理乱搭建和危旧房、清理农业废弃物、清理路域环境，“一改”就是改变影响人居环境的不良习惯习俗。

③ “五治”是指治房、治水、治垃圾、治厕、治风气。

日常生活必需的教育、医疗、文化、供水、排水、供电、电信、燃气、供热等配套服务设施，沙龙村先后投入了436.1万元用于小区的亮化、绿化和基础设施完善。其中，共安装太阳能庭院灯48盏；体育器材12套；绿化面积4.2公顷，达26.7%[①]；完善自来水、文化墙等和其他配套设施；新建了集休闲、娱乐、健身于一体的蝴蝶广场，标准化篮球场、羽毛球场、体育健身器材等运动设施一应俱全；同时，顺利完成"三个一"工程，即一个LED旅游宣传电子屏、一个原木导览图、一台直饮水机建设。现在，走在沙龙村的路上，花草茂盛，所有建设张弛有度，别墅外观整齐划一，绿色一直长到窗檐下，湖水在中央广场处荡漾。

（五）社区民俗文化的传承与宣传

蝴蝶花园小区不仅环境优美怡人，文明风尚更加深入人心，呈现小康样版、农民乐园氛围。在村庄文化的宣传上，设置道德文化宣传栏、创办文创中心。沙龙村先后被市、镇评为美丽屋场、绿色小区、幸福屋场等，为沙龙进入湖南省旅游名村奠定了良好基础。在邻里关系方面，蝴蝶花园小区集中居民点建成后，按照精简、效能的原则，建立了以邻里和居民小组为基础的新型社区管理体制，增强村内成员的邻里情感。

（六）推进"产、居、业"一体发展模式

沙龙村不仅集中统建了居住小区，在环境上"为民安居"，还在产业上"为民乐业"。

1. 小区内闲置宅基地盘活发展特色研学实践、学农教育基地

通过增减挂钩复垦退出废旧宅基地的同时，沙龙村也对新安置的部分闲置宅基地进行了盘活再利用。2018年9月，引进中澳蓝鹰科普研学基地项目，将蝴蝶小区31栋闲置农房以出租的方式交给中澳蓝鹰经营。沙龙村和中澳蓝鹰公司强强联手，中澳蓝鹰公司发挥军事研学品牌优势，沙龙村发挥独特的农业生产、农村建设、农民致富示范效应，做好亮点和特色工作，打造蓝鹰沙龙研学基地。在研学中，孩子们通过踏访新丰蔬菜专业合作社，实地体验灌溉农业，参观友湖南农大实验基地、新丰电子商务等，领会现代科技在农业生产中的作用，感受现代农业跨越性发展。研学基地采用"公司+村组+农户"的合作经营模式，集体和农民以劳动、土地、产业或资产入股实现保底分红，此项每年为村集体带来3万元的保底收入。同时，村集体还将村部三楼1500平方米的闲置空间整体出租给中澳蓝鹰公司，用于研学和住宿，公司每年支付村集体2万元。这样一来，沙龙村村集体一年能够增收5万元。农户每户每年获得的租金分红在1.2万元左右，除此

---

① 相关数据由沙龙村村干部提供。

之外，村民还能实现就业，每个在研学基地就业的村民每个月可以拿到3000 ~ 8000元的工资[①]。通过“名村”与“名企”的相互结合，实现了农业产业资源、旅游业和精准扶贫有机融合，同时也真正实现了企业、村集体、农户多方受益。实践基地自开办以来，先后被评定为国家AAA级景区、湖南省全民国防教育基地、湖南省中小学生研学实践教育基地、长沙市战时人防疏散承接基地、长沙市研学旅行营地等荣誉称号。

2. 沙龙村采取多种途径鼓励、帮扶农民就业，实现农民增收

一是扶持自主创业，扩大就业规模。沙龙村积极组织有创业想法和创业能力的企业带头人，对其集中进行创业培训。二是开展职业培训，提升就业质量。沙龙村大力开展职业技能培训，进行摸底调查，充分了解群众职业培训意愿，对接长沙市人社局，免费提供育婴、叉车、电焊工等职业技能培训，特别是加大对贫困户、就业困难户、两后生等群体培训力度。三是加大扶持资金投入，扩大就业增量。沙龙村充分发挥产业资金的带动作用，2017 ~ 2019年共计发放产业扶贫资金35万元用于鼓励贫困户发展产业实现就业。通过引进蓝鹰沙龙项目，以“企业＋农户”合作模式，组建合作社16个，创办各类企业5家，有效带动了农户在家门口就业。四是关照特殊群体，稳定就业存量。2020年，沙龙村共55名自行到浏阳市以外就业创业的贫困劳动力，享受了一次性就业交通补助。同时，沙龙村开展村“儿童之家”“妇女之家”建设，保障儿童、妇女、老人安全，让农民工安心工作、安稳就业，无后顾之忧。[②]

（七）取得成效

1. 实现了农民住房保障

沙龙村在农村住房保障上进行了有益的探索，实现土地的集约利用和土地资源的优化配置，将原占地160多亩的贫困山村改造为仅占地56亩的现代集中居住小区，为86户村民提供了居住保障，形成了人均耕地较少、二三产业比较发达的地区农民住房保障的制度路径和供给经验。

2. 实现农民安居乐业

蝴蝶花园小区作为集中统建的成功案例，不但解决了农民住房刚需的土地供给难题，而且探索了“产、居、业”一体化发展模式，实现了生态宜居、农民安居乐业的美好生活图景。一方面，沙龙村保障了农民的居住水平，有效地解决了农村脏、乱、杂的现象，实现了人住环境美化亮丽，如今，漫步蝴蝶花园小区，仿佛置身农家别墅群，门

---

① 相关数据由沙龙村村干部提供。

② 相关数据来源于湖南省人力资源和社会保障厅。

前屋后的菜园、花园、游园生机勃发。美丽宜居、别墅成群的集中居住点也带火了沙龙村的旅游，沙龙村每年接待各级领导视察和参观人员近两万人次。另一方面，沙龙村增加了农民的就业机会，农民既能通过土地流转获得流转收入，还能实现家门口就业，促使农民实现增收、创收，2020 年浏阳市沿溪镇沙龙村有农村劳动力 4460 人，4254 人在本地稳定工作，本地就业率达 95%。①

3. 丰富农民的精神文化生活

蝴蝶花园小区通过成立领导小组、增设文体场所、开展文化活动等多种形式，不断提升居民幸福指数，丰富居民精神生活。截至 2021 年 6 月，蝴蝶小区建有 800 平方米休闲广场、篮球场、网球场、娱乐室等场所；不定期开展"淳风美德润浏阳，六比六看大竞赛""幸福就在屋场里""最美人物"评选等系列活动，大力推进小区精神文明建设，被评为浏阳市示范性文明小区。以人心和善、事业和顺、生活和乐、家庭和睦、邻里和气、环境和美、乡风和畅、社会和谐的"和文化"贯穿小区精神文明建设，充分体现新农民、新产业、新风尚。

四、工作经验

（一）以党员带群众，形成共同致富良好局面

沙龙村建立"村党总支部—党支部—微网格"基层治理架构。坚持落实党建引领产业发展，作为一支建立在农业种植产业链上的专业党员队伍，党员们经常将党建精神带入到农业建设中去。"只有抓好党建，凝聚人心，团结引领，才能促进当地产业建设。"沙龙村党总支书记罗平春介绍。一方面，成立"技术服务队""抢收突击队"等五支党员志愿服务队伍，根据合作社需要进行"接单"，每月定期深入合作社开展志愿活动，对从业党员和农户在技术指导、政策讲解、担保贷款、产品供销、协助收菜等方面提供协调扶持力度，同时组织致富能手党员与困难群众结对帮扶，形成党支部带党员、党员带群众共同致富的良好局面。另一方面，沙龙村设立党员志愿岗，成功带动 30 余户农户参与农业种植，年均销售收入 250 余万元，农户平均增收 4.1 万元②。在党员群众的共同努力下，沙龙村现已建成"田成方、渠成网、路相通"的现代农业基础格局。

（二）产、居、业系统规划，保障农民权益

沙龙村从长远眼光出发，在实现农户居住保障的前提下，用统一调拨土地解决村民

---

① 相关数据来源于湖南省人力资源和社会保障厅。

② 相关数据由沙龙村村干部提供。

建房用地，通过规范标准建设，解决脏、乱、杂现象。除了保障农户住房质量和人居环境外，沙龙村将村庄产业发展和村民社会保障也考虑进来。在产业发展上，沙龙村结合自身耕地多、土地平整等优势，加大蔬菜种植规模，通过改善农业生产基础设施条件，吸引了友芳、友华、新丰等众多蔬菜种植合作社投入蔬菜种植，成为长沙市万亩蔬菜核心示范区。然而，沙龙村产业发展并不止步于此，充分发挥万亩蔬菜核心基地、蝴蝶花园小区屋场、村级展史馆等村庄品牌效应，积极引入中澳蓝鹰公司，创办集国防教育、军事体验、亲子教育于一体的综合性、体验式教育培训基地。沙龙村实现从第一、第二产业向第三产业迈进，果蔬乐园、家庭农场、观光农业、体验式农业、农家乐、研学基地等多种经济形态陆续出现，真正将绿水青山转化为村民致富的“金山银山”。在村民社会保障方面，一是增加农民就业增收渠道，村内大力发展蔬菜种植和创建研学基地，为村民提供多种就业岗位，实现农民家门口就业；二是在就业能力素质提高上，沙龙村以市场为导向，建立新型农民培训、就业服务机制，保障村民就业能力素质跟得上。

（三）制度颁布到位，为集中居住提供政策保障

浏阳市制定了有关审批建房、建房主体、风貌管控等方面的制度文件，为沙龙村集中住房安置提供了有力的上位制度保障。一是制定《乡村风貌管控导则》，提供详细的农房建筑风貌管控标准。沙龙村正是在此机遇下，改变“有新房没新村，有新村没新貌”的现状，在村庄整体设计上严格按照图集进行建设，保障建筑风貌的美观大方与安全舒适。二是制定建房奖励机制，对村民建房尤其是新建、改扩建的采取奖补等激励措施。沙龙村采用以奖代补的方式鼓励村民入住，同时采用农民个人缴费为主、集体补助为辅、政策扶持的多种方式协助村民解决资金困难。

五、村民意愿和满意度调查情况①

沙龙村共选取60户农户参与宅基地制度改革农民意愿深度调研，参与调研农户大多为长期在村内居住的男性，以初中及以下学历为主，主要在本村进行务农兼打临时工。受访农户均表示有医疗保险，社会保障非常完善。在宅基地方面，沙龙村参与本次问卷调查的农户都符合“一户一宅”要求，主要用于自住（见表3-17）。

表3-17 沙龙村受访农户基本信息

基本情况		比例（%）
性别	男	66.7
	女	33.3

① 数据来源于沙龙村村民问卷。

续表

基本情况		比例（%）
学历	初中及以下	60.0
	高中	20.0
	大专	20.0
	大学及以上	0
家庭主要就业方式	务农	21.7
	打工	13.75
	务农兼打临时工	58.3
	务农兼副业	6.25
是否长期在村里居住	是	86.7
	否	13.3
宅基地用途	自住	81.7
	家庭二三产业经营用	8.3
	出租由他人经营	6.7
	流转给他人使用或经营	0
	入股给专门机构经营	3.3
	其他	0
是否有闲置宅基地	是	1.7
	否	98.3

根据调研组预设的宅基地有偿使用、宅基地置换、宅基地退出、宅基地制度改革满意度四个方面，对农户的实际情况、主观认知、改革意愿和满意度进行访问的调查结果显示：农户对宅基地有偿使用意愿较高；受访农户中多数有宅基地置换的经历，主要置换为本村内楼房自住；村内宅基地退出农户数量较多，退出补偿方式主要为提供农村住房；农民对宅基地改革效果满意度较高。

1. 宅基地有偿使用意愿方面

沙龙村有 81.7% 的受访农户支持实行宅基地有偿使用，其中认同"超占宅基地"和"一户多宅的多宅部分"实行有偿使用费收取的分别占到 86.7%、80.0%，认同非本集体经济组织成员购买宅基地需要缴纳有偿使用费的达 100%。关于有偿使用费的缴纳方式，73.3% 的受访农户认同一次性缴纳。关于不缴纳有偿使用费的惩罚方式，相较于不予村集体收入分配、不确权颁证、不能评为两委候选人、不予农房抵押贷款登记等措施，选择"宅基地不得转让"和"加收滞纳金"的农户更为集中，分别占 41.7%、38.3%。关于有偿使用费的使用，支持用于"村庄基础设施"和"公共设施维护"的农户占比较高，分别为 36.7% 和 31.7%。

2. 宅基地置换意愿方面

沙龙村受访农户中有 56.7% 的农户有置换经历，认同置换补偿标准的农户占 81.7%，其中将宅基地置换为本村内楼房的农户达 83.3%。受访农户认为宅基地置换后收入水平、居住条件和社会保障变得更好了，占比分别达到 70.0%、91.7%、81.7%。

3. 宅基地退出意愿方面

沙龙村受访农户中 71.7% 有退出宅基地的经历，其中认同宅基地退出补偿标准的占 81.7%。获得的补偿形式主要是住房保障，获得农村住房和城镇住房的农户分别占 50% 和 25%。关于宅基地退出后家庭收入变化的认识，63.3% 的农户表示会增加，78.3% 的农户认为居住条件会得到改善，80% 的农户认为社会保障水平会提高。

4. 宅基地制度改革满意度方面

沙龙村受访农户对宅基地制度改革满意度较高，在改革后家庭经济、居住条件、社会保障方面非常满意的占比分别达到 83.3%、91.7% 和 81.7%。但在民主参与方面有待加强，有 26.70% 的农户对改革过程中参与权的实现表示一般。在改革后资本状况、知情权实现和整个宅改过程中，没有表示不满意的农户（见表 3-18）。

表 3-18　宅基地制度改革后农户满意度调查

	非常满意（%）	比较满意（%）	一般（%）	不满意（%）	非常不满意（%）
改革后家庭经济状况	83.3	13.3	3.4	—	—
改革后居住状况	91.7	8.3	—	—	—
改革后社会保障享有状况	81.7	13.3	5.0	—	—
改革后社会资本状况	63.3	33.3	3.4	—	—
改革过程中的参与权实现	38.3	35.0	26.7	—	—
改革过程中的知情权实现	50.0	45.0	5.0	—	—
整个宅基地改革过程	46.7	43.3	10.0	—	—

综上所述，沙龙村目前进行的宅基地制度改革的具体探索内容主要集中在农民住房保障实现形式和闲置宅基地的盘活利用。

第一，在农村住房保障实现形式的探索上，沙龙村探索出较为典型的“蝴蝶花园小区”集中居住点，一方面实现了土地的集约利用，另一方面实现了对 86 户农户的集中安置。在具体的探索实践过程中，沙龙村采取土地统一调拨、统一规划设计、统一户型和统一标准面积，保障了住房占有的起点公平。同时，沙龙村能够积极抓住美丽宜居村庄建设和农房风貌管控等项目，从住宅整体风格设计、住房安全和人居环境整治上大做文章，实现住房的新一轮提质升级。而之所以取得如此成效，一是沙龙村能够坚持党的引领，发挥村民群众的自治作用；二是沙龙村从长远眼光出发，对产、居、业做系统规划，保障农民长久权益；三是住房保障这一项改革内容惠及于民、便利于民，充分保障农户的居住需求。

第二，在闲置宅基地盘活利用上，沙龙村能够对部分闲置宅基地以出租的形式流转给外来企业发展研学基地，并结合村庄蔬菜农业种植产业吸引游客参观和农民的"家门口"就业和创业。通过"公司＋村组＋农户"的合作经营模式，农户实现分红和租费收入，形成农户"产、居、业"一体发展新模式，有效地带动了农民、集体、公司等多主体的增收。

第三，在宅基地改革意愿方面，沙龙村农户宅基地有偿使用、有偿退出和置换意愿都较为强烈。一是因为蝴蝶花园小区的农户多是安置户，主要以退出原有宅基地或宅基地置换的形式实现住房保障；二是受访农户大多有宅基地退出和置换的经历，对置换或退出后的收入增加、居住条件改善和社会保障水平提高表示认同，改革成效显著，农户受益。

第四，在农户对宅基地改革的满意程度上，沙龙村农户满意度较高，尤其是对宅基地改革后的居住状况、社会保障享有状况和经济状况表现出非常满意，但在基层治理的参与度上，农户满意度表现一般。尤其是在参与权和知情权的实现形式上。

总体来看，沙龙村宅基地改革亮点突出，探索内容较多，逐渐放活宅基地使用权，改革成效显著，农户对宅基地改革意愿表现得较为强烈，同时对宅基地改革满意度较高。但是在具体内容探索上看，目前沙龙村宅基地改革还存在一定的不足。一是从宅基地改革内容上看，沙龙村宅基地资格权的认定还未有效落实，容易在住房分配、置换过程中出现主体认定不清等问题；二是农户在宅基地改革过程中的参与权和知情权存在限制。因此，下一阶段，沙龙村需要积极落实宅基地资格权认定，明确保障主体，在保障农户居住权益的基础上，继续激发闲置宅基地使用权活力，提升村庄发展潜力，实现农民的持续增收。

共同富裕智库新思

04

宅基地使用权流转

宁远县湾井镇周家坝村：农旅融合助推小山村旧貌换新颜 *

董恩民 ①

一、周家坝村基本情况 ②

（一）自然地理情况

1. 地形为丘岗山地，形似万山朝九嶷

宁远县湾井镇位于宁远县城南部边陲，距离县城 13 千米，北临舜陵街道和冷水镇、西接水市镇、东与蓝山县接壤、南距九嶷山名胜风景区 11 千米，境内有东江、泠江河两条河流。湾井镇以丘岗山地为主，连绵起伏，脊谷相间，脉络清晰，形似万山朝九嶷。湾井镇因属于亚热带季风湿润气候区，气温的季节变化显著，四季分明，故有永州山苍子油、九嶷山兔、九嶷黄豆、野产异竹等特产。

2. 千年村庄落九嶷，十里画廊有福地

周家坝村是湾井镇下辖行政村，位于该镇南部，距离县城约 20 千米，民风纯朴，风景秀美，交通便利。周家坝，原名乐溪，后周姓人在此砌坝，便以周家坝俗而称之，周鲁儒家族先迁于此，李道辨后裔分居于此地一带，至今已有千余年历史，后人在村内建有李氏宗祠。周家坝村坐落在九嶷山，十里画廊仙境，附近有九嶷山舜帝陵风景名胜区、宁远文庙、舜帝庙、紫霞岩等旅游景点。

3. 美丽传说显神韵，醉美墙绘焕新颜

周家坝大凤村，位于宁远县灌溪仙境景区的核心区域，九嶷山十里画廊中间部位，距县城 19 千米、厦蓉高速宁远入口 9 千米、国家 4A 级景区九嶷山舜帝陵 13 千米。村落三面环山，周边山体秀丽，风景优美，山势呈“万山朝九嶷”之势。相传舜帝双妃娥皇女英千里寻夫，得知舜帝驾崩于九嶷山，便化作凤凰飞遁而来，飞经此地，见山势奇峻，呈凤

---

* 案例内容来自中国矿业大学（北京）共同富裕研究院第二调研组 2020~2022 年的实地调查。

① 董恩民，中国矿业大学（北京）共同富裕研究院助理研究员，管理学硕士。

② 相关数据由周家坝村村委会提供。

巢状，便环山飞翔九圈，撒下祥瑞。而后双凤栖居于此，长伴舜帝，引万鸟朝凤，后人观天象于此安居，便有了大凤村。从村口到村尾，入眼之处皆是色彩绚丽的房屋和各式涂鸦，亮丽的色彩、生动的画面、绘画的意境与建筑结合在一起，相映成趣，富有古村落的文化气息，构成了一道亮丽的风景，是名副其实的“涂鸦村”——大凤彩色部落。

（二）经济社会发展情况

1. 农业规模化、专业化程度较高

周家坝村辖乐溪、丰田、五指山、凤鸡窝、大凤五个自然村，12 个村民小组，共 377 户，1526 人。该村属于传统农业村庄，以种植水稻、烤烟为主，农业机械率已达 80%。2014 年以来，通过大力开展土地综合整治，发展有机水稻、烤烟等产业，陆续将村里的 1200 多亩水田集中流转给种植大户进行规模化烟稻轮种，实现稻谷年产量近 70 万公斤，烤烟年产量 1400 多担，2021 年村集体经济收入突破 17 万元。周家坝村共成立 4 个合作社，分别是十里画廊农旅专业合作社联合社、舜溪农旅专业合作社、海云水稻种植专业合作社、凤栖窝油茶种植专业合作社。2022 年，周家坝村依托凤栖窝油茶种植专业合作社，打造峦头岭油茶产业园，大力发展油茶产业。

2. 民生保障问题基本解决

在基础设施建设方面，周家坝村已完成村内全部旱厕改造工作，村庄道路硬化率达 100%，村庄绿化覆盖率 85%，村内安装互联网宽带的家庭已达 100 户，村庄公共文化设施面积总计约 3000 平方米。在教育及社会保障方面，村民人均受教育年限为 9 年，学龄儿童为 213 人且均已入学，能保证本村所有学龄儿童正常入学，村委员会共有 5 名成员，其中大学本科及以上学历 3 人；享受低保补助的农户 24 户，已缴纳养老保险 973 人，已缴纳新型农村合作医疗 1526 人，实现了新型农村合作医疗全覆盖。

3. “五共”格局领航乡村振兴

近年来，周家坝村始终坚持党建引领，着力构建“五共”格局，即决策共谋汇民智、产业共建促民富、村庄共治聚民力、文明共评树民风、成果共享惠民生，全面推进乡村振兴。周家坝村成立专业合作社，依托县文旅集团发展乡村旅游，打造了以烟稻轮作、田园观光、研学体验、户外拓展、民宿度假、飞拉达攀岩、野趣农家乐为核心的农旅融合产业发展路径。周家坝村先后荣获“宁远县烤烟生产先进单位”“永州市文明村镇”“湖南省乡村振兴示范创建村”等省市县级荣誉 10 余项。

（三）全村土地利用情况

周家坝村土地利用类型主要有耕地、林地、草地、建设用地、园地。现有耕地

1277.3 亩，林地 618.15 亩，草地 1.46 亩，建设用地 195.3 亩，园地 155.4 亩。周家坝村依托独特的自然资源，利用生态优势，大面积发展无公害水稻、烤烟种植等产业，积极打造万亩水稻示范基地，建设万亩粮食生产功能片区，同时种植彩稻近 100 亩，将水稻生产与休闲农业和乡村旅游相结合，提高农业附加值，促进农民增收，助力乡村振兴。

二、宅基地利用及管理情况

（一）宅基地利用

推行宅基地制度改革前，周家坝村宅基地利用情况主要体现在三方面：一是存在部分废弃的宅基地，2015 年有 12 宗；二是存在部分闲置的宅基地，2015 年有 19 宗；三是存在大量宅基地“一户多宅”的情况，2015 年有 97 宗。开展新一轮宅基地制度改革后，宁远县对农村宅基地底数重新进行摸底调查，2021 年周家坝村宅基地利用情况具体如下：一是存在大量宅基地面积超标情况，2021 年有 149 宗；二是宅基地“一户多宅”情况大幅减少，2021 年有 24 宗，比 2015 年减少了 73 宗；三是没有宅基地废弃情况，周家坝村开展宅改以来，对废弃宅基地进行盘活整治，全部复垦为耕地或菜园等；四是闲置宅基地不断减少，2021 年还有 7 宗，通过改革，全村已盘活宅基地 12 宗，共有 5 亩宅基地整治支持产业落地。近年来，随着周家坝村不断发展，人员外流不断减少，宅基地总数由 2015 年的 346 宗增长到 2021 年的 377 宗，增长了约 9%；村内人均宅基地面积由 2015 年的 60 平方米下降到 2021 年的 45.1 平方米，降低了 25%，加之多户新申请建房的需求，周家坝村出现宅基地闲置与宅基地用地紧张共存的情况（见表 4–1）。

表 4–1　周家坝村宅基地利用情况

利用类别 \ 年份	2015	2021
宅基地总数（宗）	346	377
宅基地“一户多宅”数量（宗）	97	24
宅基地“面积超标”数量（宗）	–	149
宅基地闲置数量（宗）	19	7
宅基地废弃数量（宗）	12	0
退出宅基地数量（亩）	0	15
宅基地复垦为耕地数量（亩）	0	7
村内人均宅基地面积（平方米）	60	45.1
宅基地整治支持产业落地情况（亩）	0	5

资料来源：由周家坝村干部提供。

（二）宅基地管理

1. 制定村级管理章程

周家坝村按照县、镇两级政府的宅基地改革要求，以县镇两级政策文件为蓝本，共出台了 9 项改革文件（见表 4–2），涉及宅基地集体所有权、资格权认定、宅基地流转、宅基地退出、宅基地有偿使用、抵押贷款、宅基地分配管理、宅基地收益分配以及宅基地历史遗留问题处置，形成了完备的村级宅基地管理章程，规范了村级层面的改革。

表 4–2　周家坝村宅基地改革文件

序号	内容
1	湾井镇周家坝村宅基地资格权认定管理制度
2	湾井镇周家坝村宅基地分配管理制度
3	湾井镇周家坝村宅基地历史遗留问题分类处置制度
4	湾井镇周家坝村宅基地流转管理制度
5	湾井镇周家坝村宅基地退出管理制度
6	湾井镇周家坝村宅基地有偿使用管理制度
7	湾井镇周家坝村宅基地收益分配管理制度
8	周家坝农民住房财产权抵押贷款管理制度
9	湾井镇周家坝村集体经济组织依法行使宅基地集体所有权制度

资料来源：由湾井镇宅改办提供。

2. 严格规范宅基地审批监管

周家坝村宅基地的审批监管由湾井镇统筹负责，村级遵守镇政府的宅基地审批和监管的各项规定，完成村级宅基地审批工作和宅基地监管工作。第一，周家坝村建立村民建房理事会，落实好“四三一”工作，即填好四个台账、遵守三项规定、做好一份记录。四个台账分别是宅基地和建房申请受理审批登记台账，宅基地和建房动态巡查责任包干落实台账，宅基地和建房动态巡查监管台账，宅基地和建房违法案件登记台账；三项规定分别是宅基地和建房审批办事指南，宅基地和建房审批村委会职责，宅基地和建房管理规章制度；一份记录是村民建房用地会议记录。第二，严格推行农村建房管理“十步工作法”（见表 4–3），即农户申请、村级初审、现场勘查、部门会审、审批发证、承诺保证、定位放线、施工管理、竣工验收、确权登记。第三，严格落实监管“六到场”要求（见表 4–4），即建房审批前选址踏勘到场、批准后定点放线到场、基坑（槽）验收到场、重要节点和重点环节到场、主体结构完工到场和房屋竣工验收到场。同时，设立村民住宅建设公示牌（见图 4–1），建立村民建房包保责任制[①]。

---

① 《村民新建住宅公示牌》上的镇政府监管责任人和村“两委”监管责任人是该村民建房的包保责任人。包保责任人应每天对该村民建房情况进行巡查监管，发现问题立即制止，确保村民建房全过程依法依规，不出现偏差，否则要进行追责。

表 4-3 湾井镇农村村民住房建设管理流程

序号	步骤	内容
1	农户申请	农户向村民委员会提出建房申请。农户填写《农村宅基地使用承诺书》和《农村宅基地和建房（规划许可）申请表》并附相关资料
2	村级初审	村里召开村民小组会议讨论，会议表决结果按要求进行公示，村委会及村建房理事会在一周内进行初步核实审查，初审合格的上报到镇农村建房管理办公室
3	现场勘察	镇农业农村局、自然资源局等相关部门进村入户以及到用地现场调查核查情况，对不符合条件的，出具告知书；对符合条件的，建议依程序办理建房手续
4	部门会审	由乡镇（街道）分管领导组织农业农村局、自然资源局等相关部门召开联审会议，对村民申请宅基地和建房（规划许可）情况进行会审，对符合条件的，自然资源、农业农村等相关部门负责人在《农村宅基地和建房（规划许可）审批表》上分别签署意见。会审未通过，出具告知书
5	审批发证	经会审通过的建房户资料及图纸在 3 个工作日内上报自然资源局、农业农村局、九嶷山森林管理局审核，经审核占用地类为村庄的在 5 个工作日内颁发《乡村建设规划许可证》及《农村宅基地批准书》；经审核占用地类为农用地的待县自然资源局农转用批准书下达后 5 个工作日内颁发《乡村建设规划许可证》及《农村宅基地批准书》；审批未通过，出具告知书
6	承诺保证金	用地建房村民与村委会签订用地建房承诺书、向村委会缴交 5000~10000 元的不违反用地建房承诺保证金
7	定桩放线	建房户取得手续后需定桩放线要提前一天告知村委会，镇农村建房管理办公室安排人员到现场进行免费定桩放线
8	施工管理	镇农村建房管理办公室组织相关人员和村级组织严格依照“六到场”制度对村民建房进行监管
9	竣工验收	房屋竣工后，建房户向村委会提出申请，镇农村建房管理办公室依据村委会上报在 5 个工作日内组织相关机构和村委会进行竣工验收，验收通过的，村委会及时将建房保证金依程序退还；验收未通过，提出整改意见或移交执法部门处理
10	确权登记	验收通过后，县级自然资源局依农户申请颁发不动产权证

资料来源：由湾井镇建房管理办公室提供。

表 4-4 湾井镇农村村民住房建设监管要求

序号	内容	要求
1	选址踏勘到场	镇建房办在收到申请人宅基地和建房（规划许可）申请资料后，要及时组织工作人员到现场为申请人进行建房选址。选址应当尽量利用原有宅基地、空闲地和其他未利用地，避开地质灾害、洪涝灾害、地下采空、地震断裂带等危险区域，不得选在基本农田保护区、生态资源保护区、饮用水源一级保护区、历史文化核心保护区域、河道湖泊管理范围和公路两侧建筑控制区建房
2	定点防线到场	建房户在建房开工前，由镇建房办组织人员到现场确定建房位置，划定宅基地用地范围
3	基坑基槽开挖验收到场	建房户开挖建房基坑基槽时，由村“两委”到场进行监督，确保宅基地位置和范围准确无误。开挖完毕，由镇建房办组织技术人员对基坑基槽进行验收，确保基坑基槽符合设计要求

续表

序号	内容	要求
4	工程重要节点到场	村“两委”在建房户新建住房第一层、第二层完工时要到场进行监督，确保层高等符合规划设计要求
5	主体结构完工到场	镇建房办和村“两委”在建房户新建住房主体结构完工时要到场进行监督，确保房屋高度、层数、外观符合建房规划设计要求，房屋四周正投影不超过建筑红线
6	竣工验收到场	建房户新建住房竣工后，由镇建房办组织工作人员到现场进行验收，核实房屋建设是否与乡村建设规划许可证和宅基地批准书内容一致，验收房屋工程质量是否符合标准，并出具《农村宅基地和建房（规划许可）验收意见表》。通过验收的建房户，可以向不动产登记部门申请办理不动产登记。验收未通过的，提出整改意见或移交执法部门处理

资料来源：由湾井镇建房管理办公室提供。

图 4-1　湾井镇农村村民住宅建设公示牌

资料来源：由调研组成员实地拍摄。

三、农旅融合促发展，昔日大凤焕新颜

周家坝大凤村有山林面积 600 余亩、耕地面积 150 余亩，村民 48 户 256 人。过去，大凤村地处深山、交通闭塞，缺水少田，是宁远有名的“穷山窝”，当地一直流传着“宁跟讨吃汉，不嫁大凤郎”的民谚，2010 年，村集体经济收入为零、村民人均收入仅 4000 余元。随着城镇化快速推进，村民大多进城务工，大量宅基地和农房闲置甚至倒塌。2015 年，大凤村全村共有房屋 63 座，闲置住宅 24 座，闲置率达 38.1%，其中因村民新建房屋或移居集镇区而闲置的土砖房 18 座，具有文化保护价值但已破损的青砖房 3 座，因村民全家外出务工而闲置的钢筋混凝土结构楼房 3 座。[①] 大凤村旧貌如图 4-2 所示。

① 相关数据由周家坝村村委会提供。

图 4-2 大凤村旧貌

资料来源：由周家坝村村委会提供。

（一）编制村庄新发展规划

新一轮宅基地制度改革以来，宁远县针对村庄的不同现状、不同的改革经验，制定了“先行试点、以点带面”的工作方案，按照“县级主导、乡镇主责、村级主体”的要求，注重科学合理布局试点村，在全县选择 10 个村开展第一批试点，周家坝村作为首批试点村，着重探索闲置宅基地和闲置农房的盘活利用。

县、镇政府系统谋划，决定依托大凤村独特的自然风光和淳朴民俗，抢抓发展乡村旅游的时机。在县规划建设部门的指导下，请专业的规划设计公司编制了以大凤村为核心的《周家坝村旅游发展规划》（见图 4-3），划分了功能区域，对村内基础设施、空间规划、旅游设施、特色文化活动等进行了详细合理的规划，为后期的建设提供了有力的指导。

图 4-3 大凤村旅游规划总平面图

资料来源：由调研组成员实地拍摄。

（二）分类处置闲置问题

发展乡村旅游，首先要解决村内闲置住宅的资源浪费和破旧问题。周家坝村两委召集党员、群众代表多次开会商议讨论，充分利用宅基地制度改革试点中使用权“放活”的制度空间，形成分类施策，多管齐下的闲置宅基地盘活方案。一是对于因村民已建新房，旧宅闲置且已经变得破败、危及安全、影响环境卫生的土砖房，对其进行拆除，大凤村内这类房屋大多分布在村庄后部较为集中的区域，拆除后可以连片复垦为菜地，分配给村民种植绿色蔬菜（见图 4-4）。二是对于具有文化保护价值的青砖房，对其进行保护性的维修，后期可开发为村史馆、农耕文化展馆等。三是对于因村民全家外出务工而空置的楼房，引进文化旅游公司进行流转（租赁），开办农家乐、特色民宿、客栈以及销售本地出产的农产品。

图 4-4　拆除空心房后整理土地、复垦菜园

资料来源：由周家坝村村委会提供。

（三）引进文旅集团，农旅融合发展

基于分类盘活的思路，湾井镇和周家坝村为引进文旅公司，积极寻找社会资本。九嶷山文化旅游发展集团有限公司（以下简称“九嶷山文旅集团”）原本就在湾井镇搞旅游项目建设，双方已经有了合作基础，大凤村特殊的资源禀赋，九嶷山文旅集团也有投资开发意愿。双方一经沟通就达成了协议。周家坝村通过入股和出租的方式流转集体土地和农户宅基地的使用权给九嶷山文旅集团，九嶷山文旅集团投资打造特色农旅产品。

1. 依托九嶷山引进山地攀岩，打造特色体验项目

大凤村山体峻峭秀丽，九嶷山文旅集团引入“飞达拉”攀岩项目。飞拉达指的是在

山面上建设，由铁扶手横梯、固定缆索、岩石塞、踏脚垫等构成的爬山径道，让爬山者不会攀岩也能攀上陡峭的岩壁，是一项既安全，又有挑战性和趣味性的运动。九嶷山文旅集团利用山坡荒地建造游客接待中心，完成配套的山路建设和攀岩设施建设，大凤“飞达拉”攀岩（见图 4–5）全程总计 760 米，攀爬最高处垂直高度 90 米，攀登时长约 120 分钟，配有专业攀岩教练进行指导，充分确保游客的安全，是华南地区首个网红月牙桥、滑索。

图 4–5　大凤“飞达拉”

资料来源：由九嶷山文化攀岩旅游发展集团有限公司提供。

村集体以集体土地入股的方式参与项目经营。当前攀岩项目主要收入来源于景区门票，周家坝村为保障村集体利益，在充分评估项目营收状况基础上，采用固定分红方式，2019 年村集体一年拿 6 万元固定分红，2020 年之后，受新冠肺炎疫情冲击等影响，村集体综合考虑项目经营状况，主动降低固定分红金额至每年 3 万元，保障攀岩项目经营的可持续性。[①]

2. 建设度假民宿和农家乐，开展农事体验活动

农户将闲置宅基地和农房流转给九嶷山文旅集团，开设民宿和农家乐。当农户符合本村集体成员以及建筑合法合规两个条件时，农户可将闲置农房出租给九嶷山文旅集团，出租年限最高为 20 年，根据房屋面积和所处位置，每年收取几千 / 一万 / 两万元不等的租金，村集体收取租金的 10% 作为集体收益。九嶷山文旅集团共租赁 26 座农房，进行统一设计和装修，对外墙进行粉刷，涂上精美的壁画（见图 4–6），并负责房屋附近道路等基础设施建设。山下民宿装修简朴，价格实惠，每间房屋 60/80/120/220 元一

① 相关数据来源于对周家坝村村干部的访谈。

晚不等。山上建有高端度假民宿“地球仓”（见图 4–7），每个仓建设费用约 60 万元，对标五星级酒店建设，内部功能齐全，每仓每天的市场价格是 600 元，可容纳三口之家度假生活。①

图 4–6 彩色部落——大凤村墙绘

资料来源：图片由周家坝村村委会提供。

图 4–7 “地球仓”民宿体验

资料来源：由周家坝村村委会提供。

① 相关数据来源于对周家坝村村干部的访谈。

图 4–8 利用闲置住宅开设农家乐

资料来源：由周家坝村村委会提供。

周家坝村将闲置宅基地退出，集体与公司合营开发复垦成大凤“放心有机菜园”。村内有 6 户农民长年全家外出，房屋年久失修，已经成为了危房，共有闲置宅基地面积 1200 余平方米。村集体经济组织根据宅基地有偿退出政策进行补偿鼓励村民自愿退出，收回宅基地使用权，并与九嶷山文旅集团合营，将退出的宅基地复垦开发为农用地，复垦面积达 3000 余平方米，全部种上有机蔬菜，成为游客旅游体验生活的乐园。游客可利用周末和节假日时间来体验农耕文化，采摘有机菜园的农作物，带到本村农家乐（见图 4–8）进行加工食用，品尝本村特色美食。所有农家乐和民宿都已获得卫生部门颁发的卫生许可证，充分保障食品安全和住宿卫生条件。同时，周家坝村利用九嶷山自然生态资源，积极打造农事体验项目，举办了以“舜耕田园 · 多彩大凤”为主题的系列趣味农耕文化活动，打谷子、赶鸭子、滚南瓜、剥玉米、编竹筐、舂糍粑、磨豆腐、打水丸子等多个传统特色体验活动（见图 4–9），让游客休闲生活之余妙趣横生。

图 4–9 趣味农耕文化活动

资料来源：由周家坝村村委会提供。

（四）基层政府积极发挥使用权流转的服务作用

为支持周家坝村闲置宅基地盘活利用，湾井镇人民政府给予了财政、金融等政策支持：一是不断优化服务，村民要转让想办证的，全程代办；村民间产生法律纠纷，全程进行服务；二是提供金融支持，入股山林的，可以进行抵押贷款；三是进行财政补贴，主要针对民宿经营的。例如，农户自主经营的话，村民搞装修，根据床位进行补贴，2019 年以前达成标准（包括统一的装修风格等），一张床位补贴约 2000 元。

针对闲置农房出租的租金问题，县领导亲自出面协调解决。周家坝村一位村民考上公务员后，在县城购置房屋并将年迈的父母接过来，村里的房屋已经闲置。九嶷山文旅集团在周家坝村投资后，该村民主动与其进行洽谈房屋出租：出租 20 年的情况下，九嶷山文旅集团按每年 2 万元的租金价格交给农户。但是围绕支付方式，双方产生了分歧，两者僵持不下。在几次洽谈无果后，宁远县分管宅改的两位副县长高度重视，亲自出面协调，召开协调会，通过多方努力，最终达成令双方都满意的协议，即 40 万元租金分两次支付。该栋闲置房屋（见图 4-10）已于 2022 年 6 月顺利出租给九嶷山文旅集团。①

图 4-10　盘活闲置房屋

资料来源：由调研组成员实地拍摄。

（五）工作取得成效

推行宅基地制度改革以来，周家坝村在省、市、县的指导帮助下，积极放活宅基地使用权。拆除了有安全隐患的“空心”残破房 28 座，共 1700 余平方米，整合周边连片

① 相关数据来源于对周家坝村村干部的访谈。

地块整体复垦为共 3000 余平方米的大凤“放心有机菜园”；对 3 座古民居进行了保护性修缮。依托资源优势，引进九嶷山文旅集团打造以田园观光、户外拓展、民宿度假为核心的生态旅游圣地，引进山地攀岩、农事体验等旅游体验项目，充分发挥土地要素市场配置机制，以闲置宅基地入股、出租等方式开发建设“地球仓”民宿、游客休闲中心，多次举办“舜耕田园·多彩大凤”系列趣味农耕文化活动。昔日偏远落后的小山村嬗变为大凤彩色部落的网红打卡点（见图 4–11），吸引四方游客纷至沓来。2021 年，周家坝村共接待游客 18 万人次，实现旅游收入近 30 万元，村民人均纯收入达到 10800 元，是 2010 年的 2.7 倍。①

图 4–11 周家坝村村庄现在容貌

资料来源：由周家坝村村委会提供。

四、工作经验

（一）科学规划，找准发展新道路

“凡事预则立，不预则废”。科学编制村庄规划是周家坝村开展宅基地制度改革的坚实基石。第一，统筹考虑本村自然条件、资源禀赋、文化特色、历史风貌、经济基础等实际情况，因地制宜、拓宽思路，依托独特的交通区位优势和文旅资源优势，纳入到宁远县九嶷山旅游区发展的大格局中，融入到湾井镇九嶷山下灌旅游区的小布局中。第二，编制村庄布局总体规划，制定村庄土地利用、旅游发展等详细规划，始终做到“三

① 相关数据由周家坝村村委会提供。

个坚持”的理念：即坚持保留农村历史文脉，传承九嶷山深厚的文化底蕴；坚持人与自然的和谐共生，保护自然风貌和生态环境；坚持做到依山就势，凸显古村田园风韵特色。以规划先行，周家坝村确立了农旅融合的特色发展之路，为本村的宅基地制度改革指出了明确方向。

（二）党建引领，凝聚合力共参与

“火车跑得快，全靠车头带”。坚强有力的基层党组织是周家坝村实行宅基地制度改革的可靠保障。一是在镇党委的领导下，周家坝村成立由支部书记挂帅的工作专班，改革涉及的宅基地使用权放活、闲置盘活利用等事项，均通过召开屋场茶话会、党群议事会等方式，广泛收集群众意见，真正做到大家的事大家商量着办。二是在基层党员干部的带动下，村民积极参与到改革中，将干部讲、群众听的“一言堂”变为群众可诉可说的“群言堂”，由“政府干，群众看”变为“大家一起干”，让群众真正成为乡村发展建设的参与主体、执行主体、监督主体。充分发挥了基层党组织战斗堡垒作用和党员先锋模范作用，将党的政治优势、组织优势、密切联系群众优势转化为宅基地改革优势，推动改革落地生根。

（三）多样宣传，厚植改革浓氛围

“谁谓未章，今将宣朗”。丰富多样的政策宣传是周家坝村推动宅基地制度改革的有效举措。一是结合本村实际，充分利用村级微信群、短信、流动宣传车、“村村响”广播等方式广泛宣传，推动政策法律宣讲进村入户，做到家喻户晓。二是通过书写宣传标语、设置宣传牌、编宣传册、发放宣传单、一封信等各种宣传资料，广泛宣传宅基地制度改革试点的目的、意义、政策措施。三是镇、村层层召开农村宅基地制度改革试点工作动员会、推进会、现场会等强化宣传，切实加大宅基地制度改革宣传力度。通过全方位、全覆盖的宣传，正确引导农民群众转变观念，积极支持和参与改革，保障农民对改革的知情权、参与权和监督权，形成社会和群众关心改革、拥护改革、支持改革的良好社会氛围。

（四）规范管理，强化制度硬约束

“不以规矩，不能成方圆”。建立严格的管理制度是周家坝村强化宅基地制度改革的重要保证。一是优化审批服务，实施两个“全面”。全面推行农村建房管理“十步工作法”，逐一明确每个环节的办理时限、办理单位和办理政策依据；全面落实农村建房“六到场”的工作要求，切实加强建房现场管理。二是严格监管防违建，建立动态巡查制度。全面落实镇班子成员包片区、镇干部包村、村干部包组、组干部包户的动态巡查责任包干制度，及时发现和制止宅基地和农房建设违法违规问题，实现了农村违法用地建房“早发现、早报告、早制止、零增长”的工作目标。在镇的统一领导下，周家坝村严格规范宅基地管理，通过制度建设不断强化村民建房的硬约束，形成了规范建房的良好环境。

（五）统筹改革，实现效益最大化

“不谋全局者，不足谋一域”。统筹联动各项工作是周家坝村深化宅基地制度改革的应有之义。一是融合乡村振兴示范创建。坚持把乡村振兴示范村纳入农村宅基地制度改革试点村，实行改革试点与乡村振兴示范创建同部署、同督查、同考核，实现周家坝村改革试点与乡村振兴示范创建同频共振、联动共赢。二是融合人居环境整治。积极实施空心房整治、“建新拆旧”、秀美村庄创建等活动，整合周边闲置地集约利用，兴建公用停车场、休闲广场、村史馆等公益设施，促使乡村人居环境持续绿化、美化、序化。通过统筹协调各项工作任务，周家坝村大力发展旅游休闲观光业，实现农旅融合发展，倾力打造宜居宜业和美乡村，推进了“生态美”与“百姓富”的有机统一。

五、村民意愿与满意度调查情况①

在调研过程中，周家坝村共有 50 名农户参与宅基地改革意愿问卷调查，回收有效问卷 48 份。受访农户中男性占多数，初中及以下学历居多，以务农和务农兼打临时工为主，各占 37.5%，大多都是就近就业，在本村就业的农户占 54.2%，且受访农户对自身的医疗、教育、养老等社会保障都比较满意（见表 4–5）。

表 4–5 周家坝村受访农户基本情况

基本情况		比例（%）
性别	男	83.3
	女	16.7
学历	初中及以下	83.3
	高中	16.7
	大专	0
	大学及以上	0
家庭主要就业方式	务农	37.5
	打工	20.8
	务农兼打临时工	37.5
	务农兼副业	4.2

① 此部分图表均由笔者绘制，数据来源于中国矿业大学（北京）共同富裕研究院第二调研组2022年的问卷调查。

续表

基本情况		比例（%）
就业地点	本村	54.2
	本镇其他村	4.2
	本县其他镇	12.5
就业地点	本市其他县	20.8
	其他城市	8.3
宅基地利用情况	全家都长住	33.3
	老人和孩子长住	25.0
	只有老人长住	41.7
	闲置	0
	家庭二三产业经营用	0
	出租（流转）由他人经营	0
社会保障是否完善	非常完善	45.8
	比较完善	54.2
	不完善	0

根据调研组预设的集中居住、使用权流转、有偿退出、有偿使用、宅基地利用管理满意度五个方面，对农户的实际情况、主观认知、改革意愿和满意度进行访问的调查结果显示：集中居住意愿一般，顾虑主要是担心生产生活方式不习惯和生活成本上升；流转意愿不高，主要担心流转时间太长，不确定因素多土地流失，失去宅基地；绝大多数受访农户都没有退出宅基地的经历，对宅基地有偿使用意愿较高，对宅基地利用管理、村务公开度、宅基地流转后的社会保障、现有住房地理区位、住房周边公共服务设施等方面比较满意。

1. 集中居住意愿方面

受访农户所住房屋均为自建独栋房，实际住房面积基本上在 110 平方米以上。周家坝村村民对集中居住意愿一般，54.2% 的农户有集中居住意愿，相较于平移至本乡镇集镇集中居住、自主购房或根据购房面积获得相应补偿和全部货币置换，受访农户更愿意选择进入城区集中点居住，占 50%。对于集中居住的条件农户最关注的是住房条件，占 83%，农户不愿意选择集中居住的顾虑是生产生活方式不习惯和生活成本上升，各占 75%。

2. 使用权跨村组流转意愿方面

受访农户均没有跨村组流转过宅基地，且 62.5% 的农户都不了解跨村组流转政策。流转意愿只有 37.5%，不愿流转的原因主要是担心“流转时间太长，不确定因素多”和“土地流失，失去宅基地”两个方面；农户流转的目的是增加收入。

3. 有偿退出意愿方面

受访农户中仅有 2 人有过退出宅基地的经历且均为暂时退出，其余受访者均无此经历。如果退出宅基地，希望以货币形式获得补偿的农户占 58.3%，希望以城镇住房和城镇子女教育的形式获得补偿的农户各占 50%。关于宅基地退出后生活成本变化的认识，66.7% 的农户表示会上升，同时，50% 的农户认为进城打工困难。但农户对宅基地未来升值空间的预期较高，有 58.3% 的农户认为宅基地能和城里的土地一样值钱。

4. 宅基地有偿使用意愿方面

66.6% 的受访农户支持实行宅基地有偿使用，认同本村宅基地有偿使用费的占农户 50%，但是宅基地有偿使用细则的制定村民参与度仅有 33.3%。

5. 宅基地利用管理满意度方面

周家坝村农户对宅基地管理利用满意度较高，所有受访农户表示参加过本村内重大事务决策，所有受访农户都参加过村民代表大会；75% 的农户表示赞同村规民约的所有规定，且对乡镇政府、村干部很信任；54.1% 的农户认为本次宅改提高了自己的生活水平，且对村容村貌、村内居住环境有正向影响，95.8% 的农户认为本次宅基地制度改革使村内居住环境变得舒适并使村容村貌变好了。农户对村务公开度、村民权益保护情况、现有住房地理区位、现有住房质量、住房周边公共服务设施、住房周围环境卫生满意度都很高，没有人表示不满意（见表 4-6）。

表 4-6 村民满意度调查

	非常满意（%）	比较满意（%）	一般（%）	不太满意（%）	非常不满意（%）
村务公开度	45.8	33.3	20.8	—	—
村民权益保护情况	50.0	25.0	25.0	—	—
流转后的社会保障	33.3	29.2	37.5	—	—
现有住房地理区位	37.5	37.5	25.0	—	—
现有住房质量	37.5	45.8	16.7	—	—
住房周边公共服务设施	33.3	54.2	12.5	—	—
住房周围环境卫生	37.5	50.0	12.5	—	—
我很信任乡镇政府	62.5	16.7	20.8	—	—
我很信任村干部	70.8	8.3	20.8	—	—
我经常去参加村民代表大会	66.7	4.2	29.2	—	—
我赞同村规民约的所有规定	66.7	8.3	25.0	—	—

作为宁远县首批宅基地制度改革试点村，周家坝村积极放活宅基地使用权，着重探索闲置宅基地和闲置农房的盘活利用，形成了以“农旅融合”助推村庄发展的改革亮

点。在具体做法上：一方面，拆除了村内有安全隐患的“空心”残破房，整合周边连片地块整体复垦菜园，保护修缮了村内古民居；另一方面，引进山地攀岩、农事体验等旅游项目，多次举办趣味农耕文化活动，开发建设“地球仓”民宿、游客休闲中心、农家乐等。通过一系列改革措施，周家坝村打造了以田园观光、户外拓展、民宿度假为核心的生态旅游胜地，村民人均收入实现连年增长，昔日偏远落后的小山村早已焕发新颜，成为吸引各地游客的大凤彩色部落。

基于扎实有效的宅基地改革实践，周家坝村积累了丰富的工作经验。一是科学编制村庄规划，夯实改革基石，周家坝村以规划先行确立了农旅融合的特色发展之路，为本村的宅基地制度改革指出了明确方向；二是发挥党建引领作用，做好组织保障，周家坝村充分发挥了基层党组织战斗堡垒作用和党员先锋模范作用，逐步推动改革落地生根；三是开展多样政策宣传，培育改革氛围，周家坝村通过全方位、全覆盖的宣传声势，逐渐形成社会和群众关心支持改革的良好社会氛围；四是严格规范管理制度，强化制度约束，周家坝村通过制度建设不断强化村民建房的硬约束，形成了规范建房的良好环境；五是统筹联动各项改革，实现效益增长，通过统筹协调各项工作任务，周家坝村大力发展旅游休闲观光业，实现农旅融合发展，打造特色的宜居宜业和美乡村。

“改革好不好，关键看老乡”。为更好地了解周家坝村宅基地制度改革的实际情况，调研组通过预设的五个方面，对农户的实际情况、主观认知、改革意愿和满意度进行实地调查。根据调查结果，农户对宅基地有偿使用意愿较高，对本村宅基地利用管理、村务公开度、宅基地流转后的社会保障、现有住房地理区位、住房周边公共服务设施等方面比较满意。农户意愿不高体现在两个方面：一是集中居住意愿不高，顾虑主要是担心生产生活方式不习惯和生活成本上升；二是流转意愿不高，主要担心流转时间太长，不确定因素多，土地流失，失去宅基地。绝大多数受访农户都没有退出宅基地的经历，这与周家坝村将改革重点放在使用权放活是相符合的。

改革仍在“进行时”。周家坝村的宅基地制度改革虽然取得了明显成效，也积累了工作经验，但是农旅融合还有一定的发展空间，因此下一步应该着力推进农旅深度融合发展。纵观宁远县宅基地制度改革时间线，周家坝村开展改革的实际时间较短，其农旅融合发展之路处在初级阶段，农业和旅游业还存在简单的“1+1”状态，有待于进一步深度融合：一是深化宅基地制度改革，在尊重农民意愿的基础上，加大宅基地使用权放活力度，充分盘活村庄闲置资源，为农旅融合发展提供源泉；二是发挥农业专业合作社作用，不断做实农业种植、养殖、加工品牌创建，积极引进游学、康养等朝阳产业，促进一二三产业深度融合，打造农旅融合发展新亮点；三是推进基础设施建设升级，增强公共服务能力，积极主动融合县域九嶷山旅游区建设，实现路网、供水、电力、环卫等相关基础设施一体规划、建设、管护。在未来的改革发展中，周家坝村应坚持产业兴农，力促农旅深度融合，实现可持续发展和共同富裕，小山村终能“大有可为”。

浏阳市张坊镇田溪村：资金众筹和收益共享发展乡村旅游 *

刘文洁 ①

一、村庄基本情况

（一）自然地理情况

1. 湘赣边境的山区

张坊镇田溪村位于浏阳市东部，大围山国家森林公园南麓，湘赣边境，距离市区60千米，长沙市区130千米，境内交通便利，规划中的蒙华铁路（蒙西至华中地区铁路煤运通道）、大浏高速公路、S309省道、X001县道（张小公路）穿境而过。村庄属于亚热带季风性湿润气候，四季分明，雨量充沛，光照偏少，无霜期偏短，境内土壤肥沃，自然资源丰富，村庄森林覆盖率达98%，境内不仅野生动植物资源丰富，还有2000余亩原始红豆杉林、独特的第四纪冰川石球石貌地质遗址。②

2. 自然和人文旅游资源丰富

田溪村周边自然旅游资源丰富，第四纪冰川地质遗址在这里留下了晒谷石、黄羊瀑布群等自然景观，村域北边为大围山国家森林公园旅游区，向南为小河乡浏阳河第一湾旅游景点，在整个村域形成以省道319沿线为主的旅游游览路线，衔接区域旅游景点，并从S20长浏高速大围山出口下来进入森林公园南大门，充分对接大围山国家森林公园景区。村庄人文景点多样，有千年古石桥、百年榨坊、古山贡纸手工作坊等文化遗产，有桃坪客家人旧聚落群等民俗传承，村域向东为江西铜鼓县红色旅游景点。区域旅游发展方向明确，景点突出，旅游资源丰富。

---

* 案例内容来自中国矿业大学（北京）共同富裕研究院第二调研组2020~2022年的实地调查。案例相关资料由田溪村提供。

① 刘文洁，中国矿业大学（北京）共同富裕研究院助理研究员，管理学硕士。

② 相关数据由田溪村提供。

（二）经济社会发展情况

1. 大山深处的贫困村

田溪村由 6 个自然村合并而成，形成 6 个片区，面积 48 平方千米，村庄原有 59 个村民小组，2008 年并村并组之后合并为 21 个村民小组。田溪村现有居民 1435 户，共计 5136 人，东邻上洪社区、南依富溪村、西靠张家坊社区、北至大围山镇。2014 年，田溪村被列入省级贫困村，原有建档立卡脱贫人口 212 户 723 人，是浏阳市贫困人口最多的村。田溪村因地处山麓，早期村民靠山吃山，以砍伐树木、竹子等为生，破坏了生态环境，禁砍禁伐以后，村民大量外出务工，村民闲置农房和宅基地增多。田溪村于 2017 年脱贫摘帽，2020 年实现全面脱贫。① 图 4–12 展示了田溪村的“旧貌”与“新颜”。

图 4–12　田溪村的“旧貌”与“新颜”

资料来源：由田溪村提供。

2. 传统农业、林业向生态旅游业转变

田溪村是传统农区，以农业、林业为主导产业，农民以砍伐竹木和种田为生。田溪村由于是水源的发源地和保护地，有国家地质公园和国家森林公园，受生态红线的限制，无法发展工业。田溪村因地制宜结合自身旅游资源优势，大力发展乡村旅游业，并且带动农副产品加工业、餐饮民宿等第二、第三产业发展。

近年来，田溪村抢抓精准扶贫和乡村振兴政策机遇，通过“党建引领、支部主导、村民众筹、市场运营、共建共享”，成功走出一条以乡村旅游带动其他产业共同发展的特色之路。大浏高速的建成通车拉近了西溪与周边城市的距离，田溪村逐渐成为辐射长株潭和江西南昌等周边地区乡村旅游的理想目的地。2020 年，田溪村村级集体经济收入达 20 余万元，先后获评全国和省级乡村旅游重点村、湖南省脱贫攻坚先进集体等多项荣誉称号。2021 年 4 月，田溪村被确定为湖南省乡村振兴重点帮扶村。2020 年 1 月

① 相关数据由田溪村提供。

3 日，田溪村入选第一批湖南省乡村旅游重点村。2020 年 8 月 26 日，田溪村入选第二批全国乡村旅游重点村名单。①

（三）土地利用情况

田溪村村域总面积约 48.32 平方千米，其中村庄建设用地约 93.76 公顷，占总用地 1.94%；非村庄建设用地（对外交通设施用地）约 43.04 公顷，占总用地的 0.89%。村庄建设用地中，村民住宅用地约 79.88 公顷，占总用地的 1.65%，占村庄建设用地的 85.20%；村庄公共服务设施用地 2.05 公顷，占总用地 0.04%，占村庄建设用地的 2.19%；村庄产业用地 5.10 公顷，占总用地 0.11%，占村庄建设用地的 5.44%；村庄基础设施用地 6.73 公顷，占总用地 0.14%，占村庄建设用地的 7.18%（见表 4–7）。

表 4–7　村域现状用地汇总表

<table>
<tr><th>用地代码</th><th colspan="2">用地名称</th><th>用地面积（公顷）</th><th>占用地比例（%）</th></tr>
<tr><td rowspan="5">V</td><td colspan="2">村庄建设用地</td><td>93.76</td><td>1.94</td></tr>
<tr><td rowspan="4">其中</td><td>村民住宅用地</td><td>79.88</td><td>1.65</td></tr>
<tr><td>村庄公共服务用地</td><td>2.05</td><td>0.04</td></tr>
<tr><td>村庄产业用地</td><td>5.10</td><td>0.11</td></tr>
<tr><td>村庄基础设施用地</td><td>6.73</td><td>0.14</td></tr>
<tr><td rowspan="2">N</td><td colspan="2">非村庄建设用地</td><td>43.04</td><td>0.89</td></tr>
<tr><td>其中</td><td>对外交通设施用地</td><td>43.04</td><td>0.89</td></tr>
<tr><td rowspan="3">E</td><td colspan="2">非建设用地</td><td>4695.30</td><td>97.17</td></tr>
<tr><td rowspan="2">其中</td><td>水域</td><td>40.99</td><td>0.85</td></tr>
<tr><td>农林用地</td><td>4654.31</td><td>96.32</td></tr>
<tr><td colspan="3">村庄总用地</td><td>4832.10</td><td>100.00</td></tr>
</table>

资料来源：《浏阳市张坊镇田溪村村庄规划（2017–2025 年）》。

二、宅基地利用和管理现状

（一）宅基地利用现状

田溪村有 1300 余宗宅基地，占地面积 283 余亩，其中“一户多宅”的农户有 60 余户，“一户一宅”面积超标的宅基地有 60 余户，田溪村对这 60 余户的宅基地按照每年每平方米 8 元的标准收取有偿使用费。村内有非本集体经济组织成员占用宅基地 20 余户，多为下乡知青子女所建。村内无宅基地未批先建和少批多建情况。因外出工作等原因将宅基地无偿退出的有 7 宗。田溪村宅基地闲置情况相当普遍，因为大量村民进城打

① 相关数据由田溪村提供。

工和子女教育原因，大量房屋完全或部分闲置，全村共有闲置房屋 100 余栋，多为季节性闲置，村民平常进城打工和学习，只有在节假日回村内短时间居住（见表 4–8）。

表 4–8 田溪村宅基地利用情况

类目	数量	面积（平方米）
村内宅基地	1300 余宗	约 189000
一户多宅	60 余户	约 9000
一户一宅中面积超标	60 余户	约 9000
非本集体经济组织成员占用宅基地	20 余户	约 3000
无偿退出	7 宗	1000
闲置	100 余宗	约 15000

（二）宅基地管理现状

1. 夯实宅基地管理制度基础

田溪村主要在成立管理机构、明确管理内容、细化各自职责三个方面夯实宅基地管理制度基础。一是选举成立宅基地管理组织机构。一方面，选举成立村宅基地管理理事会。田溪村通过召开全村党员、村民代表、组长民主会议，选出本村的贤能成立村宅基地管理理事会，理事会由村党总支书记担任理事长、2 名村民委员会成员、1 名村集体经济组织领导小组成员、2 名村民代表共 6 人组成，明确 1 名村干部为宅基地审批管理专干，建立健全宅基地事宜集体议事协商机制，全方位了解全村宅基地现状，听取村民意愿。另一方面，选举成立村民小组宅基地管理理事会。21 个村民小组均成立了由村民小组长任组长、3~5 位村民构成的小组宅基地管理理事会，并明确各村民小组长为本组宅基地管理协管员。二是明确宅基地民主管理具体内容。通过“四议两公开”[①] 制订《田溪村民主管理宅基地村规民约》，健全本村宅基地民主管理办法，对宅基地的管理、监督、奖惩等方面制定了具体详细的措施。对宅基地资格权认定、宅基地申请初审、宅基地有偿使用费收取与管理、宅基地有偿退出、农村住宅建筑风貌管控等重大或全局性问题，规定需通过村民会议或村民代表会议方式讨论决定，应当由本村 18 周岁以上具有民事行为能力的过半数的村民表决通过，或者由本村 2/3 以上“户”的代表参加，村民会议所作决定应当经到会人员过半数通过。三是细化宅基地管理人员具体职责。村宅基地审批管理专干有六项主要职责，即负责重点审查提交的材料是否真实有效、申请建房户是否具备建房资格、是否符合“一户一宅”政策、拟用地建房是否符合村庄规划、是否砌坡建房、是否真正征求了用地建房相邻权利人意见；村小组宅基地管理协管员的

① “四议两公开”:“四议”是指村党支部会提议、村“两委”会商议、党员大会审议、村民代表会议或村民会议决议；“两公开”是指决议公开、实施结果公开。

主要职责是协助村民建房用地管理和日常巡查等；村民小组宅基地管理理事会的主要职责是信息的上传下达与情况反映、接受农户宅基地和建房申请、协助农户准备和核查申请材料、配合镇、村宅基地审批监管“三到场”核验。

2. 按流程建房，落实审批建房“三到场”

田溪村村民申请建房可以直接向组上提出申请、准备材料，小组宅基地管理协管员会与同一村民小组的联户理事会成员上户初步核查，经村民小组（或代表）会议讨论通过并公示无异议、村级审核通过后，向镇政府提交申请（见图 4–13）。在申请审批过程中，联组、联户理事会成员负责初步审核并全程参与落实“三到场”要求，重点参与乡镇政府组织的现场开工查验，实地丈量批放宅基地，确定建房位置；农户建房完工后，参与乡镇政府组织的验收环节，实地检查农户是否按照批准面积、四至等要求使用宅基地，是否按照批准面积和规划要求建设住房（见图 4–14）。

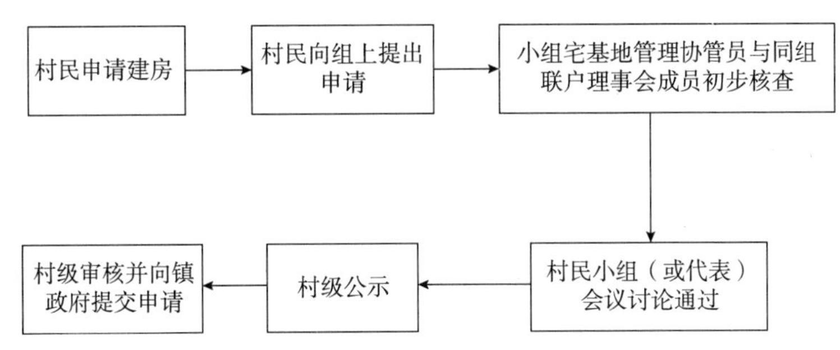

图 4–13　田溪村村民申请建房村级流程

资料来源：图片由笔者绘制，相关资料由田溪村村干部提供。

图 4–14 田溪村审批监管“三到场”

资料来源：图片由笔者绘制，相关资料由田溪村村干部提供。

3. 加强日常巡查并建立考核督查机制

落实宅基地监管奖惩工作机制，激励村、组理事会成员开展经常性巡查，及时发现和制止涉及宅基地的各类违法违规行为，并将不听劝阻、拒不改正的情况及时向上级报告，由镇级组织农业农村、自然资源和生态环境、林业、水利、交通、综合行政执法等部门现场执法。建立村、组宅基地管理考核、奖惩机制。张坊镇将农村宅基地管理改革和规范村民建房工作纳入各村年度绩效考核内容，对出现违建乱建等现象的村将严格按照考评细则予以扣分，情节严重的将追究相关责任人责任。同时，田溪村也相应建立对小组宅基地理事会的考核激励机制，安排部分资金对工作进行考核奖励。

三、资金众筹盘活闲置资源打造3A级景区

田溪村西溪片区依托得天独厚的自然条件、良好的生态环境，以村民众筹资金入股方式发展旅游业，村集体在原址上盘活村民闲置的宅基地参与村庄第二、第三产业发展，开发景区游乐项目和民宿，探索出“资金众筹、收益共享”的发展模式。

（一）集体内部资金众筹开发景区项目

西溪片区景区是国家3A级旅游景区，在未开发之前，人均收入仅有4700元，交通闭塞、人居环境差，青壮年外出打工，留守老人和留守儿童较多，生活贫困。2015年开始，西溪片区在当地村子里几个领头人的带领下，组织召开全体村民大会，众筹资金开发旅游。首次筹集资金128万元，会议产生7名理事会成员，各自负责开发项目的落实，组织全体村民以义务劳动的形式清理河道、拓宽主干道、兴修水利、整治环境卫生、修建沿河灯光带等，全体村民共投入劳动总计2万多人次。2016年起，西溪片区相继成立了西溪生态综合开发有限公司、湖南西溪旅游发展有限公司、西溪种养专业合作社、西溪林业专业合作社。田溪村先后进行了三次村民众筹，累计众筹资金1180万元，众筹开发了西溪磐石大峡谷自然风光景点、西溪滑草游乐园、西溪跑马游乐园、西溪高空玻璃桥，联合河南乐投旅游资源开发有限公司打造了西溪黄金玻璃桥，兴建了乾隆御封洞的磐石寨天空之镜网红打卡项目（见图4-15）。其中，西溪磐石大峡谷自然风光景点为代表景点。西溪磐石大峡谷地处湖南省浏阳市张坊镇东北部，大围山南麓，地势北高南低，风景秀丽、四季分明、环境优美、气候宜人，森林覆盖率达95%以上。景区大部分区域属于第四纪冰川遗址，构成幽谷奇石、流泉飞瀑、峰峦层叠的奇特地貌。

图4-15 西溪磐石大峡谷部分项目

资料来源：由西溪村提供。

景区内客家人居多，客家民俗民居历史源远流长，百年榨坊纸槽保存完好，千载古石桥横溪静卧，东林古寺遗风宛在，红色经典历史传承，高山平湖传动人神话，神秘石窟留侠义传奇。游人既可寻幽揽胜，又可溯溪攀岩，还可在其中感受浓郁客家文化，是休闲、观光、避暑、露营、探险、科学考察的理想去处。田溪村党总支书记李纪煌介绍，滑草游乐园从 2017 年 11 月 9 日开始运营，为村民众筹、独立核算的游乐项目，44 户村民众筹股金 280 万元，截至 2019 年 9 月，该项目已经接待游客 5 万余人，门票收入 120 万元，就业人员 8 人，其中贫困户就业 2 人。①

（二）村民变“股民”享受股权收益

湖南西溪旅游发展有限公司（以下简称“西溪旅游公司”）是集体成立的村级公司，全村以资金众筹的方式入股公司，投资经营西溪景区建设。鼓励村民在自愿的基础上，按照 1000 元一股、每户二股起的规则以现金、宅基地补偿金、土地山林流转租金、在西溪旅游公司务工的收入入股，并且还规定了西溪旅游公司经营收益的分配比例，即 15% 作为自然资源分红，全体（西溪片区）村民共同享有；10% 作为村集体经济收入；5% 用于解决临界户扶困济贫基金和环境保护，乡风文明奖励；15% 作为西溪旅游公司发展基金；55% 按众筹股金分配。②

（三）闲置宅基地通过集体建设用地入市支持景区项目开发

将闲置宅基地整治后作为集体建设用地入市，引进项目建设。田溪村西溪片区景区内原有部分村民居住，主要居住于山区内部，交通不便，生活条件艰苦。田溪村为提高村民生活水平、集约利用土地资源，将山区内的村民集中安置到交通便利的易地搬迁集中安置点。为满足景区建设用地需求，同时盘活村庄闲置资源，田溪村村集体将景区内贫困户搬迁后的空置房屋和近年来荒废的闲置宅基地收回，以原址再利用的方式通过集体建设用地入市，引进相关项目进行建设。目前，田溪村西溪片区景区内点状分布的 21 处近 10000 平方米的宅基地，已经作为集体建设用地成功引进社会资本，分三期共计投资 1 亿元开发建设集人文体验、生态康养、文化交流、休闲娱乐为一体的高端景区民宿项目。③

（四）闲置农房通过合营方式发展民宿

西溪片区景区建设盘活了部分闲置宅基地的同时，也给其他闲置宅基地盘活带来了便利。田溪村村集体将 44 户闲置农房统一规划，与西溪旅游公司合作开发民宿，农户

---

① 相关数据由田溪村村干部提供。

②③ 相关数据来源于田溪村宅基地制度改革宣传栏。

拥有资格权和房屋财产权，农户和第三方民宿平台共同拥有宅基地使用权。借助农旅微平台，通过手机 APP 网上订房的方式吸引外地游客，扩大经营规模。村民陈本辉建起了两层楼房，开起了“浓雨民宿”，成功实现脱贫奔小康，年总收入接近 10 万元；村民陈本强利用闲置农房开办了名为“大河山庄”的生态农庄，年营业额达到 300 多万元。目前，村民利用自家农房开起了 70 多家民宿、20 多家农家乐，全村可日接待 1200 多人住宿。[④] 图 4-16 展示了“客家山居”民宿外景。

图 4-16 “客家山居”民宿外景

资料来源：由田溪村提供。

（五）闲置农房出租发展文化产业

1. 闲置农房整体流转打造绘画写生基地

鉴于部分闲置的房屋单户难以开发的问题，田溪村以村民小组为单位将闲置宅基地和农房打包一起招商开发，通过租赁的方式开发了一个学生绘画写生基地，共流转闲置房屋一二十栋，有的农户提供了整栋闲置房屋，有的农户提供了三栋，还有农户提供了一栋房屋中的一层。村集体出资将房屋及周边环境进行整治，学绘画的学生可以在寒假、暑假等假期在基地住宿半个月或一两个星期，学住一体，沉浸式感受绘画的乐趣，同时村集体也可以获得研学收益，壮大村集体经济。[②]

2. 闲置农房流转变身“深山小院”网红打卡点

村民周检生自 2016 年返回家乡创业，带领村民成立了浏阳市丰兴种养专业合作社，发展生态米产业和水产养殖，积极对接电子商务销售，产品入驻了浏阳农产品区域公

④ 相关数据由田溪村提供。

② 相关数据由田溪村村干部提供。

用品牌“农品浏香”电商平台，生态米年销售额超过 1000 万元，带动本村 120 多户种植优质稻。[①]2022 年，为进一步响应乡村振兴战略号召，周检生和“农品浏香”加深合作，不仅在各村建立了电商服务站，还在西溪磐石大峡谷风景区启动了视频直播孵化基地，构建集视频拍摄制作、人才培训、网红孵化、营运管理、网红聚集、供应链组织等业务于一体的实训中心。此外，周检生开展高山蔬菜种植采摘观光，流转闲置农房改造成民宿，首期建成“农品浏香·深山小院”作为浏阳网红培训、抖音拍摄基地。“农品浏香·深山小院”已经成为西溪网红打卡点，与芒果 TV 全新综艺节目《想唱就唱的夏天》深度合作，一众明星到深山小院体验真实的乡村生活，与村民互动，学习插秧、采蜂蜜等，带火了西溪旅游。

（六）使用权跨区流转支持易地扶贫搬迁

几年前，浏阳市张坊镇田溪村脱贫户李有伦家在海拔 600 米的高山上住，靠着“肩扛竹木养家，手持犁耙糊口”，一家八口人居住在土坯房中，山路不通，摩托车都开不进。2016 年 5 月，张坊镇启动易地扶贫搬迁工作。扶贫专干上门入户，牵头摸底核实住在高山偏远贫困户。“不敢搬，老家生活成本不大，搬家真怕活不下去。”这是李有伦家的真实想法。“搬迁后有配套学校，孩子能接受更好的教育；工作的问题，扶贫工作队会帮忙协调对接……”扶贫工作队一趟又一趟入户，一次又一次说服，终于 2016 年 11 月，李有伦按下红手印，签订扶贫搬迁协议。2017 年底，田溪村 9 户 34 名贫困群众搬进位于西溪磐石大峡谷旅游景区的易地搬迁集中安置点（见图 4–17）。2016 年 5 月，

图 4–17 西溪磐石大峡谷旅游景区易地搬迁集中安置点房屋

资料来源：由田溪村提供。

① 相关数据由田溪村提供。

自启动易地扶贫搬迁工作以来，张坊镇全镇共易地扶贫搬迁 71 户 263 人，一批易地搬迁户乔迁新居，拔穷根、摘穷帽，居住环境和生活环境得到改善。近年来，田溪村推进搬迁群众后续产业发展工作，以规模合作社为龙头，带动贫困户发展种养产业，西溪种养专业合作社带动易地搬迁户发展小水果产业，西溪旅游公司带动贫困户家门口就业稳增收。①

（七）农村住房提质改造实现农村住房现代化

新一轮农村宅基地制度改革启动后，田溪村以“立足城乡风貌、实施共同缔造、推进乡村振兴”为主要思路，以“镇村风貌塑造样板”为主导方向，充分结合浏阳全域美丽乡村建设的基础，着力开展农村住房建设管理、城乡风貌塑造、传统村落提质改造、乡村环境整治、农村精神文明建设五大工程。田溪村西溪片区 129 户②村民住宅通过统一规划、精美设计、规范建设、形成风格风貌统一、配套设施齐全的新时代农村集中居住点，打造空间优化布局美、生态宜居环境美、兴旺民富生活美、文明和谐风尚美的宅改示范村。

（八）取得成效

田溪村旅游业态不断丰富，景区收入可观。景区自 2017 年 7 月开业以来，累计接待游客近 60 万人次，共实现景区和其他游乐项目门票总收入 3600 余万元，带动村民创收 7000 余万元。2020 年，西溪磐石大峡谷景区成功创建国家 3A 级旅游景区，逐渐成为辐射长株潭等周边地区的乡村旅游目的地，探索出一条“乡村旅游 + 乡村振兴”的特色发展之路，成功承办 2021 年湖南省（秋季）乡村文化旅游节暨湘鄂赣首届客家文化旅游节，知名度、美誉度进一步提升。③

村民脱贫摘帽共享发展收益。搭乘精准扶贫、乡村振兴、湘赣边区域合作示范区建设等政策东风，田溪村在村干部带领、村民的支持配合下，通过村民自筹资金以及政府扶贫资金改善村庄基础设施，发展乡村旅游，2017 年成功摘掉了贫困村的帽子，全村人均年收入从 2015 年的 4700 元增长至 2022 年的 16000 元。④

西溪片区旅游业强势带动田溪村乡村产业振兴发展。全村 188 户贫困户发展优质稻、小水果、蔬菜种植和水产养殖等，培育了具有地域特色的农业品牌，“田螺溪”大米、“老臣味”盐旱茶畅销省内外，年销售额超过 800 万元。旅游产业带动村民发展民宿 70 余家，接待能力达到 1000 人 / 晚；餐饮 20 余家，接待能力达到 3000 人、300 桌 / 日。旅游产业链带来就业岗位 800 余个，外出务工村民逐步回村发展、就业。⑤

---

①②③④　相关数据由田溪村提供。

⑤　相关数据来源于史海威、邓培章：《浏阳市田溪村的蝶变之路——关于乡村振兴中一个案例的调查与思考》，《新湘评论》2022 年第 4 期。

四、工作经验

田溪村脱贫致富的突出特色和价值有三点：一是通过村民众筹成立西溪旅游公司，既解决了发展资金怎么来、怎么管的问题，也解决了收益分配的问题；二是放活土地要素，通过盘活闲置宅基地，吸引人才和资金到农村去，使资本和土地相结合；三是依托资源优势，积极发展乡村旅游、文化体验、电子商务等新产业、新业态。田溪村发展模式是由党组织带领村民共同致富的一个创举。

（一）基层党支部主动谋发展才有出路

加强党的领导，推动组织振兴，是凝心聚力、应对困难和挑战、实现乡村振兴的根本保障。田溪村党支部坚持党建引领、党员带头，在旅游公司组建、旅游产业发展壮大、其他产业培育过程中，通过谋划、组织、宣传、推动，以实际行动带领村民共同致富，真正发挥了主心骨作用，反过来又增强了党组织的凝聚力和战斗力。事实一再证明，村级党组织强、党建工作有力既是乡村振兴的根本所在，也是乡村振兴的共同经验。

近年来，在政府部门的支持下，田溪村各项基础设施得到不断完善。从建设景观水坝，拓宽和白改黑主干道，粉刷民宿外立面，并绘以风景、民俗、社会主义核心价值观等墙画，到利用闲置房屋开办农家书屋、道德讲堂、农耕文化园、垃圾分类分拣中心，铺设沿河观光步行道，并在绿化带建设了廊亭、亲水平台、特色石屋等景观，再到建设客家文化广场，修建停车场、游客服务中心，新建全域旅游厕所、安装大型电子显示屏、直饮水机和旅游标识标牌等设施，田溪村的“颜值”不断刷新。以浏阳市文化旅游广电体育局为例，为帮助田溪村完善旅游基础设施，建设公共服务体系，他们多次实地踩点，并启动“六个一”工程建设，即一个大型导览图、一台直饮水机、一台多媒体高清 LED 宣传屏、一个高品质旅游厕所、一套旅游标识标牌、一套智慧旅游体系。同时，浏阳市文化旅游广电体育局还通过以奖代补的形式，鼓励及指导修建游客服务中心、生态停车场，并积极向上级部门申请旅游建设资金。

（二）发挥群众的主体力量才能激活发展内生动力

村民是乡村振兴的主体，既意味着责无旁贷，也意味着不可替代。抓住“人”这个关键因素，发挥群众的主体力量，才能激活乡村振兴的内生动力。田溪村在致富之路上告别“等靠要”，既不一味争取重大政策扶持，也不单纯依靠社会资金的大笔投入，而是充分发挥村民的主人翁作用，增强自身造血功能，激活发展内生动力。

事情主要靠全村齐心协力“干”。田溪村在确定村庄发展道路时积极走访老党员、老干部、老组长、贫困户，听取意见和建议。村干部分别到各组召开村民会议，宣传发展理念和思路，努力获得村民支持。畅通意见收集、诉求表达的渠道，推动公开透明的开放式决策、参与式治理，充分赢得了村民的信任。组织每户一名当家人、200余人，赴官渡镇金桔屋场、古港镇松山屋场考察交流，学习经验、增强信心。各项目建设以来，村民累计投入义务工近3000个，出动清运挖机、车辆80余车次，对村内公共区域进行全面整治，拆除影响村容村貌的残破房屋20余间、600余平方米，拆除私搭乱建雨棚800多平方米，清理河道1.5千米，并且开展美丽庭院建设，鼓励村民栽种盆景，对房前屋后臭水沟、杂草、杂物堆放、鸡鸭圈养等实行“庭院三包”。[①] 以上工作都为盘活各类资源、开发景区项目民宿打下了坚实基础。

资金主要靠村民自己“筹”。村民自发组织资金众筹，以现金、宅基地补偿金、土地山林流转租金、在西溪旅游公司务工的收入入股，2015~2019年，村民分期众筹2000余万元，利用这些资金开发众多景区游乐项目。这是田溪村经验的价值所在，也是激励其他农村地区的力量源泉。以资金众筹、资源共享、合理分配为理念发展乡村旅游，村民不再是乡村振兴的“旁观者”“局外人”，而是成为有共同目标的命运共同体。[②]

（三）正确选择符合村庄实际的发展道路才能产生效益

找到一条因地制宜、切实可行的乡村振兴实施路径很关键。2015年，村支“两委”与驻村帮扶工作队组织部分党员、村民代表外出考察学习，回来后开始摸家底、盘优势、找路子。依托当地资源，田溪村确定了“发展乡村旅游带动其他产业共同发展”的特色乡村旅游发展道路，盘活当地的文化资源、土地资源和山水资源，将乡村资源做成产品，通过“全员参与、全域发展”的路径，解决资金问题、资源问题，形成规模效益和发展合力，不断完善乡村产业链，真正推动全域共同富裕。

走以文带旅、在保护中发展的内涵式发展道路。美丽乡村既要有美丽“颜值”，更要有文化内涵。2021年，首届湘赣边客家民俗文化旅游节在西溪磐石大峡谷旅游景区开幕，品“客家宴”、赏“春牛灯”、听客家山歌、打糍粑、磨豆浆、逛客家土产集市、听李白红色故事……趣味十足的文化游玩项目吸引了众多游客前来体验。田溪村打开村庄的大门发展旅游，不但没有破坏资源和民风，反而立足当地的客家文化底蕴打造标志性产品，逐步将丰富的文化资源转变为了旅游资源，开发出了更多高品质、有特色、精品化的文旅体验产品。在田溪村，热情的村民一致认为，一定要将最好的淳朴民风展现给游客，好的民风带来了好的口碑。

---

① 相关数据来源于史海威、邓培章：《浏阳市田溪村的蝶变之路——关于乡村振兴中一个案例的调查与思考》，《新湘评论》2022年第4期。

② 相关数据由田溪村提供。

（四）能人发挥带动作用才能开拓思维、把握发展机遇

村党支部组织召开由 60 多名党员代表、村民代表和乡贤、能人参加的会议，推荐、选举产生乡村旅游开发筹备领导小组，通过自荐、互荐，表决、推选出由 11 位敢于追梦、甘于奉献且有一定经济实力的党员、乡贤、能人组成筹备领导小组，走公司化管理、市场化运营的模式。村支部书记李纪煌从外出打拼的能人中找到在长沙打拼近 30 年、有管理能力和市场运营经验的王玻声，“三顾茅庐”请他担任总经理。在任期间，能人王玻声将筹备领导小组转换为公司化运作，并且在到任后，立即入股游乐园项目 4 万元，支持项目发展。田溪村凭借能人带动对村庄旅游进行市场化运作，促进村庄进一步发展。①

五、村民意愿和满意度调查情况②

在调研中，张坊镇田溪村共有 72 名农户参与宅基地制度改革农民意愿问卷调查，参与调研农户大多为长期在村内居住的男性，以初中及以下学历为主，主要就业方式为务农以及打工为主偶尔务农，务农占比较高。参与调研的农户特别关注自身的社会保障，受访农户均表示有医疗保险，并且自主购买商业养老保险的农户达一半以上。在宅基地方面，田溪村参与本次问卷调查的农户绝大部分符合“一户一宅”要求，宅基地主要用于自住和入股给专门机构经营，其中超过一半农户家中有闲置宅基地（见表 4–9）。

表 4–9　田溪村调研农户基本情况

基本情况		比例（%）
性别	男	77.78
	女	22.22
学历	初中及以下	59.72
	高中	34.72
	大专	2.78
	大学及以上	2.78
家庭主要就业方式	务农	44.45
	务农为主，偶尔打工	12.50
	打工为主，偶尔务农	22.22
	完全打工	12.50
	其他	8.33
是否有自主购买商业养老保险	是	56.94
	否	43.06

① 相关数据由田溪村提供。

② 本节数据来源于调研组对田溪村的调查问卷，表格、图片由笔者绘制。

续表

基本情况		比例（%）
是否长期在村里居住	是	81.94
	否	18.06
在本村有几处宅基地	1 处	97.22
	2 处及 2 处以上	2.78
宅基地用途	自住	40.28
	家庭二、三产业经营用	2.78
	出租由他人经营	8.33
	流转给他人使用或经营	9.73
	入股给专门机构经营	38.89
	其他	1.39
是否有闲置宅基地	是	55.56
	否	44.44

根据调研组预设的有偿使用、宅基地流转、宅基地退出、宅基地制度改革满意度四个方面，对农户的实际情况、主观认知、改革意愿和满意度进行访问的调查结果显示：农户对宅基地有偿使用意愿较高，认为主要应对利用宅基地搞经营的农户收取有偿使用费；宅基地流转情况较多，主要方式是入股给专门机构经营；宅基地有偿退出的农户补偿的意愿主要是股权份额和货币；农民对宅改的效果比较满意。

1. 宅基地有偿使用意愿方面

田溪村仅有 12.5% 的受访农户不赞同宅基地有偿使用，赞同对利用宅基地搞经营的农户收取有偿使用费的比例最高，达 47.22%。关于有偿使用费的缴纳方式，59.72% 的受访农户认同一次性缴纳。关于不缴纳有偿使用费的惩罚方式，相较于缴纳滞纳金宅基地不得转让、不能评为两委候选人、文明户等措施，选择“不予确权颁证”和“不予分配集体收入”的农户相对集中，分别占 36.11% 和 34.72%。关于有偿使用费的使用，支持用于“村庄公共设施维护”的农户占比较高，达到 73.61%。

2. 宅基地流转意愿方面

田溪村受访农户中 56.94% 有宅基地流转的经历，且了解流转政策制度的农户占比 68.06%，流转的主要方式为入股给专门机构经营，占比 68.29%。农户对流转后的期望较高，认为宅基地流转后家庭收入增加（54.17%）、居住条件变好（81.94%）、社会保障水平得到提高（66.67%）。

3. 宅基地退出意愿方面

田溪村受访农户中没有退出宅基地的经历，如果退出宅基地，农户希望获得的补偿形式主要是股权份额和货币，分别占比 52.78% 和 45.83%。关于宅基地退出后家庭收入变化的认识，51.39% 的农户表示会增加，26.39% 的农户认为居住条件会得到改善，19.44% 的农户认为社会保障水平会提高。

4. 宅基地制度改革满意度方面

田溪村农户对宅基地制度改革满意度较高，在改革后家庭经济、居住状况和改革过程中知情权实现方面非常满意的占比分别达到 34.72%、40.28% 和 36.11%，但在改革后社会保障享有状况方面有待加强，有 13.89% 的农户表示对改革后的社会保障享有状况不满意（见表 4–10）。

表 4–10　宅基地制度改革后农户满意度调查

	非常满意（%）	不满意（%）	一般（%）	比较满意（%）	非常不满意（%）
改革后家庭经济状况	34.72	—	11.11	54.17	—
改革后居住状况	40.28	—	—	59.72	—
改革后社会保障享有状况	22.22	13.89	29.17	34.72	—
改革后社会资本状况	31.94	—	12.50	55.56	—
改革过程中的参与权实现	33.33	—	9.72	56.95	—
改革过程中的知情权实现	36.11	—	20.83	43.06	—
整个宅基地改革过程	30.56	—	11.11	58.33	—

田溪村由原先的浏阳市贫困人口最多的省级贫困村蜕变为生态美、农民富的全国乡村旅游重点村，宅基地制度改革的带动效果显著。田溪村宅基地制度改革的特色主要是资金众筹收益共享、闲置土地激活和多方合作促发展。一是村内资金众筹开发旅游景区，村民共享股权收益。田溪村共进行了三次村民众筹，累计筹资 1180 万元，村民以众筹资金入股成立了村级公司——湖南西溪旅游资源开发有限公司，开发了以西溪磐石大峡谷自然风光景点、西溪滑草游乐园、西溪跑马游乐园、西溪高空玻璃桥为主要景点的旅游景区，并联合河南乐投旅游资源开发有限公司打造了西溪黄金玻璃桥，兴建了乾隆御封洞的磐石寨天空之镜网红打卡项目，经营收益按照一定比例由村民和村集体共享，村民可分得经营收益的 15%（自然资源分红）和 55%（众筹股金）。二是多种方式激活农村闲置土地。首先，村集体已将西溪片区景区内贫困户搬迁后的空置房屋 21 处近 10000 平方米收回整治，作为集体建设用地入市开发高端景区民宿项目；其次，村集体出资将村内分散的闲置宅基地、农房和周边环境进行整治，打包租赁成立学生绘画写

生基地，使村内闲置资源利用最大化；最后，村集体牵头引导农户与西溪旅游公司合作开发民宿，农户与第三方民宿平台共同用于宅基地使用权，并通过网络宣传进行线上APP预约，吸引外来游客。三是多方合作共同促进田溪村焕生机。首先，基层党支部引领，相关政府部门支持，村集体主动求变，共同将田溪村产业发展提质升级。在党的领导下，相关政府部门对田溪村道路改造、风貌管控和各项基础设施建设进行完善，村集体在此基础上为村民和企业牵头对接，激活农村闲置资源，带领村民脱贫致富；其次，发挥群众主体作用，群众参与开发建设各个环节，从每户选派一名代表学习交流经验，到投入义务工进行村容村貌整治，再到村民众筹成立公司开发景区项目，田溪村正是依靠群众力量激发内生动力，靠村民自己走出致富之路；最后，发挥能人带动作用，田溪村通过多种方式将党员、乡贤、能人组成筹备领导小组，充分利用能人乡贤的资源和能力管理运营公司，走专业化、市场化的景区开发之路。

对田溪村农户的调研反映出了农户对宅基地制度改革的部分问题和情况：第一，因田溪村宅基地使用权流转情况较多，村内利用宅基地经营获取收益的现象较为普遍，因此田溪村村民对利用宅基地搞经营的农户收取宅基地有偿使用费的接受程度较高，村庄在对该类农户推行宅基地有偿使用政策时会较为顺利，但对于其他方面的宅基地有偿使用仍需加强宣传教育工作；第二，在村庄基础设施逐步完善、村容村貌焕然一新情况下，村庄流转宅基地情况增多，在村集体带动下村民众筹成立公司，因此入股方式是田溪村宅基地流转的主流，且宅基地流转后农户对收入、居住状况和社会保障水平提高的满意度较高；第三，受村庄资源、发展定位和农户宅基地基本情况的影响，农户对宅基地制度改革带来的收益十分关心，经济效益是农户现阶段最关心的问题。第四，宅基地制度改革下一步要提高农户的社会保障水平，让农户积极参与到宅基地制度改革中。

汨罗市桃林寺镇三新村：描绘宅基地有偿使用制度改革样本 *

赵卫卫 ①

一、三新村基本情况

（一）自然地理情况

山多水丰的丘岗地貌。三新村地处汨罗市江北地区，位于桃林寺镇境内。桃林寺镇北与岳阳县黄沙街镇接壤，东邻大荆镇、西靠白塘镇、北抵罗江镇和屈子祠镇。2015年，汨罗市行政区划调整，原桃林寺镇与原火天乡、原新塘乡合并为新的桃林寺镇。三新村是典型的丘岗地貌，属于亚热带季风性湿润气候，四季分明，雨量充足，土壤主要是水稻土、红壤、黄壤、紫色土、潮土，植被为亚热带阔叶林，以人工林及天然次生林为主，植被覆盖率较高。低岗丘陵为主的地形使三新村的农房布局显示出明显的特色，地形错落、村道崎岖蜿蜒，民居三五成团，居住较为分散。村庄植被覆盖率高，气候宜人、生态环境优良。

（二）经济社会发展情况

1. 乐于奉献的村庄文化盛行

三新村下辖 21 个村民小组，全村共计 790 户，人口 2909 人。② 过去三新村集体经济发展较为罗后续，村民普遍外出务工或创业，村庄衰败情况明显。近年来，美丽乡村建设的实施、乡村振兴战略的推行以及宅基地制度改革试点带来的政策叠加效应为村庄发展带来了新的机遇。通过“引老乡、回故乡、建家乡”活动，鼓励在外务工的村民回乡，使村庄焕发了新的生机和活力。在外创办企业成功的村民将更多村民带出村庄、共同致富，并乐于为村庄建设慷慨解囊，形成乐于奉献的村庄“乡贤”文化。村民们纷纷捐资修路、修建村庄公共基础设施等，为村庄建设和发展贡献自己的力量。

---

* 案例内容来自中国矿业大学（北京）共同富裕研究院第二调研组 2020~2022 年的实地调查。

① 赵卫卫，中国矿业大学（北京）共同富裕研究院助理研究员，管理学博士。

② 相关数据来源于桃林寺镇提供材料的《用好“两块地”，当好“一个家”——汨罗市桃林寺镇三新村壮大村集体经济案例》。

2. 种养为主产业方兴

三新村依托资源地域优势，确定了种养殖为主的集体经济发展思路，主要形成两种集体经济发展模式。一种是由党员、能人创办合作社、家庭农场，农户以土地承包经营权、资金、技术等方式入股；另一种是党员、能人勇于尝试发展规模种植产业，起到示范带动作用，农户积极效仿，村级种植规模不断扩大。三新村建立了创源种养专业合作社、德坤水稻种植专业合作社、吴茱萸种养专业合作社、油茶合作社、肉鸡养殖场、肉牛养殖合作社六个专业合作社。其中，创源种养专业合作社是由党员刘世虎创办的，其发展理念是“自己致富，并带领群众共同致富”。主要种植瓜蒌，其籽食药两用，经济价值高，瓜蒌种植面积达530亩，亩产值可达到6000元，年总产值可达300余万元，瓜蒌种植给三新村带来30余万元的劳动力就业收入和20余万元的田地租金。吴茱萸种养专业合作社种植了300余亩吴茱萸，为集体经济增收5万余元，还带动了村民就业。油茶合作社通过流转农户的土地，将分散的林地进行连片式开发，种植1200余亩油茶树，实施规模经营。德坤水稻种植专业合作社由村民刘大军创办，水稻种植规模达到1180亩，每亩年产量可达1000斤，每年总产值达到140余万元，其他农户得到启发，纷纷开拓新的致富路子，促进村庄集体经济发展。①

（三）土地利用情况

三新村土地利用呈现山水林田资源丰富、人均建设用地较大的特点。村域面积共667.71公顷，林地面积最大，有246.89公顷，占36.98%；耕地213.30公顷（其中，水田188.8公顷，占88.5%；旱地24.5公顷，占11.5%），占31.95%。林地、水面占地较多，与其山多水丰的自然特色相呼应。建设用地约占10.16%，其中居住用地占地最多，占建设用地面积的93.81%，全部土地面积的9.53%，人均建设用地面积227.13平方米（见表4-11）。②

表4-11 三新村土地利用详情

用地类型	面积（公顷）	比重（%）
国土总面积	667.71	100.00
耕地	213.30	31.95
园地	46.69	6.99
林地	246.89	36.98
草地	0.77	0.12

① 相关数据来源于三新村村级文件。

② 相关数据来源于《桃林寺镇三新村村庄规划2021—2035年)》。

续表

用地类型			面积（公顷）	比重（%）
湿地			0.46	0.07
农业基础设施用地			15.66	2.35
城乡建设用地	城镇建设用地		0.33	0.05
	村庄建设用地		67.50	10.11
	其中	居住用地	63.63	9.53
		公共管理与公共服务用地	1.20	0.18
		商业服务业用地	0.30	0.05
		工业用地	0.52	0.08
		仓储用地	0	0
		乡村道路用地	1.85	0.28
		交通场站用地	0	0
		其他交通设施用地	0	0
		公用设施用地	0	0
		绿地与开放空间用地	0	0
		留白用地	0	0
		空闲地	0	0
		村庄范围内的其他用地	0	0
		小计	67.50	10.11
	合计		67.83	10.16
区域基础设施用地			14.07	2.11
其他建设用地			0.15	0.02
陆地水域			51.05	7.65
其他土地			10.83	1.62

资料来源：《桃林寺镇三新村村庄规划（2021—2035 年）》。

根据村庄规划，三新村的村庄定位为农业发展类，集体经济以发展现代农业和观光乡村为主要思路；居住上预期通过规划引导村民适度集中居住，通过宅基地退出等形式减少人均建设用地面积，改善环境、打造秀美屋场，提升公共设施水平。

二、宅基地利用和管理现状

（一）宅基地利用

宅基地占用失衡、利用效率低、居住分散，超占较多。三新村早期集体经济不发达，村民在外经商的较多，赚钱后普遍回村大兴土木，翻建住房。宅基地制度改革前，建房审批长期处于规范不清、限制不严、管理混乱的境地，管理部门审批落实不到位，规划执行不到位，对村民建房行为几乎没有限制，甚至很多都是房屋建成后来补办手续，管理形式化。村民任意选择自己想要的地块建房，随意圈占土地，甚至占用耕地，未批先建的现象比较普遍。建设面积也是根据财力自由确定，而不是执行规定的面积标准，造成自建房超面积的比较多。根据摸底调查结果，三新村共 687 处宅基地，面积总量约 63.63 公顷，人均建设用地面积达 227.13 平方米，① 远高于湖南省规定的标准面积。② 其中面积在 180 平方米以上的有 355 处，约占 52%。③

（二）宅基地管理

1. 积极推进审批制度改革

桃林寺镇被纳入汨罗市第二轮宅基地制度改革试点乡镇之后，将完善审批制度列为重要内容之一，建立健全乡镇政府履行宅基地审批机制，提升承接审批权下放的能力。依据“村级初审、乡级审批、县级监管”的原则，进一步落实乡（镇）政府审批职责，制定具体实施办法和办事指南，规范农村村民住宅用地审批和乡村建设规划许可管理。镇级和村级明确管理机构，规范审批程序。村级成立村民理事会，负责宅基地制度改革工作的落实、村级初审以及日常监管工作。村级初审主要审查申请人是否具有本集体经济组织成员资格，是否符合一户一宅的要求。制定村级《村民理事会管理制度》，明确村民理事会的职责，规范日常行为，图 4-18 展示了三新村村民事务理事会工作流程。乡镇设立联审联办办公室，村民宅基地申请“一门式”办理，力求让农民少跑路、数据多跑路。县级建立宅基地管理信息平台，方便乡镇进行审批工作。改革后村民申请宅基地，只需要向村民小组长提交一份申请书以及身份证、户口本等证明材料即可。村民小组长会组织本组村民召开会议讨论通过其申请并完成组内公示，之后提交村委会，申请通过后由村级协管员负责将相关材料一并送交乡镇审批管理窗口，审批通过后发放《宅基地批准书》和《乡村建设规划许可证》。图 4-19 展示了宅基地申请审批流程。

---

① 相关数据来自于《桃林寺镇三新村村庄规划（2021—2035 年）》。

② 根据《湖南省实施〈中华人民共和国土地管理法〉办法》规定：“农村村民每户宅基地面积标准涉及占用耕地的，最高不超过一百三十平方米；使用耕地以外其他土地的，最高不超过一百八十平方米；全部使用村内空闲地和原有宅基的，最高不超过二百一十平方米。”

③ 相关数据由三新村提供。

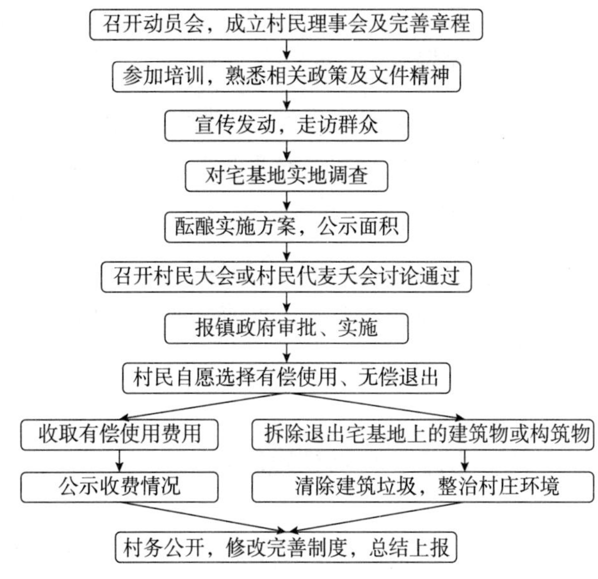

图 4-18 三新村村民事务理事会工作流程

资料来源：由三新村村委会提供。

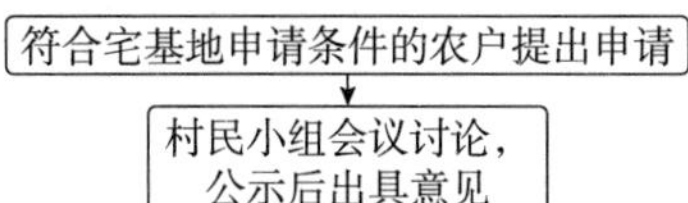

村（居）集体经济组织或村（居）委会审查，发放并指导农户填写《农户宅基地使用承诺书》和《农村宅基地和建房（规划许可）申请表》，并收齐相关资料上报各镇政府农村宅基地管理综合部门（农业/经管中心、站）

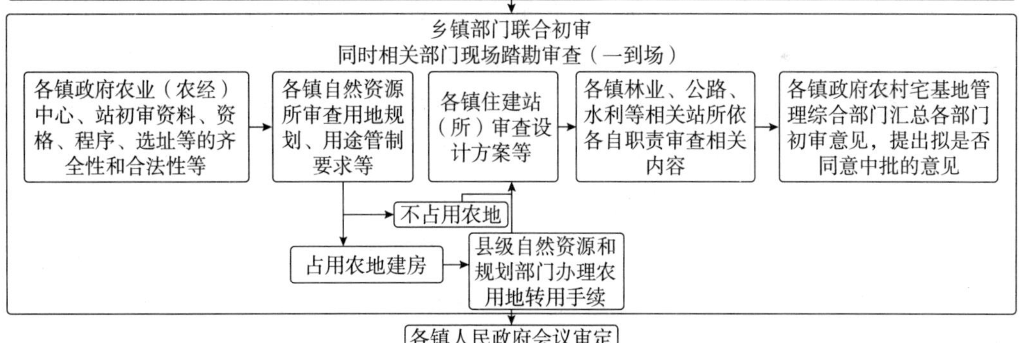

各镇人民政府会议审定

各镇人民政府农村宅基地管理综合部门（农业/经管中心、站）组织填写《农村宅基地和建房（规划许可）审批表》，各镇人民政府核发《乡村建设规划许可证》和《农村宅基地批准书》

各镇人民政府农村宅基地管理综合部门（农业/经管中心、站）会同相关部门现场定桩放线（二到场）

各镇人民政府农村宅基地管理综合部门（农业/经管中心、站）会同相关部门竣工验收，出具验收表（二到场）

县自然资源和规划部门依申请颁发不动产权证书

图 4-19 汨罗市桃林寺镇三新村宅基地申请审批流程

资料来源：由三新村村委会提供。

2. 建立监管体制，强化日常监管

村民建房过程中的监管工作是防止村民少批多建的主要方式，防范于未然，可以减少行政成本和村民损失，将不稳定因素消灭在萌芽状态。“宅改”试点中，汨罗市实行市（县）、镇、村三级联动的监管机制，建立巡查“三张网”，做到监管“三到场”。县级联点干部包村，每旬到村巡查一次；乡镇综合执法大队包片，每周全域巡查一次；村协管员每周巡查三次。村民建房全过程监管，批前选址审查到场、开工放线砌基到场、竣工验收到场。

三、三新村先行先试宅基地有偿使用制度改革

三新村的宅基地有偿使用改革是汨罗市首批先行试点，对桃林寺镇乃至整个汨罗市的宅基地有偿使用改革都有着重要的影响。在汨罗市政府的领导下，镇、村两级投入大量精力，将工作做精做细，在有偿使用的范围确定、缴费标准制定、收费方式规定和经费开支审定方面进行了探索，使有偿使用制度改革既能顺利推进，又获得农民支持，保障农村社会稳定。

（一）摸清底数为改革打好基础

宅基地制度改革中摸底是前提，对存量宅基地进行摸底既是政策方针制定和实施的重要基础，也是宅基地制度改革至关重要的第一步。三新村“宅改”之初，根据《桃林寺镇宅基地制度改革实施细则》的规定，开展调查摸底的工作。聘请专业的摸底调查公司，由村民理事会成员、乡镇驻村干部、村民代表等相关人员组成现场测量组，对村庄内部所有的主房、杂房、围墙内地坪等附属设施进行测量调查，并与地籍图上的权属、面积信息对照、核查，更新地籍信息。经过逐户测量与核对，三新村完成全村 600 余处宅基地的入户测量与地籍核对工作，填写了《农村宅基地调查登记表》，每户面积都得到村民的签字认可，并在村民小组进行公示。深入细致的摸底工作为有偿使用细则的制定和缴费奠定了基础。

（二）按照“少数缴费”原则制定有弹性的收费范围

如前所述，三新村宅基地利用过程中的主要问题是存量宅基地面积超过规定标准面积，且超标户数和面积数都比较大。根据《湖南省实施〈中华人民共和国土地管理法〉办法》的规定：“农村村民每户宅基地面积标准涉及占用耕地的，最高不超过一百三十平方米；使用耕地以外其他土地的，最高不超过一百八十平方米；全部使用村内空闲地和原有宅基的，最高不超过二百一十平方米。”三新村宅基地占用的土地大部分属于

“使用耕地以外其他土地的”，适用一百八十平方米的标准。现实情况是，面积超过 180 平方米的住房超过一半，如果严格按照一百八十平方米的标准收费，有一半多的农户需要缴纳有偿使用费。基于宅基地有偿使用改革是一项新鲜事物和对农户的观念冲击较大的考量，村民理事会在多方征求意见的前提下，在乡镇政府的指导下，以“让少数超面积的农户缴费”为原则，确定了 180~210 平方米的部分暂缓收费，210 平米以上收取有偿使用费的细则。这种具有弹性的收费范围既为宅基地有偿使用理念的接受预留了缓冲的余地，也表现了村民自治的智慧。

（三）民主决策确定阶梯式收费标准

三新村宅基地有偿使用收费标准的确定体现了村事民办的原则，是宅基地有偿使用工作成功的关键。根据《桃林寺镇宅基地制度改革实施细则》的规定，要求制定收费标准阶段不搞“一言堂”，不能替民做主，需要多方采纳村民意见。为此，村民理事会、驻村干部、乡镇干部首先通过与本村“乡贤”、在外知名人士、致富能手座谈，征求意见形成收费方案初稿，其次召开村民代表会议对方案进行修改完善，最后经村民会议表决通过。值得一提的是，在最终表决阶段，村民理事会发挥主观能动性，共提出了四种收费方案、六种不同的收费模式供村民选择（见表 4-12）。最终村民表决通过了分类阶梯式收费方案（见表 4-13），即主房类，每 30 平方米为一个节点，收费标准提升一个档次，最低标准为 10 元每平方米，此后收费档次每提高一档，单价增加 2 元；杂房类，同样以 30 平方米为一个节点，每超过 30 平米收费标准提升一个档次，最低标准为 5 元每平方米，每提升一个档次单价增加 2 元；庭院类，以 500 平方米为一节点，每超过 500 平米提升一个收费档次，最低标准为 2 元每平方米，每提升一级收费单价增加 1 元。宅基地有偿使用费的缴纳方式是一年一缴。截至 2022 年初，三新村已经收取第一年的宅基地有偿使用费，缴费率达到 100%，共收取 22.3 万元。[①]

表 4-12　三新村宅基地有偿使用费征收方案

方案一：主房杂房分开阶梯收费							
收费标准一							
	主房			杂房			
	超过面积（平方米）	收费标准（元/平方米）	收费金额（元）	超过面积（平方米）	收费标准（元/平方米）	收费金额（元）	总收费金额（元）
超 1~50 平方米	3035.4	10	30354.4	12401.7	5	62008.5	357445.3
超 50~100 平方米	1082.1	15	16230.9	6054.5	10	60544.9	
超 100~150 平方米	572.6	20	11451.6	2685.1	15	40277.1	

① 本部分所有数据由三新村提供。

续表

收费标准一							
	主房			杂房			
	超过面积（平方米）	收费标准（元/平方米）	收费金额（元）	超过面积（平方米）	收费标准（元/平方米）	收费金额（元）	总收费金额（元）
超 150 平方米以上	1454.5	25	36363.5	5010.7	20	100214.4	357445.3
总计	6144.6	—	94400.4	26152.0	—	263044.9	

收费标准二							
	主房			杂房			
	超过面积（平方米）	收费标准（元/平方米）	收费金额（元）	超过面积（平方米）	收费标准（元/平方米）	收费金额（元）	总收费金额（元）
超 1~50 平方米	3035.4	10	30354.4	12401.7	5	62008.5	453932. 5
超 50~100 平方米	1082.1	20	21641.2	6054.5	10	60544.9	
超 100~150 平方米	572.6	30	17177.4	2685.1	20	53702.8	
超 150 平方米以上	1454.5	40	58181.6	5010.7	30	150321.6	
总计	6144.6	—	127354.7	26152.0	—	326577.8	

方案二：主房杂房分开统一收费						
主房		杂房				
超过面积（平方米）	收费标准（元/平方米）	收费金额（元）	超过面积（平方米）	收费标准（元/平方米）	收费金额（元）	总收费金额（元）
6144.6	20	122892.4	26152.0	10	261520.5	384412.9

方案三：全房统一收费			
全房面积 = 主房面积 + 杂房面积			
		收费标准（元/平方米）	总收费金额（元）
主房超过面积（平方米）	6144.6	15	484449.0
杂房超过面积（平方米）	26152.0		
总超过面积（平方米）	32396.6		

方案四：全房阶梯收费				
收费标准一				
	超过面积（平方米）	收费标准（元/平方米）	收费金额（元）	总收费金额
超 1~50 平方米	13304.0	10	133040.4	506006.5
超 50~100 平方米	7162.4	15	107435.9	
超 100~150 平方米	3584.6	20	71691.0	
超 150 平方米以上	7753.6	25	193839.3	
总计	31804.5	—	506006.5	

续表

收费标准二				
	超过面积（平方米）	收费标准（元 / 平方米）	收费金额（元）	总收费金额
超 1~50 平方米	13304.0	10	133040.4	693967.5
超 50~100 平方米	7162.4	20	143247.8	
超 100~150 平方米	3584.6	30	107536.5	
超 150 平方米以上	7753.6	40	310142.8	
总计	31804.5	—	693967.5	

资料来源：三新村宅基地制度改革数据汇编。

表 4-13　三新村宅基地有偿使用最终收费方案

分类阶梯收费			
	主房	杂房	庭院
收费标准（超过 210 平方米的）	1~30 平方米，10 元 / 平方米 30~60 平方米，12 元 / 平方米 60~90 平方米，14 元 / 平方米 90~120 平方米，16 元 / 平方米 120 平方米以上，18 元 / 平方米	1~30 平方米，5 元 / 平方米 30~60 平方米，7 元 / 平方米 60~90 平方米，9 元 / 平方米 90~120 平方米，11 元 / 平方米 120 平方米以上，13 元 / 平方米	1~500 平方米，2 元 / 平方米 500~1000 平方米，3 元 / 平方米 1000 平方米以上，4 元 / 平方米

资料来源：桃林寺镇三新村宅基地调查与收费情况公示栏 。

（四）按照“全体受益”的原则规范有偿使用费的使用

桃林寺镇、三新村共同确定有偿使用费的收取与使用，以“民主议事、用途公示、村民监督、镇村管控”为总原则。为规范宅基地有偿使用费支出，镇级制定了《桃林寺镇宅基地改革有偿使用费管理使用办法》，对宅基地有偿使用费的收入、支出作出了详细的规定。有偿使用费由村民理事会负责收取，每年收取一次，需要开具统一的《湖南省村民（社区居民）委员会收款收据》，收取的资金存至村账镇代理中心账户。支出方面，严格限制支出程序，参照财政资金报账制度进行支出，须有经办人、证明人、村书记、村委会成员、包村干部负责人、村民理事会负责人签字方可。经费支出情况还须每季度在村集体经济组织内部公示至少 1 次，随时接受群众监督。

有偿使用费使用的可支出项目，包括宅基地退出补偿、闲置宅基地盘活利用、农村公共设施和公益事业建设等，项目需经过村民理事会的同意，报村民会议或村民代表会议表决通过，并由镇政府审批。为了撬动更多资金参与村庄建设，规定宅基地有偿使用费支出最多占项目总支出的 25%，以奖代投，“小钱撬动大钱”。三新村由于前期有村民捐资改善村庄基础设施，加之各种示范村建设的项目拨款，政策叠加带来资金加成，使村庄建设资金较为充足，因此目前还没有动用到宅基地有偿使用费资金，但村干部和村民理事会成员都对支出规则十分熟悉。

（五）取得成效

宅基地有偿使用制度试点不仅是针对宅基地的改革，更是针对人的观念的改革。三新村的宅基地有偿使用达成了增加村集体收入、更新村民观念、改善村庄环境、节约用地等多方面的目标。

一是收取超占费用，增加集体收入。自改革开始至调研时止，三新村已经收取第一年的宅基地有偿使用费，缴费率达到 100%，共收取费用 22.3 万元。预计每年能增加集体收益 22.3 万元，[①] 可用于改善村庄环境、完善村庄基础设施建设，提升人民群众幸福感。

二是更新群众观念，规范建房秩序。在宅基地制度改革的过程中，让村民了解到宅基地不是祖业而是集体资产，而且建房要遵守面积规定，按照规划选址、建设，并将此项内容写入村规民约（见图 4 -20），多管齐下，更新群众的观念，使群众养成新的良好习惯。

图 4-20 桃林寺镇三新村村规民约

资料来源：由调查员实地拍摄。

三是维护社会公平，缓解群众情绪。早期宅基地管理失序造成宅基地超面积的情况严重，村民之间不公平现象突出，容易造成群众之间的矛盾。针对存量超面积的宅基地收取有偿使用费，显示了公平，缓解群众因宅基地占用不均导致的矛盾，形成良

① 相关数据来源于调研过程中村庄提供的资料。

好乡风。

四是改善村庄环境，群众集体受益。通过宅基地有偿使用政策的实施，促使村民主动拆除围墙、退出空心房、危房以及闲置废弃的偏杂屋。村集体利用退出的零散地块建设广场、小公园、小菜园、小游园等公益设施，使村庄风貌焕然一新。

四、工作经验

（一）“村事民办”发挥农民主体作用

“村事民办”是三新村宅基地有偿使用试点政策实施成功的“秘诀”，在改革中充分尊重农民的主体地位，保障群众的知情权、参与权落到实处，保障群众利益，发挥农民群众的积极性、主动性和创造性。村民理事会成员从村干部、党员、乡村能人、新型农民等人中产生，并由村党组织考核，村民代表会议表决通过。根据《村民理事会管理办法》，赋予理事会八项权利、九项职责。村民理事会在正式开始“宅改”工作前，进行全方位的政策培训。在摸底调查阶段，挨家挨户入户调查，保证村庄的每一处建筑物都得到测量，村民参与测量过程、认可测量结果，充分保障群众的知情权和参与权。在制度制定阶段，通过入户开座谈会、召开村民代表会议等方式，了解群众需求、尊重群众意愿。与本村乡贤、在外知名人士、致富能手等进行座谈，征求意见，再由镇村党员干部理事和群众代表统一思想形成初稿，之后召开村民会议或村民代表会议进行讨论，广泛征求意见，由理事会根据村民意见对方案进行修改完善，再经村民会议或村民代表会议表决通过，最后报镇人民政府备案，经批复后，公示实施，真正做到群众全过程参与。政策实施阶段，每户应缴费数额与实际缴费数额都及时公示，方便群众监督，宅基地有偿使用费的支出情况也及时进行监督，做到整个过程公开透明，尊重群众主体地位，保障群众利益。

（二）“五治合一”完善乡村治理体系

三新村积极探索乡村治理体系的完善，通过基层治理“五治合一”的创新，形成乡村发展的合力。在自治、法治、德治的基础上，结合乡村实际，运用信息技术手段，鼓励群众积极参与宅基地制度改革政策制定和费用收取等工作，创新乡村“五治”方案，形成“政治＋带头人、法治＋明白人、德治＋好模范、自治＋志愿者、智治＋互联网”的乡村治理网络。在村干部的带领下，三新村发挥党员带头作用，由了解法治的村民负责宣讲法律、解读政策，以道德模范为榜样引领广大村民积极参与，在群众中形成传帮带的改革氛围，使宅基地制度改革具备良好的群众基础，进一步完善乡村治理体系。

（三）市、镇、村联动聚力振兴乡村

三新村是桃林寺镇乃至汨罗市第一个试点宅基地有偿使用的村庄，其改革成功与否直接影响着全市范围宅基地有偿使用政策的实施效果，从结果来看，三新村交出了一份令人满意的答卷。改革的顺利推行离不开市、镇、村三级的协同努力。

一是成立领导专班、高位推进、压实责任，做强“宅改”保障。桃林寺镇强化党在基层的集中统一领导，镇、村两级把“宅改”作为“一把手工程”，实行清单化管理，坚持每天召开碰头会，逐日推进。镇级对驻村参与改革任务的干部进行多次政策和业务的培训，帮助驻村干部提高思想认识、清楚明白政策，力保取得实质性进展。

二是科学谋划、调查研究、摸清底数，做细“宅改”标准。桃林寺镇组织了百余名镇村干部全面开展宅基地信息入户调查，掌握宅基地基础信息。充分尊重群众意愿，与村民代表、乡村能人、人大代表、政协委员等召开座谈会，结合三新村、高丰村和西塘村三个村的基础数据，制定了四种收费方案，并针对超面积的宅基地分为主房、杂房和庭院三种不同用途制定阶梯式收费标准。

三是广泛宣传、全面覆盖、凝心聚力，做优“宅改”品牌。桃林寺镇通过召开村民代表大会，向群众大力宣传宅基地有偿使用制度改革的内容和重要意义。发挥新媒体传播优势，通过微信视频号、朋友圈等推送小视频、推文等，方便群众更好地理解宅基地改革的内容。利用横幅标语，宣传册、宣传车、宣传栏、集中培训、专业业务指导等多种方式，媒体跟踪报道“宅改”进程，让广大干部群众知晓政策、理解政策、支持政策、执行政策。“宅改”期间，全镇没有出现任何不稳定因素。

四是精准施策、调整公平，有偿使用和自愿退出相结合，做深“宅改”内涵。严格按照“一户一宅，拆旧建新、法定面积”的原则，动员群众自愿拆除闲置废弃的畜禽舍、倒塌的住房，影响村庄建设的建筑物。对历史形成的超占多占、且确实无法退出的，依据有偿使用进行收费调整。对有偿使用费收取明细、各户宅基地主房、杂房和庭院面积及资金管理办法进行公示，保证公开、公正、透明地推进宅基地制度改革，接受群众监督。退出的闲置宅基地由村集体经济组织或村民委员会依法收回，再进一步利用。

（四）“五个一”释放改革红利

一是党员带头“一起上”。充分发挥支部引领作用，党员带头入户宣讲政策，带头退出多占宅基地，带头缴纳超面积有偿使用费，在群众中树立先行标杆。

二是坚持群众自治，底数方案“一本账”。通过召开村民代表大会，发挥理事会的作用，全面摸清底数，共同协商，反复测算，制定切实可行的方案，由群众民主表决通过，夯实了工作基础。

三是广泛宣传，营造氛围“一个调”。通过视频号、朋友圈等新媒体，横幅标语、宣传栏、户主会等多种形式，广泛宣传宅基地制度改革的政策和益处，充分获得群众支持和理解。

四是公开公平，执行标准“一把尺”。做到房屋数据公开、收取金额公开、资金使用公开，坚持一个标准、一套方案、一把尺子量到底，确保全程公平公正。

五是循序渐进，整体推进“一盘棋”。全镇 18 个村按照“1+7+10”的三步走程序，即 1 个村试点、7 个村推进、10 个村铺开，不盲目，不冒进，稳慎推进“宅改”工作。

五、农户意愿及满意度情况①

在三新村共发放 60 份调研问卷，其中 59 份有效。整体来看，受访者年龄在 35~71 岁，涵盖了农村具有独立生产生活能力的主要群体，受访者中男性较多，近一半受访者在本村务农为生，居住在距离城镇 3~5 千米的地方，且大多数都仅在本村拥有住房，房屋以自建为主，面积普遍在 110 平方米以上，全家人在村庄常住，村庄是其主要的活动场所，生产生活对宅基地的依赖较大（见表 4-14）。

表 4-14　三新村受访村民基本情况

基本情况		比例（%）
性别	男	89.47
	女	10.53
学历	初中及以下	52.73
	高中	36.84
	大专	10.43
	大学及以上	0
家庭主要就业方式	务农	47.57
	打工	15.59
	务农兼打临时工	21.05
	务农兼副业	15.79
就业地点	本村	73.48
	本镇其他村	15.89
	本县其他镇	5.27
	本市其他县	0
	其他城市	5.36
宅基地利用情况	全家都长住	84.21

① 本部分所有数据均来自于调查问卷统计。

续表

基本情况		比例（%）
宅基地利用情况	老人和孩子长住	10.32
	只有老人长住	5.47
	闲置	0
	家庭二三产业经营用	0
	出租（流转）由他人经营	0
宅基地位置与城镇距离	3 千米以内	26.32
	3～5 千米	52.63
	5～10 千米	15.39
	10 千米以上	5.66
社会保障是否完善	非常完善	52.43
	比较完善	47.57
	不完善	0
目前住房形式	自建独栋房	84.21
	与别人合建独栋房	15.79
	购买或分配到一栋多层住房中的一层或一单元	0
	村镇集中区合资建房	0
	其他	0
住房面积	小于等于 70 平方米	0
	70～90 平方米	0
	90～110 平方米	5.26
	110 平方米以上	94.74

资料来源：调研组调查问卷统计所得。

从改革的具体内容来看，调研组通过问卷对村民集中居住、使用权流转、有偿退出、有偿使用、宅基地制度改革满意度五个方面，对农户的具体情况、主观感知、改革意愿和满意度进行采集。结果显示：受访者对集中居住的支持度较高，比较关注集中居住后生态环境水平以及交通便利，但同时又担心生活方式改变会不习惯；全体受访者都没有过（跨村组）流转宅基地的经历，由于担心流转后失去自家宅基地，受访者对（跨村组）流转持拒绝态度；近九成受访者均没有退出宅基地的经历，对退出补偿方式的关注度较低；大部分受访者支持宅基地有偿使用，且参与了有偿使用政策的制定，对本村宅基地有偿使用标准持肯定态度；受访者对宅基地制度改革满意度较高。

1. 集中居住意愿方面

三新村的受访者对集中居住的支持度较高（占比 63.16%），多数接受平移至本乡镇集中居住。对集中居住后比较关注的方面是生态环境是否优良（占比 63.16%）以及交通是否便利（占比 47.37%）。农户不愿选择集中的原因是对居住后的生产生活方式不习惯（占比 63.16%）。

2. 宅基地流转意愿方面

受访农户均没有流转宅基地的经历，且并没有流转意愿。究其原因，大部分村民并不了解宅基地流转的相关政策（占比 68.42%），且不打算进城买房（占比 78.95%），担心流转导致自己失去宅基地（占比 89.47%）以致居无定所。

3. 宅基地退出意愿方面

受访者对宅基地退出的意愿并不强烈，对农村生活有很大的依恋。受访者中有近九成没有退出经历（占比 89.47%），约一成的农户有退出经历，全部是选择暂时退出。有一半以上的受访者没有关注宅基地退出的补偿方式（占比 57.80%）。对于大部分受访者来说，即使退出宅基地也希望能以农村住房的形式获得补偿（占比 63.16%）。村民对农村宅基地价值提高的乐观预期（认为宅基地以后会和城里土地一样值钱的占比 52.63%）以及对城里生活困难程度的认知（认为进城打工难的占比 73.69%，认为进城后生活成本上升占比 57.89%）使他们对于宅基地退出整体上积极性不高。

4. 宅基地有偿使用意愿方面

有近八成受访者支持宅基地有偿使用（占比 78.95%），一半以上的受访者参与了有偿使用规则的制定并且对现有的收费规则表示认可。

5. 群众对宅基地制度改革满意度方面

宅基地制度改革除了增加集体收入，改善村庄环境，也收获了群众的支持。问卷统计显示，受访者在村民参与、生活水平、人居环境和村容村貌等方面都给予了较为正面的评价，52.63% 的受访农户认为村庄公共事务参与度有所提高，57.89% 的农户认为生活水平提高，68.42% 的农户认为人居环境变得舒适，78.95% 的农户认为村容村貌得到改善。此外，在村务治理、权益保护、住房条件、社会资本方面，受访者也表现出了更高的满意度。受访者对村规民约的认可程度最高（占比 94.74%），对村干部的信任程度较高（占比 94.44%，其中非常满意的占 78.95%，比较满意的占 15.39%）（见表 4–15）。

表 4-15　三新村宅基地制度改革相关的村民满意度调查

	非常满意（%）	比较满意（%）	一般（%）	不太满意（%）	非常不满意（%）
村务公开度	68.42	15.89	15.69	—	—
村民权益保护情况	57.90	21.05	21.05	—	—
流转后的社会保障	68.62	5.06	26.32	—	—
现有住房地理位置	73.68	5.27	21.05	—	—
现有住房质量	63.16	5.16	31.68	—	—
住房周边公共服务设施	68.82	15.69	15.49	—	—
住房周边环境卫生	73.38	10.63	15.99	—	—
我很信任乡镇政府	68.32	15.79	15.89	—	—
我很信任村干部	78.95	15.39	5.66	—	—
我经常去参加村民代表大会	78.45	5.56	15.99	—	—
我赞同村规民约的所有规定	94.74	5.26		—	—

资料来源：调研组调查问卷统计所得。

三新村宅基地有偿使用政策实施的关键在于“村事民办”，充分尊重村民意愿、鼓励农民参与、发挥村民主体作用。三新村切实为广大群众谋福利是改革的出发点和落脚点，因此获得群众的认可并取得了突出的改革成效，村庄环境得到改善、村民精神面貌提升、村集体收益增加。三新村宅基地有偿使用政策改革为汨罗市乃至中部地区的有偿使用政策实施提供了可借鉴的经验。其改革进程呈现基层政府与自治组织各司其职、各显其能，不缺位、不越位的良好合作关系，特别是村民自治组织——村民事务理事会的产生与工作经验值得学习。基层政府在改革初期做了详尽的准备工作，进行了全方位的政策宣传，细致的摸底调查并公示数据，做到信息公开透明，准备工作周到详尽。在改革具体实施阶段，基层政府主要提供资金支持和政策指导，而不是直接插手村庄事务，在法律、政策允许的范围内给村庄充足的自主权。村民理事会具有较强的组织和领导能力，将村民组织起来，积极参与细则的制定和费用的缴纳。由于三新村热心公益、乐于贡献的村庄文化，村民的积极参与也有迹可循。

三新村村民普遍收入较高，经商获取的收入可以支持村民在城乡之间自由流动，因此他们既能享受城市的便利亦能享有村庄的良好生态环境，宅基地的情感属性亦使他们不愿意放弃。因此，大部分村民可以接受在村庄内集中居住、有偿使用等保留宅基地在村庄居住的改革方式，但对于宅基地流转、退出等短期或长期离开宅基地的情形支持度不高。究其原因，一是担心失去宅基地，大多数村民依然视宅基地为保障和“退路”，退出宅基地或将宅基地流转出去，会使他们有失去退路的隐忧，部分村民对进城打工难的认知加剧了这种忧虑；二是村民对宅基地的价值有着乐观的预期，认为宅基地将来会和城里的土地一样值钱，优越的自然生态环境，亦是村庄的吸引力所在。从满意度来看，大多数村民很满意自家现在所居住房屋的位置和周边环境，居住条件较好。村民对村干部的信任和对村规民约的认可显示其对于村庄治理的满意度较高，而且大多数受访者都参与过宅基地有偿使用细则的制定，对于村庄信息公开程度的认可使他们满意村庄的生活氛围。

三新村的宅基地有偿使用政策改革是汨罗市宅基地有偿使用政策改革的首个试点村，取得了令人满意的成效，形成了可供借鉴的经验，但仍需要注意改革的延续性，即收费政策的持续性。一方面，需要对村民理事会进行持续的激励，保障工作积极性，与村干部不同，民选的理事会成员难以享受财政拨付的补贴，为保障理事会成员的工作热情和积极性，可以考虑从有偿使用费或其他村集体经济收益中拨付部分资金，实施物质奖励。另一方面，部分村民抱着“试点期间先交钱，试点结束后再退钱”的想法，如何持续保障村民的缴费行为亦是需要思考的问题。

汨罗市罗江镇汨东村：抓典型"解剖麻雀"推动宅基地有偿使用 *

赵卫卫 [①]

一、汨东村基本情况

（一）自然地理情况

1. 平原传统农区

汨东村隶属于汨罗市罗江镇，位于汨罗市中部、汨罗江北岸。汨东村地势平坦，位于亚热带湿润性气候区，四季分明，丰沛的降雨使境内水源丰富，土壤肥沃，适合水稻等粮食作物生长。汨东村紧邻汨罗江，平坦的地势、湿润的气候、肥沃的土壤为农业发展提供了良好的条件，村域内田林环绕，生态环境优良，属于传统的农业发展区。

2. 属于近郊农村

汨东村于 2017 年 5 月由原刘花洲村和叶家冲村合并而成，位于罗江镇西南部，东西北三面与石仑山村、滨江村、罗滨村、罗江村相邻，南靠汨罗江，与城区一河之隔。汨东村村民服务中心距汨罗市中心约 3 千米，距镇政府约 1.8 千米，距离汨罗东站仅 8 千米，村域内依托 041 县道（十古公路）实现对外交通联系。[②]

（二）经济社会发展情况

1. 种养植业现代化水平高

汨东村的农业资源丰富，耕地较多，以种植业为主。水稻种植已基本实现现代化、规模化。经济作物种植已经形成特色，杨梅园每年可以为村集体提供 5 万元的流转收益。[③] 村域西部水产养殖已形成规模。汨东村未来计划依托现有水稻种植业，发展高品质现代化农业，打造绿色生态农产品特色品牌。

---

* 案例内容来自中国矿业大学（北京）共同富裕研究院第二调研组 2020~2022 年的实地调查。

① 赵卫卫，中国矿业大学（北京）共同富裕研究院助理研究员，管理学博士。

② 相关数据来源于汨东村提供的《罗江镇汨东村农村宅基地制度改革试点情况汇报（2022 年）》。

③ 相关数据由汨东村村干部提供。

2. 田园综合体已有雏形

依托现有生态资源和人文资源，以夕揽洲田园综合体为基础发展乡村旅游产业。夕揽洲田园综合体已有雏形，该田园综合体发展目标是以花卉为主，集产业研发、农业示范、休闲观光、婚纱摄影、科普娱乐、田园社区为一体的现代化特色农业产业园。截至 2022 年，夕揽洲田园综合体已开发部分项目，并有意向开发投资公司计划继续注资建设。

3. “城市后花园”的发展定位

汨东村属于集聚提升类村庄，共辖 39 个自然村组，43 个村民小组，全村总户数 1088 户，户籍人口 4125，常住人口 4268。[①] 汨东村发展优势明显，离城区近，对外交通便利，基本农田分布广、村庄集聚程度高，被汨罗市确定为乡村振兴中心村，计划将其打造为以水稻、水产养殖等农业产业为基础的现代科技农业示范村，以健康休闲旅游发展为重点的汨罗中心城区是周末旅行最佳目的地。汨东村以夕揽洲田园综合体建设为契机，大力发展特色农家乐、观光农业等新兴产业，将其建设成农旅商产业融合发展、土地高效利用、宜居宜业的“城市后花园”。

（三）土地利用情况

汨东村总面积 616.25 公顷，包括生态用地 109.69 公顷，占总面积的 17.8%，农用地 387.85 公顷，占总面积的 62.94%，主要为耕地；建设用地 118.71 公顷，占总面积的 19.26%，主要为村庄建设用地。农村住宅用地是村庄建设用地的主体，有 80.22 公顷，占总面积的 13.02%（见表 4–16）。根据村庄规划，到 2025 年，汨东村农村住宅用地面积为 79.90 公顷。[②]

表 4–16　汨东村土地利用现状

用地类型		占用情况	
		面积（公顷）	比例（%）
国土总面积		616.25	100.00
生态用地	水域	59.63	9.68
	其他土地	4.50	0.73
	林地（生态林）	45.56	7.39
	合计	109.69	17.80

① 相关数据来源于《罗江镇汨东村农村宅基地制度改革试点情况汇报（2022 年）》。

② 相关数据来源于《汨罗市罗江镇汨东村村庄规划（2020–2025 年）》。

续表

用地类型			占用情况	
			面积（公顷）	比例（%）
农用地	耕地		277.96	45.11
	园地		3.90	0.63
	林地（商品林）		48.72	7.91
	其他农用地		57.27	9.29
	合计		387.85	62.94
建设用地	城镇建设用地		0	0
	村庄建设用地		97.56	15.83
	其中	农村住宅用地	80.22	13.02
		村庄公共管理与公共服务设施用地	12.47	2.02
		村庄工业物流用地	1.86	0.30
		村庄基础设施用地	3.01	0.49
		村庄公园与绿地	0	0
	区域交通设施用地		5.28	0.86
	区域公共设施用地		9.71	1.58
	特殊用地		1.04	0.17
	采矿用地		5.12	0.83
	合计		118.71	19.26

资料来源：《汨罗市罗江镇汨东村村庄规划（2020–2025 年）》。

汨东村规划显示，到2025年，村庄用地将形成“一心二轴三片区”的布局。“一心”即以汨东村公共服务平台为核心提供服务。“二轴”：一是依托041县道，北至罗江镇、南到汨罗市区构建城乡综合发展轴，形成联系城乡的发展动脉；二是依托村庄主干路形成产业发展轴，村庄主要建设区域以及产业发展都围绕两轴进行布局。“三片区”分别是水产养殖观光区、科技水稻种植区以及康养旅游发展区。

二、宅基地利用和管理现状

（一）宅基地利用情况

汨东村人均建设用地面积为194平方米，[①] 超过湖南省规定的面积标准。[②] 改革前，

① 相关数据来源于《罗江镇汨东村宅基地制度改革试点情况汇报（2022 年）》。

② 根据《湖南省实施〈中华人民共和国土地管理法〉办法》规定：“农村村民每户宅基地面积标准涉及占用耕地的，最高不超过一百三十平方米；使用耕地以外其他土地的，最高不超过一百八十平方米；全部使用村内空闲地和原有宅基的，最高不超过二百一十平方米。”

宅基地管理混乱，村民回乡建房的意愿高，却不注重用地申请和审批，宅基地随意向外扩大。许多村民借近城区的位置优势搭棚办厂、搞养殖，农户自家开办的小型工厂、作坊、养殖场往往集生产生活功能于一体，难以区分住宅用地和产业用地，造成宅基地占用过大、无序混乱、环境污染。此外，还有远郊区的村民来汨东村购买农房，形成私下流转的事实。根据房地一体数据统计，汨东村总户数为 1088 户，一户多宅 42 户，占总户数 3.9%；宅基地总数 1131 宗；宗地面积超过 180 平方米的 365 户（不含庭院及部分杂屋），占总户数的 33.5%，① 超占总面积达 99021.2 平方米。②

由于村庄土地资源有限，宅基地占用普遍超标，新增的建房需求难以满足，汨东村计划建设适度集中的居民点。根据汨罗市的总体安排，五户联建的为"小集中"建房点，30 户以上的为"大集中"建房点，由市镇两级出资做好建房点的三通一平，有新增宅基地需求的村民需要去集中点建房，在村庄已有宅基地的村民也可以选择退出原有宅基地到集中点建房。汨东村规划了一个"大集中"建房点，已有 50 户村民进驻建房。

（二）宅基地管理现状

1. 积极落实农村宅基地制度改革

作为新一轮农村宅基地制度改革首批试点村，汨东村成立了村级宅基地制度改革试点工作领导小组，村党总支书记担任组长，村委委员担任副组长，全体村支两委为成员，并按照镇干部带村干部为小分队包片的网格化管理形式将汨东村划分为六个网格，分网格推进宅改工作。通过村民代表会议推选成立了村民事务理事会，推选了村中有威望和影响力的村民为理事长，制定了资格权认定、有偿使用、退出、流转、宅基地分配、管理审查等方面的村级管理章程，并将各项制度、流程上墙公示。汨东村宅基地制度改革实施流程如图 4–21 所示。

针对宅基地超面积比较多的情况，汨东村重点探索宅基地有偿使用制度改革，旨在通过这一政策，达成多项目标。一是针对超占面积进行收费，促进农村社会公平；二是通过政策的实施改变村民"宅基地是祖业"的错误观点，使群众认识到"宅基地是集体资产"；三是提示群众建房应符合规定面积，与规范审批程序结合，使群众形成建房要申请并符合面积规定的习惯。

2. 规范宅基地审批

根据汨罗市的统一部署，按照"村级初审、乡级审批、县级监管"的原则，汨东村在村级规范中明确了村集体经济组织和村民理事会在宅基地审批和管理中的责任。明确

① 相关数据来源于《罗江镇汨东村宅基地制度改革试点情况汇报（2022 年）》。

② 相关数据由笔者根据村级资料汇总。

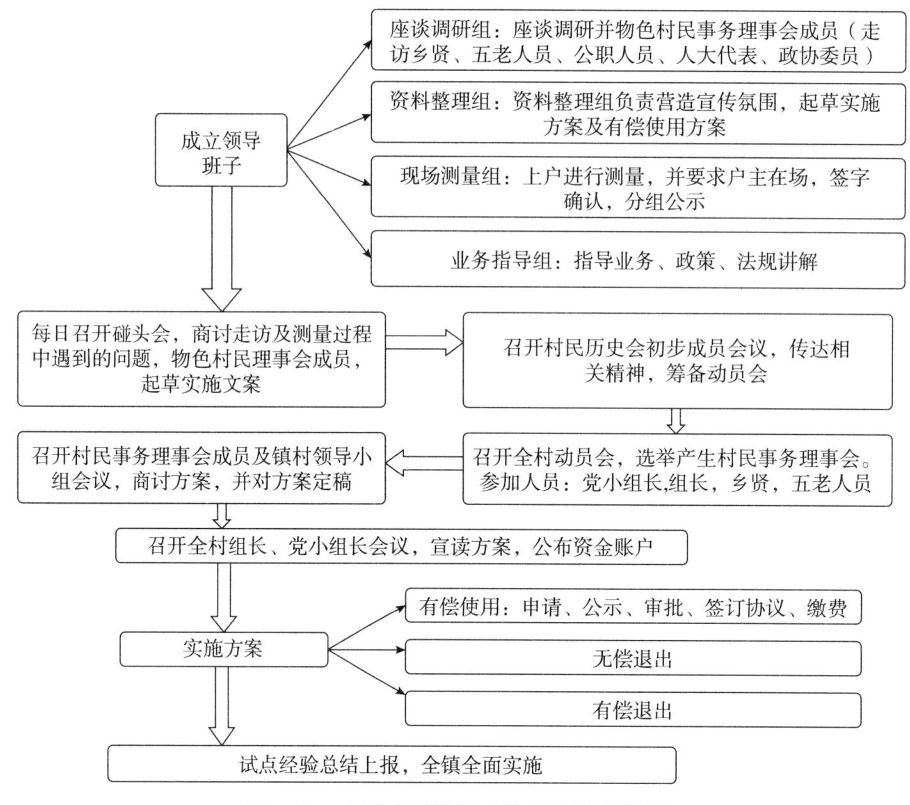

图 4-21　汨东村宅基地制度改革实施流程

资料来源：《罗江镇汨东村农村宅基地制度改革试点资料汇编》。

了村级初审的程序：①村民向村民理事会提出书面申请；②村民事务理事会对建房资格进行初审，主要审查内容为是否具有宅基地申请资格、户内人口情况、原有宅基地情况、是否存在不得申请建房的情形以及拟占用土地情况；③村民理事会审核通过后，召开村民会议或村民代表会议表决，通过后公示 7 天；④公示结束后报村委会，上报乡（镇）审批。① 汨东村详细规定了宅基地分配的方案，以规范村民宅基地申请和建房行为。②

3. 强化日常监管，设置村级协管员

汨东村加强农村基地日常巡查，及时发现和制止涉及宅基地的各类违法违规行为。一是设置了村民建房和宅基地协管员，由村党总支书记担任，负责向村民介绍宅基地申请和建房的程序，帮助村民到乡镇政府办理相关审批手续，并在建房的全过程中进行巡查，配合市级和镇级的巡查工作，形成市、镇、村三级联动的监管体制。二是实行村

① 相关数据来源于《汨东村农民建房管理审查细则》。

② 相关数据来源于《汨东村宅基地分配方案》。

民建房动态监管，建立巡查“三张网”和监管“三到场”。此外，在《汨东村村规民约》中新增9条与宅基地制度改革相关的内容，涉及宅基地归集体所有、“一户一宅”、建新必须拆旧、建房要符合规划等条款。

三、汨东村宅基地有偿使用改革实践

新一轮宅基地制度改革启动以后，罗江镇将汨东村做为本镇先行先试村，探索宅基地有偿使用制度改革，针对城郊农业村宅基地超标超占的历史问题，通过有偿使用“倒逼”宅基地退出，以期实现宅基地使用合法、合规、公平、集约。

（一）更新数据摸清家底

摸底工作是宅基地制度改革工作开展的基础。早期宅基地申请审批程序不严，村民建房随意性大，造成现有的宅基地登记资料不详细不完备，甚至有错误信息，成为宅基地制度改革工作的障碍。在现有的房地一体登记数据基础上，由镇宅基地改革办公室带队，汨东村组织村民理事会成员、队委会成员到农户家中核实信息，完善《农户农房基本信息摸底表》《农村宅基地基本情况摸底表》《汨罗市农村宅基地实地调查申请表》，全面对户主、家庭成员、宅基地、附属设施等与“人、地、房、钱”有关的情况进行摸底核查。由农户对摸底的宅基地及附属设施情况确认后签字并在小组内进行公示，以确保基础信息记录准确、公开透明。

（二）认定资格权确定无偿范围

根据农业农村部印发的《农村宅基地制度改革工作指引》，要求在“对本集体经济组织成员符合规定标准的宅基地实行无偿使用的基础上”，探索宅基地有偿使用。基于汨东村有外来人口在本村建房、原本村集体经济组织成员因工作等迁出村庄从而丧失成员权等人地关系变动的情况，以资格权确认工作作为改革的基础，明确集体经济组织成员资格，划定无偿范围。为此，汨东村制定了《汨东村集体经济组织成员资格认定及户的界定办法》，规定了集体经济组织成员资格的取得方式，同时列举了可以认定和不可以认定资格权的例外情况，丧失和不丧失资格权的具体情形，确定宅基地无偿使用的范围。

（三）根据实际制定弹性有偿收费范围

汨东村宅基地使用面临的主要问题就在于宅基地面积普遍超标。《湖南省实施〈中华人民共和国土地管理法〉办法》的规定：“农村村民每户宅基地面积标准涉及占用耕地的，最高不超过一百三十平方米；使用耕地以外其他土地的，最高不超过一百八十平方米；全部使用村内空闲地和原有宅基的，最高不超过二百一十平方米。”汨东村的实际情况是有近 90% 的农户宅基地占用面积在一百八十平方米以上，约 70% 的农户宅基地占用面积在二百一十平方米以上。如果按照 180 平方米为标准面积设置有偿使用收费范围，则有 90% 的农户需要缴费。[①] 由于宅基地有偿使用对于村民已经形成的“私权认知”“祖宅观念”和历史行为是一种挑战，也会改变农户现有的支出结构，90% 的农户都缴费工作难度过大，容易引起农村社会不稳定。汨东村先向桃林寺镇学习经验，在乡镇政府“收费不是目的，改变观念才是目的”的理念指导下，本着节约集约、保障需求、维护权益的原则，确定宅基地面积在 180~240 平方米的暂缓收费，给村民以缓冲和接受的时间，待条件成熟再行收费。将宅基地有偿使用收费的起征点定为 240 平方米，有 303 户、约 27.8% 的村民需要缴纳宅基地有偿使用费，[②] 形成由少数超面积的村民缴费，全村共同受益的格局。收费范围：①不区分主房和杂屋，每户房屋加庭院累计超过 240 平方米的应收费，面积在 180~240 平方米的暂缓收费；②“一户多宅”的，合计面积超过 240 平方米的部分；③本集体经济组织成员因继承、受赠房屋或其他合法方式使用宅基地的，与原有宅基地合计面积超过 240 平方米的部分；④非本集体经济组织成员通过继承房屋或其他方式占有和使用宅基地的。

（四）分类设置收费标准

由于超占情况不同，且相当多的农户宅基地超标是因其庭院过大、搭棚建厂等造成的，汨东村依据用途分类设置有偿使用收费标准，分为主房、杂屋、庭院三类。在实际摸底中发现有的农户家庭杂屋建设得比主房还要好，主房与杂屋难以明确区分，因此将主房与杂屋设定为同一收费类别，即全房，最终形成按照全房和庭院两类用途制定收费标准。参考桃林寺镇的做法，汨东村制定了四套不同的方案（见表 4–17）由村民自主投票决定，最终选择了方案四（全房阶梯式收费），并将每个阶段的单价减少 2 元。确定的收费标准为：①“一户一宅”的，有偿使用根据其全房（主房加杂屋）和庭院累计超起征面积实行阶梯式计费。全房（主房加杂屋）累计面积未超起征面积又建有庭院的，可将庭院面积扣除全房不足面积部分，再按庭院阶梯式计费。全房（主房加杂屋）收费标准为超出面积 1~30 平方米部分按每年 8 元 / 平方米计费，超出面积每增加 30 平方米，单价上浮 2 元，最高可至 16 元 / 平方米。庭院收费标准为超出面积 1~500 平方米部分按每年 2 元 / 平方米计费，超出面积每增加 500 平方米，单价增加 1 元，最高可至 4 元 / 平方米。②“一户多宅”的，其中一宅基地超起征面积的，超过部分与多宅基地部分累计按照阶梯式计费；一宅基地未超起征面积的，多宅基地部分扣除起征点之后多余部分按照阶梯式计费。③非本集体经济组织成员通过继承或其他方式在农村占有和

---

①② 相关数据由汨东村村干部提供。

使用宅基地的暂时与集体经济组织成员起征面积一样。④特困户、五保户可经过村民会议或村民代表会议集体公议，给予减免。[①]2021 年 10 月，汨东村开始收取当年宅基地有偿使用费，共计收取约 28 万元，缴费率 80%。[②]

表 4-17 汨东村宅基地有偿使用收费备选方案

<table>
<tr><th></th><th>方案描述</th><th colspan="3">收费标准（超出 240 平方米部分）</th></tr>
<tr><td rowspan="4">方案一</td><td rowspan="2">主房杂屋分开阶梯收费（标准一）</td><td>主房</td><td>杂屋</td><td>庭院</td></tr>
<tr><td>1~30 平方米，10 元 / 平方米；
30~60 平方米，12 元 / 平方米；
60~90 平方米，14 元 / 平方米；
90~120 平方米，16 元 / 平方米；
120 平方米以上，18 元 / 平方米</td><td>1~30 平方米，5 元 / 平方米；
30~60 平方米，7 元 / 平方米；
60~90 平方米，9 元 / 平方米；
90~120 平方米,11 元 / 平方米；
120 平方米以上，13 元 / 平方米</td><td>1~500 平方米,2 元 / 平方米；
500~1000 平方米，3 元 / 平方米；
1000 平方米以上，4 元 / 平方米</td></tr>
<tr><td rowspan="2">主房杂屋分开阶梯收费（标准二）</td><td>主房</td><td>杂屋</td><td>庭院</td></tr>
<tr><td>1~30 平方米，10 元 / 平方米；
30~60 平方米，15 元 / 平方米；
60~90 平方米，20 元 / 平方米；
90~120 平方米，25 元 / 平方米；
120 平方米以上，30 元 / 平方米</td><td>1~30 平方米，5 元 / 平方米；
30~60 平方米，10 元 / 平方米；
60~90 平方米，15 元 / 平方米；
90~120 平方米,20 元 / 平方米；
120 平方米以上，25 元 / 平方米</td><td>1~500 平方米,2 元 / 平方米；
500~1000 平方米，3 元 / 平方米；
1000 平方米以上，4 元 / 平方米</td></tr>
<tr><td rowspan="2">方案二</td><td rowspan="2">主房杂屋分开统一收费</td><td>主房</td><td>杂屋</td><td>庭院</td></tr>
<tr><td>15 元 / 平方米</td><td>10 元 / 平方米</td><td>2 元 / 平方米</td></tr>
<tr><td rowspan="2">方案三</td><td rowspan="2">全房（主房和杂屋）统一收费</td><td colspan="2">全房</td><td>庭院</td></tr>
<tr><td colspan="2">15 元 / 平方米</td><td>2 元 / 平方米</td></tr>
<tr><td rowspan="4">方案四</td><td rowspan="2">全房（住房和杂屋）阶梯式收费（标准一）</td><td colspan="2">全房</td><td>庭院</td></tr>
<tr><td colspan="2">1~30 平方米，10 元 / 平方米；
30~60 平方米，12 元 / 平方米；
60~90 平方米，14 元 / 平方米；
90~120 平方米，16 元 / 平方米；
120 平方米以上，18 元 / 平方米</td><td>1~500 平方米,2 元 / 平方米；
500~1000 平方米，3 元 / 平方米；
1000 平方米以上，4 元 / 平方米</td></tr>
<tr><td rowspan="2">全房（住房和杂屋）阶梯式收费（标准二）</td><td colspan="2">全房</td><td>庭院</td></tr>
<tr><td colspan="2">1~30 平方米，10 元 / 平方米；
30~60 平方米，15 元 / 平方米；
60~90 平方米，20 元 / 平方米；
90~120 平方米，25 元 / 平方米；
120 平方米以上，30 元 / 平方米</td><td>1~500 平方米,2 元 / 平方米；
500~1000 平方米，3 元 / 平方米；
1000 平方米以上，4 元 / 平方米</td></tr>
</table>

数据来源：《汨东村宅基地制度改革资料汇编》。

---

① 相关数据来源于《罗江镇汨东村有偿使用办法》。

② 相关数据由汨东村村干部提供。

（五）制定分阶段缴费方式

汨东村制定了多种分阶段缴纳方式及其优惠比例供村民选择：一是年度交纳，每年在当年 12 月底前主动向本集体经济组织交费的，优惠 5%。退出宅基地的退回当年度的有偿使用费。二是按时间段交纳，分 5 年期、10 年期、20 年期交纳，5 年期一次性交纳的优惠 10%，10 年期一次性交纳的优惠 20%，20 年期一次性交纳的优惠 40%，并在上一时间段末交纳下一时间段有偿使用费。逾期不交的，每日加收 1‰的滞纳金。中途申请退出宅基地的，按未使用年限退回有偿使用费。三是一次性交纳的，按 70 年收取，优惠 50%。中途申请退出宅基地的，按未使用年限退回有偿使用费。

（六）确定“村、组按比例占用”的有偿使用费支出规则

建立村收费、镇监督的收费体制。镇政府负责指导集体经济组织完善财务管理和民主监督制度，对农村宅基地有偿使用费进行审计、监督，财政、纪检部门负责监督检查。村民理事会负责收取宅基地有偿使用费并使用统一收据，乡镇人民政府与村民委员会负有协助之责。

建立村民理事会为主的支出机制。汨东村将有偿使用费的收取和支出权限都交由村民理事会，规定宅基地有偿使用费的支出范围应当以增进村民福利为主。支出方案、需先经过村民理事会同意，再提交村民代表会议表决通过后才能够上报镇政府审批。宅基地有偿使用费实行村账镇管，集体经济组织需将账务情况报镇政府备案，并向村民公开收支明细，每季度在本集体经济组织内部至少公示一次，接受村民监督。

村组按比例使用。汨东村经过讨论表决，将有偿使用费在村集体和村民小组之间进行了分配，决定收取的宅基地有偿使用费 60% 留给所属村民小组，40% 给村集体，实现宅基地有偿使用费“以户为单位收取，以组为单位使用，以村为单位调剂”。[①]

（七）分类施策，多重补贴鼓励退出

除了征收有偿使用费以外，汨东村积极探索宅基地退出解决超占问题。宅基地退出设置了两种不同的退出方式。一种是无偿退出，适用于“一户多宅”不符合规划的多宅部分，户外的厕所、闲置废弃的畜禽舍、倒塌的住房、影响村内道路及公共设施建设的院套等。此外，宅基地批准后，两年未建房的也要求无偿退出；闲置两年以上的畜禽舍，村集体组织亦有权无偿收回。汨东村无偿退出的共有 6 户。[②] 另一种是有偿退出，针对那些符合原基改建条件、拆旧不建新或符合分户建房条件、自愿永久退出宅基地的农村居民，按购房面积实行分段奖励，奖励总额不超过 10 万元。其中，购房面积在

---

①② 相关数据由汨东村村干部提供。

130平方米（含）以下的，按购房合同面积享受600元/平方米的奖励；购房面积超过130平方米的，130平方米之内按600元/平方米计算奖励，130平方米以上按400元/平方米计算奖励。针对自愿临时退出宅基地的村民，即符合原基改建条件拆旧10年内不建新，或符合分户条件10年内不申请宅基地，但保留宅基地权益的农村居民，按购房合同面积享受400元/平方米的奖励，奖励总额不超过8万元。①

为保障退出群众的生产生活，汨罗市农业农村局联合住房和城乡建设局、教育体育局等相关部门设置了更完善的补偿条款。在资金奖励补贴的基础上，还设置了市场互补、就业保障、教育保障的内容。通过由住建局与开发商协商，凡享受财政奖励的对象鼓励开发商要通过价格调整予以激励，提倡按该楼盘商品房市场价格下调一个百分点优惠定向售让。对于进城购房未就业的农村居民，由汨罗市人力资源和社会保障局优先按照市场原则提供就业岗位，享受免费技能培训和职业介绍、参加技能培训给予20元/天的生活费补贴。对进城购房农村居民符合小额贴息贷款条件的，可以优先享受创业担保贷款政策。进城购房农村居民凭房产证或经备案的《商品房买卖合同》，其随迁子女根据划片范围和招生计划，由汨罗市教育体育局统筹安排，按照相对就近原则入学。

为保障村民住有所居，防止盲目退出宅基地或冒领补贴等行为，汨东村设置了严格的退出程序。有退出意向的农户，需要提交自愿退出宅基地的申请，经本集体经济组织和村委会同意后，将土地使用证或权属证明材料，如家庭户口簿及家庭成员身份证明材料、本集体经济组织意见及村委会意见、现居住场所的证明材料等提交到镇政府，全部退出宅基地的，还应当提交不再重新申请宅基地的承诺书。罗江镇人民政府对退出宅基地进行审核，经审核符合奖励条件的，罗江镇人民政府在15个工作日内对宅基地状况、拟退出宅基地的面积进行实地调查后将结果在本集体经济组织公示，由申请人与本集体经济组织签订《自愿退出宅基地协议》。罗江镇人民政府自签订《自愿退出宅基地协议》之日起5个工作日内，将该协议以及有个材料报汨罗市农业农村局和自然资源局审查。经审查符合规定的，由汨罗市农业农村局和自然资源局报汨罗市人民政府批准后，注销土地使用权证。宅基地退出户按照协议在规定期限内腾出现有房屋，并将建筑物、构筑物清除，或签订放弃建筑物、构筑物协议书后，申请房屋处置验收，由所在镇组织村干部和村民理事会人员进行验收，验收合格后领取房屋处置验收合格单。罗江镇人民政府对退出的宅基地进行登记造册。宅基地全部退出户凭验收单及《不再申请宅基地承诺书》办理购买政府优惠商品房相关手续。截至2022年7月，根据宅基地退出的政策规定，汨东村进城购房农户共有偿退出2户。两类退出方式共腾退宅基地1600平方米。②

① 相关数据来源于《罗江镇汨东村宅基地退出、流转办法》。

② 相关数据由汨东村村干部提供。

（八）取得成效

一是形成一套制度，规范宅基地管理。通过宅基地制度改革，汨东村制定了村民建房管理细则，规范村民建房行为，在集体经济组织成员资格认定、有偿使用、宅基地退出、宅基地流转、宅基地分配等方面形成了一套制度，为宅基地的申请、使用权的放活明规定程，也为罗江镇宅基地管理相关制度的确定提供了参考。

二是拆除一批旧房，节约土地环境美。宅基地有偿使用改革的实施“倒逼”群众退出超占的宅基地，通过拆除旧房、危房、拆掉围墙等方式，共退出近千平方米宅基地，用于扩建村庄道路，建设公共服务设施，提升村庄“颜值”。

三是收取一批费用，增加村集体收入。通过宅基地有偿使用，收取一批费用，增加村集体收入，同时为产业进驻打好基础，推动村庄三产融合，助力村庄“增产值”。

四是撬动一批资本，为乡村发展助力。宅基地有偿使用费的支出被要求用于村庄建设，同时在具体的使用中，限制项目资金总额中有偿使用费支出占比，规定必须有社会资本参与。

四、工作经验

汨东村宅基地制度改革是在中央和省级领导支持下，在汨罗市指导下，由镇村两级同心协力完成的。罗江镇人民政府和汨东村在工作中紧密联系、通力合作，形成了相辅相成的工作经验。

（一）乡镇抓典型问题，选择有代表性的试点村庄

汨东村处于近城区的地理位置，人员构成复杂，外出务工的、公职人员以及外来人口都有；地类全面，有设施农用地、建设用地、耕地、林地等；宅基地问题具有代表性，一户多宅、面积超标、非本集体经济组织成员占用等问题较为突出。基于综合考量，罗江镇选择了汨东村为先行试点村，以“解剖麻雀”的工作态度，将汨东村的宅基地改革做细做实，为全镇其他村的改革提供参考样本。

（二）村民自治、乡镇主导，三级联动

村民理事会由村民选举产生，全权负责村庄宅基地制度改革工作，充分保障群众的自治权益。汨罗市、罗江镇、汨东村成立市（县）、镇、村三级试点工作领导小组，由各级主要负责人担任组长。市（县）级选派干部联点包村，对改革试点工作进行指导；乡镇领导小组围绕试点工作内容，分为五个工作小组，抓细节、促进度；村级在党支部引领下开展改革，制定村民事务理事会章程，引导村民参与到改革中来，保护群众利

益，发挥群众主体作用。

（三）“每日两会”，倾听民意，完善方案

“早八碰头会，晚上户主会”，及时了解民意，汇总改革进程中遇到的新情况、新问题，探讨解决办法。首创“罗江夜话”，乡镇干部进入每个屋场，召开户主会，与村民话家常，解读政策、搜集民情民意，及时为群众答疑解惑。每天早上市（县）、镇、村宅改工作小组成员齐聚汨东村会议室，召开碰头会，汇集目前遇到的问题，讨论解决方案，完善试点方案。通过“每日两会”，早会解决问题，晚会倾听民意，使试点工作的每一步扎实有效。

（四）“罗江夜话”成干部与群众沟通新桥梁

汨东村宅基地制度改革产生了具有特色的工作经验和可以推广的干部与群众沟通新机制——“罗江夜话”。为此，罗江镇制定了《罗江镇“罗江夜话”实施方案》，将“罗江夜话”户主会的形式推广到乡镇干部与群众交流的方方面面，传递政策，倾听民意，架起乡镇干部与群众沟通的新桥梁。为了鼓励镇村干部积极开展夜话活动，设置罗江夜话优秀事例、优秀示范村、示范屋场、优秀担当者。

五、村民意愿和满意度调查情况①

调研组在汨东村共发放65份问卷，其中有效问卷63份。整体来看，受访者中男性居多，年龄30~74岁，基本能够覆盖当前在农村具有独立生产生活能力的主要群体。学历主要集中在高中及以下水平，全家常年在村庄居住，在本村以务农和打临时工为主要谋生方式，住房以自建房为主，呈现典型的传统农村生活样态（见表4–18）。

表4–18 汨东村受访村民基本情况

基本情况		比例（%）
性别	男	80.95
	女	19.05
学历	初中及以下	61.90
	高中	23.81
	大专	4.77
	大学及以上	9.52
家庭主要就业方式	务农	33.33

① 本部分所有数据均来源于调查问卷统计。

续表

基本情况		比例（%）
家庭主要就业方式	打工	23.82
	务农兼打临时工	33.43
	务农兼副业	9.42
就业地点	本村	71.53
	本镇其他村	4.76
	本县其他镇	9.42
	本市其他县	14.29
	其他城市	0
宅基地利用情况	全家都长住	71.23
	老人和孩子长住	14.49
	只有老人长住	9.32
	闲置	0
	家庭二三产业经营用	4.96
	出租（流转）由他人经营	0
宅基地位置与城镇距离	3 千米以内	38.10
	3～5 千米	57.04
	5～10 千米	4.86
	10 千米以上	0
社会保障是否完善	非常完善	33.13
	比较完善	61.90
	不完善	4.97
目前住房形式	自建独栋房	95.24
	与别人合建独栋房	4.76
	购买或分配到一栋多层住房中的一层或一单元	0
	村镇集中区合资建房	0
	其他	0
住房面积	小于等于 70 平方米	4.36
	70～90 平方米	0
	90～110 平方米	0
	110 平方米以上	95.64

调研组依照改革内容预设了集中居住、使用权流转、有偿退出、有偿使用、宅基地制度改革满意度五个方面的问题，从不同维度对农户的具体情况、主观感知、改革意愿和满意度进行采集。结果显示：汨东村受访者对集中居住的支持度较高；全体受访者都没有过（跨村组）流转宅基地的经历，由于担心流转后失去自家宅基地，更多受访者对（跨村组）流转持拒绝态度；绝大多数受访者均没有退出宅基地的经历，对退出补偿方

式的关注度较低；大部分受访者支持宅基地有偿使用，对本村宅基地有偿使用标准持肯定态度；大部分受访者对宅基地制度改革表示非常满意。

1. 集中居住意愿方面

汨东村受访者对集中居住的支持度很高（占比 80.95%），对政策也比较了解（占比 71.43%），对集中居住后的生态环境要求较高（占比 76.19%），因而相比于进入城区或以货币形式获得补偿，受访者更希望能够以平移至本乡镇集中居住点的形式实现集中居住（占比 66.67%）。由于对集中居住的政策支持度高，对集中居住后可能遇到的问题认知并不聚焦，集中居住后居住面积变小、非农就业难生活成本上升、邻里亲情关系疏远等皆有考量，但比例都不足一半。

2. 宅基地使用权流转意愿方面

汨东村全体受访者均没有（跨村组）流转宅基地的经历，大多数受访者没有流转宅基地的意愿（占比 66.67%）且没有进城购房的计划。但有近一半（占比 47.62%）了解宅基地流转的政策，阻碍其流转的主要因素在于受访者担心因此失去宅基地（占比 61.90%），而可能吸引其流转宅基地的因素是增加收入以及宅基地闲置。

3. 宅基地有偿退出意愿方面

汨东村受访农户宅基地退出的意愿不强。大部分受访者都没有宅基地退出的经历（占比 95.24%），极少部分有退出经历的受访者也是选择了暂时退出的方式即退出使用权、保留资格权。有一半以上的村民没有关注过宅基地退出补偿方式，即使未来有退出宅基地的必要他们依然希望能够得到农村住房以实现补偿。阻碍农户宅基地退出的因素在于其对于宅基地的乐观预期（认为宅基地以后会和城里的土地一样值钱的占比 52.38%）以及对于进城生活不确定性的认知（认为进城打工难的占比 66.67%）。

4. 宅基地有偿使用意愿方面

汨东村的宅基地有偿使用改革得到了大多数受访者的支持（占比 80.95%），超过一半的受访者认为宅基地有偿使用的标准是合理的（占比 57.14%），但值得一提的是，有 57.14% 的受访者并没有参与宅基地有偿使用细则的制定，有 1/3 的受访者表示没有关注过有偿使用收费规则。

5. 群众对宅基地制度改革满意度方面

根据政策安排与汨罗市宅基地制度改革的主要目标设定，宅基地有偿使用制度应在增加集体收入、改善村庄环境、节约用地、增强村庄治理水平等方面贡献经验，而村庄环境的改善和村庄治理水平的改进是农户能够直观感受到的，亦是其满意程度的主要体现。因此，本次问卷从村民参与度变化、生活水平变化、人居环境和村容村貌改变等方面设计相关题目。统计显示：受访者在各个方面都给出了不同程度的正向反馈，村庄事务的参与度有所提高（每次都参与、经常参与和偶尔参与的都视同参与，总占比80.95%），村容村貌变的更好（占比71.43%）。村庄治理水平得到了更加明显的好评，对于村务公开程度满意度最高、其次为对村干部的信任程度、村规民约的认可度。有一半以上的受访者认为宅基地有偿使用改革对其生产生活没什么影响，可见有偿使用改善环境、更新观念等目的的达成需要更长的时间（见表4-19）。

表4-19　汨东村宅改相关的村民满意度调查

	非常满意（%）	比较满意（%）	一般（%）	不太满意（%）	非常不满意（%）
村务公开度	76.39	19.05	4.56	—	—
村民权益保护情况	71.43	23.61	—	4.96	—
流转后的社会保障	61.40	19.25	19.35	—	—
现有住房地理位置	66.37	23.91	9.72	—	—
现有住房质量	47.62	52.38	—	—	—
住房周边公共服务设施	57.14	23.61	14.39	—	4.86
住房周边环境卫生	66.67	19.05	9.52	—	4.76
我很信任乡镇政府	61.90	28.98	9.12	—	—
我很信任村干部	80.95	14.99	4.06	—	—
我经常去参加村民代表大会	76.49	9.42	9.52	4.57	—
我赞同村规民约的所有规定	76.39	14.29	9.32	—	—

汨东村宅基地制度改革围绕解决历史遗留问题的核心目标，采用有偿使用和有偿退出的方式对超占宅基地进行处置，该村的改革进程提供了城郊村宅基地制度改革的实践样本。面对城郊村复杂的宅基地占用问题，地方政府与村集体做了详细的前期工作，进行两轮摸底调查，根据上级文件精神，指导制定村级宅基地资格权认定章程，为宅基地无偿使用明确范围。村级在上级文件指导下根据实际情况确定具有弹性的收费范围并根据宅基地具体使用情况分类确定收费标准，允许村民自选时间段缴费。汨东村的宅基地制度改革在与村民沟通方面创新了形式，“罗江夜话”在罗江镇乃至汨罗市进行推广。同时汨东村在宅基地有偿使用费的使用方面划分了村集体和村民小组的使用比例，最大限度保障宅基地有偿使用费“取之于民，用之于民”。与宅基地有偿使用相配合的是多种退出补偿方案，针对自愿退出宅基地的村民，符合有偿退出条件的实行货币、社会保障、就业等多种补偿方式。汨东村宅基地制度改革增加了集体收入、节约了土地、形成了村级宅基地管理章程，也为城郊村宅基地利用问题的解决提供了经验。

调查问卷显示出村民对村庄的留恋和对改善居住环境的要求。村民普遍不愿意放弃宅基地，从对流转和退出的否定态度可见一斑。城郊村的地理位置、“城市后花园”的发展定位使他们在享受村庄良好的居住环境的同时也能够轻易享受到城镇的便利，纳入城镇规划区的远景规划使村民对于宅基地增值呈现明显乐观的预期，进城打工难的认知阻碍着村民搬迁进城的脚步。通过宅基地制度改革，村民更深入地参与了村庄公共事务的治理，对村级领导班子有了更深的认同，对村庄生活的满意度提升。因此，村庄的位置和环境带来留住村民的“拉力”，城镇生活的难度构成“推力”，增强了村民留在村庄、保留宅基地的愿望，契合了城郊集聚提升类村庄的发展特点。

就当前改革的具体情况来看，汨东村宅基地制度改革需要解决以下问题：一是明确宅基地资格权的范围，户的划分标准与公安机关户籍的区分相结合但又要符合实际，由村民共同决定适用于本村所有村民的规范，不能简单盲目地按照户口本来决定；二是基于城郊村的现状和宅基地具体利用情况，可以在宅基地资格权认定方面作出突破，适当扩大资格权范围或有偿使用范围，针对非本集体经济组织成员，属本市内农村户口、在户口所在村集体没有宅基地的情况，经全体村民讨论通过，可以给予其宅基地限定范围内的无偿使用权或者制定专门的、一次性的、少量的缴费标准，以保障户有所居。

宁远县柏家坪镇大路尾村："让群众看到美好生活"引领农民退出闲置宅基地 *

赵卫卫 ①

一、大路尾村基本情况

（一）自然地理位置

1. 远郊森林乡村

大路尾村位于宁远县城以北 30 千米处，属于远郊农村，距柏家坪镇政府驻地 3 千米②，靠近中心镇，交通便利，省道 216 和二广高速由北向南贯穿全村。大路尾村属于中亚热带季风湿润区，气候温暖，雨量丰沛，森林覆盖率在 80% 以上。大路尾村地形多样，居住区和种植区地势平坦，村旁有老虎山、阳鹅湖，山上古树众多，山水相融，风景秀美，有 30 多公顷的自然风景保护区。2019 年 12 月 31 日，国家林业和草原局公布了第二批国家森林乡村名单，大路尾村榜上有名。③

2. 重要的交通联结点

大路尾村归属于宁远县柏家坪镇，柏家坪镇古称"舂陵"，是一座有着 2300 多年历史的湘南古镇。大路尾村名自宋元朝沿用至今，具有近千年历史。根据已知的族谱、县志等记载，早在宋元年间，已有大路尾地名，意为"福山下的山村"，"州县大路的起点（往行县州为大道，返乡归村为小道，当时由平田一带的石板路一直铺到大路尾）"，是当时北路乡制行政区通往州县道路的重要聚散点。

根据宁远县的交通布局，现在的大路尾村处在两点两轴的重要发展带上，即以县城为核心，以柏家坪镇、水市镇两个中心镇为两点，以二广高速、各省道等重要交通线形成的东西向和南北向两条发展轴。

---

* 案例内容来自中国矿业大学（北京）共同富裕研究院第二调研组 2020~2022 年的实地调查。

① 赵卫卫，中国矿业大学（北京）共同富裕研究院助理研究员，管理学博士。

② 相关数据来源于宁远县提供的《宁远县柏家坪镇大路尾村——党建引领乡村振兴，打造美丽温馨家园》。

③ 相关资料来源于国家林业和草原局政府网，http://www.forestry.gov.cn/sites/main/main/gov/content.jsp?TID=20200204102941133449560。

（二）经济社会发展情况

柏家坪镇交通区位和资源禀赋条件优越，人口和产业集聚化程度高，发展潜力较大，是宁远县北部中心镇、宁远次中心。柏家坪镇也是全县烤烟产业暨新农村建设示范基地优质粮食产业基地、农副产品加工基地、边贸经济和物资集散中心，北部地区人口和经济密集区，带动北部地区发展和支撑全县发展的重要增长极。①2016 年，柏家坪镇被国家住房和城乡建设部等七部委确定为全国重点镇，是湖南省新型城镇化试点镇、湖南省省级生态文明乡镇、中国特色旅游小镇。

大路尾村面积大，但人口规模较小，下辖 4 个自然村，8 个村民小组，221 户，890 人。农业生产以种植业为主，种植品种主要是烤烟、水果、水稻。村民将水田流转给村集体，再由村集体以每年 500 元每亩的价格流转给种植大户种植烤烟和水稻，租金由村集体给转出村民分红，其中，烤烟种植 300 亩，亩产约 4000 斤干叶，每亩收入近 5000 元；水稻种植有 400 亩，亩产约 1100 斤，每亩收入约 1400 元。脐橙种植共 300 亩，村民小组将林地以每亩每年 120 元的价格流转给专业合作社，现有仁诚脐橙种植专业合作社、嘉发脐橙种植专业合作社两个合作社，每年种植脐橙的土地租金收入两万余元。②

大路尾村自然风光秀美，根据柏家坪镇发展规划，村庄发展定位在改善乡村环境，发展乡村旅游。柏家坪镇按照"一带三区"③布局思路，建设特色旅游小镇，大路尾村属于"一带三区"中美丽乡村示范区的核心村庄，被评为市级全面小康示范村、市级生态环保村、县级人居环境治理示范村。

（三）土地利用情况

根据柏家坪镇总体规划，大路尾村是城镇化整理村，即对城镇形象影响较大的村，也是新型农业区中的重要村庄。大路尾村总面积 256.83 公顷，作为农业为主的村庄，大路尾村农林用地有 224.3 公顷，占总面积的 87.33%（见表 4–20），其中耕地 45 公顷，山林 67 公顷，30 多公顷的老虎山自然风景保护区，④居民点用地 7.46 公顷。⑤根据前文提及的柏家坪镇产业发展规划，大路尾村土地利用以发展农业、保护林地、改善环境、发展旅游业为主要目标。新一轮宅基地制度改革主要是腾退闲置宅基地，用于改善居住环境、满足新增建房需求。

---

① 相关数据来源于《宁远县水土保持规划（2016–2030 年）》。

② 相关数据由大路尾村村干部提供。

③ "一带"指沿江田园风光带，"三区"指以国家重点文物保护单位舂陵侯城遗址、柏家古村落、湿地公园为核心，发展古村古迹特色旅游区；以大路尾园林度假山庄为核心，建设美丽乡村示范区；以可亭村皇菊花基地为中心，发展乡村休闲旅游。

④ 相关数据来源于《大路尾村美丽乡村建设规划（2017—2030）》。

⑤ 相关数据由笔者根据《大路尾村宅基地宗地属性表》统计而来。

表 4-20 大路尾村土地利用情况

类别名称		面积（公顷）	占总用地比例（%）
总用地		256.83	100.00
村庄建设用地		16.93	6.59
其中	村民住宅用地	12.36	4.81
	村庄公共服务用地	0.04	0.02
	村庄基础设施建设用地	4.53	1.76
村庄产业用地		2.65	1.03
非村庄建设用地		4.05	1.58
其中	对外交通设施用地	4.05	1.58
非村庄建设用地		233.20	90.80
其中	农林用地	224.30	87.33
	水域	8.9	3.47

资料来源：《大路尾村美丽乡村建设规划（2017—2030）》。

二、宅基地利用和管理情况

（一）宅基地利用情况

宅基地闲置浪费情况严重。大路尾村共有 267 宗宅基地，其中一户多宅的有 86 宗，一户一宅超面积的有 147 宗，宅基地或农房闲置的有 15 宗，面积超标情况较为严重（见表 4-21）。根据村党支部书记介绍，改革前的大路尾村因建新不拆旧导致的一户多宅和一户一宅超面积的情况较多，宅基地闲置浪费严重。①

表 4-21 大路尾村宅基地利用情况

宅基地利用情况	宗地数（宗）	占比（%）
一户一宅且符合面积标准	19	7.1
一户一宅超面积	147	55.1
一户多宅	86	32.2
宅基地或农房闲置	15	5.6
总计	267	100

资料来源：笔者根据《大路尾村宅基地宗地属性表》统计。

大路尾村既是柏家坪镇中部经济发展片区上的重要节点，也是乡镇建设新型农业区中的重要村庄，属于对城镇形象影响较大的村。由于村庄产业不发达，村民大多进城务工，人口流失、村庄衰败、居住环境差。脏乱差的环境难以吸引产业落户，造成即使背

① 相关数据由笔者根据《大路尾村宅基地历史遗留问题台账资料》汇总。

靠老虎山自然风景保护区也无法利用其为群众增收的困境，形成村庄环境差与产业发展落后之间的恶性循环。

（二）宅基地管理现状

宅基地制度改革之前，大路尾村宅基地管理松散，村民建房比较随意，审批手续简单，很多村民不知道建房需要申请，私搭乱建、互相攀比现象较为普遍，造成宅基地的管理失序，土地闲置浪费。宁远县成为全国第二轮宅基地制度改革试点单位以后，将规范宅基地审批和监管作为重点工作，循序渐进，实现宅基地"管到""管住""管好"。

1. 推行宅基地审批管理"九步工作法"

明确宅基地审批主体。按照权责一致的原则，落实乡镇人民政府（街道办事处）对村民建房有关行政审批、监管的直接责任，将宅基地审批和执法的权限赋予乡镇（街道），乡镇（街道）成立农村住房建设管理办公室，健全宅基地联审、联办、联合执法工作机制。

规范审批程序，实行"九步工作法"，即农户申请、村级初审、办事处（责任办）复核、现场勘查、审批发证、定位放线、施工管理、竣工验收、确权登记，逐一明确每个环节的办理时限、办理单位和办理政策依据。在宅基地申请和审批阶段，主要是"农户申请、村级审查、部门审核、乡镇（街道）审批"的程序，符合宅基地申请条件的农户，向村级组织提出宅基地和建房（规划许可）书面申请，经村民小组或村民代表会议讨论通过，并公示无异议后向乡镇人民政府（街道办事处）提交申请。乡镇（街道）农业农村工作的人员负责审核申请人是否符合建房资格、拟用地是否符合宅基地布局要求和面积标准、宅基地和建房（规划许可）申请是否经过村组审核公示等，并综合各有关部门意见提出审核建议。自然资源局的相关人员负责审核是否符合村庄规划、用途管控要求等，其中涉及占用农用地的，要办理农用地转用审批手续。农村住房建设设计和施工管理的人员负责审核设计方案等。涉及林业、公路、水利、电力等部门的应当及时征求相关部门的意见。宅基地审批管理改革后，村民宅基地申请和审批流程如图 4–22 所示。

2. 严格监管"六到场"

建立健全宁远县农村宅基地和农村住房建设管理动态巡查制度，全面落实县级领导包乡镇（街道）、乡镇（街道）班子成员包片区、乡镇（街道）干部包村、村干部包组、组干部包户的动态巡查责任包干制度。根据柏家坪镇要求，镇级每周对辖区范围内巡查不低于两次。

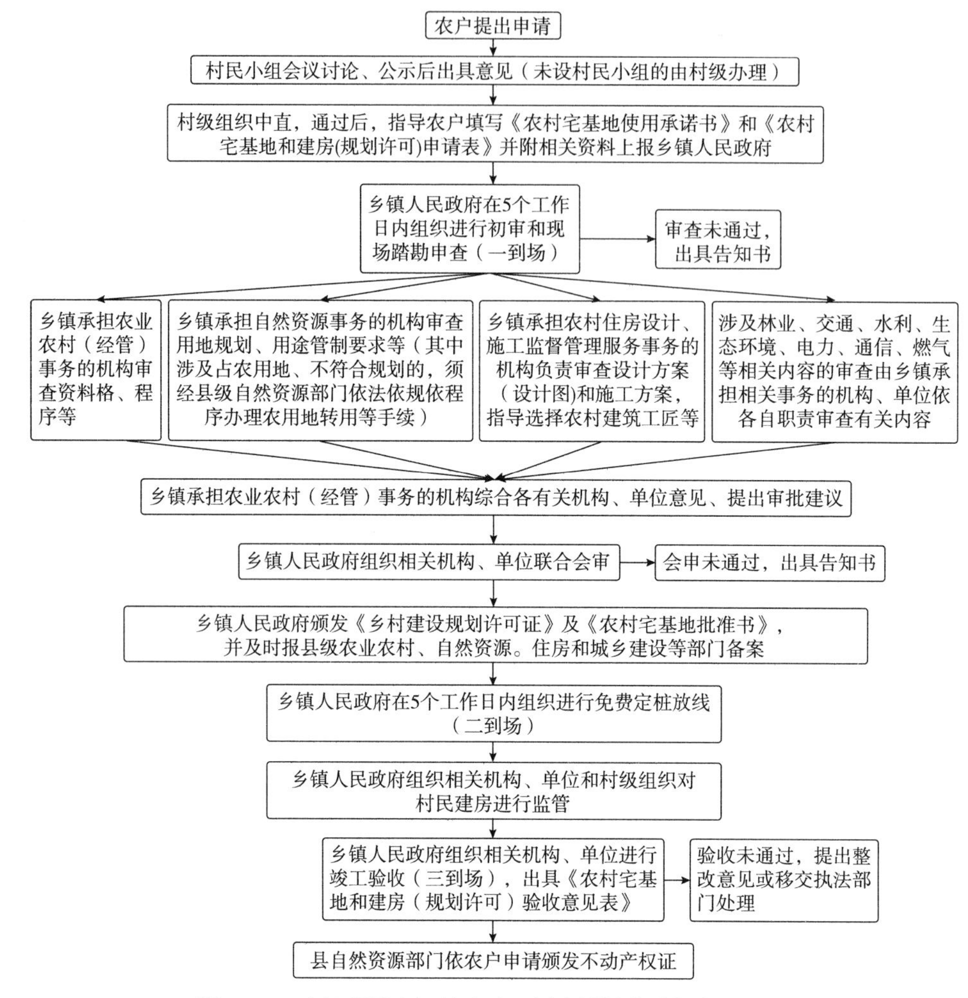

图 4-22　宁远县柏家坪镇大路尾村宅基地申请与审批流程

资料来源：由大路尾村村委会提供。

加大联合执法力度，对农民违法用地建房“早发现、早报告、早制止”。坚持监管“六到场”，即建房审批前选址踏勘到场、批准后定点放线到场、基坑（槽）验收到场、重要节点和重点环节到场、主体结构完工到场和房屋竣工验收到场，切实加强建房现场管理。

3. 宅基地数字化审批监管

县级建立农村宅基地管理信息系统，通过大数据，逐步形成宅基地信息“一张图”、管理“一条链”、监测“一张网”，实现宅基地业务数字化管理，政府部门间数据共享，房、地、人数据互联互通。农村宅基地信息管理系统已经在柏家坪镇投入使用，截至 2022 年 6 月，共审批宅基地 130 宗，其中农转用 12 宗，基本保障了农户建房需求。①

---

① 相关数据来源于《柏家坪镇宅基地制度改革工作情况汇报（2022 年）》。

三、大路尾村闲置宅基地退出的实践探索

大路尾村宅基地制度改革试点的主要内容是以宅基地退出更新宅基地利用布局，解决宅基地闲置浪费的问题，缓解新增建房需求的供地压力，规范村民建房，改善村庄居住环境。

（一）调查摸底，确定退出范围

1. 摸清家底

宅基地改革之初，大路尾村在柏家坪镇党委、政府的领导下，对村庄宅基地数据进行了详细的摸底调查工作。全面摸清村内宅基地数量、布局、利用情况等基础信息，以及权属、建筑结构、层数等情况，掌握"一户多宅"、宅基地面积超标情况，建立数据库，形成了房、地、人分门别类的统计信息表以及存量宅基地历史遗留问题统计表。具体包括：摸清现有农房信息，形成《宅基地所有权人表及房屋属性表》，详细列出了宅基地所有权人信息，以及包括宗地代码、自然幢号、使用权人代表姓名、坐落、建筑年代、建筑面积（平方米）、建筑层数、房屋结构、是否发证、是否与他人共有、房屋状态、房屋利用状况、房屋闲置时间、盘活利用模式、年收益等房屋信息。根据存量宅基地信息，制作《大路尾村宅基地宗地属性表》，列明使用权人户口性质、全貌宗地面积、宗地面积、建筑面积、宗地四至、宅基地利用情况等。明确村民宅基地资格权，制作《大路尾村宅基地资格权人、户认定登记册》，详细表明宅基地资格权户和人名单。针对现存历史遗留问题，制作了《大路尾村宅基地历史遗留问题统计台账》，包括"一户多宅"花名册、"一户一宅"宅基地面积超标农户花名册、"未批先建"农户登记册、"少批多建"农户登记册、宅基地非法转让人员登记册、非本集体经济组织成员占用宅基地登记册六种历史遗留问题的登记台账。

摸底结果显示："一户多宅"的有 42 户，"一户一宅"面积超标的有 147 户。其他问题均为 0。这些改革数据为后续宅基地确权颁证工作打下良好的基础。[①]

2. 区分有偿和无偿退出对象

根据调查摸底情况，确定需要无偿退出和有偿退出的宅基地和农房类型。无偿退出的有闲置的厕所、畜禽舍和房屋围墙等占地且未办理合法用地手续的。可选有偿退出的包括几类情况：①"一户一宅"的多宅部分，有合法用地手续且符合当前村庄规划的，鼓励在本镇符合建房条件的农户中流转，对无法流转、有退出愿望的可实行自愿有偿退出，不符合当前村庄规划的实行有偿退出。②非本村集体经济组织成员通过依法继承、受遗赠取得房屋占用本村集体经济宅基地或通过其他合法方式占有和使用的宅基地，可

① 相关数据来源于《大路尾村宅基地历史遗留问题登记台账》。

按自愿有偿退出处理；非本村集体经济组织成员在本村集体占有和使用的宅基地，如涉及“多户一宅”的，在其他户都有退出意愿的情况下，原则上实行有偿退出。③允许进城落户的农村集体经济组织成员依法自愿有偿退出宅基地。进城落户的农村集体经济组织成员在城市有合法稳定的居住场所，在农村符合“一户一宅”条件且面积不超过宅基地审批时面积标准，自愿退出宅基地的，可实行有偿退出。

（二）制定“1+X”制度体系，明细改革流程

大路尾村坚持制度先行，为了确保宅基地制度改革工作顺利推行，大路尾村制定了《大路尾村宅基地制度改革试点实施方案》及一系列村级制度文件，形成“1+X”的制度体系（见图 4–23）。大路尾村明确了宅基地资格权认定、有偿使用、退出、流转等改革内容的具体做法和标准，确立了宅基地管理过程中集体经济组织对于宅基地审核、监督的职能和管理权限。不仅规范了宅基地的申请、使用、监督、管理，还确定了本村宅基地制度改革的流程以明晰阶段性责任（见图 4–24），使宅基地退出工作有法可依、有章可循，使改革更易得到村民认可与遵守。

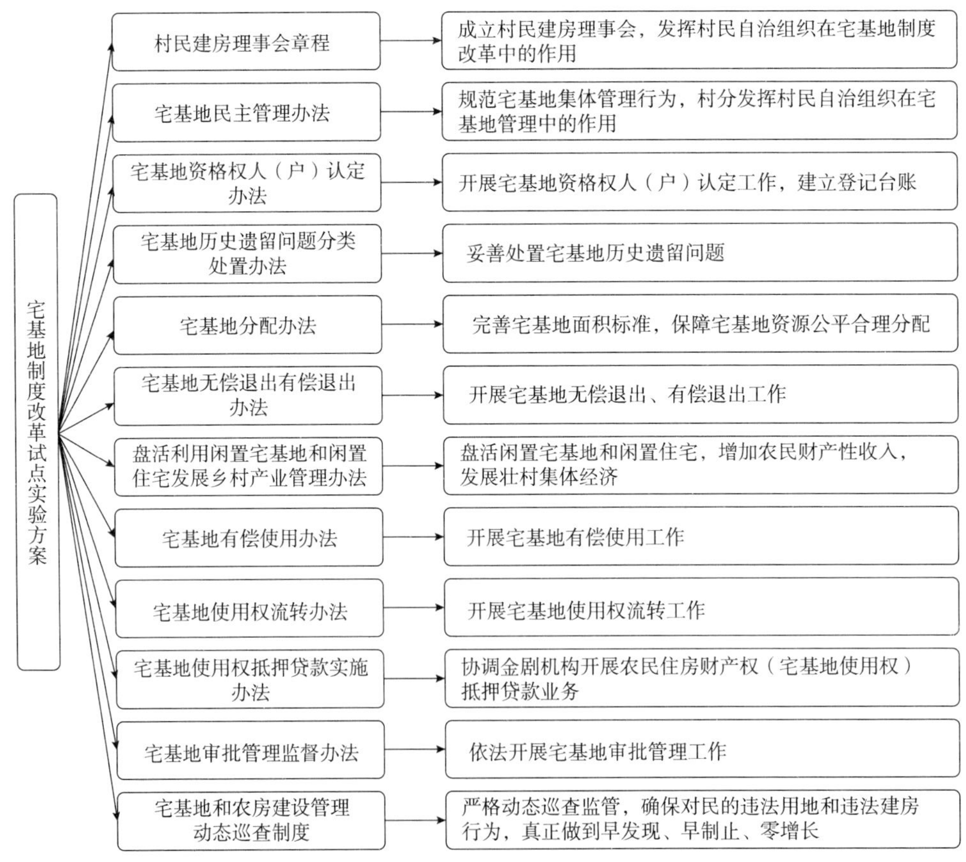

图 4–23　大路尾村宅基地制度改革“1+X”制度体系

资料来源：由大路尾村村委会提供。

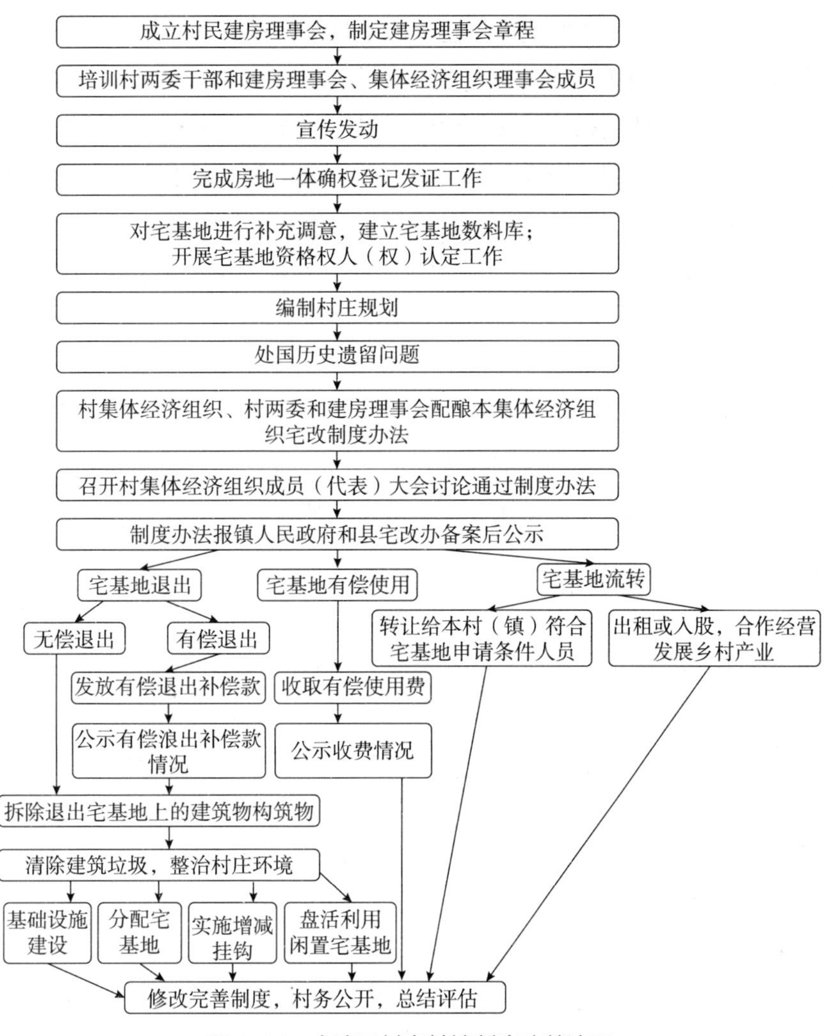

图 4-24　大路尾村宅基地制度改革流程

资料来源：由大路尾村村委会提供。

（三）发挥带头作用，开展退出行动

1. 党员发挥带头作用拆除自家闲置住房

党员带头，发挥先锋模范作用。大路尾村宅基地退出工作成效斐然得益于一位思想超前、组织能力出众、人格魅力强的村党支部书记欧阳红兵。早期由于建房监管不严，村民建新不拆旧的情况普遍。2016 年，欧阳红兵书记看到村里有很多闲置的农房，由于无人居住、疏于管理，周围杂草丛生，影响村容村貌，于是他召集村干部开会，指出目前家家都有新房住，旧房子影响村貌，商量对这些闲置房进行拆除，得到了村干部的一致同意；之后召开了村委会，向村民说明了村委会的决定，得到了村民的赞同，签订了首批无偿退出的协议。拆除过程中，镇政府出钱请来挖掘机等拆除设备，欧阳红兵书记自家闲置农房房屋状况良好，但他以身作则，第一个拆除了自家闲置房。在他的带动下，党员、村干部、小组长纷纷响应，也拆除了自家闲置房。

能人带动，先拆带后拆。大路尾村比较突出的特点是乡村能人乐于为村庄做贡献，而且党群关系良好。改革之初，村级党组织与村中在外打工颇有成就的村民商议拆除自家闲置农房，为改善村庄基础设施腾退土地，几位村庄能人无不应允，并首批签订拆除协议，特别是有几户在城市有住房、在村庄仅有一座房子的村民也同意了带头拆除，并对正在犹豫的群众进行劝说。在党组织和村庄能人的带动下，大路尾村拆除了 90 多座闲置农房，为改善村庄环境腾退了较多的土地，形成先行带后动的良好氛围。

2. 效应激励，村民形成主动退出意愿

随着生活水平的提高，村民普遍在外打工赚钱后回乡建大屋、小洋楼，而与自身居住环境改善背道而驰的是村庄环境越来越差，狭窄的村道、落后的基础设施使乡村逐渐成为“回不去的故乡”，村民期望改善村庄环境却束手无策。宅基地的无序占用造成闲置浪费与新增宅基地需求无法满足的困境，刚需户亟须通过改革分配到宅基地。

在国家乡村振兴战略的推动下，湖南省将宁远县纳入首批全域旅游示范区，柏家坪镇借助得天独厚的资源禀赋，建设旅游特色小镇，村民有强烈的利用老虎山自然风景保护区发展产业的意愿。宅基地制度改革，打破产业发展、村民建房和基础设施建设用地“瓶颈”，为村庄发展注入“强心剂”。

以党支部书记为代表的村级党组织和几位村庄能人的拆除行为对其他群众产生了榜样作用，同时村级利用退出的宅基地拓宽了道路、修建绿化设施、修建广场。村民享受到更好的居住环境，看到了“美好生活”，积极响应号召，增强了对拆除工作的配合程度。为满足群众建房需求，村级在集中成片的退出地块上重新规划建房点，村集体出资做好“三通一平”。另有部分腾退宅基地留作产业发展用地。在改善居住环境和发展乡村产业、增加收入的双重激励下，大路尾村 36 名党员在支部书记的带动下带头拆除了多建的住房，引领群众在没有要求补偿的情况下一个月内拆除“空心房”100 余座。[①]

（四）退出后统筹利用，保障农民土地权益

联动宅基地退出与新建需求满足。大路尾村宅基地退出具有特殊性，其宅基地退出行为是建立在解决历史遗留问题的框架下，着眼于闲置房、空心房的退出，着力于改善村庄环境，集约、节约用地，功在未来，其退出补偿形式也与传统的货币、住房等补偿形式不同。为鼓励群众积极退出、自觉规范建房，大路尾村将退出的宅基地整合后规划新的集中建房点，村级出资做好“三通一平”，满足村民未来建房需求。村级出资花费

① 相关数据来源于宁远县提供的《宁远县柏家坪镇大路尾村——党建引领乡村振兴 打造美丽温馨家园》。

的是村集体的资金，事实上并不是每一户都需要进入集中居住区建房，为保障公平，需要申请到集中居住点建房的村民以有偿使用的形式支付“三通一平”的费用。现阶段积极退出的群众登记其退出面积，后续若有到集中居住点建房的需要可享受免费的同等面积的“三通一平”。

更新基础设施，助力环境改善和产业发展双赢。大路尾村利用退出的 22.52 亩宅基地兴建村级公园、文化休闲广场，拉通“三纵六横”的村级循环公路网。① 同时，大路尾村组织党员群众对村庄内外、环村公路两侧的垃圾进行全面清理整治，扎实开展“净化、绿化、美化、亮化、序化”五化行动，着力打造宜居宜业的美丽家园。

预留产业发展用地，大路尾村宅基地制度改革与省级全域旅游示范区建设联系起来，为村庄长远发展做准备。在县级财政支持下，借助临近舂陵古城和舂陵侯墓的地利条件，依托村庄现有的山、水、田资源，挖掘地方文化特色，发展休闲农业、观光农业、体验农业等旅游项目，县财政计划投资 8000 万元，已经投入 1000 万元。②

（五）取得成效

大路尾村宅基地退出是解决历史遗留问题的重要方式，分类型通过无偿和有偿的方式退出闲置、违规等宅基地，有效促进了节约用地，满足新增村民的居住需求以及重新规划村庄居住格局，全村由建房无序、村庄破败的景象变为“洁净美富”村。

一是促进群众观念更新。之前村民对建房普遍有两种错误认识，一种是认为宅基地是祖业、是私有的；另一种是在村庄建房无须申请审批，“想在哪儿建就在哪儿建”“想建多大就建多大”的固有认识是造成当前宅基地无序占用、管理混乱的重要原因。通过宣传宅基地制度改革和推进宅基地退出，村民认识到建房需要申请审批，需按照村庄规划选址，在限定面积内建房，有利于规范建房秩序，使群众看到村庄环境的改善，增强群众的幸福感。

二是以宅改促有偿使用。大路尾村宅基地无偿退出共腾退宅基地 1.1 万平方米，除了用于建设村庄基础设施的部分，还规划出大片的空地用于满足未来的农民建房需求。村级出钱做好“三通一平”，引导有新增建房需求的村民以有偿使用的方式申请宅基地建房。对于那些当前主动拆除自家闲置房屋、无偿退出宅基地的农户，村级对其退出面积进行登记造册，后续若有建房需求，其退出面积可抵扣有偿使用面积。通过无偿退出，为有偿使用的实施做好铺垫。

三是以宅改促规范建房。通过宅基地制度改革，规范村民建房行为，杜绝私搭乱建的现象发生，引导村民到规划地集中建房，在宅基地申请过程中限定申请面积标准并在建房

① 相关数据来源于宁远县提供的《宁远县柏家坪镇大路尾村——党建引领乡村振兴，打造美丽温馨家园》。

② 相关数据由大路尾村村干部提供。

过程中实施全程动态监管，乡镇有执法大队，分片包干，村级有协管员，负责日常的巡查。

四、工作经验

大路尾村农村宅基地制度改革以整治村庄环境为切入点、以宅基地无偿退出促历史遗留问题的处置形成了一套“明确定位＋党建先行＋能人带动＋村民自治＋布局长远”的宅基地制度改革工作经验。

（一）从镇域全局出发谋划村庄发展格局

大路尾村虽然具有独特的旅游资源，但在旅游市场中缺乏竞争力，主要原因是村庄环境较差，村庄建设有待提质升级。在镇域特色旅游小镇的布局下，大路尾村把保护好绿水青山作为重要思路，积极改善村域环境，依托宅基地制度改革的试点红利，拆除废弃厕所、空心房、偏杂屋等闲置、违规宅基地，规范建房秩序，满足村民的建房需求，改善村域整体环境。真正做到宅基地制度改革成果惠及群众，让群众看到美好生活。

谋划长远，探索适度集中居住。借助腾退出的大片宅基地，大路尾村重新规划村民住宅区域，将原本散乱的居住格局整合起来，建设村内集中的建房点，引导新增建房户到集中居住点建房，为宅基地节约、有偿使用奠定基础。

（二）发挥基层党组织带头作用

大路尾村宅基地制度改革中，基层党组织发挥了明显的带头作用，形成党建先行的改革经验。

镇级党组织指导，村级党组织带头。柏家坪镇成立宅基地制度改革试点工作领导小组，对全镇的宅基地制度改革工作进行指导，并下派驻村工作队、派遣包村干部，帮助村庄落实改革相关工作。把好政策关、宣传关、民意关。着力宣传改革政策，听取群众意见，指导村级党组织开展工作。

党组织领导，村民自治。村级党组织成立领导小组，确定专抓工作人员，组织召开村民代表大会，推举村民理事会成员，以党建带自治，实现党组织领导下的村民自治，实现村事民办，增强村民主体性。

（三）发挥制度引领作用

制度对实现工作程序的规范化具有重要作用，制定明确的制度能够对宅基地制度改革进程中的各主体行为产生约束，避免侵权行为的产生，降低改革风险发生概率。

根据改革要求，试点地区要围绕宅基地分配、流转、退出、使用、收益、审批、监管等环节，因地制宜地制定相关的管理办法以确保试点的各项工作有章可循。大路尾村针对基础工作制定了历史遗留问题处置相关办法，针对宅基地审批与管理制定了宅基地民主管理、审批监管、动态巡查等制度，针对资格权保障制定了资格权认定办法，针对使用权盘活制定宅基地有偿退出、无偿退出、有偿使用、流转、发展产业等相关的制度文件，形成较为完善的制度体系。这些办法让规范管理有理有据，村民明明白白。

（四）群众利益至上贯穿宅改全程

宅基地制度改革涉及农民的"最后一块地"，必须保障群众利益，倾听群众呼声，发挥群众主体作用。

宅基地制度改革之初，大路尾村成立村民建房理事会，理事会成员由村民民主选举产生，保障群众选举权。大路尾村召开村民（代表）会议宣传政策、听取民意，运用各种手段宣传宅基地制度改革相关政策，印发了《致农民朋友的一封信》、《农村宅基地宣传手册》、宣传海报，制作了展板展示在村庄醒目地点，张贴墙体标语等方式，调动群众参与改革的主动性，改变群众错误认识，树立正确理念。做好审批、退出宅基地的公示工作，保障群众的知情权。

宅基地改革过程中，通过详细测量摸清底数，登记造册，避免宅基地错登、漏登造成村民财产损失。宅基地退出以保障群众住房需求为先，优先拆除空心房、闲置房，有偿退出制度中也明确了村民需要在城市中有住房可居住的前提，以保障群众居住权益。

保障农村特殊群体的利益。大路尾村在宅基地资格权认定方面，关注到农村离婚妇女这一相对弱势的特殊群体，规定户籍在农村的女性离婚后可选择在娘家村落户，可以认定为具有宅基地资格权，离婚后继续在婆家村居住且户口亦留在该村的，可以单独认定宅基地资格权。

（五）形成规范建房氛围

通过制定相应的规章制度，清楚地列举了农民申请宅基地和建房的流程、村级在宅基地初审中的职责与条件、村民申请宅基地所需办理的事项等，形成一套详细且具有可操作性的流程规范，规范了村委会在宅基地审批中履行村级初审职能的内容，规定了宅基地申请的受理范围、受理条件、拒绝条件、申请材料准备、受理地点、受理人员、审批时限、审批收费、审批结果及送达方式，公开透明，一目了然，方便群众申请建房。

五、农户意愿和满意度调查情况[①]

调研组在大路尾村共发放62份问卷，其中60份有效问卷。受访农户中男性居多

① 本部分所有数据均来自于调查问卷的描述性统计结果。

（占比 95%），涵盖青年、中年、老年各个年龄阶段。高中学历的农户占据大多数，住房以自建独栋房为主，在镇域范围以内务农兼打临时工是农户主要的谋生方式，可见村庄仍然是农户主要的生产生活场域，宅基地为其提供居住保障（见表 4-22）。

表 4-22 大路尾村受访村民基本情况

基本情况		比例（%）
性别	男	95
	女	5
学历	初中及以下	20
	高中	60
	大专	10
	大学及以上	10
家庭主要就业方式	务农	25
	打工	15
	务农兼打临时工	50
	务农兼副业	10
就业地点	本村	60
	本镇其他村	30
	本县其他镇	0
	本市其他县	0
	其他城市	10
宅基地利用情况	全家都长住	75
	老人和孩子长住	10
	只有老人长住	10
	闲置	0
	家庭二三产业经营用	5
	出租（流转）由他人经营	0
宅基地位置与城镇距离	3 千米以内	65
	3~5 千米	20
	5~10 千米	0
	10 千米以上	15
社会保障是否完善	非常完善	70
	比较完善	20
	不完善	10

续表

基本情况		比例（%）
目前住房形式	自建独栋房	95
	与别人合建独栋房	5
	购买或分配到一栋多层住房中的一层或一单元	0
	村镇集中区合资建房	0
	其他	0
住房面积	小于等于 70 平方米	5
	70~90 平方米	10
	90~110 平方米	35
	110 平方米以上	50

调研组依照改革可能涉及的内容预设了集中居住、使用权流转、有偿退出、有偿使用、宅基地制度改革满意度五个方面的问题，根据已知信息围绕五个方面设置不同的问题对农户的具体情况、主观感知、改革意愿和满意度进行采集。结果显示：大部分受访农户对集中居住持有赞同的观点，但依然会担心无法适应集中后的生活问题。仅有一半的受访农户希望通过平移至本乡镇集中居住点安置，这与退出宅基地期望获得城镇住房为补偿占比较高相呼应，且有较多的受访农户表示有进城购房的计划，表明传统农区群众对城市的向往。全部受访农户均没有（跨村组）流转宅基地的经历，失去土地的担忧阻止了他们流转宅基地的意愿。绝大多数受访农户均没有退出宅基地的经历。绝大多数受访农户支持宅基地有偿使用，参与了规则制定并对细则的合理性表示了认可。对于宅改带来的村庄环境改善等话题给予了积极且正面的反馈。

1. 集中居住意愿方面

大路尾村受访者中有一半以上的表示支持集中居住（占比 60%），但是了解该项政策的农户却高于支持政策的农户占比（非常了解、比较了解均视为了解，共占 75%），农户对于当前该地的集中居住政策非常关注，但对于政策的落实处于观望的状态，仅有一半的受访农户愿意以平移至本乡镇集中居住点的形式实现集中，另一半受访农户希望能够得到商品房或者货币的补偿以进城购房。提及对于集中居住的具体问题，农户关注住房条件的比较多（占比 80%），经济收益次之（占比 75%）。集中居住后可能面临的生产生活方式改变是农户最为担忧的问题（占比 75%）。

2. 宅基地使用权流转意愿方面

大路尾村受访农户均没有流转宅基地的经验，大部分受访农户了解过宅基地流转的政策（占比 70%），但对于宅基地流转持有否定态度的居多（占比 95%），主要原因在于担心流转使其失去宅基地（占比 70%），而对流转时间过长的忧虑（占比 60%）以及因流转产生的失去农村集体成员资格的风险（占比 60%）亦是受访农户不愿意流转宅基地的重要因素。与流转宅基地意愿不同，受访农户进城购房的意愿较强（占比 65%），可见多数受访农户既希望能够进城购房获得更便利的生活，又希望能够保留宅基地以及村集体组织成员资格。

3. 宅基地有偿退出意愿方面

大路尾村的受访农户中绝大多数都没有退出宅基地的经历（占比 90%），仅有的小部分退出都是以暂时退出的形式进行，即退出使用权、保留资格权。大多数受访农户认为当前的补偿方式很合理（占比 75%）。围绕宅基地退出的相关问题表现出较为矛盾的选择倾向，一方面，多数村民对宅基地未来价值有着乐观的预期（认为宅基地能和城市土地一样值钱的农户占比 75%），赞同退出以后进城生活生活成本会上升（占比 85%），显示出迁入城市的顾虑；另一方面，在倾向的宅基地退出补偿方式中，与农村住房（占比 5%）相比，选择货币和城镇住房的却占了大多数（其中选择货币的农户占比 40%，选择城镇住房的农户占比 40%），并且多数受访农户认为进城打工不难（占比 70%），表现出对城镇生活的强烈向往。大路尾村受访农户关于宅基地退出的态度，呈现出很有代表性的矛盾，即农户既盼望能够获得城镇更加便利的生活方式，也希望能够保留宅基地作为保障。

4. 宅基地有偿使用意愿方面

大路尾村受访农户中大多数支持宅基地有偿使用（占比 90%），他们中多数人参与了本村有偿使用细则的制定（占比 75%）并且认可当前的有偿使用收费标准（占比 75%）。

5. 群众对宅基地制度改革满意度方面

大路尾村宅基地制度改革改善村庄环境得到了群众的肯定。问卷统计显示，受访农户在生活水平、人居环境和村容村貌等方面都给予了较高评价，90% 的受访农户认为宅基地制度改革以来村容村貌变得更好，80% 的受访农户认为宅基地制度改革使农村生活更加舒适，有 75% 的受访农户认为改革后生活水平提高了。在村务治理、权益保护、住房条件、社会资本方面，受访农户也表现出了更高的满意度，其中对于当前住房位置的满意度最高（占比 94.78%），对住房质量的满意度次之（占比 87.32%）；农户在村务公开、社会保障、权益保护、乡镇政府信任度、村干部信任度以及村民参与在内的村务治理方面满意度较高（见表 4–23）。

表 4-23 大路尾村宅基地制度改革相关的群众满意度调查

	非常满意（%）	比较满意（%）	一般（%）	不太满意（%）	非常不满意（%）
村务公开度	85.34	14.66	—	—	—
村民权益保护情况	84.33	10.26	5.41	—	—
流转后的社会保障	83.92	5.48	5.23	5.37	—
现有住房地理位置	94.78	5.22	—	—	—
现有住房质量	87.32	9.30	3.38	—	—
住房周边公共服务设施	85.21	5.32	5.44	4.03	—
住房周边环境卫生	84.67	15.33	—	—	—
我很信任乡镇政府	83.85	10.37	5.78	—	—
我很信任村干部	82.67	11.28	6.05	—	—
我经常去参加村民代表大会	87.12	56.55	6.33	—	—
我赞同村规民约的所有规定	82.31	9.88	7.81	—	—

大路尾村宅基地改革主要工作与成效在于宅基地的无偿退出，腾退的宅基地数量多、规模大，退出工作迅速且村民的配合度高，此项工作成效得益于村庄有强有力的能人村干部和关注村庄发展的乡贤起到了模范带头作用。大路尾村抓住美丽乡村建设、空心房整治、宅基地制度改革的契机，运用政策叠加的合力，在镇级规划框架内确定村庄发展方向，做好详细的村庄规划，以腾退宅基地满足村民新增建房需求、村庄环境改善用地需求以及经济发展产生的用地需求。

在大路尾村这样一个集体经济并不发达的村庄进行闲置宅基地腾退工作，其难度可想而知。面对上级拨款有限、村级支付能力不足的困境，如何使村民积极参与腾退，大路尾村给出了优秀的答卷。其成功的"秘诀"有两项，一是发挥村干部和乡贤的示范作用，增强村庄凝聚力。为了鼓励村民积极腾退闲置房、空心房，村干部和乡贤首批拆除了自己闲置房，用以改善村庄环境，将美好生活"展示"给村民，使村民体会到环境村庄环境改善带来的好处并积极追随，加入拆除闲置农房的行列为改善环境做出贡献。二是在精神激励之外，承诺了未来可兑付的补贴，即未来申请宅基地需缴纳有偿使用费的前提下，可以免费占用与腾退同等面积的宅基地。通过这两项关键举措，大路尾村共腾退了百余座闲置房，腾退宅基地 10000 多平方米。

大路尾村作为距离城镇较远的传统农业型村庄，村民既有对城镇生活的向往，也有失去保障的担忧，这种矛盾心理体现在了意愿中。一方面，希望以商品房、城镇住房、货币等非农居住形式实现集中居住或宅基地退出的意愿占比较高说明了村民对于进入城镇生活的渴望，对于进城务工难度的认知也使他们对进城生活有着较为乐观的预期；另一方面，当前政策给予农村的福利不断增加，退出宅基地、进入城镇生活可能带来的福利损失阻碍了村民进城的步伐，因此村民更倾向于保留资格权的退出形式，可见对于大部分村民来讲，宅基地仍然是“最后的保障”、是“定心丸”。

宅基地制度改革为大路尾村完善宅基地管理制度、规范宅基地申请和审批程序提供了契机。改革深化阶段，针对“一户一宅”超面积的情况，实施有偿使用，增加集体收入。对部分符合“一户一宅”的宅基地实施有偿退出，有偿使用费也可用于支付村民的宅基地退出补偿、适度集中居住区的基础设施建设，以此进一步改善村庄布局，助力村庄产业发展。

共同富裕智库新鉴

05

宅基地规范管理

凤凰县吉信镇得胜营社区：“四步法”推进宅基地资格权认定*

王立徽[①]

一、得胜营社区基本情况

（一）地理生态情况

1. 地势陡峭、季节性缺水[②]

得胜营社区是湖南省凤凰县吉信镇下辖的一个社区，位于凤凰县的东北部，其境内地势南部高，由北至东逐渐降低，平均海拔在310~800米，属中亚热带季风湿润性气候，四季分明，雨量较为充沛，但受季节影响严重，一到枯水期水源均已枯竭，严重影响本社区村民饮水基本需求和安全质量。得胜营社区辖区内万溶江流经境内西北部，流水常年冲刷形成峡谷，成为著名的西门峡漂流景点。

2. 苗族聚集区的边缘位置

在区位上，得胜营社区位于凤凰县城与乾州经济开发区的中间位置，南距县城21.5千米、北距湘西自治州高新区17千米，辖区内209国道、G65包茂高速和张吉怀高铁贯穿全镇南北。得胜营社区位于吉信镇中心位置，交通便利，是湘西州连接怀化市、贵州省铜仁市的主要通道，同时也是以腊尔山为中心的湘黔边“苗疆”和“生苗”区的边缘，是典型的苗汉混居区，凤凰县第二大墟场。湖南省第十批省级文物保护单位的肖纪美故居（始建于清同治九年）和三潭书院（始建于清同治十三年）位于此地（见图5-1）。

---

* 案例内容来自中国矿业大学（北京）共同富裕研究院第二调研组2020~2022年的实地调查

① 王立徽，中国矿业大学（北京）共同富裕研究院助理研究员，管理学硕士。

② 相关数据来源于得胜营社区村级文件。

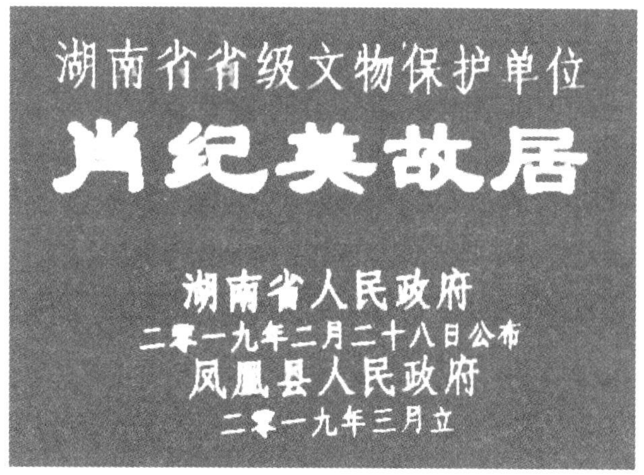

图 5-1　肖纪美故居

资料来源：由调研组成员实地拍摄。

（二）经济社会情况

1. 以种植业为主的传统农区

得胜营社区于 2016 年 5 月由原吉信村、联欢村、居委会合并而成，共有 6 个自然寨，15 个居民小组，1542 户，居民 4657 人，监测户 17 户，42 人。《凤凰县域村庄分类和布局方案》[①] 显示，得胜营社区为特色保护类村庄。辖区下设三个支部，现有共产党员 99 人。从产业发展来看，得胜营社区全面实施以种植业为主的经济发展体系，主要产业有油茶、水稻、蔬菜、生姜、玉米等。为搞好社区的产业发展，增加农民的经济收入，社区大力推广“油茶产业”，在社区建了一个 500~1000 亩的油茶基地，使村民实现增收。

2. 集体增收依靠房屋出租和水厂经营

由于得胜营社区位于吉信镇镇内，区位条件较好，当地村民将房屋以出租部分或者自己经营的方式开设商铺，不仅增加了自身收入，也为村集体经济组织增加收入来源。除此之外，得胜营社区区域内建有水厂。为解决地势影响造成的村民饮水安全问题，凤凰县根据《关于凤凰县 2019 年统筹整合使用财政涉农资金农村饮水安全项目（第七项）可行性研究报告的批复》等文件精神，进行财政拨付专项资金 247.23 万元，用于吉信镇得胜营社区供水工程。新建万溶江水库引水泵房 10.2 平方米，改换原输水钢管 10.127 千米，铺设输配水管网 4081.2 米，更换及安装入户水表 1140 块及配套设施，解决 665 户 3283 人安全饮水问题，社区可以根据村民用水情况收取收费。据统计，村集体一年通过收租和收水费能够实现 20 万元左右的增收。截至 2022 年 5 月底，得胜营社

① 相关数据来源于《凤凰县域村庄分类和布局方案》。

区已经入账 6.8631 万元。2021 年，胜营社区 GDP 为 6585500 元，在本村就业人数达 1223 人，其中非农就业达 452 人①。

（三）林地多、耕地少

得胜营社区国土总面积约 1013.9 公顷。其中，耕地面积 230.45 公顷，园地 4.93 公顷，林地 593.48 公顷，住宅用地 50.85 公顷，公共服务用地 8.64 公顷，水域用地 22.34 公顷。在耕地上，得胜营社区主要以水田种植为主，占地面积达 182.63 公顷，旱地 47.82 公顷，主要种植生姜（450 亩）、油茶（700 多亩）。（见表 5-1）

表 5-1　得胜营社区土地利用情况

地类	总面积（公顷）	具体用地	面积（公顷）
耕地	230.45	水田	182.63
		旱地	47.82
园地	4.93	果园	4.75
		其他园地	0.18
林地	593.48	乔木林地	314.26
		竹林地	4.12
		灌木林地	60.84
		其他林地	214.26
草地	0.28	草地	0.28
住宅用地	50.85	城镇住宅用地	26.05
		农村宅基地	24.8
公共管理与公共服务用地	8.64	机关团体新闻出版用地	0.89
水域	22.34	河流水面	15.23
		水库水面	1.62
		坑塘水面	4.06
		沟渠	1.15
		水工建筑用地	0.28

资料来源：得胜营社区村级文件。

二、宅基地利用和管理现状

（一）宅基地利用历史遗留问题严重

截至 2021 年 4 月，吉信镇已完成农村建房现状数据摸排，农村住房情况及农村

① 相关数据来源于得胜营社区村干部的访谈。

居民建房需求情况调查，共计调查农户 6240 户、23056 人，初步建立了调查数据库。调查结果显示：宅基地宗数 5312 宗，面积 848252.96 平方米，资格权户数 5970 户、19867 人，全镇共排查出遗留问题宅基地 2119 宗。2021~2022 年，吉信镇共建房农户 53 户，其中跨区城建房 3 户，收取有偿使用费和流转收益金共 119629 元[①]。

得胜营社区宅基地历史遗留问题较为较严重。得胜营社区共有 1028 宗宅基地，面积达 142298.7 平方米。宅基地属于历史遗留问题的有 441 宗，且六种[②]宅基地历史遗留问题类型均有涉及。其中，“未批先建”的有 31 宗，“少批多占”的 58 宗，存在“继承”情况的 13 宗，“赠与”问题的 3 宗，“未经批准转让”的有 14 宗，“非本集体经济组织成员占有”的有 7 宗，“因历史建成”的有 305 宗（见表 5-2）。截至 2022 年调研组调研，村集体已对三户非集体经济组织成员占有的情况收取有偿使用费，涉及宅基地面积 432 平方米，建筑面积 395.6 平方米。缴费最多的一户缴费 63737.14 元，最少的一户缴了 6864 元。截至 2022 年，村集体共收宅基地有偿使用费 52045.71 元。

表 5-2　得胜营社区宅基地历史遗留问题情况

历史遗留问题利用类型	宗数（宗）
历史建成	305
未批先建	31
少批多建	58
非本集体组织成员占有	7
未经批准转让	14
继承	13
赠与	3

资料来源：由得胜营社区村干部提供。

（二）审批监管流程逐渐规范

得胜营社区在建房审批上建立联审联办制度，壮大建房审批队伍，规范审批流程。在监管上构建宅基地综合监管体系，实行县直部门与乡镇联动，开展常态化、全覆盖巡视巡查。

1. 组建联审联办办公室

在党委政府统一领导下由农业农村、自然资源、林业、水利、综合执法大队等部门组成农村“联审联办”办公室，加强协作配合内部联动，逐个依法规范农村宅基地用

① 相关数据来源于凤凰县吉信镇宅基地改革办公室提供的材料。

② 《凤凰县农村宅基地历史遗留问题处理指导意见（试行）》中提到“历史建成”“未批先建”“少批多占”“非本集体成员占用”“未经批准转让”“继承赠与”六种宅基地利用历史遗留问题。

地建房申请审批和建房规划许可管理。严格落实"建新拆旧"的要求，将原宅基地交还村集体，农村村民出卖、出租、赠与住宅后，再申请宅基地的不予批准。农业农村部门(经管站)负责审查申请人是否符合申请条件、拟用地是否符合宅基地合理布局要求和面积标准、宅基地和建房(规划许可)申请是否经过村组审核公示等，并综合各有关部门意见提出审批建议。自然资源部门负责审查用地建房是否符合国土空间规划，用途管制要求，其中涉及占用农用地的应在办理农用地转用审批手续后，核发乡村建设规划许可证。其他涉及林业、水利、电力等相关部门要及时征求相关部门意见。综合执法大队积极配合农村宅基地联审联办领导小组开展农民用地建房动态巡查，及时发现和处置涉及宅基地使用和建房规划的各类建法违规行为。得胜营社区在上级部门的带领下，成立以镇党委书记为组长、人大主席为副组长的领导小组，领导小组下设办公室，负责宅基地审批监管的具体工作。

2. 规范审批流程，落实"六到场"监管

得胜营社区严格按照《吉信镇镇整治农村乱占耕地建房规范宅基地审批巡查工作方案的通知》《吉信镇农村宅基地审批监管的通知》《吉信镇农村宅基地资格权认定暂行办法》等乡镇审批文件，平稳有序推进宅基地审批事项。根据县、镇两级文件规范农村宅基地审批管理流程，严格落实农村建房"村民申请—村级审查—部门联审—乡镇审批—部门现场查验—乡镇验收"宅基地审批监管程序。具体申请审批程序如下：①申请宅基地的农户以户为单位向村民小组提出书面申请；②经村民小组会议讨论通过后在村民小组范围内进行公示，公示期为七天；③村民小组将农户申请，村民小组会议记录及公示照片等材料交由村集体经济组织审查；④村集体经济组织重点审查递交的材料是否真实、是否召开村民小组会议讨论、拟用地建房是否符合村庄规划、是否征求用地建房相邻权利人的意见等；⑤审查通过后由村级组织签署意见，加盖经济合作社公章报送乡镇政府；⑥乡镇政府收到宅基地申请后，组织宅基地联审联办工作小组人员"一到场"实地审查申请人是否符合条件、拟用地是否符合规划和地类等；⑦经批准后，农户在开工前由宅基地联审联办工作小组人员进行"二到场"实地丈量批放宅基地、"三到场"免费基坑基槽验收、工程重要节点"四到场"和主体机构完工"五到场"；严格落实先批后建，挂牌方可施工；在施工过程中宅基地联审联办工作小组和村级组织对村民建房进行监管；⑧农户建房完工后，组织人员"六到场"进行实地验收，验收合格的农户可以向不动产登记部门申请办理不动产登记。图 5-2 是具体的农村住房"全生命周期管理"流程。

3. 镇、村两级在建房过程中加强巡查

凤凰县在宅改中积极探索审批监管制度改革，构建"网格监督、村组管理、综合执

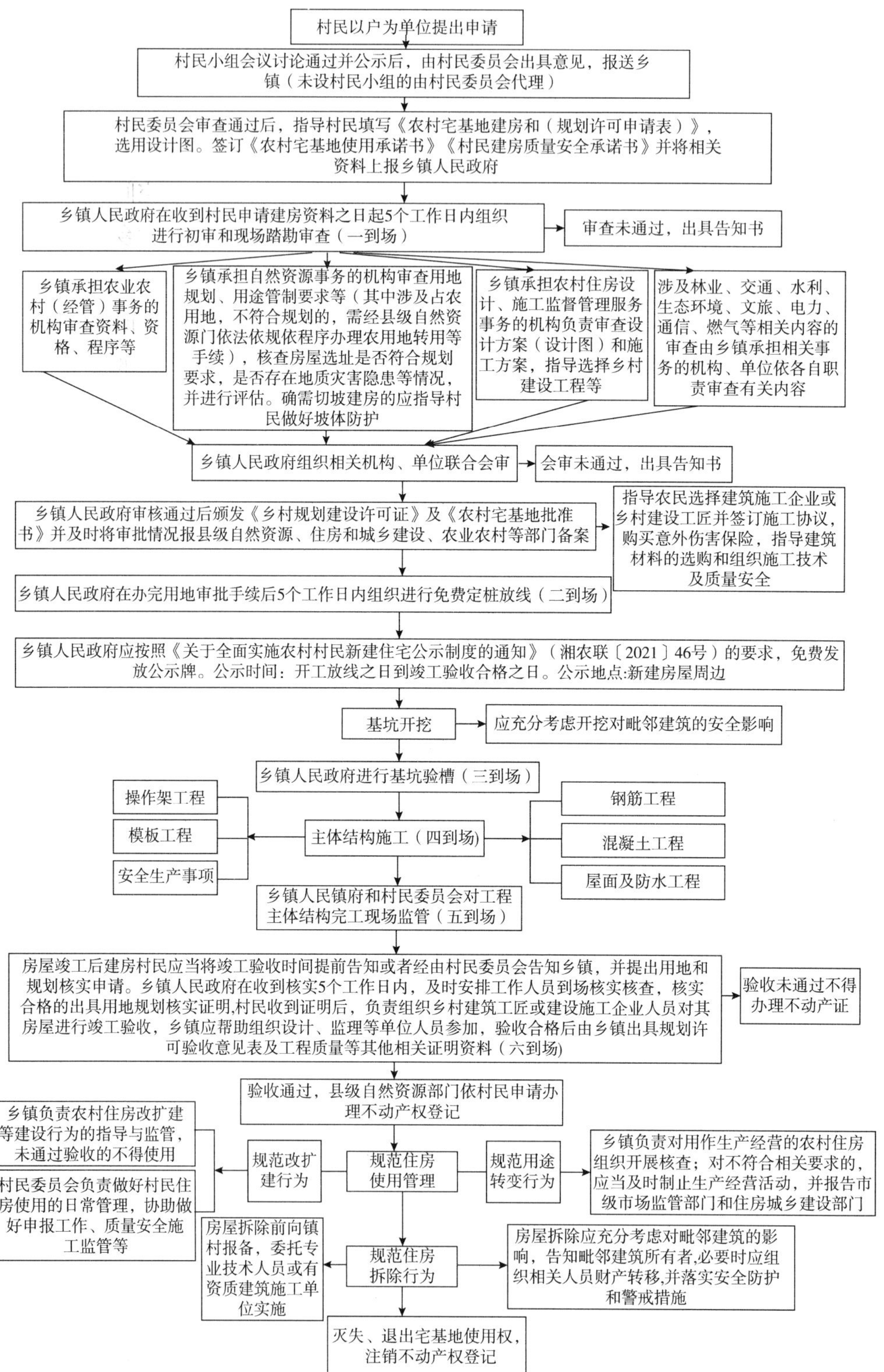

图 5-2 农村住房"全生命周期管理"流程

资料来源：湖南省凤凰县吉信镇提供的镇级文件。

法、分片督导"相结合的宅基地综合监管体系。镇、村两级作为审批监管的主体部门，规范农村用地建房管理，吉信镇将农村建房巡查工作常态化，规范村民严格按照批准面积和建房标准建设住宅。2021~2022年，吉信镇共审批建房共53户，所有建房手续基本齐全。得胜营社区已有5户进行了原址重建，建筑层数主要以3层为主，房基占地面积达678.4平方米，建筑总面积达2061.25平方米。①

开展常态化、全覆盖巡视巡查，探索镇村巡查和群众监督相结合的巡查制度。严厉查处私自转让、占地建房等违法违规行为。对改变用途的自建房屋进行安全排查，在吉信镇摸底调查过程中，共排查摸底出改变用途房屋220栋，宅基地面积25360平方米，建筑面积78528平方米。②

三、颁发宅基地资格权凭证

按照中共凤凰县委、县政府的工作要求，吉信镇于2021年5月全面开展农村宅基地、农村宅基地资格认证工作。在《凤凰县农村宅基地资格权认定暂行办法》所规定的程序要求和资格权认定条件的基础上，因村制宜，全面开展农村宅基地资格权认定工作。在宅基地资格权的认定、颁证上开展"四步法"，以颁发宅基地资格权凭证的形式有效保障了农户权益，推动了宅基地制度改革工作的落实。

（一）走好"明确认定标准，压实认定条件"第一步

凤凰县资格权认定采取集体经济组织成员身份、户籍、义务履行、居住、土地承包经营和福利享受多因素整合的标准③。得胜营社区以县级"成员权+"的认定标准指导为基础，经村民小组协商讨论后，确定本村宅基地资格权认定标准。第一个条件是该成员是本村集体经济组织成员，第二个条件是该成员在本村有土地承包关系，第三个条件是该成员要长期居住在这个组织里面履行义务。必须要同时达到这三个条件才能认定其享有宅基地资格权。宅基地作为村集体宝贵的财富，村民十分珍惜，村集体也十分重视，因此资格权认定条件十分明晰和严苛。相应地，资格权认定条件严苛，政府保障资格权和村民保留资格权的意识就越强。一是本集体成员成为农转非系列人员，只要其未纳入城镇居民社会保障体系内，就保留他的资格权。即：征地转非或非征地转非、全家在本辖区转为非农户、本人因历史原因户口农转非、父母投靠子女转非等人员，只要未纳入城镇居民社会保障体系的原集体经济组织成员，就可以依然被认定为本集体经济组织成员，享有宅基地资格权。二是农户购买商品房进城落户的可以保留其资格权，符合

①② 相关数据由得胜营社区村干部提供。

③《凤凰县农村宅基地资格权认定工作方案》指出："户口在农村集体组织并与农村集体经济组织形成权利与义务关系的且世居在原生产队的人员及其子女"被认定为享有宅基地资格权。

申请条件的可重新申请宅基地。已申请的宅基地暂不使用的，申请人可以与集体经济组织约定，将宅基地交由集体经济组织进行开发利用，集体经济组织根据收益情况合理分配收益。三是本集体经济组织成员依法享有在本集体经济组织内无偿使用宅基地的权利，非集体经济组织成员要根据相关规定进行有偿使用，享有宅基地使用权，不享有宅基地资格权。

（二）走好“规范认定程序，发挥村基层民主”第二步

得胜营社区围绕资格权认定工作开展前期摸排调查、中期民主调整、后期落实颁证等工作，各个环节充分发挥村民民主。

1. 各环节有效衔接

得胜营社区根据资格权认定标准对社区村民进行摸底调查，根据集体成员认定、土地承包关系、长期居住并履行义务这三个硬性条件对全体村民进行资格筛查。在对本集体经济组织成员认定完成后，要对认定名单公示，公示无异议后，交由乡镇审查。审查通过后，才能对认定名单进行最终确认和归档。最终进行以户为单位进行印证、发证（见图 5–3）。

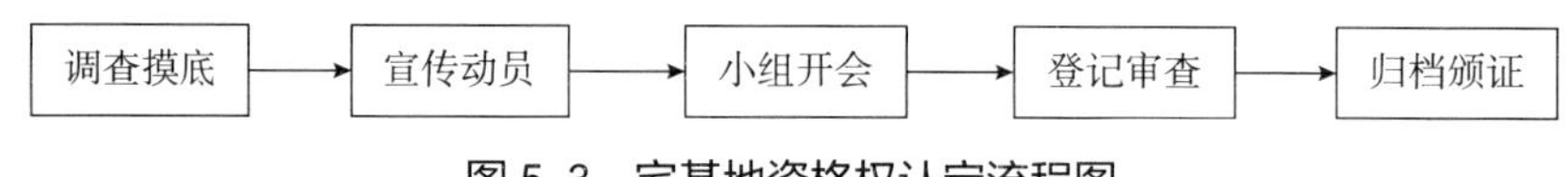

图 5–3　宅基地资格权认定流程图

资料来源：由笔者根据得胜营社区村级文件绘制。

2. 全程充分尊重村民意愿

以村民小组为主要认定主体，需要 2/3 以上的小组成员开会进行讨论，需要有 1/2 的票数同意才能获得资格。宣传动员村集体成员全程参与、配合和监督。对特殊群体如出嫁女、离婚返乡女、上门女婿等要进行小组开会，经村民小组协商讨论同意后给予登记。

（三）走好“资格权证书颁发到户，落实到人”第三步

核实通过后，每一户都能获取一个资格权凭证，凭证内以人员为单位进行填写。证书内容包括户内人员信息、所属镇村、发证机关、发证编号等，清晰明了地指出谁具有本集体经济组织成员资格。在共有权人情况表中有多个表格，目的是解决因内部人员动态变化而制定的。针对新生或嫁入等特殊情况，可以将新增人口依据空白表格顺序依次添加新增人员姓名、身份信息等。出现自然原因去世或者迁出等情况时，则对原有人员名单进行删除，保障公平。具有凭证的农户可凭借宅基地资格权凭证免费申请相应的一

块宅基地用作建房，保障农户"户有所居"。资格权的认定和颁证强化了得胜营社区宅基地资格权的专属性，以发证的实物形式保证农户的住房保障权益，有效堵住了宅基地私自买卖、城市居民违法占用宅基地等缺口。截至 2022 年 7 月，吉信镇共确定资格权户数 5970 户、19867 人，资格权证已经发放到位，档案已经完善。得胜营社区已完成资格权认定户数达 872 户、2533 人，资格权证书除常年没有在家的农户没有发放之外，其他在村的农户资格全证书已经全部发放完毕[①]。图 5–4 是得胜营社区村民手中的宅基地资格权凭证。

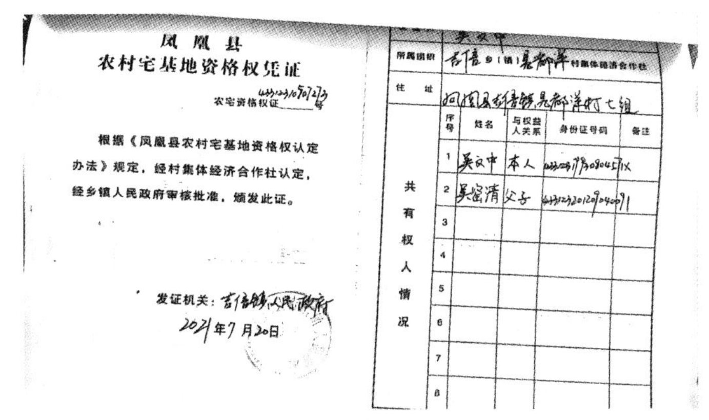

凤凰县
农村宅基地资格权凭证

农宅资格权证 [illegible] 号

根据《凤凰县农村宅基地资格权认定办法》规定，经村集体经济合作社认定，经乡镇人民政府审核批准，颁发此证。

发证机关：吉信镇人民政府
2021年7月20日

所属组织	吉信 乡（镇）[illegible] 村集体经济合作社				
住址	[illegible]				
共有权人情况	序号	姓名	与权益人关系	身份证号码	备注
	1	[illegible]	本人	[illegible]	
	2	[illegible]	父子	[illegible]	
	3				
	4				
	5				
	6				
	7				
	8				

图 5–4　宅基地资格权凭证

资料来源：由调研组成员实地拍摄。

（四）走好"动态调整资格人员名单，落实权益保障"第四步

一是人员认定花名册定时补充新增。得胜营社区坚持"资格权认定到人、落实到户"的基本原则，每年年末对落户在本集体经济组织成员的新出生子女以及在原居住地是农村户籍，合法婚姻迁入本村的妇女、入赘女婿和丧偶、离婚后再婚者依法随其生活的未成年子女（原居住地在本县的，须原居住地集体经济组织出具取消其成员资格的证明）等成员进行统计，对符合上述条件的成员将其动态补充为农村宅基地资格权人，保障了流入人口和新生人口的宅基地资格权权利。

二是人员认定花名册阶段性统计资格权丧失人员。宅基地资格权的认定涉及集体经济组织成员行使宅基地使用权等一系列权利的后续开展工作，取消宅基地资格权是在充分调查集体经济组织成员确实取得有效的各项福利保障后审慎作出的。因此，得胜营社区对资格权丧失人员的统计充分依照资格权的认定因素来划定，对户籍迁出、土地承包经营权放弃、福利得到充分保障（企事业、军队单位）、不再居住以及义务不再履行等人员取消其原有的宅基地资格权资格。死亡成员也将丧失资格权。不管是新增还是丧

① 相关数据由得胜营社区村干部提供。

失，需要由乡镇政府在资格权人电子台账上进行备注，备注后，乡镇人员会入户对其资格权证书人员名单进行新增人员和删减人员的标记，充分保障了“认定公平和占有公平”。

三是对符合认定条件人员稳慎安排资格权重获机制。资格权重获机制的实施目的在于保障因进城落户、上学当兵、企事业工作、农转非等却不能纳入城镇居民社会保障体系的，以及愿意回乡返乡的原集体经济组织成员继续享受土地权益。得胜营社区坚持“保障优先”的原则，对原集体经济组织成员实现兜底保障。例如，对农户购买商品房进城落户的可以保留其20年的资格权年限，符合申请条件的可重新申请宅基地，若超过年限后，农户有重新获取资格权的意愿就需要召开村集体组织成员会议进行讨论表决，需经集体经济组织成员2/3同意，张榜公示七天无异议后才能赋予其宅基地资格权。此外，对户口回农村原籍自主择业的退役士官可以重新获得资格权。

（五）以资格权凭证保障村民居住和其他合法权益

资格权认定和颁证工作的快速推进体现了农民居住权益的多方面保障。

一是颁发资格权证书，为保障农民宅基地合法权益提供有效证明。得胜营社区通过资格权认定证书的颁发，实现社区内资格权认定到人、登记到户，明晰权属，为后续开展宅基地资格权的保障形式和宅基地使用权权能提供法律保障。证书的形式使政府和农户双方信息对称，保证产权的稳定性。

二是颁发资格权证书，有效落实居住保障，防止非本集体经济组织成员占用和非法买卖。资格权凭证地颁发清晰地界定谁有资格申请建房，谁有资格实现“户有所居”。农户可凭借宅基地资格权凭证免费申请相应的一块宅基地用作建房，即使在宅基地用地指标不足的情况下，也能获得其他的居住形式，保障农户“户有所居”。得胜营社区资格权保留的做法为未纳入城镇居住保障体系的进城落户人员解决住房保障问题，既为其提供进城“退路”，也稳定了其就业，减少其顾虑与担忧。同时，资格权的认定和颁证进一步强化了宅基地身份前提，禁止城市居民到农民买卖宅基地，以实现农民土地权益为前提，放活使用权流转市场。

三是颁发资格权证书，进一步保障了农民集体权益。得胜营社区宅基地资格权凭证的颁发明确和维护了具有资格权农户的其他权利以及相应义务。从权利来看，资格权证书的颁发明确了资格权主体具有获得本集体经济组织有关收益的分配权、补偿权；享受本集体经济组织提供的生产、生活等公共服务和福利权；具有法定民事行为能力的成员对本集体经济组织重大事项的参与权、建议权、表决权、监督权；申请退出农村宅基地的权利。从义务上看，资格权主体需要遵守本集体经济组织的章程和各项制度，执行成员会议或成员代表会议的决议；保护农村宅基地资源、爱护集体资产、维护集体利益；依法缴纳税费，承担村内一事一议筹资筹劳和公益性义务。

（六）"三级部署"保障资格权认定颁证整体推进

一是县级重统筹指导。凤凰县宅基地改革办公室（以下简称"凤凰县宅改办"）牵头成立凤凰县农村宅基地资格权认定工作领导小组，做好政策解读和业务指导。一是凤凰县宅改办负责解读《凤凰县农村宅基地资格权认定暂行办法》，制定《凤凰县农村宅基地资格权认定表》《凤凰县农村宅基地资格权农户花名册》，做好政策解读和业务指导。二是凤凰县公安部门负责提供户籍信息。

二是乡镇抓协调监督。各乡镇成立由镇主要领导为组长、分管领导为副组长，镇纪委、农业综合服务中心、自然资源、派出所、各村（社区）集体经济合作等为成员的乡镇农村宅基地资格权认定工作指导组，负责具体工作统筹协调、政策技术指导和督促落实。

三是村级推开展落实。得胜营社区成立由村集体经济合作社社理事长为组长，驻村工作队、驻村干部、大学生村官、各小组组长为成员的村农村宅基地资格权"村级认定组"，承担农户宅基地资格权的摸底统计确认工作、宣传认定工作以及后期的资格权凭证发放工作。

（七）取得成效

在得胜营社区的街道上，关于宅改政策的横幅与标语随处可见，人民的生活也随着宅基地改革政策的落实得到了质的提升，尤其在住房保障、村民收入、人居环境等方面取得了良好成效，农民获益是宅基地改革取得成果的最好证明。从农民资格权保障上看，目前得胜营社区资格权颁证已经全部落实，为村民实现村民居住保障提供产权凭证。从村民收益上看，村民利用镇内的优势地理区位，利用自建房用途改变政策，通过自营或是收取租费的形式，大大增加了其收入来源。从村庄生态环境上看，得胜营社区协同林业站开展"推进河长制、建设新吉信"系列活动，助推文明村庄创建。得胜营社区根据河道的功能定位，将人居环境与乡村治理、户外休闲、防洪安全等有机融合，联动开发水、岸一体，打造堤、路、景，贯通水系、净化水体、提升水景，实现生态文明建设成果惠及人民。截至 2022 年 7 月，得胜营社区改造旱厕数量达 100 个，道路硬化率达 70%，绿化覆盖面积达 5840 平方米，实现 500 户互联网宽带安装。①

四、工作经验

（一）"三级联动"保障资格权认定颁证工作的落实

县、乡、村三级部门从组织保障上推动了资格权认定颁证工作的落实。在宅基地资

① 相关数据由得胜营社区村干部提供。

格权认定和颁证上，凤凰县作为湖南省宅基地改革四个试点县之一，率先探索资格权认定和颁证工作。县级层面已经出台关于资格权的《暂行办法》《资格权认定表》《资格权农户花名册》等文件，各镇、村积极学习上级文件精神，并完成全县宅基地资格权的确权颁证工作。凤凰县之所以能够取得如此成效离不开县、乡、村三级部门的统筹推进。

（二）以村民利益为出发点带动村民参与

在宅基地改革过程中，强化宣传发动，通过召开群众会、党员大会、村民小组长会等各类会议，向群众大力宣传宅基地制度改革内容、途径和实现目标，确保农户知晓率和参与度。首先，在资格权认定上，得胜营社区充分考虑本村的实际情况，通过村书记宣传讲解、村小组开会讨论、村民意见表达等形式，使宅基地资格权认定条件深得民心。“成员权＋长期居住、履行义务＋承包关系”的高门槛认定条件在一定程度上防止了非本集体成员占侵占本集体经济组织成员权益情况的出现。其次，提高宅基地制度改革宣传覆盖率。借助互联网传播优势，通过监督群、村级广播推送《农村宅基地管理法律政策问答》《凤凰县农村宅基地制度改革试点》等政策知识，将政策分解为问答模式，方便受众更好地理解宅基地制度改革内容，先后推送有关稿件 1 篇，覆盖群众 5000 余人。最后，加大镇村干部培训力度。组织镇、村干部深入学习《凤凰县农村宅基地制度改革试点实施方案》《凤凰县跨区域保障农户农村宅基地和建房流程图的通知》等内容，先后有镇、村、组干部 76 余人参加专题测试，测试合格率 100%。[①]

（三）建立“跨区建房＋有偿使用＋历史遗留问题处置”的模式

创新集住房、收益于一体的村民权益保障新模式。通过有偿使用满足非集体经济组织成员跨区建房需求，不但有利于扩展资源配置，更大范围实现集体经济组织成员的住房保障，而且妥善化解 2020 年前非集体经济组织成员占用宅基地的历史遗留问题，实现村集体增收。

五、村民意愿和满意度调查情况[②]

在对得胜营社区农户意愿的调研中，共有 63 名农户参与了问卷调查。其中男性占多数，主要是初中及以下学历，在本村务农人数占到一半。受访农户都符合“一户一宅”要求，且没有闲置宅基地。受访农户对自身的医疗、教育、养老等社会保障都比较满意（见表 5–3）。

---

① 相关数据由得胜营社区村干部提供。

② 本部分相关数据来源于得胜营社区村民问卷。

表 5-3 受访农户基本信息

基本情况		比例（%）
性别	男	70
	女	30
学历	初中及以下	67
	高中	19
	大专	0
	大学及以上	14
家庭主要就业方式	务农	50
	打工	15
	务农兼打临时工	30
	务农兼副业	5
就业地点	本村	67
	本镇其他村	5
	本县其他镇	15
	本市其他县	5
	其他城市	8
宅基地利用情况	全家都长住	70
	老人和孩子长住	5
	只有老人长住	16
宅基地利用情况	闲置	0
	家庭二三产业经营用	3
	出租（流转）由他人经营	6
社会保障是否完善	非常完善	70
	比较完善	26
	不完善	4

根据调研组预设的集中居住、使用权流转、有偿退出、有偿使用、宅基地利用管理满意度五个方面，对农户的实际情况、主观认知、改革意愿和满意度进行调查的结果显示：集中居住意愿处于中等，顾虑主要是担心居住面积变小、生活升高的问题；流转意愿很高，原因是能够增加收入；都没有退出宅基地的经历；对宅基地有偿使用意愿较高；对宅基地利用管理比较满意。

1. 集中居住意愿方面

得胜营社区受访农户的住房形式 81% 都是自建房。农户集中居住意愿占比 60%，且 57% 的农户更倾向于选择平移至本乡镇集镇集中居住。集中居住后，农户比较在意是经济效益（67%）和居住条件（67%）。农户不愿意选择集中居住的顾虑是居住面积变小和生活成本变高，分别占比 95%、67%。

2. 宅基地使用权跨村组流转意愿方面

受访农户没有跨村组流转宅基地的经历。农户跨村组流转意愿高，占 62%，但仅有 33% 的农户了解跨村组流转政策。农户流转的目的是增加收入（57%），不愿意流转的顾虑在于“土地流失，失去宅基地”和“流转时间太长，不确定因素多”。

3. 宅基地退出意愿方面

得胜营社区受访农户都没有退出宅基地的经历，如果退出宅基地希望获得的补偿形式主要是住房保障，农村住房和城镇住房分别占 38% 和 29%。关于宅基地退出后生活成本变化的认识，37.5% 的村民表示会上升。同时，75% 的农户认为进城打工困难，并且对宅基地未来升值空间的预期较高，有 37.5% 农户认为宅基地和城里的土地一样值钱。

4. 宅基地有偿使用意愿方面

得胜营社区 85% 的受访农户支持实行宅基地有偿使用，认同本村宅基地有偿使用费的农户占 80%，但是宅基地有偿使用细则的制定村民参与度仅有 25%。

5. 宅基地利用管理满意度方面

表 5-4 显示得胜营社区农户对宅基地利用管理满意度较高。认为宅基地改革后生活水平、人居环境、村容村貌方面都显著提高的农户分别占到 71%、62%、67%。

表 5-4 村民满意度调查

	非常满意（%）	比较满意（%）	一般（%）	不太满意（%）	非常不满意（%）
村务公开度	85.5	9.5	5.0	—	—
村民权益的保护情况	81.0	9.5	9.5	—	—
流转后的社会保障	76.5	14	9.5	—	—
现有的住房地理区位	85.5	9.5	5.0	—	—
现有住房质量	81	9.5	9.5	—	—
住房周边公共服务设施	85.5	5.0	9.5	—	—

续表

	非常满意（%）	比较满意（%）	一般（%）	不太满意（%）	非常不满意（%）
住房周围环境卫生	80.75	5.00	14.25	—	—
我很相信乡镇政府	95	5	0	—	—
我很相信村干部	90	5	5	—	—
我经常去参加村民代表大会	90	5	5	—	—
我经常去参加村民代表大会	95	5	0	—	—

得胜营社区目前进行的宅基地制度改革的具体探索内容主要集中在宅基地资格权认定颁证、有偿使用、跨区建房和历史遗留问题处置四个方面。

第一，在宅基地资格权的认定颁证上，得胜营社区在凤凰县一级颁发的文件基础上，以"成员权＋长期居住并履行义务＋土地承包关系"作为集体成员认定的三个必不可少的硬性条件，一方面有利于保护本集体经济组织内宅基地资源不受侵占，农民合法权益得到充分保障；另一方面使宅基地资格权认定主体条件更明晰。但是，准入门槛的过高也在一定程度上忽略了尚未形成土地承包关系的新分户的宅基地建房需求。同时，得胜营社区在宅基地资格权的探索上只局限于认定和颁证环节，资格权多种实现形式尚未实施开展，住房保障形式主要为"一户一宅"，对于换货币、换股权、城镇住房置换等多种资格权实现形式和居住实现形式尚未进行探索和实践。

第二，在历史问题处置上，探索出"跨区建房＋有偿使用"的解决路径。主要是针对非集体经济组织成员占有情况，通过实行有偿使用制度进行妥善处置，目前通过有偿使用成功解决三起非集体成员占用宅基地情况，村集体和农户收入共9万多元的有偿使用费。但是，有偿使用的探索只局限在解决非集体经济组织成员跨区建房事实占有的历史遗留问题处置上，对于面积超标、一户多宅、非集体成员继承或赠与、转变用途等方面尚未结合有偿使用收费制度进行治理。在对农户的问卷调查和访谈过程中，发现宅基地放活滞缓的主要原因在于该村属于苗汉民族的混住区，农户认为宅基地是"祖宅"的观念较为强烈。具体表现为：一是故土难离的情结导致户内人口分离，青年劳动力外出打工，留守老人和儿童固守宅基地，形成"一人使用多宅"的宅基地资源闲置浪费现象。二是得胜营社区村民十分重视宅基地保障功能，看重宅基地未来的升值空间，从而在一定程度上阻碍了宅基地使用权流转、有偿使用、盘活和退出的实践探索。

第三，在宅基地改革意愿方面，得胜营社区农户较为看重经济效益，在宅基地跨村流转、宅基地有偿使用方面意愿都较为强烈。意愿强烈的主要原因是想通过流转和收取有偿使用费增加收入。然而，农户在有偿退出方面则表现的不强烈，一是因为该村贫困监测户较多，青年人口流出日渐增多，进城打工难度较大，宅基地退出后没有保证；二是因为农户看重宅基地的升值空间，将其作为珍贵资源，所以不愿意退出。

第四，在农户对宅基地改革的满意程度上，得胜营社区农户对现有住房保障比较满意，但在居住环境的改善和基础设施的健全和保障上还有待提升。目前，得胜营社区农户比较在意的是增收问题，即如何在住房保障的基础上探索宅基地增收方案。

总体来看，得胜营社区宅基地改革进程推进较为缓慢，对于放活宅基地的相关探索还较为谨慎，宅基地制度改革的创新动力有待提高。得胜营社区处于集镇的优势地理位置上，缺少对闲置宅基地使用权流转、盘活和退出的探索，因此下一步，得胜营社区应在宅基地资格权认定清晰的基础上，重新厘清三权关系，抓住集镇的地理区位优势和宅基地闲置量大的基本特征，逐渐从宅基地保障功能向着市场功能迈进，在保障现有居民的住房安全的基础上，激活闲置宅基地活力、优化资源配置、激发宅基地财产价值，提高村民收入水平。

凤凰县阿拉营镇：宅基地管理从“杂乱无章”迈向“地尽其利”*

杨璐璐　刘　喆①

一、阿拉营镇基本情况

（一）地理生态情况

1. 属于丘陵地带②

阿拉营镇，隶属于湖南省湘西土家族苗族自治州凤凰县，地处凤凰县西部，东部与廖家桥镇、新场乡接壤，南与茨岩乡、茶田镇相连，西与贵州铜仁交界，北与落潮井乡、都里乡毗邻，镇域面积 78 平方千米。地势平坦，基本上属丘陵地带，一般海拔在 500~700 米，平均海拔为 600 米。境内有三条溪河，总长约 8 千米，四季分明，光热充足，降水充沛，肥田沃地，气候宜人，适宜水稻等农作物的生长，因此，此地盛产优质稻。秋冬干旱少雨，易爆发寒潮天气、水灾等气象灾害。阿拉营镇人民政府东距凤凰县城 24 千米，西距铜仁凤凰机场 10 千米，境内有 2 级公路 S308 省道、X052 县道及凤大高速穿镇而过。

2. 景色秀丽，生态宜居

阿拉营镇风景秀丽，依山傍水，村庄干净整洁、道路开阔平整，素有“湘西门户”之称，拥有天龙峡、野牛山等旅游胜地。在深入推进“美丽乡村”和乡村振兴战略的过程中，阿拉营镇逐渐呈现一幅村庄内路面整洁宽阔、绿树成荫、屋舍俨然的生态宜居景象，村容村貌得到了极大地改善。

---

* 案例内容来自中国矿业大学（北京）共同富裕研究院第一调研组 2020~2022 年的实地调查。

① 杨璐璐，中国矿业大学（北京）共同富裕研究院执行院长，教授，博士生导师；刘喆，中国矿业大学（北京）共同富裕研究院助理研究员，管理学硕士。

② 资料来源于阿拉营镇镇级文件。

（二）经济社会情况

1. 属于少数民族聚居乡镇[①]

阿拉营镇辖 15 个行政村、3 个社区，6670 户，33000 人。苗族、土家族、回族占阿拉营镇人口 85 %以上 ，是一个典型的少数民族聚居乡镇。根据《凤凰县域村庄分类和布局方案》显示，阿拉营镇共有 13 个村庄属于集聚提升类，包括龙合村、黄鹤社区、新寨村、天星村等。

2. 经济发展落后

截至 2021 年末，阿拉营镇稳定脱贫户 1460 户，共 5803 人，现有监测户 172 户共 528 人，其中未消除风险的监测户 47 户，共 112 人，已消除风险的监测户 125 户，共 416 人，定期回访到位。2021 年，阿拉营镇全部村（社区）集体经济均超过 5 万元，脱贫人口外出务工 2308，有效消除“零就业”家庭，基本实现全镇每户 1 个以上劳动力转移就业的目标。但该镇农村居民人均可支配收入只有 1.41 万元，低于 2021 年凤凰县居民人均可支配收入 1.9 万元这一平均线，因此阿拉营镇在凤凰县仍属于经济较落后地区。[②]

3. 属于传统农区

阿拉营镇农业以种植业为主，2011 年农业总产值 9815 万元，农作物以水稻为主，其次是红薯、玉米豆类等，生产粮食 11991.7 吨，人均 378.8 千克，其中水稻 9100 吨，杂粮 2891.7 吨。经济作物以烤烟为主，兼有猕猴桃、鱼腥草、生姜等，烤烟种植 4074 亩，产量 1.138 万担，被誉为凤凰县的“老烟区”，每年烟叶产量在凤凰县位居前列。畜牧业以生猪、牛、羊、家禽为主。阿拉营镇拥有湘黔渝三省边区比较大的农村边贸市场，是凤凰县大型的赶集地。每到赶集日，集市上聚满了来自花垣、吉首、贵州松桃、重庆秀山等地的商贩，被称为“三省赶一场”。[③]

（三）土地利用情况

膏场绣浍，植被成林。阿拉营镇国土总面积约 7644.04 公顷，其中，耕地面积 2363.44 公顷，园地 340.09 公顷，林地 3548.39 公顷，草地 40.03 公顷，住宅用地 355.74 公顷，公共管理与公共服务用地 27.59 公顷，水域及水利设施用地 161.04 公顷。阿拉营镇的耕地使用类型主要以水田种植为主，占地面积为 2066.2 公顷，旱地占地面积为 297.24 公

---

① 相关数据来源于阿拉营镇村干部访谈。

② 相关数据来源于湖南省凤凰县阿拉营镇 2022 年人民政府工作总结。

③ 相关数据来源于阿拉营镇镇级文件。

顷。阿拉营镇主要以种植果园为主，占地面积为340.09公顷[①]（见表5-5）。

表5-5 阿拉营镇土地利用情况

地类	总面积（公顷）	具体用地	面积（公顷）
耕地	2363.44	水田	2066.2
		旱地	297.24
园地	340.09	果园	340.09
		其他园地	83.84
林地	3548.39	乔木林地	2729.72
		竹林地	7.12
		灌木林地	248.62
		其他林地	562.93
草地	40.03	草地	40.03
住宅用地	355.74	城镇住宅用地	59.01
		农村宅基地	296.73
公共管理与公共服务用地	27.59	机关团体新闻出版用地	7.08
		科教文卫用地	17.24
		公用设施用地	3.27
水域及水利设施用地	161.04	河流水面	17.89
		水库水面	67.81
		坑塘水面	35.67
		沟渠	35.87
		水工建筑用地	3.8

资料来源：《湖南省凤凰县域村庄分类和布局方案说明》。

二、宅基地的利用和管理情况

阿拉营镇宅基地总宗数为7171宗，总面积136.27公顷。其中一户多宅585宗，一户一宅6586户，面积超标2151宗，宅基地退出32户，非法转让145宗，非集体经济组织成员占用655宗，有偿使用总宗数30宗、总面积2578平方米，流转总宗数112宗、总面积18400平方米，目前宅基地闲置21宗。[②]

未改革前阿拉营镇存在违法违规建房的现象，村庄内随处可见的是“布局凌乱”“零星无序”的房屋，样式也是“各式各样”，宅基地的占地面积大小不一。农户们建房“随心所欲”“有地就建房”，缺乏严格规范的审批流程和知识，对于人地关系、建房审批程序和注意事项等一概不知，这直接导致了村庄建房的无序性、农房分布杂乱无章。

①② 相关数据来源于《湖南省凤凰县域村庄分类和布局方案说明》。

“一户多宅”“面积超标”“未批先建”等宅基地历史遗留问题突出，严重影响了农村居住环境和村容村貌。

农村建房存在严重的审批不严、监管不力的管理问题。在审批方面存在审批流程冗杂、部门职责不清、职能分散等问题。在监管方面，工作机制、组织保障有待健全，对于违法建房的责任实施主体、处罚力度、处罚方式不清晰，对于农户建房“前中后”三个时期都缺少妥善有力的监督、管控，造成了“建房前无核实、建房中无监督、建房后无验收”三道关口无人把关。

三、“373”审批监管制度改革模式规范农民建房

（一）“3 支力量”形成规范管理机制

第一支力量：镇级建立农村宅基地联审联办工作队伍。阿拉营镇探索坚持高位推进，健全“县级主导、乡镇主责、村级主体”的农村宅基地管理机制，进一步明确乡镇属地管理责任。在县级组建的业务能力强、工作经验丰富的领导小组办公室带领下，成立了阿拉营镇农村宅基地联审联办领导小组，镇长任组长，分管领导任副组长，经管员、国土员、林业员、规划员、水利员、综合执法大队长为成员，专门负责宅基地审批工作的重点推进，明确责任分工，并对日常工作进行考察与指导，指导现场如图 5-5 所示。领导小组下设农村宅基地联审联办办公室，办公室主任由分管领导担任，负责审批工作的实施推进，副主任为经管员，具体负责日常的业务工作，办公实景如图 5-6 所示。从林业局、国土部门、农业农村局等各个部门抽调出业务骨干，形成联审联办机构成员，

图 5-5 阿拉营镇农村宅基地联审联办领导对日常工作进行考察与指导现场

资料来源：由阿拉营镇镇级干部提供。

图 5-6　阿拉营镇宅基地改革办公实景

资料来源：由调研组成员实地拍摄。

由之前的各部门职责不清、审批过程烦琐到现在的各部门各司其职、责任明确而又相互贯通，形成了“上下联动、职能互通”协同高效的联审联办工作机制，以此来为农户提供更加便捷的服务。

第二支力量：建立乡镇综合执法队伍。阿拉营镇成立了全覆盖的乡镇综合执法队伍，为监管工作创新宅基地执法机制。在建房过程中，由综合执法大队长带领镇级巡查员进行巡查，配合村级工作人员每周对辖区范围内巡查不低于两次，发现违法违章建房行为及时处理到位，将违法违章建筑物控制在最小、最早状态。

第三支力量：村级主体抓好落实执行。首先，村级建立集体经济组织合作社作为宅基地所有权归属以及负责宅基地改革相关工作的“大本营”，合作社内部组织架构包括董事会、理事会和监事会，分别承接审批办理和监督业务。其次，村级初审，召开村民大会讨论申请人的资格、选址的适宜性、建房附近的四邻是否有意见等，形成村级审核意见。再次，凤凰山区较多居住分散，村民小组发挥基本管理单元职能，村民小组组长负责监管本组建房情况，给出建房初审小组内部意见。最后，每个村里配置一名协管员，负责宅基地管理的日常工作，承担起“上传民意、下达政策”的枢纽职责。协管员在农户进行宅基地申请前期工作中负责为有建房需求的农户讲解政策、指导填写建房申请、帮助农户跑审批流程等，贯彻“农民少跑路”的为民服务思想，为农户提供更加贴心且便捷的服务。审批通过后的建房过程中，协管员则要配合村级干部、工作人员一起对建房的全过程进行巡查监管，每周不少于一次，到场查看是否有违法建房行为，如果有，进行劝阻并进行政策宣讲，不听者上报镇级政府，由镇级政府直接行使执法权，进行强制拆除。

（二）“7 环审批”把好村民建房端口

1. 明确审批流程

阿拉营镇按照县里的统一安排，立足于自身实际情况，在遵循农村宅基地及建房审批“户级申请、村级审查、乡镇审批、县级监管”的原则基础上，梳理制定出适用于本镇的农村宅基地审批流程。具体审批流程如下：①申请宅基地的农户以户为单位向村民小组提出书面申请，经村民小组会议讨论通过后在村民小组范围内进行公示，公示期为七天；②村民小组将农户申请、村民小组会议记录及公示照片等材料交由村集体经济组织审查，村集体经济组织重点审查递交的材料是否真实、是否召开村民小组会议讨论、拟用地建房是否符合村庄规划、是否征求用地建房相邻权利人的意见等，审查通过后由村级组织签署意见，加盖经济合作社公章报送乡镇政府；③乡镇政府收到宅基地申请后，组织宅基地联审联办工作小组人员“一到场”实地审查申请人是否符合条件，拟用地是否符合规划和地类等；④经批准后，农户在开工前由宅基地联审联办工作小组人员进行“二到场”实地丈量批放宅基地，严格落实先批后建，挂牌方可施工。在施工过程中宅基地联审联办工作小组和村级组织对村民建房进行监管；⑤农户建房完工后，组织人员“三到场”进行实地验收，通过验收合格后的农户，可以向不动产登记部门申请办理不动产登记（见图 5–7）。

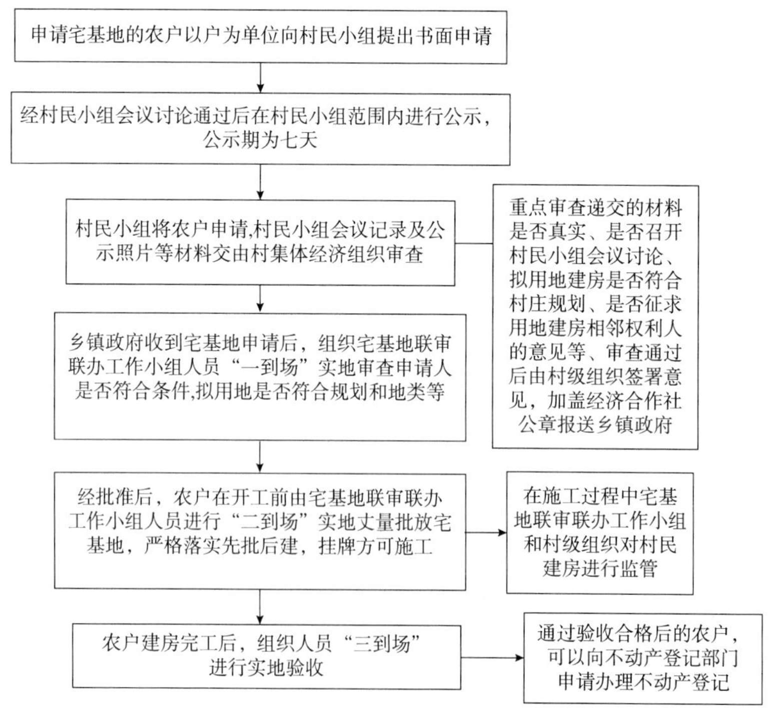

图 5–7　阿拉营镇农村宅基地申请审批程序

资料来源：笔者根据阿拉营镇提供的镇级文件绘制。

2. 简化审批周期

作为申请建房主体的农户只需要来到便民服务大厅办理相关业务，大厅内部设置分类服务窗口，由不同工作人员分管，各司其职，为农户提供便捷服务。在工作人员的帮助下照实填写好申请表，之后的审批流程都由专门的工作人员代跑，负责对接各个部门进行业务办理。在联审联办制度的推动下，各部门的联动工作效率大大提高，村级初审、乡镇严格审批后，农户在 20 个工作日内就可以得到反馈。

3. 区分存量宅基地和增量宅基地的审批细则

宅基地审批分为存量宅基地审批和增量宅基地审批两种情况。第一，存量宅基地审批需要经过以下步骤：①经过村民小组会议讨论、公示和村级初审通过之后指导农户填写相关资料并报乡镇审办；②经由镇自然资源部门、农业农村部门各个部门进行联合会审，审查通过后签署意见并加盖公章，提交给乡镇政府审批；③乡镇政府根据各个部门的联审结果进行审批，审批通过后，直接由乡镇审批、盖章、颁发《农村宅基地批准书》和《乡村建设规划许可证》。第二，增量宅基地审批需要上报到县自然资源局，前期申请步骤与存量宅基地一致。在村级初审通过后，需再交由乡镇自然资源部门审查用地建房是否符合村庄规划或国土空间规划、用途管制要求。涉及的情况包括：①使用的是基本农田，不予批准，需另选地重新申请：②使用的是林地、荒地等，需要去县自然资源局、林业局等相关部门办理相关转用手续，办理完成后再回到乡镇审批一级继续进行审批，审批通过后，直接由乡镇审批、盖章、颁发《农村宅基地批准书》和《乡村建设规划许可证》。

4. 增加“复核”程序

严格把好农村建房“村民申请—村级审查—部门联审—乡镇审批—部门现场查验—乡镇验收”六道关口，在严格执行农业农村部“申请、受理、勘查、会审、审核、审批”六大审批程序的基础上，增加“复核”程序，建立“7 环节审批”。这不但对审批工作流程进行了进一步的检查与核实，保证申请建房的农户真正满足条件、具备资格，保证审批的用地确实符合用地标准和条件等，以提高审批过程的真实性和透明度，真正做到公平公正的“应批尽批”，而且对于审批工作人员也具有监督和约束作用，有效地防止审批人员在审批过程中徇私枉法、推诿扯皮、不负责，进一步保障申请建房农户的合法权益并提高宅基地审批的工作效率。通过复核，能够发现审批过程中出现的疏忽和错误并及时予以纠正，保证审批工作的科学性，复核成为审批过程中具有把关作用的一个关键环节。

（三）“3 全监管”规范农村建房行为

1. 网格监督、村组核查、综合执法、分片督导相结合的农村建房行为“全综合”监管体系

一是建立网格长信息报送制度。在农村建立网格管理机制，每个网格长负责管理10~20 户农户，原则上每周向村民小组、村集体经济组织和乡镇政府报送建房动态信息，及时掌握农村建房情况。二是建立小组核查制度。对组内村民申请建房，由村集体经济组织进行初审，村民小组结合四邻意见、网格长报送信息等情况进行审查，召开村民会议审议后，按程序报批，并跟踪村民建房情况。三是建立集体经济组织责任落实制度。压实村级集体经济组织初审责任、监管责任，鼓励主动劝阻违法建房行为，并向上级政府报告。2020 年，村级集体经济组织共劝阻 13 起违法建房行为。四是建立综合执法制度。依托乡镇综合执法队开展查非纠违专项整治行动，全面规范农村建房，杜绝占田建房、违规建房等违法行为。

2. 常态化日常“全覆盖”巡视巡查

在网格化管理方面建立二级巡查制度，包括村级巡查和乡级巡查。两级网格化管理都要求将责任落实到人，每月不少于两次的到场巡查，制止和查处执法权限内的违法用地行为并建立巡查台账，及时记录巡查情况，巡查过程中发现宅基地违法用地情况要及时制止，能够自行处置的自行处置，无法自行处置的以书面报告单形式及时上报乡宅基地违法用地动态巡查工作领导小组办公室。乡级巡查每月不少于一次巡查，由乡政府相关人员对村乡重点区域开展统一巡查，建立巡查台账，及时记录巡查情况，每年适宜建房时段合理增加统一巡查次数。村级巡查要求各村组织村干部、建房理事会成员、党员、村民小组长、“五老”人员每月至少四次开展全覆盖巡查。

3. 农村房屋建设行为事前、事中、事后“全过程”监管

组织开展农村建房动态巡查。阿拉营镇为了严格农村宅基地用地建房全过程管理，加强事中、事后监管，联审联办工作小组及综合执法大队开展不定期的动态巡查，以此形成“镇村联动、协同管理”的监管方式，具体体现为“镇班子成员包片区，镇干部包村，村干部包组，组干部包户”的动态巡查责任包干制度。镇组织宅基地巡查队伍，结合利用无人机等科技手段，对各个行政村的建房情况进行动态管理，及时发现和制止宅基地和农房建设违法违规问题，坚决遏制新增宅基地违法行为。

（四）搭建宅基地“数字化”审批平台

在完善线下审批工作的同时，为了进一步开辟审批“新渠道”阿拉营镇启用宅基地

管理系统，形成信息“一张图”、管理一条链、监测一张网，实现宅基地工作数字化管理，为农户建房申请提供“不见面”审批。

线上审批主要分为两个端口：农户端和工作人员端。主要是以宅基地系统中的核心数据，包括基础地理信息数据、农村宅基地数据、村集体经济组织成员数据等为重要的依托，审批流程如图 5–8 所示。对于农户端来说，只需要在手机或者电脑上下载宅基地 APP，在“线上申请建房”功能区进行申请的填写并点击“提交申请”，至此农户的“建房申请”就会通过系统这条无形的“纽带”传达给工作人员；对于工作人员来说，需要在手机端或者电脑端下载政务 APP 或者宅基地系统，工作人员在收到申请后，调动系统数据库中的信息来进行申请人、宅基地的资格条件核实，无误后完成初审并予以通过并生成乡村建设规划许可证、农村宅基地批准书；后期由乡镇组织进行验收，验收通过后，形成农村宅基地和建房（规划许可）验收意见表。整个过程建立在“互不见面就能办成”的基础上，为农户和工作人员提供了极大的便捷，让审批工作更加的数字化、信息化，审批功能如图 5–9 所示。

主要功能

» 建房审批

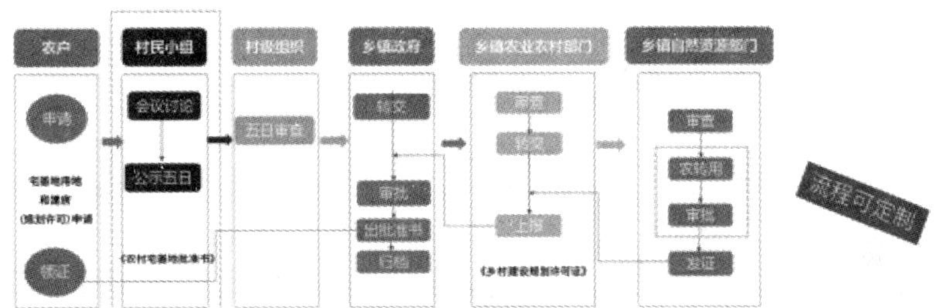

村级组织审查内容：

- 提交的材料是否真实有效
- 拟用地建房是否符合村规划
- 是否征求了用地建房相邻权利人意见
- 外观风貌是否符合相关要求等

乡镇农业农村部门审查内容：

- 申请人是否符合申请条件、
- 拟用地是否符合宅基地合理布局要求和面积标准、
- 宅基地和建房（规划许可）申请及外观风貌等是否经过村组审核公示

乡镇自然资源部门审查内容：

- 用地建房是否符合村规划、
- 是否符合村国土空间用途管制规则和建设管控要求、是否涉及农用地等

图 5–8 数字化审批的审批流程

资料来源：阿拉营镇镇级文件。

（五）创新“数字化”的监管方式

首先，农户的建房申请获批后，通过监测系统，可以直观的反映出宅基地在整个建房过程中的变动信息，并进一步侦测到有问题的地块，结合系统呈现的数据信息，能够及时向工作人员发布违法信息和巡查任务，进行现场勘查、监督。其次，工作人员在手机上下载“政务 APP”，找到建房农户信息，并进行“到场”监管，通过 APP 进行工作

主要功能

建房审批

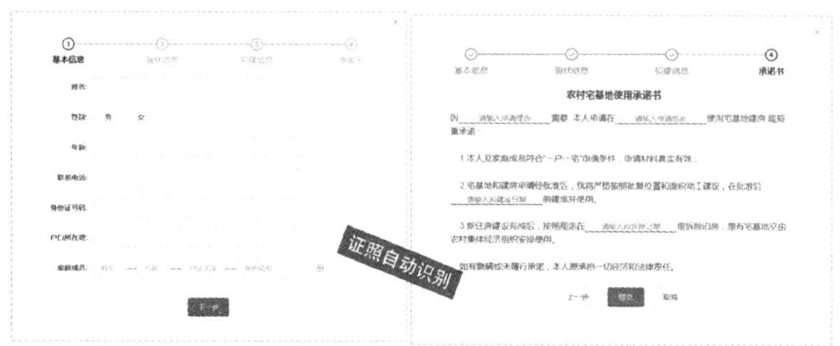

填写申请信息（也可在移动端填写）　　宅基地使用承诺书信息

主要功能

建房审批

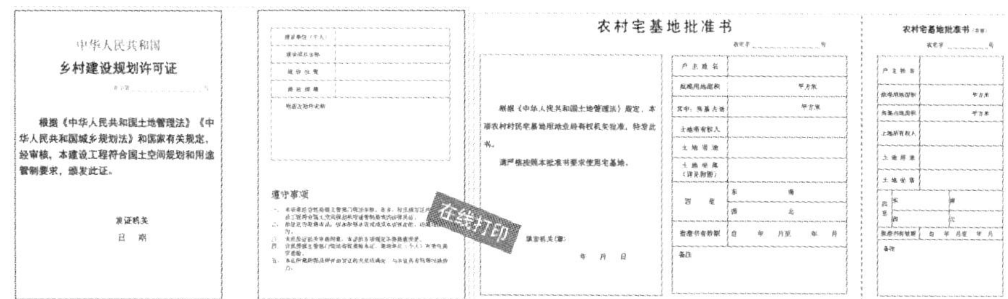

乡村建设规划许可证　　农村宅基地批准书

主要功能

建房审批

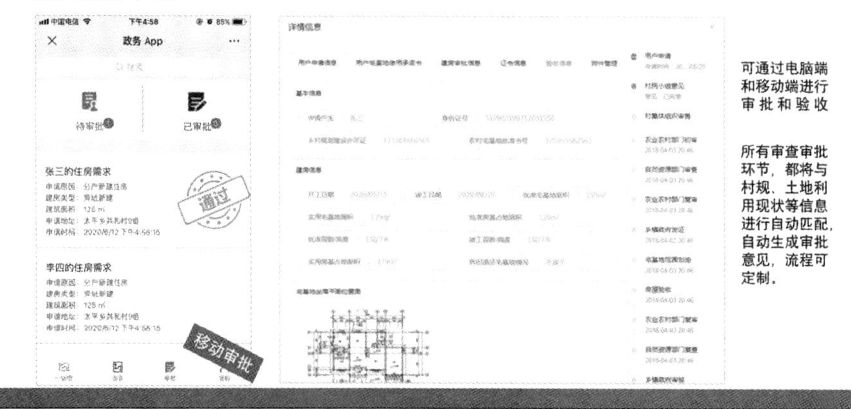

图 5-9　数字化审批的主要功能

资料来源：阿拉营镇镇级文件。

打卡，完成监管到场。最后，省厅会通过卫星图片了解图斑变化情况，通过 APP 传达村干部相关地块所存在的问题，要求涉及村庄的村干部或工作人员第一时间到实地确认核查，工作人员需实地拍摄有疑问地块的多角度图片，通过 APP 上传图片反馈给省厅，为实施宅基地监管开辟了线上线下互通的路径。线上监管功能支持网格分配、网格化管理，实现县、乡、村三级联动，围绕“县级督查、乡镇巡查、村级坐班”的制度，对违法违建的状况进行执法和记录，确保违法用地查处“问题早发现、执法有依据、结果可追溯”，监管系统如图 5-10 所示。同时，积极推行无人机巡查手段，利用无人机进行日常巡查、航拍，在监管执法过程中，第一时间发现违建问题并立即进行处置。

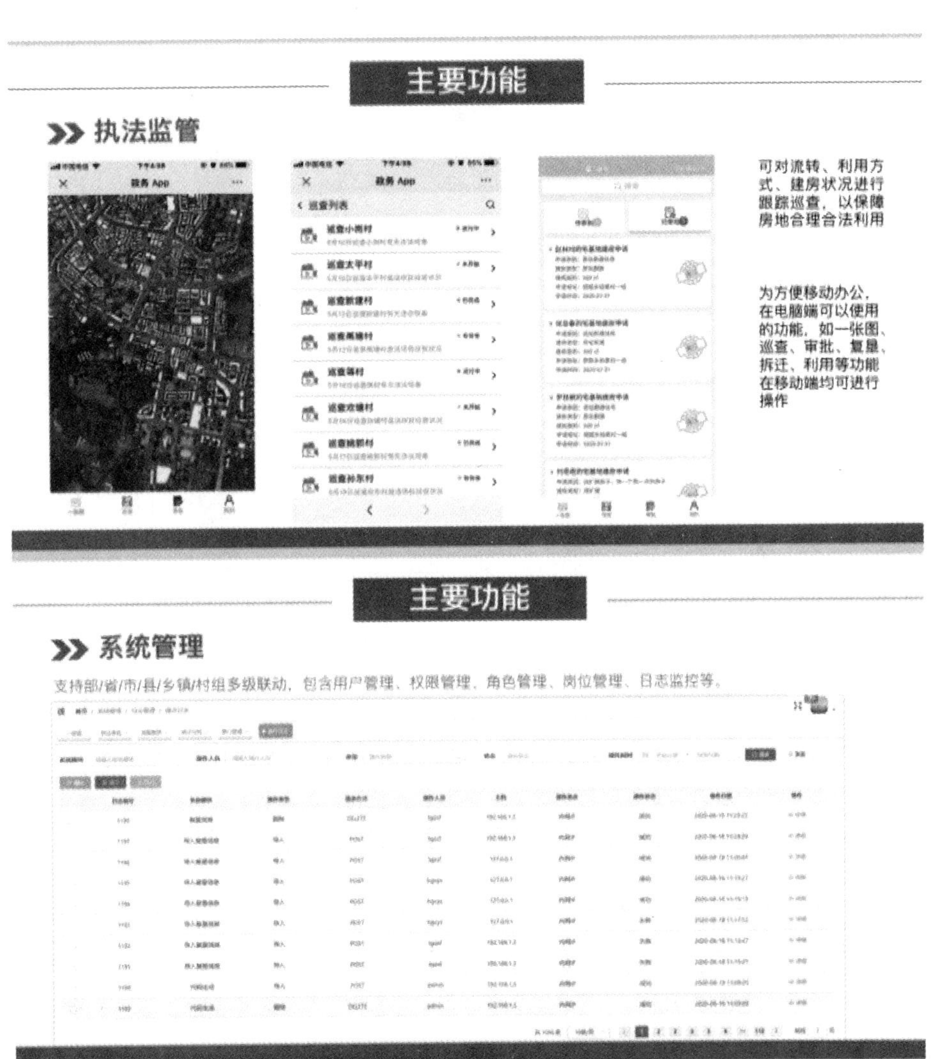

图 5-10　数字化监管系统的主要功能

资料来源：阿拉营镇镇级文件。

（六）建立“透明化”的监管台账

阿拉营镇对于宅基地监管进行了线上线下监管台账的整理汇总工作。对于线下监管的到场记录、巡查记录等绘制成册，保存于村委，以方便上级检查、农户参考和为监管工作提供基本的公平性保障，巡查台账如图 5-11 所示，处置台账如图 5-12 所示。对于数字化监管按照《农村宅基地数据库规范》中对台账的内容规定，对农村宅基地管理数据进行统计汇总，自动生成信息到户、覆盖全流程的村、乡镇、县三级监管管理台账。由此形成了线上线下双重台账设置，真正做到“工作有记录、管理可追溯、过程有监控”的规范化格局。

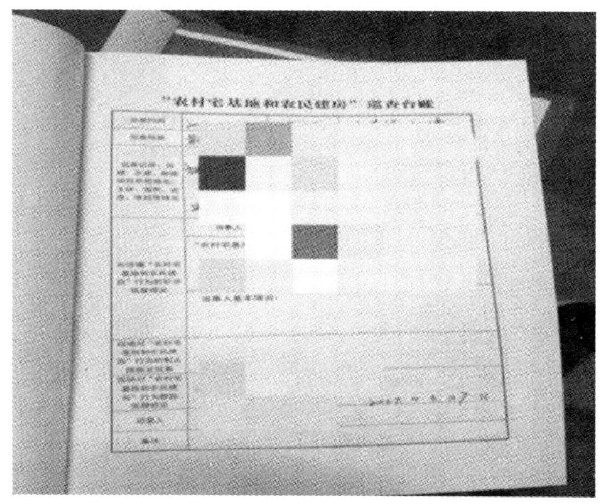

"农村宅基地和农民建房"巡查台账

图 5-11　凤凰县阿拉营镇农村宅基地和农民建房巡查台账

资料来源：由阿拉营镇镇级干部提供。

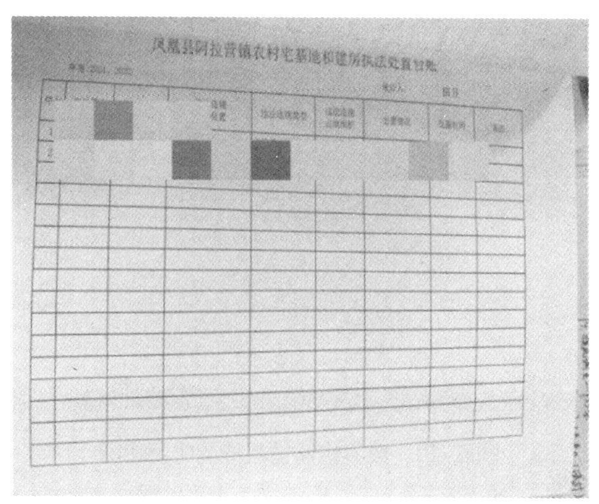

图 5-12　凤凰县阿拉营镇农村宅基地和建房处置台账

资料来源：由阿拉营镇村干部提供。

（七）针对景区和传统村落建房进行专门监管

阿拉营镇旅游资源比较丰富，因地制宜制定了针对旅游景区和传统村落农户建房审批管理制度。建立联合县风景名胜区管理处、县文旅广电局、县查非纠违办等部门参与宅基地审批及农房建设联审联办一体机制，注重对于旅游景区和传统村落的保护。对于从事乡村民宿客栈经营的，经营者需填报乡村民宿客栈经营场所核实表。对利用农村居民合法住宅设立乡村民宿客栈的，应当征得产权人及相邻利害关系人的同意，由村民小组、村集体经济组织核实，并出具意见。经营者向经营场所所在地乡镇人民政府提交乡村民宿客栈经营场所核实表及相关材料，乡镇人民政府对村（居）民、村集体经济组织和村民小组意见、土地及房屋的合法性、布局的合规性在 7 个工作日内进行核实，并出具核实意见。经核实符合要求的，经营者可向市场监管、公安、消防等部门申请办理相关证照；不符合要求的，在 3 个工作日内告知经营者。

（八）开展宅基地管理政策宣传培训专项行动

1. 加强干部培训

为确保各级工作人员的知识水平和素质，阿拉营镇为其开展业务培训，明确责任主体和宅基地管理机制。按照“部省指导，市县主导，乡镇主责，村级主体”的宅基地管理机制以及“省培训到县，市（州）培训到乡镇，县培训到村”的要求，阿拉营镇多次召开农村宅基地改革与管理村级动员及业务培训大会，培训会现场如图 5-13 和图 5-14 所示，会议明确了农村宅基地的管理机制，为镇级、村级工作人员提供了明确的工作指导和方法，同时会议明确了审批办理流程以及监管的相关工作事宜，为推行重点工作提供了行动规范和指导。

图 5-13 阿拉营镇网格化工作管理培训会现场

资料来源：阿拉营镇镇级文件。

图 5-14　凤凰县农村宅基地审批与管理工培训会现场

资料来源：阿拉营镇镇级文件。

2. 多渠道“宣传到户”

阿拉营镇采用一种“走进农户”的“夜话”方式，由村干部组织农户们在晚间闲暇之余聚到一起以“闲话家常”的方式来普及宅基地改革知识并听取民意。在相对轻松愉悦的交谈氛围下，拉近了农户与干部之间的距离，也拉近了农民与政策之间的距离。农户们在简单的交流中能够学到要建房是有规矩可循的、不能随心所欲地随处建房、需要按照严格的程序才能获得建房资格等，干部们作为政策与农户之间的“桥梁”，以通俗易懂的语言引导农户们规范建房，如图 5-15 所示，宣传资料如图 5-16 所示。并且，普及政策的同时充分听取农民们的意见并及时解答农民反映的问题，做到问题不过夜、矛盾不上交，确保社会和谐稳定。营造了人人关心改革、拥护改革、支持改革的良好氛围。

图 5-15　宅改工作人员深入农户进行政策讲解和资料发放

资料来源：阿拉营镇镇级文件。

图 5-16 湖南省宅基地改革宣传资料集

资料来源：由调研组成员实地拍摄。

（九）取得成效

1. 没有新增宅基地建设违法违规行为

阿拉营镇在重点推进宅基地审批监管工作以来，改革成效逐渐显现出来。在宅基地审批方面，遵循审批原则和程序，对有建房需求且提交申请的农户进行严格的资格审查，对于符合条件的农户申请尽力做到“应批尽批”。形成“先批后建、联审联办、责任包干动态巡查、专事执法、强化质量”的强政策环境，从行为端口遏制无序建房、乱占耕地建房、质量隐患等违建乱象发生。① 阿拉营镇 2020 年 4 月至 12 月共审批办理农村宅基地用地建房 45 宗，原址翻建 30 宗，异址新建 15 宗，其中审批宅基地总面积 7419.1 平方米，房基占地总面积 5956 平方米，建筑总面积 18746 平方米；2021 年 1 月至 3 月审批 24 宗，原址翻建 14 宗，异址新建 10 宗，其中审批宅基地总面积 4009.3 平方米，房基占地总面积2995.9平方米，建筑总面积9667.2平方米②。在宅基地监管方面，加大监管力度和规范性，严格农村宅基地用地建房全过程管理，截至 2020 年 12 月，阿拉营镇没有一宗宅基地违法违规行为。

2. 建房审批实现“农户少跑路，数据多跑路”

阿拉营镇对于审批流程的优化使审批程序更加规范、明确，由原本的负责部门分散、审批流程复杂到如今的各个部门联审联办、各司其职又相互贯通，大大提高了审批的效率和有序性。新审批流程确保了农民申请建房的每一个步骤都“有据可依”“有部

① 杨璐璐：《宅基地改革赋能乡村振兴的思考》，《民生周刊》2022 年第 19 期。

② 相关数据来源于阿拉营镇镇级文件。

门可寻”，既保证了审批工作的顺利开展，也使审批工作更具条理性。

同时，阿拉营镇线上线下协同审批方式为农户和工作人员提供了极大的便利。工作人员根据数字化系统所反映的宅基地数据和集体经济组织成员信息为农民申请建房的审批提供真实有效的参考；农户可以“足不出户”线上申请，为农民建房提供了便利高效的服务，真正实现“农户少跑路，数据多跑路”的服务理念。

3. 村容村貌焕然一新

由从前农民随意建房导致的村庄房屋“杂乱无章”到如今村庄房屋“错落有致、整齐美观”，阿拉营镇现在的乡村不再有路边随意建起的房屋、面积突出的建筑，整体风貌静谧和谐，俨然一幅安居乐业的乡村画卷。另外，建房审批的规范、审批条件、资格的设定等使农民申请建房有明确的“规章可依”“规矩可循”。

4. 村民规范建房意识逐渐形成

无论是建房农户还是工作人员都融入到合理化和合法化的氛围中，农民的意识已经发生了转变，意识到建房不仅是自家的事情，而且还关系到邻居、小组和整个村庄的美化。依法审批、先批后建、规范建房的理念深深扎根于农民思想中，为产权确认保护和规范的市场行为提供了正确的乡村风气和群众基础。

四、工作经验

（一）经济落后地区以强审批监管作宅改重点

经济发展落后地区建设用地需求不强烈，乡村产业投资有限，宅基地利用管理主要的矛盾是无序建房。阿拉营镇正确把握宅基地利用的现实问题，将引导村民有序规范建房作为重点工作，走“规范审批监管促宅改的道路”，抓住了地区的主要矛盾。规范审批监管是落实农村宅基地管理各项工作的基础。审批不规范、不到位是造成当前农村建房用地乱象的重要原因。对于农村宅基地建房实施严格而规范的审批是将改革前在审批方面存在的审批程序复杂、部门职责不清、审批过程无序的脉络理清的必要条件，形成审批的每一个环节都“有据可依”“有序可循”，建立起高效的审批程序。无论是在审批的日常工作还是在制度建设层面，都要把优化审批作为重中之重，才能使农村宅基地管理走上健康有序的轨道。

（二）基层干部的能力和素质是宅改推动的保障

阿拉营镇的宅基地改革工作充分体现了镇级干部敢做敢试、村级干部积极配合的特点。以镇级为中心，整个村、镇、县各级工作人员的工作魄力和推进改革的坚定信心体现了社会主义集中力量办大事的政治优势，时刻发挥基层的力量并牢记自身的责任和义务。积极履行基层政府组织的责任，确实发挥好农村宅基地初审主体的职责。农村集体组织在分配宅基地时承担起切实贯彻落实国家土地用途管制、严格保护耕地的基本国策，把好事前、事中、事后各个关口。

（三）农民的认可和支持是宅改的基础

农村土地制度改革在我国农业改革中始终占据重要地位，也承担着增强农民等各利益相关群体“获得感”的重要责任。① 阿拉营镇在推行改革的过程中，注重民主性和农民的获得感。按照“多形式、全覆盖、广知晓”的原则，充分利用电视、报纸杂志、“湘西为民”微信群、“村村响”双语广播、横幅标语、宣传单等媒介，积极广泛宣传审批的重要性。在审批办理时，对于年龄较大的农户接受新的数字化方式比较吃力或者不愿学习的，有专门的工作人员为有建房需求的农户解释政策、指导填写申请，实行“工作人员多跑路”为农户承办审批业务。对于反馈不符合审批条件的农户，工作人员为农户提供合情合理的解释以安抚农户情绪、让农户知晓原因。

五、村民意愿和满意度情况调查②

调研过程中，在阿拉营镇 15 个行政村、3 个社区中随机抽样五个村庄，每个村庄 30 余名农户，共有 160 名农户参与宅基地改革意愿问卷调查。其中男性占多数，初中及以下学历居多，以务农为主的占 56.76%，务农兼打临工的占 27.02%，大多是就近就业。受访农户对自身的医疗、教育、养老等社会保障都比较满意（见表 5–6）。

表 5–6　阿拉营镇受访村民基本情况

基本情况		比例（%）
性别	男	54.05
	女	45.95
学历	初中及以下	81.08
	高中	16.22
	大专	2.70
	大学及以上	0
家庭主要就业方式	务农	56.76
	打工	10.81
	务农兼打临时工	27.02

① 杨璐璐等：《农村土地“三权分置”催生的农民获得感》，《改革》2017 年第 1 期。

② 本部分相关数据来源于阿拉营镇村民问卷。

续表

基本情况		比例（%）
家庭主要就业方式	务农兼副业	5.41
就业地点	本村	78.38
	本镇其他村	2.70
	本县其他镇	8.11
	本市其他县	0
	其他城市	10.81
宅基地利用情况	全家都长住	89.19
	老人和孩子长住	10.81
	只有老人长住	0
	闲置	0
	家庭二三产业经营用	0
	出租（流转）由他人经营	0
社会保障是否完善	非常完善	70.27
	比较完善	27.03
	不完善	2.70

根据调研组预设的集中居住、使用权流转、有偿退出、有偿使用、宅基地利用管理满意度五个方面，对农户的实际情况、主观认知、改革意愿和满意度进行访问的调查结果显示：集中居住意愿一般；流转意愿较低，主要是因为担心流转会带来土地流失问题；受访农户没有退出宅基地的经历；对宅基地有偿使用意愿较高，对宅基地利用管理、村务公开度、宅基地流转后的社会保障、现有住房地理区位、住房周边公共服务设施等方面比较满意。

1. 集中居住意愿方面

受访村民的住房形式全都是自建房，面积在 110 平方米以上的居多。集中居住意愿一般，占 50%，相较于自主购房或根据购房面积获得相应补偿、进入城区集中点居住和全部货币置换，农民更愿意选择平移至本乡镇集镇集中居住，占 68.42%。关于集中居住的条件，大家比较在意是交通便利和生态环境，都占 67.57%。部分农民不愿意选择集中居住的顾虑是生产生活方式不习惯，占 60.53%，及居住面积小、搬迁后非农就业难，各占 52.63% 和 50%。

2. 使用权跨村组流转意愿方面

受访农户中没有跨村组流转过宅基地的经历，36.84% 的农户了解跨村组流转政策，18.42% 的农户有流转意愿，愿意流转的的原因主要是“增加收入”和“宅基地及房屋闲置”两个方面。不愿意流转的农户的主要原因是担心“流转收益不稳定或偏低”“土地流失或失去宅基地”“农村人情关系丢失”三个方面。

3. 有偿退出意愿方面

阿拉营镇的受访农户没有退出过宅基地的经历。关于退出宅基地希望获得的补偿形式，44.74% 的农户选择货币。关于宅基地退出后的认识，农民比较乐观，42.21% 的村民表示生活成本会上升，有 68.29% 的农户认为进城打工并不困难，并且对宅基地未来升值空间的预期很高，有 48.40% 的农户认为能和城里的土地一样值钱。

4. 有偿使用意愿方面

78.05% 的受访农户支持实行宅基地有偿使用且有 68.42% 的受访农户认同本村宅基地有偿使用费，宅基地有偿使用细则的制定村民参与度较低，占 36.84%。

5. 宅基地利用管理满意度方面

阿拉营镇农户对宅基地管理利用满意度较高，而且 84.21% 的受访农户表示参加过村内重大事务决策。76.32% 的农户表示对于村民权益保护情况和现有住房地理区位非常满意，而且赞同村规民约的所有规定、对乡镇政府、村干部很信任。28.95% 的农户认为本次“宅改”对生活水平有了提升，而且 73.69% 的受访农户认为宅改使村容村貌、村内居住环境变得更好、村内居住环境变得舒适。对于村务公开度、村民权益保护情况、流转后的社会保障、现有住房地理区位、现有住房质量、住房周边公共服务设施、住房周围环境卫生满意度都较高，极少数表示不满意（见表 5–7）。

表 5–7　村民满意度调查

	非常满意（%）	比较满意（%）	一般（%）	不太满意（%）	非常不满意（%）
村务公开度	78.95	15.79	5.26	—	—
村民权益保护情况	76.32	18.42	5.26	—	—
流转后的社会保障	65.79	21.05	13.16	—	—
现有住房地理区位	76.32	15.79	5.26	—	2.63
现有住房质量	68.42	18.42	13.16	—	—
住房周边公共服务设施	52.63	18.42	23.68	2.64	2.63
住房周围环境卫生	63.16	23.68	10.53	—	2.63
我很信任乡镇政府	73.68	13.16	13.16	—	—
我很信任村干部	76.32	18.42	5.26	—	—
我经常去参加村民代表大会	71.05	5.26	13.17	5.26	5.26
我赞同村规民约的所有规定	76.32	23.68	—	—	—

阿拉营镇在推进宅基地改革以来将宅基地审批和监管两项内容作为改革重点并进行了积极有益的探索，形成了具有自身特色的“373”审批监管制度改革模式，为其他的改革地区提供了借鉴意义和改革经验。

第一，在审批方面，阿拉营镇首先在梳理并简化审批程序的基础上增加了“复核”程序，建立起“7环审批”，进一步完善审批环节，把好村民建房端口。其次，建立起宅基地“数字化”信息服务平台，为农民建房申请和审批提供另一条高效便捷的途径，在“不见面”和“少跑路”的基础上实现审批服务。最后，明确存量增量宅基地的审批细则，使审批工作在“有据可依”的基础上更加规范化运行。阿拉营镇 2020 年 4 月至 12 月共审批办理农村宅基地用地建房 45 宗，原址翻建 30 宗，异址新建 15 宗，其中审批宅基地总面积 7419.1 平方米，房基占地总面积 5956 平方米，建筑总面积 18746 平方米；2021 年 1 月至 3 月审批 24 宗，原址翻建 14 宗，异址新建 10 宗，其中审批宅基地总面积 4009.3 平方米，房基占地总面积 2995.9 平方米，建筑总面积 9667.2 平方米。

第二，在监管方面，阿拉营镇首先建立起网格监督、村组核查、综合执法、分片督导相结合的农村建房行为“全综合”监管体系、常态化日常“全覆盖”巡视巡查制度以及农村房屋建设“全过程”监管机制，以“3 全监管”规范农村建房行为。其次，创新“数字化”的监管方式，以“宅基地信息管理平台与无人机巡查相结合”的方式对宅基地建房全过程实行实时监管并第一时间发现违建问题并立即进行处置。最后，阿拉营镇针对景区和传统村落建房进行专门监管，建立联合县风景名胜区管理处、县文旅广电局、县查非纠违办等部门参与宅基地审批及农房建设联审联办一体机制，注重对于旅游景区和传统村落的保护。阿拉营镇加大监管力度和规范性，严格农村宅基地用地建房全过程管理，截至 2020 年 12 月，阿拉营镇没有一宗宅基地违法违规行为。

第三，在农户对宅基地改革的意愿方面，阿拉营镇主要表现为农户对于集中居住意愿一般，流转意愿较低，对宅基地有偿使用意愿较高。主要原因是：一方面，部分农户思想观念仍然比较守旧，对于自家宅基地仍保有强烈的占有性，担心集中居住后的生活习惯以及居住面积会变小等问题，担心流转会带来土地流失问题；另一方面，农户对宅基地有偿使用有着较高的意愿，主要是因为有偿使用能够增加农民收入，提高生活质量。

第四，在农户对于宅基地改革的满意度方面，阿拉营镇的农户对于乡镇政府和村干部们都比较信任，而且对村里的事务能够积极主动的参与，对于村规民约也比较赞同。这主要是因为在推行宅基地改革的过程中，阿拉营镇本着民主性的原则，由村干部发挥动员和带头作用，在制定和修改相关规定时充分征求村民的意见，充分保障农民的利益，因此改革获得大部分村民的支持与认可。村民对于现有的住房保障和权益保护情况比较满意，但住房周边的公共服务设施以及环境卫生条件有待加强。因此，在推行宅基地改革的过程中，不仅要注重农民住房权益的保障，还要进一步提高居住环境和条件，打造生态宜居新农村。

总体而言，阿拉营镇在宅基地审批和监管方面做出了积极有益的探索，形成了具有自身特色的宅基地改革经验。但在以下几个方面步伐较为迟缓。首先，阿拉营镇属于经济发展落后地区，建设用地需求不强烈，利用管理主要的矛盾是无序建房，阿拉营镇在引导村民有序规范建房方面仍需进一步探索，走“规范审批监管促宅改的道路”。其次，基层干部的能力和素质仍有待提升，宅改基层干部应加强日常工作培训，积极履行基层政府组织的责任，确实发挥好农村宅基地初审主体的职责。最后，应进一步加强宅基地“数字化”管理的使用广度和深度，打造线上线下协同的宅基地管理格局，从而提高审批效率、加大监管力度。

宁远县仁和镇：探索宅基地审批监管的高效路径 *

刘喆 ①

一、仁和镇基本情况

（一）地理生态情况

1. 地势平坦，盛产优质稻 ②

仁和镇地处宁远县北郊，东与禾亭镇接壤、南邻舜陵街道、西邻棉花坪瑶族乡、北接柏家坪镇，镇沿用驻地仁和自然地名 ③。仁和镇境内地形如反“7”字形，大部分为山前平原，地势略为西高东低、北高南低，最高海拔 717.0 米，最低点鲤鱼塘海拔 206.3 米。仁和镇属亚热带季风湿润性气候，春夏雨水较多、光照充足，适宜水稻等农作物的生长，因此此地盛产优质稻。水利资源丰富，湘江支流舂陵河从镇西部山岭中穿山出谷，倾注仁和坝（中型水利工程），从坝两侧开渠引水，灌溉面积达 540 公顷，又可引永佳水库水灌溉农田。

2. 山环水抱，环境幽静

仁和镇镇域内山清水秀、绿树成荫、轻云袅袅缠绕着青山，自然风光秀丽、环境清幽而舒适。镇域内有专门的花木基地等旅游景点，适合旅游、观花赏景、拍照打卡、徒步和民俗。另外，仁和水闸不仅具备防洪、灌溉功能，还是一处新的旅游景点，站在大坝最高处，可以体验“群山环水、水中映山”的“醉美”自然生态景观。

（二）经济社会情况

1. 镇域经济以传统农业为主

仁和镇属于历史合并乡镇，1995 年撤区并乡建镇时，由原禾亭区的仁和乡和李家

---

* 案例内容来自中国矿业大学（北京）共同富裕研究院第一调研组 2020~2022 年的实地调查。

① 刘喆，中国矿业大学（北京）共同富裕研究院助理研究员，管理学硕士。

② 相关数据来源于仁和镇镇级文件。

③ 湖南省民政厅：《湖南省行政区划大典》，湖南地图出版社 2015 年版。

铺乡合并组建仁和镇。仁和镇下辖 16 个行政村，285 个村民小组，截至 2019 年末，仁和镇共有 8442 户，户籍人口 32233 人，农村户籍人员约 3.1 万。仁和镇不属于少数民族聚集区，总人口中以汉族为主，占 99.7%；瑶族等少数民族 105 人，占 0.3%。①

2011 年，仁和镇国内生产总值 14000 万元，年财政收入 435.9 万元。农业总产值占生产总值的比重为 36%，高于宁远县 14.6% 的农业结构水平。主要农作物有水稻、薯类、蔬菜、烤烟等，尤其是烤烟生产已成为该镇的支柱产业，每年优质烟种植面积稳定在 1 万亩左右，产量约占全县的 1/5，烤烟年产值达 1000 余万元。畜牧业以猪、九嶷山兔、家禽为主。工业总产值占生产总值的 39%，以化工、铸造、机械加工、塑料制品、建筑材料为主。2021 年，仁和镇属地财税收入突破 40 亿元，一般公共预算收入突破 8 亿元。②

2. 水利基础设施建设初显成效

仁和镇有仁和坝中型水库一座，小（二）型水库 3 座，骨干山塘 20 多口，水能蕴藏量4.2万千瓦，其中可供发电的2万千瓦。仁和镇的仁和水闸于2018年正式开工建设，2020 年 3 月通过下闸蓄水验收。仁和水闸除险加固工程包括大坝、泄洪闸门、引水闸阀等工程项目，工程自启动以来，通过现场勘察，反复试验、论证，大胆采用新技术、新工艺，整体质量达到优良等级，日均出库流量按不低于 2 立方米 / 秒控制，确保 2.8 万亩农田灌溉。“十年九旱”“无蓄水能力”曾是仁和坝区的真实写照，现在仁和水闸蓄水初显成效，补齐了农村水利基础设施短板，大大夯实了田间灌溉和水利防抗基础。③

（三）土地利用情况

仁和镇国土总面积约 6226.74 公顷，其中，耕地面积 1712.86 公顷，园地 259.71 公顷，林地 3305.15 公顷，草地 99.11 公顷，建设用地 418.42 公顷，湿地 13.07 公顷（见表 5-8）。仁和镇的耕地全部为水浇地，使用类型主要以水田和果园种植为主，且人均耕地面积少，仅为 0.7 亩 / 人。④

表 5-8　仁和镇土地利用情况

地类	总面积（公顷）
耕地	1712.86
园地	259.71
林地	3305.15

① 湖南省民政厅：《湖南省行政区划大典》，湖南地图出版社 2015 年版。

② 相关数据来源于湖南省宁远县仁和镇镇级文件。

③ 相关数据来源于宁远县人民政府官网。

④ 相关数据来源于宁远县仁和镇镇级文件。

续表

地类	总面积（公顷）
草地	99.11
建设用地	418.42
湿地	13.07

资料来源：宁远县仁和镇镇级文件。

二、宅基地的利用和管理情况

仁和镇村庄占地总面积405.91公顷，集体土地总面积9.2423万亩，农用地8.2583万亩，宅基地总宗数8052宗，宅基地总面积80.5957万平方米。其中，“一户多宅”1296户，“一户一宅”5077户，宅基地退出25户，有偿使用总宗数182宗、总面积23660平方米，流转总宗数253宗、总面积30360平方米，目前无宅基地闲置现象[①]。

推行农村宅基地改革以前的仁和镇在宅基地管理方面存在着严重不足。在建房审批环节，仁和镇存在程序冗杂、审批部门职责不清、审批的时效长以及审批程序可操作性差等问题。在审批通过后的建房监管环节，存在建房过程“无人管”、监管松散等监管不力的现象。加之村民存在宅基地私有观念，使一些农户得到新的宅基地后仍占用旧宅基地，没有严格落实“建新拆旧”，农户建房“随心所欲”“有地就建房”，村庄内随处可见的是“布局凌乱”“零星无序”的房屋。农村建房的无序性和违法性严重影响了农村居住环境和村容村貌，造成了村庄里的房屋布局杂乱无章，居住条件差，引起村民之间关于占地建房的纠纷，不利于邻里和谐关系的发展。“一户多宅”“面积超标”“未批先建”等由违法建房造成的历史遗留问题的处置是仁和镇宅基地制度改革的重点内容。

三、乘宅改东风推进宅基地审批监管制度改革

推行农村宅基地改革以来，仁和镇在上级统筹领导下，立足于自身村庄存在的实际问题，把农村宅基地审批和监管作为改革的重点内容。形成“多环节审批＋多部门负责＋多环节监督”的宅基地审批监管模式。审批环节建立宅基地和建房（规划许可）审批管理“八步工作法”和“六到场”，监管环节建立“包干＋包保＋台账＋科技”的巡查制度。[②]

---

① 相关数据来源于仁和镇镇级文件。

② 杨璐璐：《因地制宜唤醒“沉睡”土地——对湖南省四个试点市（县）的分类剖析》，《农村工作通讯》，2022年第19期。

（一）完善宅基地审批制度

1. 推行宅基地和建房（规划许可）审批管理“八步工作法”

为解决之前审批程序复杂、无序、审批部门职责分散等问题，仁和镇对于审批程序进行了规范，按照“农户申请、村级审查、部门审核、乡镇审批、县级监管”的程序要求优化审批流程，并且明确农业农村、自然资源等有关部门在材料审核、现场勘查等各环节的工作职责和办理期限以及工作纪律。为方便农民快速了解申请建房审批程序，村委会将审批流程图公示悬挂在承办便民服务的办公室墙面上。

仁和镇全面推行宅基地和建房（规划许可）审批管理“八步工作法”。一是书面申请。村民申请宅基地建房，须持宅基地和建房（规划许可）书面申请报告、申请人身份证及其家庭成员的身份证明材料原件和复印件、住宅建设工程设计方案或者政府提供的通用设计图等资料向村委会提出申请。实际中，村建房分管领导会指导农户填写《农村宅基地使用承诺书》和《农村宅基地和建房（规划许可）申请表》及相关资料的准备。二是村级受理。包括以下几个环节：由村资料收集员及时召开村民小组会议并记录会议情况，对于无法参会的由指定的村干部和小组长进行一一走访形成记录→由村委会召开小组会议讨论用地位置和面积、建房层数和层高等情况并进行公示（公示不超过5个工作日）→村委会审查，驻村干部（镇派乡村振兴指导员）在2~5天对建房申请人资格、一户一宅、四邻纠纷、小组会议、用地公示、资料整理和是否存在不予审批等情况并进行进行复核。对于符合条件的整理好资料呈报镇便民服务中心国土城建窗口。未通过的，告知村委会不予通过的原因。三是现场勘查。由镇建房办、农业事务中心、自然资源所、村委会在5个工作日内组织现场勘测；镇建房办在制证或定位放线前进行建房图纸审查。四是审批发证。镇建房办在5个工作日内报会审定，通过的由建房办负责制证，并通知农户到建房办根据规划和审批面积选择建房图纸。同时，由镇便民服务中心国土城建窗口向申请人发证。未通过的，由建房办告知村委会和申请人不予通过的原因。由镇建房办存档备案，完善审批管理台账，资料归档，并将审批情况报县农业农村局、自然资源局等单位备案。五是定位放线。办理审批手续后由镇建房办、自然资源所联合工作组到现场进行免费定位放线，并告知规划建设要求，镇建房办和镇政府便民服务中心负责发放公示牌。定位放线后，由建房办、自然资源所和村委会监督开工建设。六是施工管理。由建房办、自然资源所、村委会在5个工作日内负责登记施工队伍并在制证或放定位线前检查施工情况。七是竣工验收。房屋竣工后，建房人应立即向村资料收集人报告并提出核实申请，村资料收集人向建房办汇报申请情况。建房办在收到村委会的核实申请后，在5个工作日内组织联合工作组到现场进行验收。验收合格的，向建房户出具验收单，不合格的向县住建执法部门汇报情况。八是确权登记。由县自然资源局在30日内办理房地一体确权登记发证（见图5-17）。

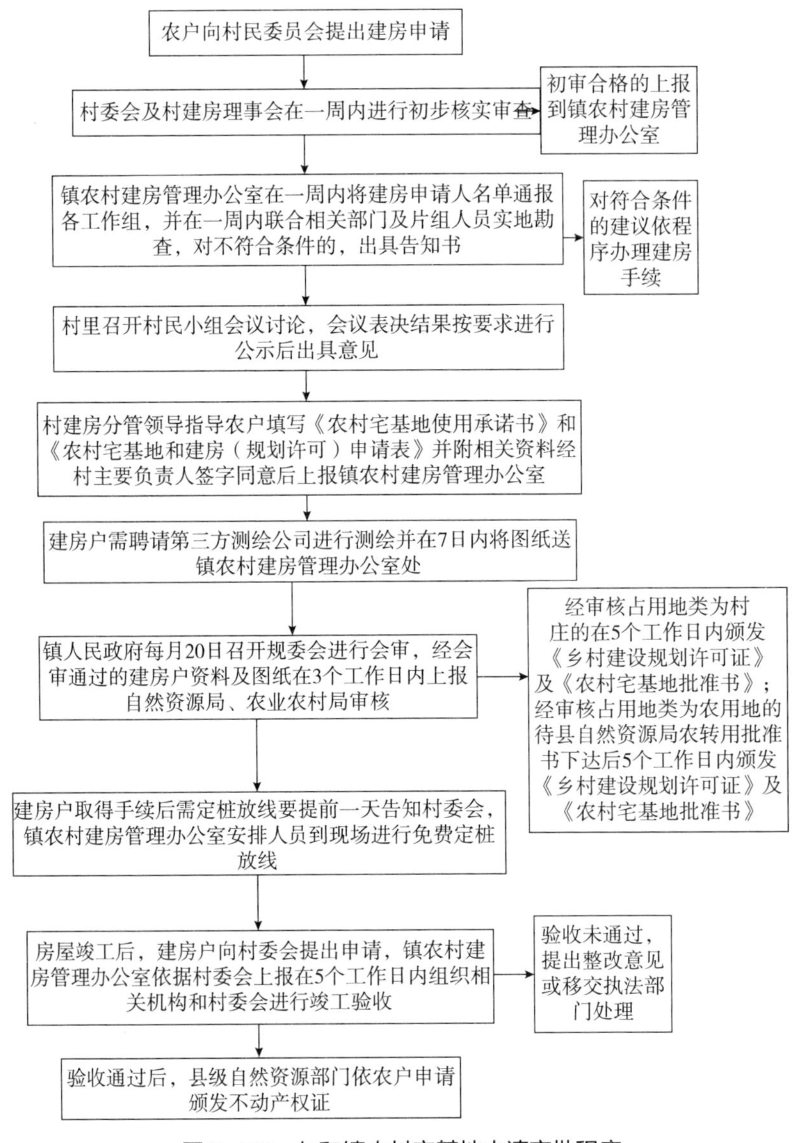

图 5-176　仁和镇农村宅基地申请审批程序

资料来源：笔者根据仁和镇提供的镇级文件绘制。

2. 在镇级建立农村宅基地联审联办机制

第一，建立联审联办机构。组织镇国土管理工作组、镇自然资源所、镇林业站落实农村宅基地联审联办改革要求，设立农村建房管理办公室作为专门的联审联办机构。第二，制定审批相关的规章制度。仁和镇出台了《农村建房管理办法》《农村建房责任追究办法》《农村建房月考评细则》《农村宅基地联审联办制度》《农村宅基地管理规章制度》《农村宅基地审批办事指南》《农村村民新建住宅公示制度》等一系列相关政策文件，依法规范农村宅基地用地建房申请审批和建房规划许可管理。第三，建立专门的“联审联办一体化”服务窗口。根据“多审合一”的要求，将乡村建设规划许可和农村村民住宅用地审批合并。第四，明确联审联办的工作程序。明确联审联办过程的各个受理主体以及所承办的业务，设置了审批业务办理的完结时限，并为每一个联审联办步骤提供具体的说明和要求，促进各部门各司其职又相互关联。第五，将建房管理和审批程序公示在乡镇政务大厅，以“图文并茂”的形式为人们明确地介绍了每一个办理步骤、每一个审批步骤的负责部门以及办理具体事务内容、时限、要求以及备注说明等，令人一目了然。

2021 年以来，仁和镇共审批农村宅基地 108 宗，审批面积 11407 平方米。全部按照标准发放农村宅基地批准书和乡村建设规划许可证，做到应批尽批，应发尽发。图 5–18 展示了仁和镇农村村民住房建设联审联办流程。

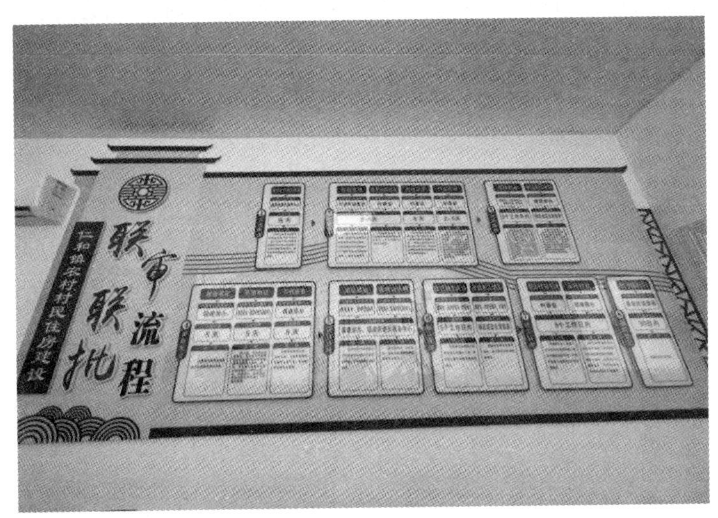

图 5–18　仁和镇农村村民住房建设联审联办流程

资料来源：由调研员实地拍摄。

（二）健全宅基地监管机制

1. 建立动态巡查责任包干制度

一是责任包干。仁和镇在宅基地监管方面建立起“乡镇班子成员包片、乡镇干部包村、村干部包组、党员包户”的动态巡查责任包干制度，并对于各个帮包主体进行了明确的权责界定。“镇级包片区”乡镇班子成员每周一次对所包片区的用地建设情况进行巡查，发现违法违规建房行为及时制止，向镇级汇报。“乡镇干部包村”乡镇干部对于所包区域进行三天一次的实地巡查，发现违法违规建房行为及时制止，向乡镇级汇报。“村干部包组”要求村“两委”对所包的村民小组的用地情况进行每日两次的巡查，并对于违法违规建房行为进行劝阻和上报乡镇干部。“党员包户”组干部、共产党员、县、乡镇（街道）人大代表、党代表与所包农户保持密切联系，掌握其建房苗头和动向，一旦发现用地建房行为，应第一时间了解情况，并立即向村“两委”报告，由此形成“自上而下、层层帮包”的协同监管模式。

二是动态巡查。镇组织三支巡查队伍，结合利用无人机等科技手段，对16个行政村进行动态管理。各村巡查是全员参与，村干部、建房理事会成员、党员、村民小组长、“五老”人员参与到巡查工作。建房理事会一般由德高望重且可以协调村里邻里矛盾的人组成，比如退休教师、退役军人、退休干部在村里面是很有威信的人。村民小组长按照他们所在的居住范围相互巡查督查。开通报警电话，村民只要发现任何地方有动土、填土、房子拆除、平地整地等行为，都可以拨打电话，由镇国土建房管理办公室处置，派人进村勘察，核查是否办了手续、是否合法用地。实现了巡查监管全员参与、及时发现、坚决遏制。

三是压实监管责任。各级干部负责的区域如果出现乱占耕地建房行为，班子成员、巡查干部负连带责任。

2. 设立建房监督公示牌

一是施工过程中设立建房监督公示牌。监督公示牌的内容包括建房户主姓名、建房位置、乡村建设规划许可证、农村宅基地批准书编号及批准时间、建设规模（宅基地批准面积、房基占地面积、建筑层数、建筑总面积、建筑高度等），乡村建设规划许可证、农村宅基地批准书和建房设计方案等复印件，农村建筑工匠或建筑施工企业负责人及联系电话，特别要明确乡镇（街道）监管负责人和村“两委”监管负责人。

二是建立村民建房包保责任制。《住宅建设公示牌》上的乡镇（街道）监管负责人和村“两委”监管负责人是该村民建房的包保责任人。包保责任人应每天对该村民建房情况进行监管，发现问题立即制止，确保村民建房全过程依法依规，不出现偏差，否则要进行追责。

3. 实行建房管理“六到场”监管

一是选址踏勘到场。乡镇（街道）农村房屋建设管理办公室在收到宅基地和建房（规划许可）申请后，要及时组织工作人员到现场为申请建房户进行建房选址。选址应当尽量利用原有宅基地、空闲地和其他未利用地，避开地质灾害、洪涝灾害、地下采空、地震断裂带等危险区域，不得选在基本农田保护区、生态资源保护区、饮用水源一级保护区、历史文化核心保护区域、河道湖泊管理范围和公路两侧建筑控制区建房。二是定点放线到场。建房户在建房开工前，由乡镇（街道）农村房屋建设管理办公室到现场确定建房位置，划定宅基地用地范围。三是基坑基槽开挖验收到场。建房户开挖建房基坑基槽时，由村“两委”到场进行监督，确保宅基地位置和范围准确无误。开挖完毕，由乡镇（街道）农村房屋建设管理办公室组织技术人员对基坑基槽进行验收，确保基坑基槽符合设计要求。四是工程重要节点到场。村“两委”在建房户新建房屋第一层、第二层即将完工时要到场进行监督，确保层高符合规划设计要求。五是主体结构完工到场。乡镇（街道）农村房屋建设管理办公室和村“两委”在建房户新建房屋主体结构完工时要到场进行监督，确保房屋高度、层数、外观符合建房规划设计要求，房屋四周正投影不超过建筑红线。六是竣工验收到场。建房户房屋竣工后，由乡镇（街道）农村房屋建设管理办公室组织工作人员到现场进行验收，核实房屋建设是否与乡村建设规划许可证和宅基地批准书内容一致，验收房屋工程质量是否符合标准，并出具《农村宅基地和建房（规划许可）验收意见表》。通过验收的建房户可以向不动产登记部门申请办理不动产登记。验收未通过的，农村房屋建设管理办公室提出整改意见或移交执法部门处理。

（三）严格乡镇行政执法权

一是建立乡镇行政执法机制。仁和镇建立综合执法大队，执法人员 16 名专门从事农村宅基地和村民住房建设管理、执法工作。镇建房办、宅改办、综合执法大队协同办公，高度配合，从而推进监管、执法一体化运行。在日常建房监管过程中，由综合执法大队长带领镇级巡查员进行巡查，配合村级工作人员每周对辖区范围内巡查不低于 2 次，发现违法违章建房行为及时处理到位，将违法违章建筑物控制在最小、最早状态，形成“镇村互动”的协同巡查方式。整合农业农村、自然资源等相关部门以及乡镇街道的执法力量，对上级交换的疑似乱占耕地图斑迅速核查处理。

二是开展乱占耕地专项执法。镇统筹整合镇综合执法大队、派出所、自然资源所、林业站等 46 名执法人员对上级交办的疑似新增乱占耕地建房图斑迅速核查整改。

三是对违法建房的问题进行点对点分类处置。首先结合“数字化”的宅基地系统中的图斑情况、人工到场核实情况、无人机的巡视情况反馈进行确认，对于涉及的违法建房问题进行了总结归类，发现仁和镇存在的违法建房现象都是属于乱占耕地建房和超占面积（超占部分面积的类型为基本农田）两大类型。镇建房理事会对于涉及的农户进行约见面谈，对其说明了他们所占用的宅基地具体存在的问题和违建的不合理性，告知他们“耕地红线不可触碰”来为强制拆除做铺垫。针对占用基本农田的宅基地采取强制拆除的措施加以解决，镇执法大队联合村级协管员在接收到拆除指令后，对于三处超占的部分进行了拆除处理，将这部分土地恢复耕地，保护了农村耕种环境，合理化解了违建房屋的问题。

（四）搭建宅基地“数字化”审批监管平台

仁和镇引进使用了湖南省鼎盛科技公司研发的农村宅基地信息管理系统，管理系统如图 5–19 所示，通过“让数据多跑路，让群众少跑路”的数字化审批管理方式提高审批效率，保障监管精准有效。

1. 宅基地线上审批

有申请建房需求的农户下载系统配套的 APP 到手机或者在电脑端打开并进行线上申请，填写好申请表和宅基地使用承诺书后点击提交，至此便完成了宅基地的线上申请。农户提交申请之后，工作人员可以通过“政务 APP”手机端或者电脑端接收到待审批的建房申请，结合每一位村民的申请理由，村级工作人员调动系统数据库中集体经济组织成员信息、宅基地信息等进行资格核查，如果显示该农户具备集体经济组织成员资格并且符合“一户一宅”、拟用地符合村庄规划等必备条件，便可以予以通过并进一步提交给镇级审批，如果不符合条件则进行驳回并进行意见的批复。乡镇自然资源部门、农业农村部门审查通过后，生成乡村建设规划许可证、农村宅基地批准书。后期由乡镇组织进行验收，验收通过后，形成农村宅基地和建房（规划许可）验收意见表，最后反馈到农户端，农户可根据需求自行打印。宅基地数字化审批用 GIS“一张图”总揽宅基地日常管理业务数据，提供“人、地、房”的一体化关联与查询工作，实现数据网格化、便捷化，提升了审批办理的速度和准确性。

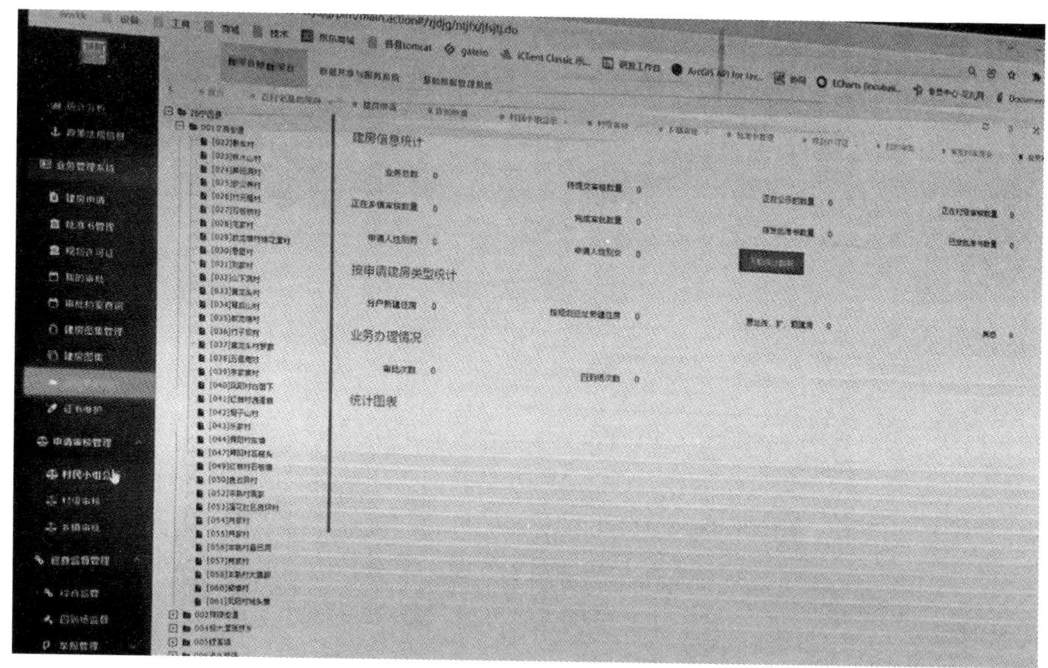

图 5-19　仁和镇农村宅基地管理系统

资料来源：由调研组成员实地拍摄。

2. 宅基地数字化监管

审批工作审核完成后，乡镇干部们通过监管系统对宅基地建房的利用方式、建房状况等进行跟踪巡查，以保障房地合法合理使用。另外，村干部以及协管员在线下建房监管过程中，通过 APP 进行工作实地到场打卡，系统会自行记录每一次到场时间以及具体情况，实现“线上巡查有记录”；同时还可以按照上级核查要求，进行实地拍摄有问题地块的多角度、多方位照片，并通过 APP 上传反馈。通过系统支持的综合监管，实现了省、市 / 县、镇、村多级联动。

利用无人机等科技手段加强对农村宅基地的巡查监管。通过宅基地信息平台的构建，对于违法建房行为和图斑的变化管理人员都能及时知晓，并第一时间进行现场确认，对违法行为进行迅速处理整治，极大地提高了执法大队的执法效率。

（四）取得成效

1. 形成“线上线下协同审批”监管的新格局，提升审批监管效率

仁和镇推行的数字化和线下审批监管一体化方式，使审批程序由原来的职能分散、流程不明确变为如今的规范有序、部门联动，实现了审批监管更加标准化、协同化。一是为有建房需求的农户申请提供了选择的渠道，农户既可以到审批窗口提交申请，工作人员为其进行接下来所有审批流程的代办；也可以“足不出户”地进行线上提交申请，村民只需要“跑一次”，实现了宅基地申请从“农户跑腿”向“数据跑路”转变。二是缩短办理周期。在数字化系统的助力下，审批流程被大幅缩减，初审、实地勘察以及上报资料各需 1 周，共计在 20 天以内便可获取审批结果，一个月内村民便可以得到《乡村建设规划许可证》及《农村宅基地批准书》。三是提升信息准确性。线上审批是以实际数据信息为支撑，办理过程公开透明，以数据系统中的农户基础信息以及实际用地情况为基础和依据，更加有利于保证办理过程的真实性，杜绝私下交易、办理等不法行为，真正满足有建房需求且满足条件的农户的合法权益，从源头上预防审批腐败。四是“镇乡互动”的协同巡查方式和无人机技术的使用，更加真实清晰地反映建房情况，极大地提高了执法大队的执法效率，实现对违法行为进行迅速处理整治。

2. 理顺基层部门宅基地管理中的关系

对比改革前审批监管工作的杂乱无序性，现行的审批程序和监管方式更加有助于理顺宅基地管理关系，促进宅基地审批、监管两项内容的内在协调、齐头并进。通过重点改革审批监管，更加明确并压实了各部门的责任、理顺了管理关系。通过做实联审联办，打通宅基地审批管理信息的沟通渠道，实现部门之间的协同性、一致性，各部门各司其职又相互联系，有效避免了部门之间推诿扯皮、推卸责任的行为，更加高效、廉洁、便利地为农民提供服务。

3. 无新增违法建房行为

2021 年以来，仁和镇共审批农村宅基地 108 宗，审批面积 11407 平方米，全部按

标准发放农村宅基地批准书和乡村建设规划许可证，做到应批尽批、应发尽发。镇级执法大队对 2020 年 7 月 3 日以来新增的乱占耕地建房问题全部整治到位，拆除了地上建筑物，恢复了耕种条件。仁和镇共开展违规用地建房整治联合执法行动 5 次，依法处置违规用地 13 宗件，强制拆除违法建筑 4 处。对于农村乱建乱占等违法行为绝不姑息，用实际行动杜绝违法行为。①

4. 规范建房观念深入人心

在宣传政策、办理业务的过程中农民逐渐形成“建房先审批、规范建房”的认识，占地产生的纠纷减少了，违法、随意建房行为也杜绝了。农民们在政府提供的“一门式办理”中享受到了便捷高效的服务，农户以自律或监督他们的方式参与了规范建房监管行动，建房“有人管”不仅形成了有序的结果，而且增强了农民之间的公平感和幸福感，对政府的信任度也愈发提高。

四、工作经验

（一）宣传培训是推行宅改的必要条件

开展专门的宅改宣传活动和培训是推动宅基地改革的必要途径。仁和镇通过多次召开乡镇动员会暨村组培训会、农村宅基地制度改革试点工作动员会等会议，以会代训，加强村干部对于政策的理解，确实发挥好农村宅基地初审主体的职责。同时，通过“多元化”与“数字化”相结合的途径宣传宅改政策，比如线下书写宣传标语，设置宣传牌，发放宣传信、编宣传册，线上建立村级微信群、“村村响”广播等方式，推动宅基地管理知识进村入户，让农户在潜移默化和主动学习的氛围中了解宅改、支持宅改，并进一步规范自身建房行为，为进一步高效推进宅基地改革工作奠定坚实基础。

（二）台账管理是推行宅改的基础工作

宅基地管理台账是宅基地管理改革过程的真实记录。仁和镇对于农村建房申请的审批和监管过程进行记录并建档立册、设置台账，做到审批“一户一册”、监管“到场”记录成册。同时，对于数字化审批监管按照《农村宅基地数据库规范》中对台账的内容规定，对农村宅基地管理数据进行统计汇总，自动生成信息到户、覆盖全流程的村、乡镇、县三级审批管理台账。设置线上线下双重台账既是基层政府以及上级政府更为直观清晰地了解用地建房的实际情况的重要渠道，又是基层工作人员对于宅基地管理的行动情况和形成工作总结的重要见证，同时也有助于形成农村宅基地管理“工作有记录、管

① 相关数据来源于宁远县仁和镇镇级文件。

理可追溯、过程有监控”的规范化格局。仁和镇农村宅基地审批台账和监管台账如图 5–20 和图 5–21 所示。

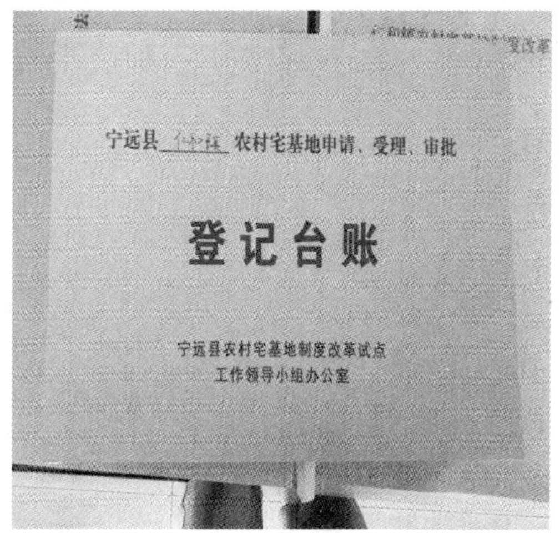

图 5–20　宁远县仁和镇农村宅基地审批登记台账

资料来源：由调研组成员实地拍摄。

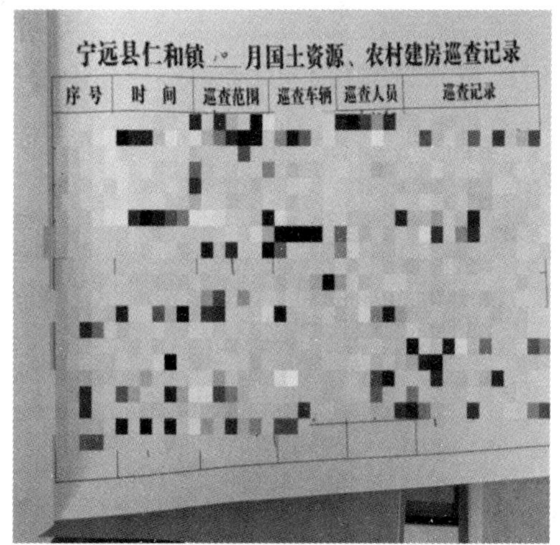

图 5–20　宁远县仁和镇农村宅基地监管台账

资料来源：由调研组成员实地拍摄。

（三）农民的满意度是推动宅改的根本目的

宅基地作为农民安身立命之所，要保障农民享有公平的居住权益。① 仁和镇在宅基地审批监管探索过程中始终把农民满意度放在首位。一是积极探索线上线下相结合的审

① 杨璐璐：《产权保护视野的农村宅基地制度演进》，《重庆社会科学》2016 年第 11 期。

批方式，为年龄较大的农户提供适合的服务方式；二是建立规范有序的审批程序，严格筛查筛选，确保申请人符合用地资格；三是加强对建房过程的监管力度和对违法违规建房的惩处力度使仁和镇的村居环境和农村住房条件得到明显改善，农民自身合法权益得到充分保障，满意度得以提高，从而更加支持农村宅基地改革。新的村庄风貌如图 5–22 和图 5–23 所示。

图 5–22　仁和镇规范审批监管以来的新建农房

资料来源：由调研员实地拍摄。

图 5–23　仁和镇宅基地改革以来的村容村貌

资料来源：宁远县仁和镇镇级文件。

五、村民意愿和满意度情况调查[①]

在调研过程中，在仁和镇15个行政村、3个社区中随机抽样五个村庄，每个村庄30名左右农户，共有160名农户参与宅基地改革意愿问卷调查。其中男性占多数，初中及以下学历居多，以务农为主的占31.71%，务农兼打临时工的占39.02%,，大多都是就近就业。受访农户对自身的医疗、教育、养老等社会保障都比较满意（见表5-9）。

表5-9 仁和镇受访村民基本情况

基本情况		比例（%）
性别	男	85.37
	女	14.63
学历	初中及以下	26.83
	高中	63.41
	大专	9.76
	大学及以上	0
家庭主要就业方式	务农	31.71
	打工	24.39
	务农兼打临时工	39.02
	务农兼副业	4.88
就业地点	本村	68.29
	本镇其他村	24.39
	本县其他镇	2.44
就业地点	本市其他县	0
	其他城市	4.88
宅基地利用情况	全家都长住	65.86
	老人和孩子长住	17.07
	只有老人长住	17.07
	闲置	0
	家庭二三产业经营用	0
	出租（流转）由他人经营	0
社会保障是否完善	非常完善	85.37
	比较完善	14.63
	不完善	0

① 本部分相关数据来源于仁和镇村民问卷。

根据调研组预设的集中居住、使用权流转、有偿退出、有偿使用、宅基地利用管理满意度五个方面，对农户的实际情况、主观认知、改革意愿和满意度进行访问的调查结果显示：集中居住意愿较高；流转意愿较高，主要是因为流转能够增加收入；退出宅基地的农户较少，主要是以暂时退出的形式；对宅基地有偿使用意愿较高，对宅基地利用管理、村务公开度、宅基地流转后的社会保障、现有住房地理区位、住房周边公共服务设施等方面比较满意。

1. 集中居住意愿方面

受访村民的住房形式全都是自建房，面积在 110 平方米以上的居多。集中居住意愿较高，占 85.37%，相较于平移至本乡镇集镇集中居住、进入城区集中点居住和全部货币置换，农民更愿意选择自主购房或根据购房面积获得相应补偿，占 53.66%。关于集中居住的条件，大家比较在意是经济效益和生态环境，各占 82.93% 和 53.67%。部分农民不愿意选择集中居住的顾虑是生产生活方式不习惯，占 78.05%，及居住面积小、搬迁后非农就业难，各占 36.59% 和 31.71%。

2. 使用权跨村组流转意愿方面

受访农户中只有一户跨村组流转过宅基地，73.17% 的村民了解跨村组流转政策，58.54% 的农户有流转意愿，愿意流转的原因主要是“增加收入”和“宅基地及房屋闲置”两个方面。不愿意流转的农户的主要原因是担心“流转收益不稳定或偏低”“土地流失或失去宅基地”“农村人情关系丢失”三个方面。

3. 有偿退出意愿方面

仁和镇有 12.2% 的受访农户退出过宅基地。关于退出宅基地希望获得的补偿形式，58.54% 的农户选择货币。关于宅基地退出后的认识，农民比较乐观，51.22% 的村民表示生活成本会上升，有 68.29% 的农户认为进城打工并不困难，并且对宅基地未来升值空间的预期很高，有 78.05% 的农户认为能和城里的土地一样值钱。

4. 有偿使用意愿方面

全部受访农户支持实行宅基地有偿使用且认同本村宅基地有偿使用费，而且宅基地有偿使用细则的制定村民参与度较高，占 73.17%。

5. 宅基地管理改革满意度方面

仁和镇农户对宅基地管理利用满意度较高，而且全部受访农户表示参加过村内重大事务决策。95.12% 的农户表示对于村务公开度和村民权益保护情况非常满意，而且赞同村规民约的所有规定，对乡镇政府、村干部很信任。78.05% 的农户认为本次“宅改”对生活水平有了提升，而且全部的受访农户认为宅改使村容村貌、村内居住环境变得更好、村内居住环境变得舒适。对于村务公开度、村民权益保护情况、流转后的社会保障、现有住房地理区位、现有住房质量、住房周边公共服务设施、住房周围环境卫生满意度都很高，没有人表示不满意（见表 5-10）。

表 5-10 村民满意度调查

	非常满意（%）	比较满意（%）	一般（%）	不太满意（%）	非常不满意（%）
村务公开度	95.12	4.88	—	—	—
村民权益保护情况	95.12	4.88	—	—	—
流转后的社会保障	92.68	7.32	—	—	—
现有住房地理区位	90.24	9.76	—	—	—
现有住房质量	87.80	12.20	—	—	—
住房周边公共服务设施	90.24	7.32	2.44	—	—
住房周围环境卫生	92.68	7.32	—	—	—
我很信任乡镇政府	95.12	4.88	—	—	—
我很信任村干部	95.12	4.88	—	—	—
我经常去参加村民代表大会	92.68	7.32	—	—	—
我赞同村规民约的所有规定	95.12	4.88	—	—	—

仁和镇推行改革以来把农村宅基地审批和监管作为重点探索内容并形成了具有自身特点的改革经验。

第一，在审批方面，首先仁和镇形成了“多环节审批 + 多部门负责 + 多环节监督”的宅基地管理模式，不仅理清了宅基地管理各部门之间的关系，而且以多重严格的举措确保建房行为规范有序、审批部门联动，进一步实现了审批监管更加标准化、协同化。其次，在宅基地和建房（规划许可）审批管理上探索出“八步工作法”，一改往日建房审批程序的复杂、无序性，提升审批监管效率，推动审批工作向规范有序的方向发展。最后，仁和镇搭建了“数字化”宅基地管理平台，实现了宅基地申请从“农户跑腿”向“数据跑路”转变。2021 年以来，仁和镇以线上线下协同审批的方式共审批农村宅基地 108 宗，审批面积 11407 平方米，全部按标准发放农村宅基地批准书和乡村建设规划许可证，做到应批尽批、应发尽发。

第二，在监管方面，仁和镇首先建立了“包干 + 包保 + 台账 + 科技”的巡查制度，以线上线下协同的监管方式确保村民建房全过程依法依规、安全有序，极大地提高了执法大队的执法效率，实现对违法行为进行迅速处理整治。其次，有益补充完善了“六到场”监管，保证建房全过程规范有序，对于农村乱建乱占等违法行为绝不姑息，用实际行动杜绝违法行为。仁和镇镇级执法大队对 2020 年 7 月 3 日以来新增的乱占耕地建房问题全部整治到位，拆除了地上建筑物，恢复了耕种条件。近两年共开展违规用地建房整治联合执法行动 5 次，依法处置违规用地 13 宗件，强制拆除违法建筑 4 处。

第三，在农户对宅基地改革的意愿方面，仁和镇主要表现为集中居住意愿很高且全部农户认同宅基地有偿使用，但流转意愿相对一般。主要原因是，首先仁和镇村干部发挥带头作用并以多种形式“进村入户”的大规模宣传宅基地改革相关政策，村民在充分了解宅基地相关政策后，认同有偿使用、集中居住等政策的合理性才能够积极参与和支持宅改工作。其次，由于农民固有的传统思想观念仍然存在，对于宅基地的占有性较强，因此对于宅基地退出和宅基地流转相关政策仍保持观望或者不赞同的看法。仁和镇下一步应加大宅基地改革政策的普及和解释力度，营造农民理解支持并参与宅基地改革的良好氛围，促进宅基地政策的实施和发展。

第四，在农户对于宅基地改革的满意度方面，仁和镇主要表现为村民对于村民权益保护情况和现有的住房保障条件、住房周边的基础设施建设以及卫生条件都比较满意，对于乡镇政府、村级干部充分信任，大部分村民能够积极主动的参加村民代表大会，关心村里的公共事务。由此可见，仁和镇在推行宅基地改革的过程中充分关注民意、把农民的意愿放在首位，因此农民对于宅基地改革工作充分支持和认可。

总体而言，仁和镇在宅基地审批监管方面做出了积极有益的探索，但在推进“数字化”管理方面步伐较为迟缓，管理主体权责尚未明晰，后端审批仍复杂。因此，仁和镇需要首先在厘清管理主体的责任边界、明确权限范围的基础上进一步所简化后端的审批环节，完善审批程序。其次，结合线上线下多重宣传的方式将宅基地改革观念深入人心，营造农民了解并支持宅改的良好氛围。最后，加强“数字化”管理的使用广度和深度，打造线上线下协同的宅基地管理格局，从而提高审批效率、加强监管力度。

湖南省汨罗市：县域数字化平台打通监管和市场交易“壁垒”*

刘文洁[①]

一、汨罗市基本情况

（一）自然地理情况

1. 地处洞庭湖平原，岗地地貌较多

汨罗市是隶属湖南省岳阳市的一个县级市，位于湖南省东北部，属幕阜山脉与洞庭湖平原过渡地带，西临洞庭湖。汨罗地势东南部高、西北部低，由山地向滨湖平原呈梯状过渡。汨罗的丘陵多处于岗地与低山过渡地带或山地余脉末梢。海拔一般在110~250米。岗地是汨罗分布最广的地貌类型，面积613.51平方千米，占汨罗市总面积的39.28%。汨罗市的平原位于汨罗江及其支流溪谷两侧，由中部向西北部呈扇形展布敞开，海拔绝大部分在50米以下，面积296.01平方千米，土质肥沃。汨罗市水域辽阔，处东洞庭湖南岸，湘江、沅水和汨罗江尾闾，境内河道纵横、水域辽阔，有大小河流（含溪流）115条，总长654.9千米。汨罗市总面积1562平方千米，因境内有汨水、罗水会合，其下游名汨罗江，故以名市。[②]

2. 区位优越、交通便利

汨罗市位于长江经济带、洞庭湖生态经济区，交通发达，区位优越，南距长沙74千米、北距岳阳66千米，处在长沙市与岳阳市的中点，京广铁路、京广高铁、107国道、240国道、京港澳高速纵贯市境。汨罗市距离长沙黄花机场、岳阳三荷机场、城陵矶港口均1小时车程，乘坐高铁19分钟可达长沙、岳阳，1小时可抵武汉，海陆空交通立体成网，是长株潭1小时经济圈的重要城市、洞庭湖生态经济区的重要节点。[③]

---

* 案例内容来自中国矿业大学（北京）共同富裕研究院第二调研组2020~2022年的实地调查。

① 刘文洁，中国矿业大学（北京）共同富裕研究院助理研究员，管理学硕士。

②③ 相关数据由汨罗市宅基地提供。

（二）经济社会发展情况

1. 县域经济较为发达

汨罗市是湖南省经济强县（市）、全面小康优秀县（市）。2021 年，汨罗市地区生产总值 463.9 亿元，同比增长 8.1%，与浏阳市相比，相当于浏阳市地区生产总值的 1/3，位居湖南省县域经济高质量发展先进县排行榜第 10 位，属于多数年份处于 15 位前的稳定型先进县（市）。三次产业对经济增长的贡献率依次为 10.4%、43.6%、46%，高新技术产业增加值占地区生产总值比重达到 32.0%。①2021 年，汨罗市农村居民人均可支配收入 23139 元，比 2020 年增长 10.7%，农村居民人均消费支出 22167.2 元，比 2020 年增长 12.4%。②

汨罗市辖 15 个乡镇、176 个村（社区）。2020 年，全国第七次人口普查数据显示：汨罗市常住人口为 632246 人，共有家庭户 204910 户，集体户 4920 户，家庭户人口为 584499 人，集体户人口为 47747，平均每个家庭户的人口为 2.85 人。③与全国第六次人口普查数据对比，2020 年较 2010 年汨罗市乡村人口减少 20.3%，在湖南四个试点地区中流出率是最低的④，人口自然增长率均为正的情况下，乡村人口外流趋势明显，但是流出比例与全国情况基本趋平，没有出现村庄流出人口占 50% 以上的情况。

2. 产业发展势头良好

汨罗市农业现代化水平较高。汨罗市是全国重要的商品粮生产基地、全国农作物生产全程机械化示范县（市）、湖南省粮食生产标兵县（市）。拥有粮食、生猪两大主导产业，培植龙头企业达 38 家（其中省级龙头企业 9 家），农民专业合作社达 1163 家，获评国家级合作社 1 家、省级示范合作社 1 家、省级百强联合社 2 家（见表 5-11），全市有效期内“二品一标”达 28 个，“长乐甜酒”“汨罗粽子”是国家地理标志产品，长乐甜酒小镇和屈子祠粽香小镇创建为岳阳市第二批农业产业化特色小镇。农村人居环境不断改善，汨罗市先后创建省级美丽乡村 3 个、岳阳美丽乡镇 5 个、岳阳美丽乡村 11 个、市级美丽乡村 60 个。⑤

表 5-11　汨罗市农业经营主体统计

新型农业经营主体种类	数量（个）
龙头企业	38

① 相关数据来源于《汨罗市 2021 年国民经济和社会发展统计公报》。

②③ 相关数据来源于汨罗市人民政府网市情。

④ 浏阳市乡村人口流出率是 32.88%，宁远县减少 28.33%，凤凰县减少 23.09%。

⑤ 相关数据由汨罗市宅改办提供。

续表

新型农业经营主体种类	数量（个）
其中：省级龙头企业	9
农民专业合作社	1163
其中：国家级合作社	1
省级示范合作社	1
省级百强联合社	2

资料来源：由笔者根据汨罗市宅改办提供资料绘制。

汨罗市工业发达。2021 年，汨罗市规模工业企业总量达到 292 家，完成规模工业总产值 1010.4 亿元，首次突破千亿大关，同比增长 15.6%。汨罗市循环经济产业园是国家首批循环经济试点、大宗固体废弃物综合利用基地、绿色产业示范基地和湖南省高新技术产业开发区，引进有世界 500 强正威项目、中国民营 500 强攀华项目，湖南首家电解铜箔企业龙智新材料已如期投产。长沙经开区汨罗产业园是湖南省首个正式实施、跨市州合作的飞地工业园，被定为湖南工程机械配套产业园，主攻工程机械关键零部件研发和配套，已建成 4.5 平方千米启动区，已落户三一供应链产业园、山河智能配套产业园、温州上元精密机械制造园、伟邦液压智慧园等重大项目。①

3. 旅游资源丰富

汨罗市主要景点有汨罗江、屈子祠、神鼎山、八景洞、任弼时故居、汨罗江国际龙舟竞渡中心、屈子公园、普德观。其中，千年古祠屈子祠是全国重点文物保护单位、全国青少年爱国主义教育基地。屈子祠汨罗江景区是国家级重点风景名胜区，是湘楚文化旅游黄金线上的重要景点。任弼时纪念馆是国家 4A 级景区、全国重点文物保护单位、全国爱国主义教育基地、全国红色旅游经典景区。同时，汨罗市拥有“汨罗江畔端午习俗”等人类非物质文化遗产保护项目 1 个、“长乐抬阁故事会”等国家级非物质文化遗产保护项目 1 个。同时，汨罗市为全国重要的商品粮生产基地、湖南省粮食生产标兵县（市）、世界非遗“汨罗江畔端午习俗”、国家非遗“长乐抬阁故事会”、中国龙舟名城、中华诗词之乡、国家首批循环经济试点、首批“城市矿产”示范基地、绿色产业示范基地。

（三）土地利用情况

汨罗市总面积 1562 平方千米，耕地共 78.44 万亩，其中，水田 72.60 万亩，占 92.55%；旱地 5.84 万亩，占 7.45%。总体来看，耕地主要分布在弼时镇、河市镇、罗

① 相关数据来源于汨罗市人民政府网市情。

江镇、神鼎山镇、凤凰乡、桃林寺镇6个乡镇，占汨罗市耕地的49.27%。园地3.68万亩，林地91.05万亩，草地0.4894万亩，湿地4.2758万亩。湿地是“三调”新增的一级地类，包括8个二级地类，汨罗市涉及3个二级地类。城镇村及工矿用地31.60万亩，其中，村庄用地25.03万亩，占79.21%。交通运输用地6.43万亩，其中农村道路共4.23万亩，占65.79%，交通运输用地中面积占比最大的地类是农村道路和公路用地。水域及水利设施用地30.65万亩。①（见表5-12）。

表5-12 汨罗市用地类型及面积统计

土地类型			面积（万亩）	占比（%）
农用地	耕地	总数	78.44	—
		水田	72.60	92.55
		旱地	5.84	7.45
	园地	总数	3.68	—
		果园	0.41	11.14
		茶园	0.72	19.57
		其他园地	2.55	69.29
	林地	总数	91.05	—
		乔木林地	61.00	67.00
		竹林地	8.87	9.74
		灌木林地	0.58	0.64
		其他林地	20.60	22.62
	草地	总数	0.4894	—
		天然牧草地	0.0567	11.59
		其他草地	0.4327	88.41
	湿地	总数	4.2758	—
		森林沼泽	0.1992	4.66
		沼泽草地	0.6917	16.18
		内陆滩涂	3.3849	79.16
建设用地	城镇村及工矿用地	总数	31.60	—
		城市用地	1.91	6.04
		建制镇用地	3.85	12.18
		村庄用地	25.03	79.21
		采矿用地	0.52	1.65
		风景名胜及特殊用地	0.29	0.92

① 相关数据来源于《汨罗市第三次国土调查主要数据公报》。

续表

土地类型			面积（万亩）	占比（%）
建设用地	交通运输用地	总数	6.43	—
		铁路用地	0.47	7.31
建设用地	交通运输用地	公路用地	1.70	26.44
		农村道路	4.23	65.79
		港口码头用地	0.03	0.46
其他土地	水域及水利设施用地	总数	30.65	—
		河流水面	3.85	12.56
		湖泊水面	6.74	21.99
		水库水面	4.79	15.63
		坑塘水面	11.14	36.35
		沟渠	3.09	10.08
		水工建筑用地	1.04	3.39

资料来源：《汨罗市第三次国土调查主要数据公报》。

汨罗市农村土地流转较多。汨罗市农村土地流转总面积达到 33.41 万亩，土地流转率达 66%，其中转包约 1.95 万亩、转让 0.81 万亩、互换 1.84 万亩、出租 25.71 万亩、股份合作 2.53 万亩、代种等其他 0.57 万亩，流转价格每年每亩 200 ~ 300 元不等[①]（见表 5-13）。

表 5-13　汨罗市农村土地流转情况统计

流转方式	面积（万亩）	占比（%）
全市农村土地流转总面积	33.41	100
转包	1.95	5.8
转让	0.81	2.4
互换	1.84	5.5
出租	25.71	77.0
股份合作	2.53	7.6
代种等其他	0.57	1.7

资料来源：汨罗市宅改办。

二、宅基地利用和管理现状

（一）宅基地利用情况

汨罗市共有农户 152862 户，确认集体经济组织成员 496850 人，宅基地 149746 宗，

① 相关数据由汨罗市宅改办提供。

宅基地面积 54041 亩。二轮“宅改”后完成 148312 宗农村宅基地及房屋不动产测绘工作，完成 600 余宗新建、改扩建农村宅基地空间专项调查。汨罗市共有存量超面积宅基地 29624 宗，共收取存量超面积有偿使用费 372.9 万元，盘活闲置宅基地和农房 117 宗，增加村集体经济组织收入 421 万元。汨罗市鼓励具备条件的农村居民进城落户自愿退出农村宅基地，共有 48 户自愿退出农村宅基地，奖扶资金 382 万多元，腾退宅基地面积近 7800 平方米（见表 5-14）。①

表 5-14　汨罗市宅基地利用情况

类目	数量（户 / 宗）
农户	152862 户
宅基地	149746 宗
超面积宅基地	29624 宗
盘活闲置宅基地和农房	117 宗
退出宅基地	48 户

资料来源：汨罗市宅改办。

（二）宅基地审批管理情况

一是强化乡镇审批权。2015 年，汨罗市人民政府出台了《汨罗市引导农村村民规范建房开展村庄整治工作方案》（汨政发〔2015〕6 号），方案中明确市人民政府将集体土地上村民住宅用地建房审批下放至各个乡镇，强化乡镇审批权。各镇共建立 15 个对外受理、多部门内部联动运行办理的“村民建房一站式服务窗口”，为农民群众提供“一门式”便捷高效服务。

二是规范审批程序。按照“农户申请、村级审查、部门审核、乡镇审批”的程序，符合宅基地申请条件的农户向村级组织提出宅基地和建房（规划许可）书面申请。申请受理需要满足一定的条件，用地申请人必须为本集体经济组织内部已达到法定婚龄并已立户的成员，并且必须满足一户一宅要求，所申请的用地必须符合土地利用总体规划和城镇、村庄建设规划。农户申请时需准备纸质版申请报告、《规范村民建房用地申请审批表》、村民委员会会议讨论情况、《农村宅基地使用承诺书》、原房屋照片原件，以及身份证、户口本的原件和复印件，由申请人现场提交工作人员审批。图 5-24 为汨罗市宅基地审批流程。

三是严格全程监管。落实村民建房“五有三到场”要求，即有村庄规划、有审批手续、有示范图集、有施工管理、有奖惩措施；批前选址审查到场、开工放线砌基到场、竣工验收到场。汨罗市充分利用农业综合执法大队“全国农业综合行政执法示范单位”

① 相关数据由汨罗市宅改办提供。

这一资源优势，成立了农村宅基地执法中队，加强农村宅基地管理执法。

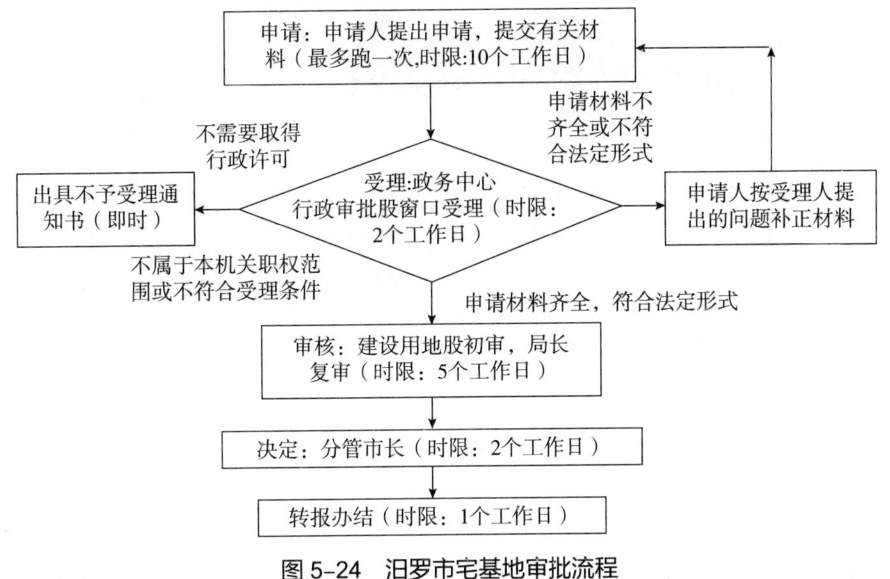

图 5-24 汨罗市宅基地审批流程

资料来源：笔者根据汨罗市宅改办提供的资料绘制。

三、监管平台和产权交易中心推动宅基地管理“数字智治”

（一）开发管理信息应用平台①

1. 围绕数据和业务处理开发软件系统

任何信息应用平台离不开数据和业务处理两大功能。汨罗市农村宅基地综合监管平台由汨罗市政府招标，湖南盛鼎科技发展有限责任公司中标进行开发制作，从数据和业务处理两方面，以国家各类技术规范和业务要求为依据，采用业界成熟的解决方案，采用BS模式，基于面向服务架构，建立软件系统，建设统一的业务处理体系。目前，数据库建设情况为数据入库量98%，其中宅基地入库123509宗，农民房屋入库123509幢，所有权人数量为145，使用权人数量为114755，农户114755户，农户成员374469人，宅基地总面积19235795.21平方米，总建筑面积为30838421.45平方米，超面积宗数达30747宗，超占总面积为1408277.54平方米，闲置宅基地266处，闲置宅基地总面积达32201.35平方米。②信息应用平台系统划分为若干既相对独立又相互协调、可共享信息的子系统，各应用子系统通过对数据库的合理调度、组织，形成数据的合理流向，完成信息应用平台的整体功能。图5-25是汨罗市农村宅基地管理信息平台登录页面。

① 本节案例相关内容由汨罗市宅改办提供。

② 相关数据由汨罗市宅改办提供。

图 5-25 汨罗市农村宅基地管理信息平台登录页面

资料来源：由汨罗市宅改办提供。

（二）四类标准规范平台建设

平台的构建遵循基础标准，如《信息技术软件工程术语》（GB/T 11457-2006）等；文档标准，如《计算机软件文档编制规范》（GB/T 8567-2006）等；管理标准，如《计算机软件配置管理计划规范》（GB/T 12505-1990）等；行业标准，如《湖南省农村宅基地和集体建设用地房地一体确权登记数据库标准》《湖南省农业农村厅湖南省自然资源厅转发农业农村部自然资源部关于规范农村宅基地审批管理的通知》等。

（三）宅基地审批监管系统实现管理“一张网”

平台共有五大部分，分别为基础信息管理系统、申请审批业务系统、巡查监督系统、综合监管和综合利用管理系统。

1. 基础信息管理系统

宅基地基础数据管理系统用于整合自然资源部门农村不动产登记数据、宅基地使用调查数据、规划数据、国土三调数据以及其他相关数据，综合构建宅基地基础数据中心数据库，为宅基地信息管理人员提供基础数据库维护工具。宅基地基础数据管理查询的范围包括空间数据查询、登记数据查询、成员管理和档案数据查询。其中，成员管理包括成员认定、成员信息修改与变更、成员删除、成员分 / 合户四部分内容。

基础信息管理系统部分利用海量的空间数据，使用 GIS 平台构建“一张图”式管理系统，实现以图管地，空间叠加分析，贯通国土、住建、农业等数据的查询系统，为相关部门的决策提供有利的依据。图 5-26 展示了平台内村庄布局（部分）；图 5-27 展示了平台成员管理界面（部分）。

图 5-26　平台内村庄布局（部分）

资料来源：由汨罗市宅改办提供。

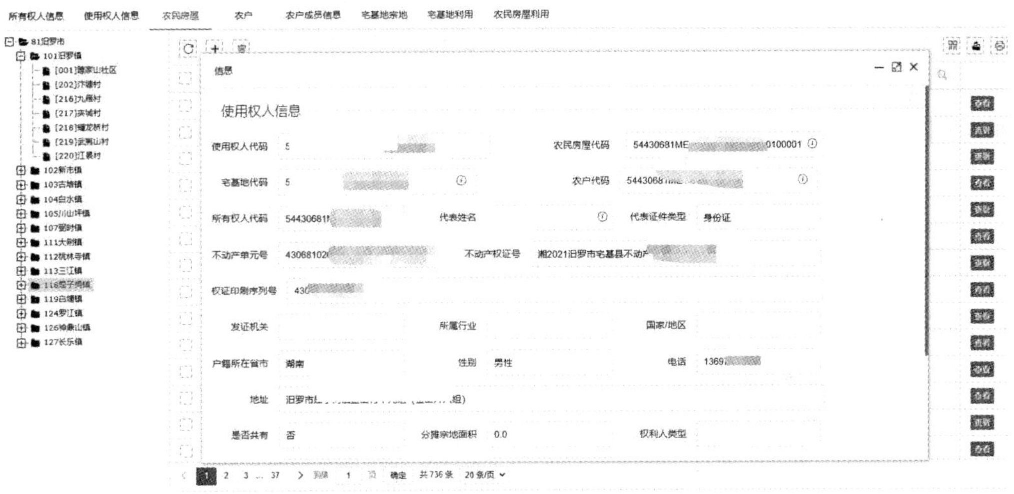

图 5-27　平台成员管理界面（部分）

资料来源：由汨罗市宅改办提供。

2. 申请审批业务系统

村民申请宅基地新建住宅或者对现有合法住宅进行改建、扩建、重建，可通过实名注册登录宅基地信息化管理平台的 App 系统，在网上按照流程操作登记申请人身份证和户口簿，填写农村宅基地和建房（规划许可）申请表及农村宅基地使用承诺书，上传住宅建设工程设计方案或者选择政府免费提供的住宅建筑设计图，完成农村宅基地和建房（规划许可）申请；或携身份证和户口簿到村民服务中心填写农村宅基地和建房（规划许可）申请表及农村宅基地使用承诺书，提供住宅建设工程设计方案或者选择政府免费提供的住宅建筑设计图，由村民中心信息员初审核实后录入信息，完成申请。图 5-28 是农户申请审批流程，图 5-29 是湖南省农村村民住房建设管理流程。

农户根中书面申请

01 符合宅基地申请条件的农户，以户为单位向听在的村民小组提出宅基地和遗房（规划许可）书面申请。

村民小组讨论公示

02 村民小组收到申请后，应提交利民小组会议讨论，并将申请理由、拟用地面积、拟中房层高和面积等情况在本小组范围内公示。公示无异议的，村民小组将农户申请、村民小组会议记录等材料交村级组织审查。

村级组织审查

03 衬级组织重点审查提交的材料是否真实有效、拟用地建房是否符合村庄规划、是否征求了用地建房相邻权利人意见等。审查通过的，由村级组织签署意见。报送乡镇政府。

乡镇受理审核

04 乡镇政廓要探索建立一个窗口对外爰理、多部门内部联动运行的农村宅基地用地建房联审联办制度，方便农民群众办事。

乡镇政府审批

05 根据各部门联审结果，由多销政府对农民宅基地申请进行审批。出具《农村宅基地批准书》；可将乡村规划许可证由乡镇一并发故，并以适当方式公开。

县级政府备案

06 乡销要建立宅基地用地建房审批管理台账，有关资料归档留存，并及时将审批情况报县级农业农树、自然资源、住建等部门备案。

图 5-28 申请审批流程

资料来源：由汨罗市宅改办提供。

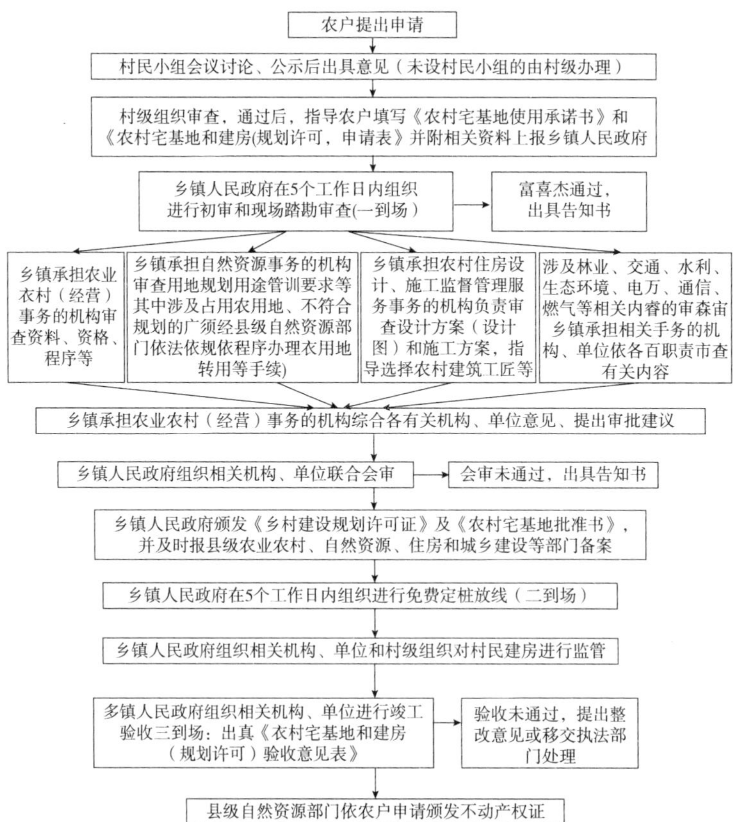

图 5-29 湖南省农村村民住房建设管理流程

资料来源：由汨罗市宅改办提供。

申请审批业务系统包含建房预申请、村级审核、乡镇审批、批准书打印、进度查询五部分：

第一，建房预申请。可以通过手机APP由农户或村组干部代提交预申请，坚持“数据多跑路”的原则，为农民减负（见图5-30）。

建房申请
申请人信息
姓名 请输入或拍摄身份证自动识别
性别 请选择
年龄
手机号码
户口地址 请输入或拍摄身份证自动识别
身份证号码 请输入或拍摄身份证自动识别
身份证照片
1.身份证照片不得有遮挡，保证字迹清晰
2.请从证件的正上方拍摄，防止证件变形
3.上传证件能自动识别姓名、证件号码等，如有误差，请自行修改
上传图片 上传图片 上传图片
身份证正面照 身份证反面照 申请人户口照片
现有房屋信息
申请人是否现有宅基地，如有现有宅基地请选择是，并补充现有宅基地信息
是否现有宅基地 请选择
申请房屋信息

图5-30 村民手机APP申请建房页面

资料来源：由汨罗市宅改办提供。

第二，村级审核。系统提供村级审核（见图5-31）的功能，审核人员通过账户登录平台可查询待审核的建房申请，打开审核详情可对居民提交的申请进行查看，并给出意见，符合则提交至下一审批部门（可自定义下一审核人）。

第三，乡镇审批。系统提供乡镇审批的功能，审核人员通过账户登录平台可查询待审核的建房申请，打开审核详情可对居民提交的申请进行查看，并给出意见。审核完成系统可出具《农村宅基地批准书》和《乡村建设规划许可证》，生成《建房公示牌》，并自动建立宅基地用地建房审批管理台账。

第四，批准书打印。将农户申请审批完成的业务进行打印，即《农村宅基地批准书》。图5-32是系统种可以打印的汨罗市农村宅基地批准书预览。

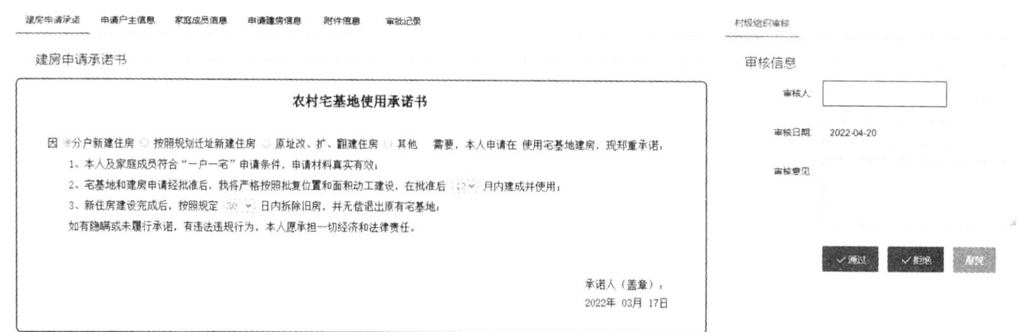

图 5-31　系统内村级审核界面

资料来源：由汨罗市宅改办提供。

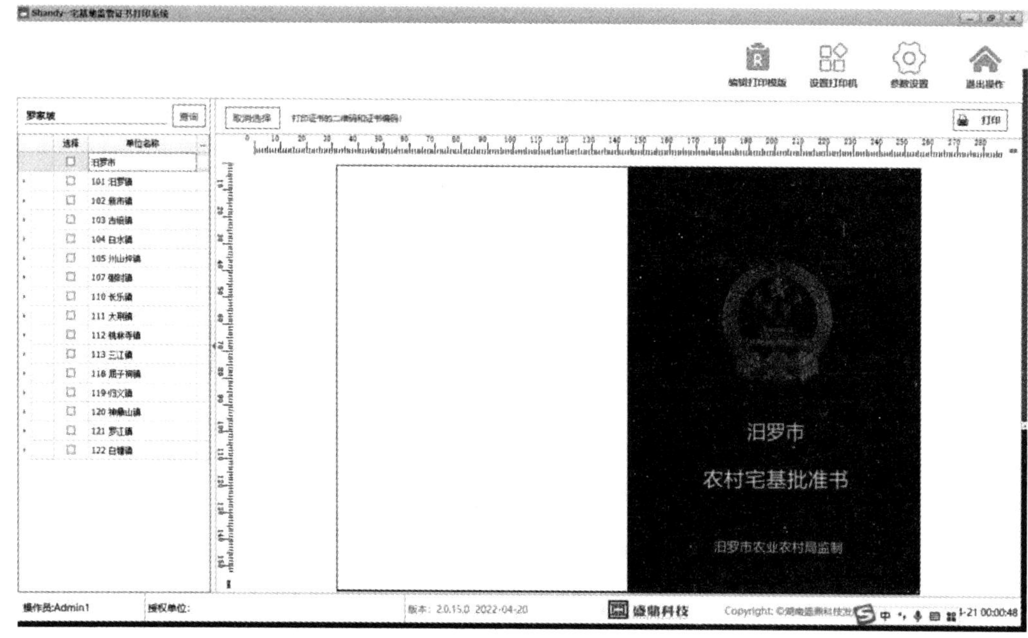

图 5-32　系统内汨罗市农村宅基地批准书预览

资料来源：由汨罗市宅改办提供。

第五，进度查询。在系统内可以进行审批进度、建房信息查询。用户登录 APP 或 Web 端可查看当前提交的建房详情、查询审批进度，审核失败后可按照审核意见修改信息重新提交申请。

3. 巡查监督系统

依托 GIS 平台，结合基础数据、遥感影像底图、地块数据、农房数据、权属数据及其他的相关数据，通过叠加组合实现一张图数据、一张图地图服务和一张图空间分析与宅基地监管巡查系统相衔接。

第一，监管巡查 APP。监管巡查 APP 主要用于管理人员现场巡查监管以及宅基地确权登记成果查询、信息搜集等操作。利用移动互联网、北斗 GPS 定位、GIS 地图等技术的应用，解决村一级的信息化监督管理。

第二，四到场监督系统。一是选址踏勘到场。系统提供选址踏勘到场现数据上传功能，可对建设范围、审批范围、面积进行现场拍照。二是定桩放线到场。系统提供定桩放线到场现数据上传功能，可对建房位置、村民定桩、放线进行现场拍照，数据上报。三是建房巡查到场。系统提供地基验收到场现数据上传功能，可对建房户建房位置、用地面积、建筑层数、建筑风貌等进行测量以及拍照上传。四是竣工验收到场。房屋建成后，户主向村委会报告，并组织相关人员到场进行实地验收，查验建房是否符合建房审批表中的用地规划和建设规范要求，并填写宅基地和建房（规划许可）验收表，上传至平台，系统提供竣工验收到场现数据上传功能（见图 5-33）。

图 5-33 四到场监督系统

资料来源：由汨罗市宅改办提供。

4. 综合监管系统

第一，在线巡查。系统利用遥感技术结合最新影像对宅基地信息巡查，可通过输入身份证信息，检索当前农户的宅基地的使用及登记情况信息。

第二，违法处理。对存在宅基地违规（面积超标、一户多宅、无证改建、无证）、宅基地不合理利用（丢弃、倒塌）情况进行预警，督促相关镇的工作人员对预警项目进行处理，对违规现象及处理情况进行台账处理。图 5-34 展示了综合监管系统。

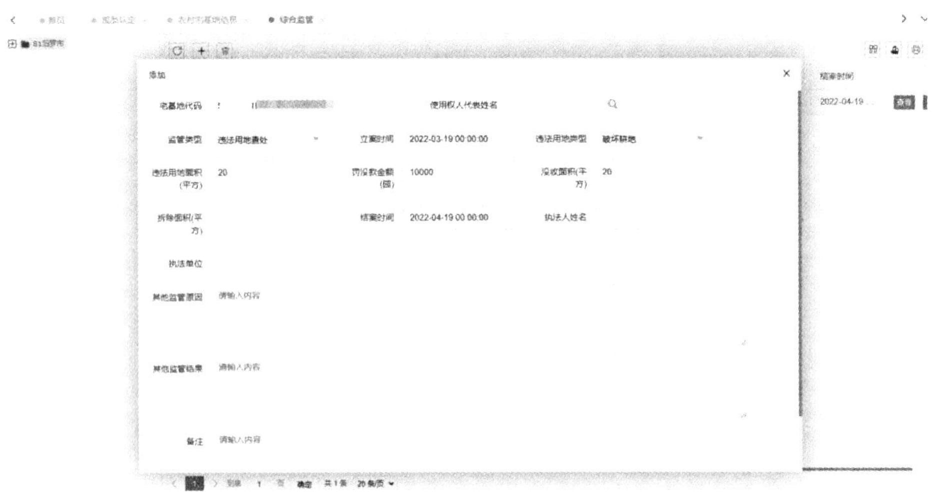

图 5-34　综合监管系统

资料来源：由汨罗市宅改办提供。

5. 综合利用管理系统

第一，流转交易管理。该系统部分提供闲置的宅基地，包括农村宅基地、闲置房屋、土地经营权等项目的流转交易。该平台以图片、文字等方式进行展示，受让人可在该页面进行浏览，与发布人进行沟通。符合宅基地流转条件的受让人可在平台提出申请，确定交易意愿后，待受让人提交自身材料，供政府监管人员进行资格审查，通过审核后完成流转交易。

第二，抵押招商管理。对汨罗市宅基地抵押招商信息进行登记、查询、归档展示，为社会资本融入宅改工作、助力乡村振兴提供信息源。

第三，有偿使用管理。系统有偿使用登记功能可以登记使用人、使用时间，并提供使用协议扫描件上传功能。

第四，有偿退出管理。系统有偿退出登记功能可以登记退出农户、退出时间，并提供退出协议扫描件上传功能。

汨罗市农村宅基地综合监管平台于 2022 年 3 月 15 日完成架设服务器等设备，部署农村宅基地信息平台包括基础软件（操作系统、数据库、中间件）、软件平台部署、部分宅基地调查数据导入，架设数据专线与汨罗市农村土地确权信息平台共享部分数据。平台试运行一个月不断地测试与 BUG 修复、系统更新，于 2022 年 4 月 20 日正式上线，并针对乡镇相关操作员进行了培训，包括平台数据查询与使用、审批业务流程、四到场监管与 RTK 测量。平台运行至 2022 年 7 月下旬，汨罗市共有 12 个乡镇 77 宗农村宅基地已开展宅基地线上申请、审批、监管工作，并针对乡镇提出的问题进行了诸多优化等。①

---

① 相关数据由汨罗市宅改办提供。

（四）农村产权交易中心畅通土地交易通道

1. 建立汨罗市农村产权交易中心

汨罗市农村产权交易中心（见图 5–35）是由汨罗市人民政府批准，汨罗市农业农村发展有限公司和土流集团有限公司合资成立的一家经营农村生产要素交易流转的专业化平台和服务性机构。主要负责登记发布汨罗市范围内农村产权流转交易信息，受理交易咨询和申请、协助产权查询、组织流转交易、出具产权流转交易鉴证书，协助办理产权变更登记和资金结算手续、政策咨询及宣传推广等，并探索提供农村产权资产评估、抵（质）押融资、抵（质）押登记等配套服务工作（见图 5–36）。汨罗市农村产权交易中心作为市级平台，依托乡镇（街道）设立乡镇（街道）服务站及村级交易服务室，形成市、乡、村三位一体的市场体系（见图 5–37），在汨罗市推行“八统一”整体运营标准，开展农村产权交易一站式服务。汨罗市农村产权交易中心解决三方面的问题，第一，土地经营权流转形式单一、规模化流转少，流入新型经营主体的占比较小，导致有项目难落地、人才难引进、产业难落地问题；第二，集体资产管理不透明、不公开，导致价值流失，村级组织公信力下降；第三，集体资产流转程序不规范、管理粗放、平台缺失，导致集体资产管理分散，部分资产出现荒废闲置。汨罗市农村产权交易流程如图 5–38 所示。汨罗市农村产权交易中心的交易服务费根据当地物价水平经相关部门备案，实行单向收费，不向转让方收取交易费用。2022 年底，汨罗市农村产权交易中心进入运营期。汨罗市产权交易中心的设立是利用“政策 + 市场”双驱动模式，释放行业发展动能，运用市场机制壮大了集体经济的重要举措。

图 5–35　汨罗市农村产权交易中心

资料来源：由调研组成员实地拍摄。

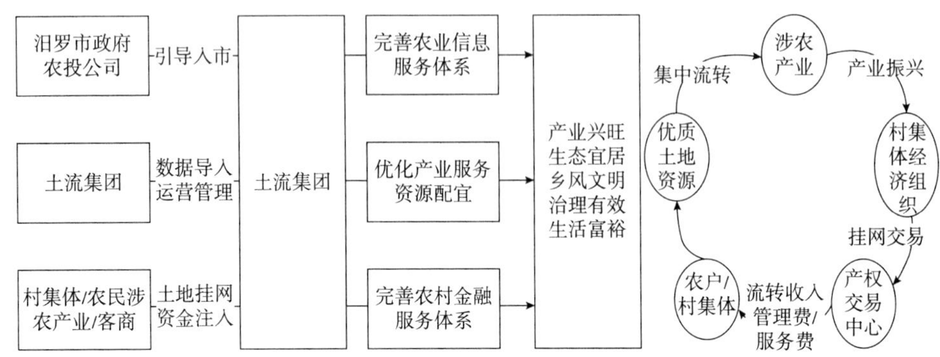

图 5-36 农村产权交易中心的业务内容

资料来源：笔者根据汨罗市农村产权交易中心宣传栏的内容绘制。

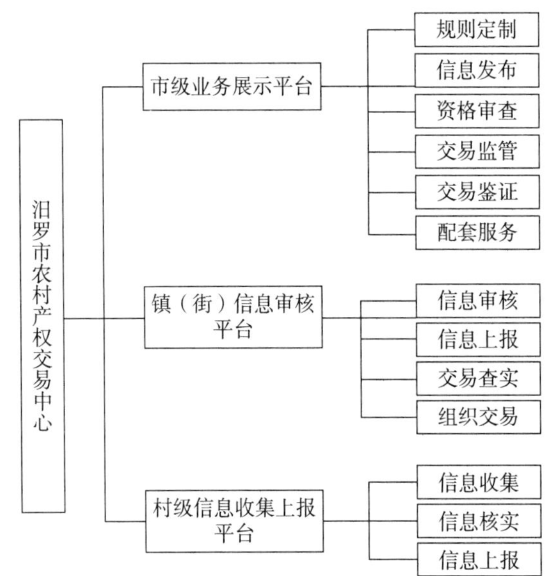

图 5-37 汨罗市农村产权交易市场“三级服务体系”架构

资料来源：笔者根据汨罗市农村产权交易中心宣传栏的内容绘制。

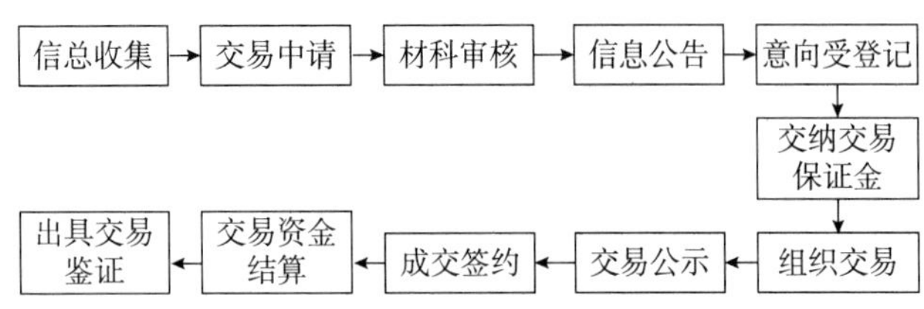

图 5-38 汨罗市产权交易中心交易流程

资料来源：笔者根据汨罗市农村产权交易中心宣传栏的内容绘制。

2. 各类交易业务有序办理

需要进行产权交易的项目，首先由产权人写出转让申请，汨罗市农村产权交易中心进行信息发布，产权受让人申请并接受资格审查，按程序公开交易，双方当事人签约成交，最后依程序办理变更产权登记。在交易中心的交易平台上主要的流程为项目受理、项目挂牌、报名登记、组织交易、成交确认、合同签订、交易鉴证七个流程。

（1）农村产权流转交易。农村产权流转交易进场后手续办理流程共有 13 个步骤，依次为提出转出申请、转出资格审查、项目信息发布、提交受让申请、受让资格审查、交纳交易保证、组织交易、成交签约、合同价款划入（场内结算时）交易保证金金结、出具交易鉴证、办理权属变更、合同价款划出（场内结算）和成交公式，具体办理流程如图 5–39 所示。

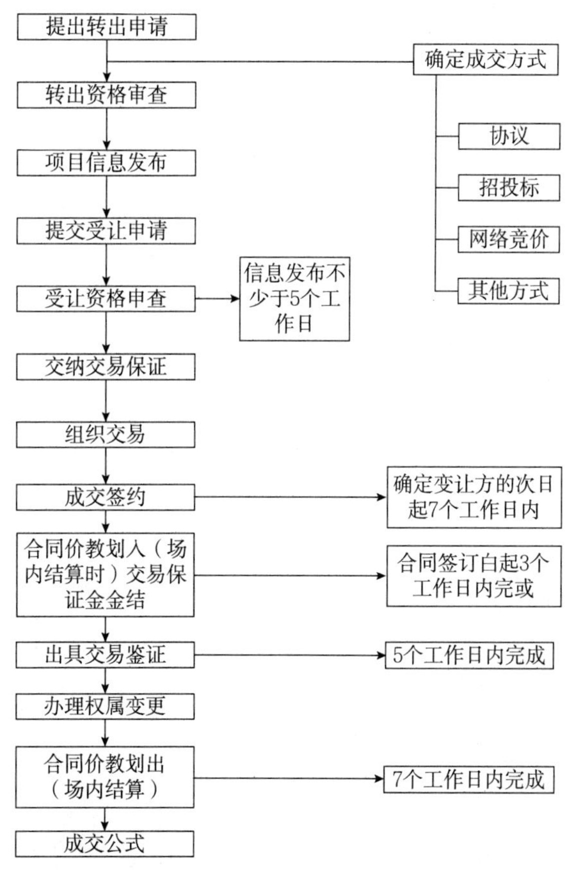

图 5–39　农村产权流转交易进场后手续办理流程

资料来源：笔者根据汨罗市农村产权交易中心宣传栏的内容绘制。

（2）农户承包土地经营权流转。农户承包土地经营权流转进场前流程主要有六个步骤，依次为农户具有委托流转意愿、村集体经济组织完成民主决策、农户与村集体经济组织签订流转意向书、镇（街）农经管理部门初审、汨罗市农经管理部门审核、办理进场后手续，具体流程如图 5-40 所示。

（3）农村集体资源性资产流转。农村集体资源性资产流转进场前流程有四个步骤，依次为村集体经济组织完成民主决策、镇（街）农经管理部门初审、汨罗市农经管理部门审核、办理进场后手续，具体流程如图 5-41 所示。

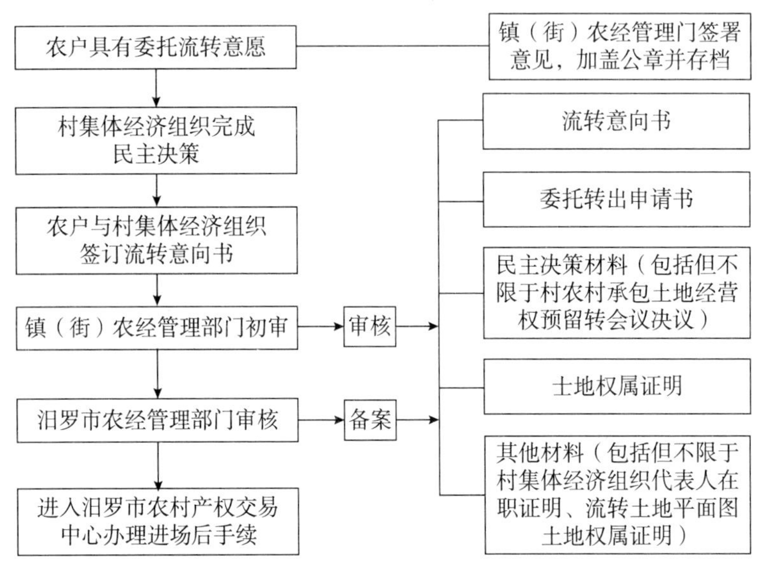

图 5-40　农户承包土地经营权流转进场前流程

资料来源：笔者根据汨罗市农村产权交易中心宣传栏的内容绘制。

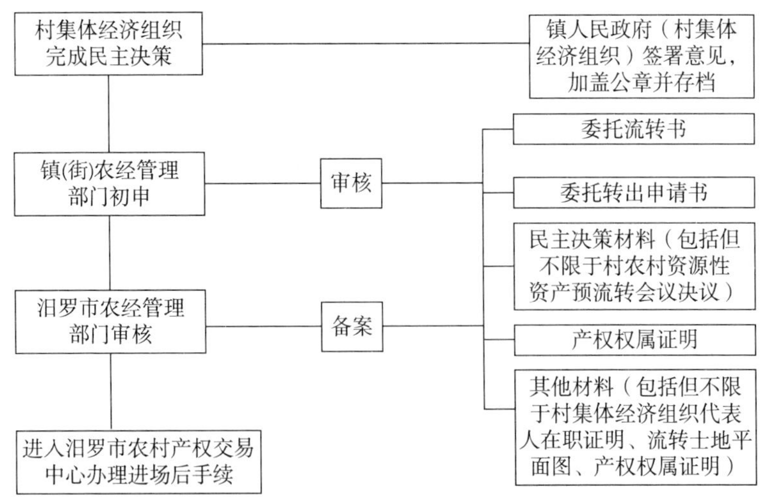

图 5-41　农村集体资源性资产流转进场前流程

资料来源：笔者根据汨罗市农村产权交易中心宣传栏的内容绘制。

3. 产权流转交易品种多样

根据国务院相关文件规定，法律没有限制的品种均可以入市流转交易，流转交易的方式、期限和流转交易后的开发利用要遵循相关法律、法规和政策。现阶段，汨罗市农村产权交易中心设置的交易品种主要包括以下内容：

一是农户承包土地经营权。以家庭承包方式承包的耕地、草地、养殖水面等经营权可以采取出租、入股等方式流转交易，流转期限不能超过法定期限。

二是林权。集体林地经营权和林木所有权、使用权可以采取出租、转让、入股、作价出资或合作等方式流转交易，流转期限不得超过法定期限。

三是“四荒”使用权。农村集体所有的荒山、荒沟、荒丘、荒滩使用权采取家庭承包方式取得的，按照农户承包土地经营权有关规定进行流转交易；以其他方式承包的，可以采取转让、出租、入股、抵押等方式流转交易。

四是农村集体资源性资产经营权。农村集体机动地、未承包到户土地、草地、农田水利用地、水面等经营权采取出租、转让、入股、作价出资或合作等方式流转交易，流转期限由流转双方在法律规定范围内协商确定。

五是农村集体经营性资产。由农村集体统一经营管理的经营性资产（不含土地）的所有权或使用权在法律规定范围内可以采取承包、租赁、出让、入股、合资、合作等方式流转交易。

六是农业生产设施设备所有权。农户、新型农业经营主体和农村集体等拥有的农业生产设施设备可以采取转让、租赁、拍卖等方式流转交易。

七是不涉及公共安全的小型水利设施使用权。农户、新型农业经营主体和农村集体等拥有的不涉及公共安全的小型水利设施使用权可以采取承包、租赁、转让、抵押、合作等方式流转交易。

八是农村建设项目招标、货物和服务采购、产业项目招商和转让等。农村集体用自有资金或上级部门投入的项目资金开展招标、采购、招商和转让等。

九是农村闲置宅基地使用权和住宅的转让、出租及合作建房等。农村宅基地按照民法典约定流转，有特别约定的从其约定。

十是国有农牧渔场、农业产业化企业、集体及个人投资兴办的企业等涉农产权交易。

十一是其他涉农产权交易。涉农专利、商标、版权、新品种、新技术等农业类知识产权采取转让、出租、合作等方式流转交易。其他涉农不良资产处置、资产交易等。

4. 保障产权交易合理合法

农村产权交易材料需齐全。一是转出方申请交易农村产权的，应当提交下列材料并接受汨罗市农村产权交易中心的资格审查：农村产权转出申请书；转出方的资格证明或者其他有效证明；产权权属的有关证明；准予产权交易的有关证明（相关决议或批复文件）；交易标的的基本情况材料；标准的底价及作价依据；委托办理交易手续的，需提交授权委托书及受托方主体资格证明、法定代表人或者负责人身份证；汨罗市农村产权交易中心要求提交的其他资料。汨罗市农村产权交易中心对意向受让方提交的申请及材料进行齐全性、合规性审核，对符合条件的转出方进行登记。二是意向受让方申请受让方农村产权的，应当提交下列材料并接受汨罗市农村产权交易中心的资格审查：农村产权受让申请书；意向受让方的声明与保证；意向受让方资产规模、信用评价等资信证明材料（验资证明）；符合受让资格条件的证明文件（资质证明）；委托代理的，需提交授权委托书及受托人身份证；联合受让的，需提交联合受让协议书、代表推举书；汨罗市农村产权交易中心要求提交的其他资料。汨罗市农村产权交易中心对意向受让方提交的申请及材料进行齐全性、合规性审核，对符合条件的意向受让方进行登记。

5. 为农民“依法自愿有偿转让”[①] 提供社会化服务

农村产权交易中心发挥了为农民增收、为集体增产、为政府增效的作用。一是为农民增收，通过农村产权交易平台建设及运营服务能够有效解决当前农村资产、资源、土地等流转交易项目交易不规范、流转信息闭塞、流转违约风险大、流转分散等问题。通过交易平台对资产、资源、土地等信息的采集、整合、共享，集中发布，能有效提升市场竞争性，抬高溢价，增加农民财产性收入，保护农民利益。二是为集体增产，通过农村产权交易平台为工商企业等社会资本流转土地经营权提供服务的，村集体可以收取适量管理费用。管理费用可纳入农村集体经济组织会计核算和财务管理，用于农田基本建设或者其他公益性支出。通过农村产权交易平台引进工商资本，建设特色乡村，引进特色产业，发展壮大村集体经济，为村集体成员提供就业、创业机会，解决就业问题。三是为政府增效，通过农村产权交易平台建立多重风控管理模式，全程有记录、有跟踪、有存档、可追溯，解决土地私下流转、口头流转、随意流转不备案，签订合同不规范等问题，强化政府的监管和引导作用。以金融服务为抓手，为农业生产全产业链提供一体化服务。通过接轨有流量、资源的市场主体，推动农村资源与资本的高效对接，助力政府招商引资，优化全地区营商环境，为乡村振兴添加新动力。

① 出自 2022 年党的二十大报告。

四、工作经验

（一）基础信息调查工作扎实

汨罗市扎实的基础信息调查工作是农村宅基地综合监管平台和农村产权交易中心发挥作用的基础。汨罗市在全市建立健全宅基地年度统计、定点监测、专项调查等制度，综合运用第三次全国国土调查、宅基地确权登记成果，摸清农村宅基地底数、农村房屋权属、农村建设用地等宗数及其基本信息，对地籍图上反映的权属、面积信息进行核查更正，完善农村不动产登记数据、宅基地使用调查数据、规划数据、国土三调数据以及其他相关数据，并积极组织开展农村宅基地和农房情况调查摸底工作，自下而上，对农村村民建房情况进行全面普查，摸清农村宅基地规模、布局和利用情况。通过前期的摸底工作，汨罗市共有农户 152862 户，集体建设用地面积 136130 亩，宅基地面积 54040.69 亩，宅基地 149746 宗，户均宅基地面积 174.82 平方米。其中，已颁发使用权权属证书的宅基地 76595 宗，已颁发房地一体不动产证的宅基地 14152 宗。①

（二）运用大数据技术建立“一张图”式基础信息数据库

汨罗市农村宅基地综合监管平台和农村产权交易中心依托于丰富的基础信息数据库运行，平台建设基于市相关组织机构的基础信息调查工作，综合构建宅基地基础数据中心数据库，为宅基地信息管理人员提供基础数据库维护工具。数据库内容主要包含空间数据、登记数据、成员管理数据和档案数据，利用这些海量的空间数据，使用 GIS 平台构建“一张图”式管理系统，实现以图管地，空间叠加分析，贯通国土、住建、农业等数据的查询系统，为相关部门的决策提供有利的依据，相关工作人员可以依托数据库进行信息查询，办理申请审批业务，在开展巡查、监督、监管和综合利用管理时有据可考、有据可依。

（三）“一站式”服务简化办事流程，便民利民

“一站式”服务简化了工作人员和农户办事流程。汨罗市农村宅基地综合监管平台将成员管理、建房审批、监管巡查、违法处理和宅基地综合利用等方面的工作集合到一个平台，相关部门工作人员可以统一在平台上操作，同时有宅基地申请、建房审批等需求的农户可以通过线上 App 等方式完成材料整合递交等步骤，相关材料和流程均可在平台线上完成，让“数据多跑路”，为农民和工作人员“减负”。农村产权交易中心作为市级平台，依托乡镇（街道）设立乡镇（街道）服务站及村级交易服务室，形成市、乡、村三位一体的市场体系，在汨罗市推行以统一监督管理、统一交易系统、统一信息发

---

① 相关数据由汨罗市宅改办提供。

布、统一交易规则、统一交易流程、统一收费标准、统一交易鉴证、统一交易结算的“八统一”整体运营标准，开展农村产权交易一站式服务。

（四）强化各方责任，发挥各级作用

强化乡镇政府直接责任。推动乡镇实施村民建房有关行政审批、监管和综合执法，按照权责一致的原则，落实乡（镇）域范围内宅基地管理责任，做到谁审批、谁监管、谁执法、谁担责，强化村组责任。

发挥村民自治作用，将宅基地管理纳入村规民约，坚持民事民议民管民办。汨罗市共设立村民建房协管员 176 名①，对农村住房建设中存在的违规行为及时发现、及时制止、及时报告。

① 相关数据由汨罗市宅改办提供。

为共同富裕智库研究贡献绵薄之力

——《共同富裕智库报告（第一卷）》

我对宅基地问题的关注已经有十几个年头了，源自在中国社会科学院农村发展研究所做博士后期间对农村发展的研究及深入农村的调研。当时专门研究宅基地的学者和成果并不多，大家更多地关注农村承包地、城市建设用地和土地财政。自党的十八届三中全会以来，农村土地制度经历了多项重大制度调整，期间我对农村宅基地制度的研究也紧跟党中央决策。在“十三五”期间主笔国家“十三五”规划前期研究重大课题《“十三五”土地制度改革与土地市场建设研究》，主持国家社科基金《社会治理视域下新中国农地制度沿革与变迁趋势研究》，农业农村部 2017 年软科学课题《“三权分置”与“长久不变”政策协同研究》等项目。在“十四五”期间主持农业农村部 2019 年软科学《“十四五”宅基地所有权、资格权、使用权“三权分置”制度研究》、2020 年软科学《农村宅基地制度改革试点县改革情况跟踪研究》《农村土地承包经营权确权登记颁证“回头看”评估》《农村宅基地制度改革试点评估》等一些项目。本书的编写正值 2020 年在全国 104 个县和 3 个地级市推进新一轮农村宅基地制度改革试点，我有幸成为农业农村部宅基地制度改革试点专家评估组第四组组长，负责地方宅基地改革试点的指导和评估工作，这为进一步深入宅基地制度相关研究、掌握最新地方动态提供了条件。

我认为，新一轮农村宅基地制度改革指向土地财产权益的“还权赋能”。人口流动后的人地关系变化使人们对宅基地的管理和制度设计不能停留在“分配自住”上。中央提出赋予农民更多财产权利，体现在对农地的财产权、对集体资产的财产权、对宅基地的财产权、建立农村产权市场。其中，对宅基地财产权的表述是“加强宅基地管理，稳慎推进农村宅基地制度改革试点，探索宅基地所有权、资格权、使用权分置有效实现形式”，“保障进城落户农民合法土地权益，鼓励依法自愿有偿转让”，这从国家产权制度上赋予了农民转让并获得财产性收益的权利。

《共同富裕智库报告（第一卷》是共同富裕研究院的年度研究成果，是对国家重大改革战略和实施路径的回应。2021 年 12 月 26 日，为贯彻落实党中央国务院“扎实推动共同富裕”的重大决策，发挥中国矿业大学（北京）矿业行业特征和能源学科优势，经学校校长办公会议研究通过成立共同富裕研究院，定位为服务重大决策实施的校级科研机构和新型智库。土地问题和乡村振兴是研究院关注的一个重要方向。自成立两年来，研究院先后承担了十几项省部级项目、改革评估类项目。《宅基地有偿使用实践、问题和考虑》报告得到了中央农办、农业农村部领导的肯定性批示，为领导决策发挥了积极作用。《关于宅基地“三权分置”改革的 14 条建议和具体措施》《宅基地退出中农民权益保障措施》《闲置宅基地盘活支持产业发展的实践模式选择》《有偿使用制度探索的政策建议》等研究成果和智库专报，被农业农村部采纳，纳入农村宅基地管理和改革政策文本。《“十四五”农村宅基地所有权、资格权、使用权“三权分置”制度研究》研究报告作为全国“十四五”规划前期成果，汇编至全国“十四五”农业农村规划解读书籍。在 CSSCI 期刊和《社会保障报》《人民日报·民生周刊》等重要期刊媒体上发表数十篇论文，研究成果先后被学习强国、中国经济网、光明网全文转载。

《共同富裕智库报告（第一卷》源自对中国中、东、西部的一手调研。2020 年启动新一轮农村宅基地制度改革以来，研究院先后多次前往东、中、西部多省份（直辖市）进行调研。与县（市、区）委分管农村工作的副书记、政府分管农业农村工作的负责人，以及农业农村的职能部门主要负责人召开座谈会。与乡镇党委书记、村干部、村民进行访谈。设计评估指标和问卷进行实证调查和改革成效评价。在每个县根据地理条件、产业特点、宅基地利用形态、盘活整治方式等因素抽样 3~5 个村庄进行走访、发放问卷、深度案例调研，共走访 50 个村，1300 个农户，调查内容涵盖基础信息建库、资格权实现、有偿使用、有偿退出、流转、集中居住、历史问题处置等多个方面的试点做法、制度成果、农户改革意愿、改革成效及其宅基地制度改革与乡村振兴的联动。通过两年的调研，形成了 50 多份地方改革探索典型案例，经过整理研判，选择具有典型性、代表性、多元性的案例进一步二次调研，形成详细的案例分析成果。在案例逐一筛检和研判过程中，湖南省的案例较为突出且涵盖维度较为全面，经过编委会研究，专门围绕湖南省农村宅基地制度改革的案例进行整理。

《共同富裕智库报告（第一卷）》是集体智慧的结果。从动议到成稿受到了研究院学术委员会的支持，先后多次讨论，把握宅基地制度改革实践中创新与稳慎的关系，在改革基本原则、方向路径、改革落脚点等方面交换意见、形成共识。一批由本科生、硕士生、博士生组成的调研力量是深入村庄开展入户信息获取的主要力量，从严寒到酷暑，乡村简朴的居住条件、颠簸险峻的山路，都不能阻止他们前行的脚步。在带队老师和研究员的指导下，他们一丝不苟、精准地进行抽样、逐户进行访谈、逐题进行解释，高质量完成了问卷数据、遥感影像、照片、录音、录像的采集，为案例的丰富性提供了来源。研究院大数据平台可以对多源异构数据进行综合验证，为数据采集、管理、验证和分析提供科学支撑。在案例的撰写过程中，刘文洁、王立徽、王怡、赵卫卫、刘喆、董恩民等几位优秀的青年研究员发挥了资料整理的重任，不但讲好故事，而且保障信息、数据、时间的精准，每一个名称、地点、数字、时间都要经过反复多次核实。

感谢经济管理出版社社长杨世伟、总编助理胡茜和名世文化分社社长杨雪对《共同富裕智库报告（第一卷）》顺利出版的支持。

杨璐璐

2023 年 1 月